佛山市顺德区地方志办公室
《顺德年鉴》编辑部
编

方志出版社
Publishing House of Local Records

图书在版编目（CIP）数据

顺德年鉴.2014 / 佛山市顺德区地方志办公室，《顺德年鉴》编辑部编. -- 北京：方志出版社，2015.5
ISBN 978-7-5144-1614-5

Ⅰ.①顺… Ⅱ.①佛… ②顺…Ⅲ.①区（城市）- 佛山市 -2014- 年鉴 Ⅳ.①Z526.53

中国版本图书馆 CIP 数据核字（2015）第 093121 号

顺德年鉴（2014）

编　　者：佛山市顺德区地方志办公室《顺德年鉴》编辑部
责任编辑：罗滔
出 版 人：冀祥德
出 版 者：方志出版社
地址　北京市朝阳区潘家园东里 9 号（国家方志馆 4 层）
邮编　100021
网址　http://www.fzph.org
发　　行：方志出版社发行中心
电话（010）67110500
经　　销：各地新华书店
设计制作单位：珠江商报社
印　　刷：佛山市高明领航彩色印刷有限公司
开　　本：787×1092　1/16
印　　张：20.25　彩色插页 90
字　　数：800 千字
版　　次：2015 年 5 月第一版　2015 年 5 月第一次印刷
印　　数：0001～1000 册
ISBN 978-7-5144-1614-5　定价：150.00 元

编辑说明

一、《顺德年鉴》是中共佛山市顺德区委、顺德区人民政府主办，由区地方志办公室、《顺德年鉴》编辑部组织编辑的大型资料性工具书，创办于2008年，逐年出版，国内外公开发行。编者在编纂中秉持马列主义、毛泽东思想、邓小平理论、“三个代表”重要思想和科学发展观的指导思想，宗旨是全面、系统、翔实地载录顺德区政治、经济、文化、社会等各方面的基本面貌和发展情况，为社会各界和海外人士了解和研究顺德提供基本资料。

二、《顺德年鉴》采取分类编辑法，以篇目、类目、分目和条目组成年鉴框架结构的主体部分。全书条目标题统一黑体加【 】表示，方便读者查阅。全书前有目录，后有索引，具有比较完善的检索系统。

三、《顺德年鉴》以出版年号为卷次名称，2014年卷主要载录2013年顺德经济社会发展的基本资料，并在篇目框架上进行了大幅度调整，分设特载、特辑、大事记、顺德概况、党政工作、综合改革、法治·武装、基础设施、城乡管理、经济发展、产城融合、经济管理、教育、文化·体育、卫生·计生、社会保障、镇街概况、人物与荣誉、社会经济统计资料共19个篇目。其中综合改革、产城融合为新增篇目，原民主党派·人民团体篇内容并入党政工作篇，并增加了法定机构的内容；将原农业、工业、服务业、对外经济贸易、金融、科学技术等内容合并为经济发展篇；将原文化·广电·档案、体育·卫生、社会民生等内容，拆分合并为文化·体育、卫生·计生、社会保障篇，其它更多细处调整在此不一一细述。

四、本卷年鉴彩版部分设有大事剪影、龙舟文化、镇街风貌等专题彩色图片，图文并茂地记录顺德2013年的大事、要事，反映顺德的地方文化特色。

五、全书所载录的内容和数据，分别由顺德区内各有关部门负责提供并经审核同意，如个别数据与本年鉴的“社会经济统计资料”篇（由顺德区发展规划和统计局提供）有出入，一律以“统计资料”的统计数据为准。

六、本卷年鉴正文涉及的单位名称和文件名称，首次出现和紧随条目开头时间之后的一般采用全称，再次出现的则采用习惯简称；需要解释的名词，采用括注。

七、本卷年鉴的编辑出版工作，得到区有关领导、相关部门单位和社会各界的大力支持与协助，谨在此深表谢意。因年鉴涉及面广，编辑出版工作浩繁，时间紧迫，在编印中出现的粗疏、错漏之处，敬请各界人士批评指正。

佛山市顺德区地方志办公室
《顺德年鉴》编辑部

《顺德年鉴》编纂委员会

主　任：周驭洪

副主任：凌　云

委　员：曹　毅　欧伟中　关庆祥　陆国伟　温良谋
赵永强　苏劲韵　吴建兴　冯哲民　黄小检
郭金元　李锦添　曾宪才　何　当　冯奕忠
黄坚强　黄结兴　周锡开　孙丽丽　谭　素
胡永文　欧胜军　黄志敏　宁　磊　吴振海
黄长旺　朱苑芸　容佰辉

2014 年卷《顺德年鉴》撰稿单位名单

顺德区委区政府办公室
顺德区委组织部（区机构编制委员会办公室）
顺德区委宣传部（区文体旅游局）
顺德区委社会工作部（区民政宗教和外事侨务局）
顺德区人大办公室
顺德区政协办公室
中共顺德区纪律检查委员会（区政务监察和审计局）
顺德区委政法委员会（区司法局）
顺德区人民武装部
顺德区人民检察院
顺德区人民法院
顺德区总工会
共青团顺德区委
顺德区妇女联合会

顺德区工商业联合会
顺德区发展规划和统计局
顺德区经济和科技促进局
顺德区教育局
顺德区财税局
顺德区国土城建和水利局
顺德区人口和卫生药品监督局
顺德区人力资源和社会保障局
顺德区环境运输和城市管理局
顺德区市场安全监管局
顺德区公安局
顺德区国家税务局
顺德区邮政局
顺德区电信局
顺德区公路局
顺德区气象局
顺德区烟草专卖局
广东电网公司佛山市顺德区供电局
佛山海关顺德办事处
顺德边检站
佛山海事局顺德海事处
顺德出入境检验检疫局
佛山航道局顺德航标与测绘所
顺德区路桥建设有限公司
佛山电视台顺德分台
佛山人民广播电台顺德频道
珠江商报社
广东省广播电视网络股份有限公司佛山顺德分公司
中国人民银行顺德支行
中国农业银行顺德分行
中国银行顺德分行
中国工商银行顺德分行
中国建设银行顺德分行
顺德农商银行
人保财险顺德支公司
人寿保险顺德支公司
中国移动公司顺德分公司
中国联通公司顺德分公司
顺德区国有资产管理办公室
顺德区公用事业管理局
顺德区档案局（区地方志办公室、区委党史研究室）
顺德职业技术学院
顺德区社会保险基金管理局
顺德区水业控股有限公司

顺德高新技术产业开发区管理委员会
顺德公安消防大队
顺德疾病预防控制中心
顺德区卫生监督所
顺德第一人民医院
顺德区中医院
顺德区妇幼保健院
大良街道办事处
容桂街道办事处
伦教街道办事处
勒流街道办事处
北滘镇政府
陈村镇政府
乐从镇政府
龙江镇政府
杏坛镇政府
均安镇政府

《顺德年鉴》编辑部

主　　　编：周驭洪
副　主　编：凌　云　严　丽　吴彩霞
编　　　辑：陈关源　杨　力　温明剑　田小玲
编 务 人 员：张燕尧
彩 页 设 计：关蕴文
内页设计排版：何嘉敬　卢舒欣

目　录
CONTENTS

彩版

特载

特辑

大事记

顺德概况

党政工作

综合改革

法治·武装

基础设施

城乡管理

经济发展

产城融合

经济管理

教育

文化·体育

卫生·计生

社会保障

镇街概况

人物与荣誉

社会经济统计资料

佛山市顺德区国土城建和水利局　佛山市顺德区地理信息中心　广东省地图院　合编

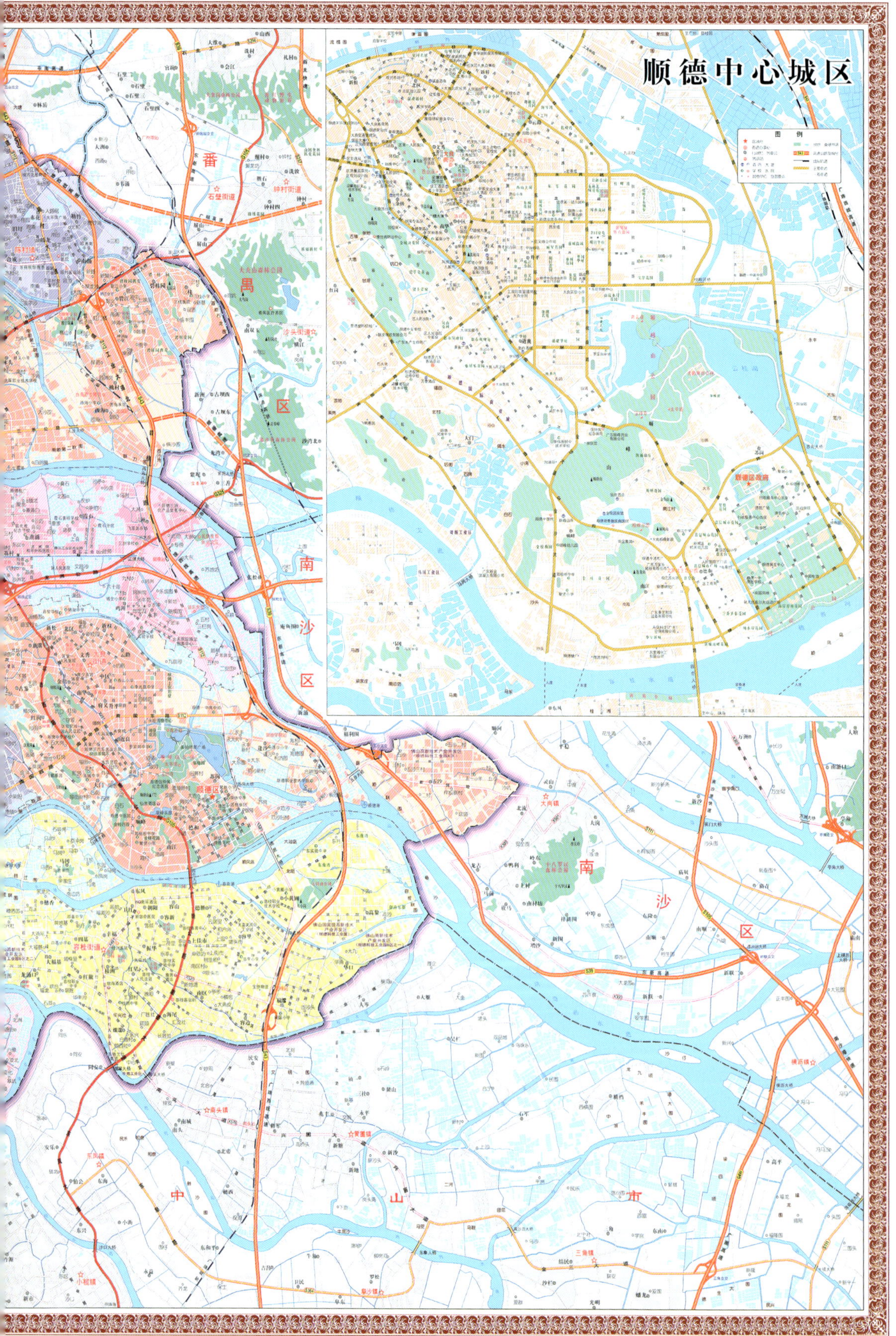

审图号：粤S(2013)097号　　2014年1月

顺德成为全国县域经济的排头兵

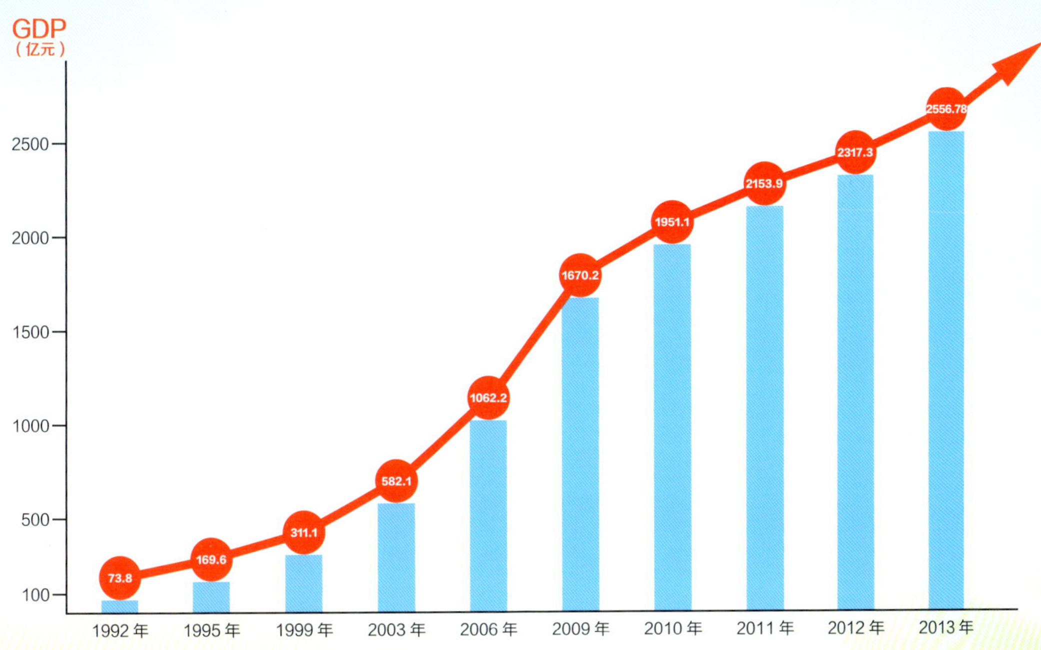

2000 至 2003 年，连续四年排名全国百强县榜首，2006 年成为全国首个 GDP 超千亿元的县域经济体，2011 年 GDP 突破 2000 亿元，2011 年、2012 年、2013 年连续三年位居全国市辖区综合实力百强第一名。

数字顺德·2013

总面积：806.57 平方公里
年末常住人口：249.34 万人
地区生产总值：2556.78 亿元
地方公共财政预算收入：154.09 亿元
全社会固定资产投资额：499.24 亿元
社会消费品零售总额：730.25 亿元
进出口贸易总额：243.37 亿美元
年末金融机构人民币存款余额：3365.31 亿元
三次产业结构：1.7:53.1:45.2
工业总产值：5801.68 亿元
规模以上工业产值：5353.32 亿元
规模以上家用电器企业产值：2417.68 亿元
规模以上机械装备企业产值：1053.60 亿元
全社会 R&D 经费支出占 GDP（以快报数计算）比重：2.47%

连续 2 年位居全国市辖区综合实力百强榜首
100% 镇街成为广东省教育强镇
100% 镇级医院成为二甲医院
80% 镇街建成省级生态镇
高等教育毛入学率：65%
社区文化设施普及率：100%
互联网普及率：95.58%
社区卫生服务覆盖率：92.08%
城镇污水处理率：86.15%
生活垃圾无害化处理率：100%
中心城区公交出行分担率：23%

品牌顺德 · 2013

国家级区域品牌

中国家电之都
中国鳗鱼之乡
中国龙舟之乡
中国品牌名镇（容桂）
中国家电制造业重镇(北滘）
中国花卉之都（陈村）
中国滑轮产业基地（勒流）
中国家具商贸之都（乐从）
中国家具制造重镇（龙江）
中国燃气具之都
中国厨师之乡
中国武术之乡
中国木工机械重镇（伦教）
中国花木之乡（陈村）
世界盆景赏石博览之都（陈村）
中国铰链产业基地（勒流）
中国塑料商贸之都（乐从）
中国塑料建材产业之都（龙江）
中国涂料之乡
中国曲艺之乡
中华餐饮名镇（大良）
中国玻璃机械重镇（伦教）
中国兰花之乡（陈村）
中国机械装备工贸名镇（陈村）
中华美食名镇（勒流）
中国家具材料之都（龙江）
中国牛仔服装名镇（均安）

中国驰名商标

万家乐

Galanz格兰仕

改革先锋

全国率先推出商事主体信息公示平台

商事主体信息公示平台涵盖了主体信息、良好和不良信用信息、年报备案信息、除名信息、行政处罚信息和主体自主公示信息等模块，所有信息免费向公众公开，为公众消费、商业合作、项目投资等提供可靠的信息参考。

全国率先实施网上年报备案

依托商事主体信息公示平台，顺德在全国率先实现网上年报备案。商事主体能随时随地网上申报备案年度报告，无需再到登记机关提交书面资料，只需按提示填写年度报告书相关内容，并按需上传许可证或批准文、审计报告的扫描件，保存后报送登记机关即可，一般需时一到两分钟，登记机关能即时收到申请数据，并实时反馈审查结果。

全国率先推出《企业经营审批事项目录》

该目录梳理明确企业经营审批事项223项，探索市场准入“负面清单”管理模式，一方面告知顺德企业在商事登记主体资格登记后进入市场必须办哪些许可审批，另一方面明确各部门许可监管的职能，确保权责一致。

建设全省首个跨业务综合监管平台

顺德建立全省首个横跨多条业务线的综合监管平台，涉及工商、质监、安监、文化等领域的巡查执法业务，可用于制定、下发、接受监管任务并录入监管信息，实现对市场主体的信息化监管。

开发全省首个并联审批系统

该系统实现“一窗收件、一表登记、三证同发”（营业执照、组织机构代码证和税务登记证）；企业只需面对一个服务窗口、提交一套申请表格、往返一次即可拿到“三证”。目前一般经营事项登记在手续齐全的情况下最快可在 1 个工作日内发出执照，其他经营事项（含实地核查）最长不超过 4 个工作日。

发出全省首张企业投资备案证书

12 月 1 日，全省企业投资项目备案系统在顺德、中山等地启动试运行。12 月 3 日，位于顺德区龙江镇的志达钢管制造有限公司向发改部门提交新投资项目相关审批材料。随后，顺德向该企业发出编号尾数为 00001 的企业投资项目备案证。这是全省企业投资项目备案系统试运行后的首张备案证书，标志着我省企业投资备案改革正式“破冰”。

摘自《珠江商报》

大事剪影

领导关怀

2013 年 5 月 14 日，中共中央政治局委员、广东省委书记胡春华（前左三）到顺德调研民营企业发展情况，考察了乐从罗浮宫国际家具博览中心、广东工业设计城、广东伊之密精密机械股份有限公司。图为考察伊之密精密机械股份有限公司（王辉、罗文清摄）

2013年11月22日，中共中央政治局委员、广东省委书记胡春华到佛山开展体制改革专题调研，在顺德先后考察了杏坛镇逢简村和顺德区中小企业促进会，并主持召开座谈会，听取佛山市、南海区、顺德区全面深化改革工作情况汇报

2013年10月22日，广东省委常委、省纪委书记黄先耀（左二）率调研组一行到顺德行政服务中心考察调研，了解商事登记制度改革及并联审批制度改革的情况

2013年7月31日，广东省副省长邓海光（右一）到顺德调研农业经济发展、农村综合改革和农民专业合作社建设等情况

2013年8月22日，广东省副省长许瑞生（前左二）一行到顺德调研文化遗产保护工作，了解顺德糖厂、逢简村等地文化遗产保护与利用情况

重要会议

2013 年 1 月 9 日，顺德召开中共顺德区第十二届委员会第三次全体（扩大）会议

2013 年 1 月 21~22 日，顺德召开政协佛山市顺德区第十三届委员会第三次会议

2013年1月22~23日，顺德召开顺德区第十五届人民代表大会第三次会议

2013年1月29日，顺德召开中共顺德区第十二届代表大会第三次会议

慧聪家电城奠基

2013 年 4 月 1 日，由顺德区政府、省家电商会和慧聪网共同主办的“广东家电产业转型升级与科技创新现场会”在北滘举行。会上，慧聪中国家电电子商务产业园正式奠基，慧聪网与区电子商务协会签订合作伙伴协议，共同推动家电产业 B2C 服务平台建设

首届顺德电子商务大会

2013年8月16日，顺德在容桂街道举行首届电子商务大会。会上，顺德与广东省经济和信息化委员会签约，省区共建电子商务示范区；发布《顺德区电子商务发展规划（2013~2020）》；举行了容桂街道与大卓电商共建电子商务服务中心签约仪式以及顺德区第二批电子商务示范企业授牌仪式

第二届广东（佛山）安全食用农产品博览会

2013年9月13~16日，第二届广东（佛山）安全食用农产品博览会在陈村花卉世界举行。本届安博会以“放心食品e万家，同心共筑绿色梦”为主题，充分展示广东省农产品质量安全监管体系建设、“菜篮子”基地建设、海峡两岸农业合作试验区建设等多项成果，倡导安全食用农产品生产经营理念

开幕式

农博会国通馆开馆

展会现场人山人海，市民有序观展、购物

三展合一

2013 年 8 月 23 日至 25 日，中国顺德国际家电博览会、中国慧聪（顺德）家电交易会、中国（顺德）工业设计博览会三展合一在顺德展览中心成功举办。展会总面积达 5 万平方米，美的、松下、万家乐、万和等近 1000 家家电企业参展，100 多家中外知名工业设计机构直接参展，国内 6000 多名设计师参加博览会举办的首届中国原创设计奖和顺德工业设计大赛活动。展会吸引来自全球的 7 万多名专业买家和观众到场采购观展

开幕式

市委常委、区委书记梁维东答记者问

设计师发布新品

顺德副区长刘怡（前右三）现场指导展会工作

展会现场

第二届国家装备工业两化深度融合暨智能制造试点成果展示会

2013年10月31日至11月2日，由工信部指导，广东省经信委、顺德区政府主办的第二届国家装备工业两化深度融合暨智能制造试点成果展示会在顺德展览中心举行。展会同期还举办了广东智能制造高峰论坛等四场专业论坛

开幕式

广东省智能制造产业基地和产业联盟揭牌

佛山市委书记李贻伟（左二）参观智博会

市委常委、区委书记梁维东（右二）观看机器人展示

展示机器人智能生产

第十一届华语文学传媒大奖在顺德举行

2013 年 4 月 22 日，第十一届华语文学传媒大奖在顺德北滘文化中心启动，顺德文学周系列活动也同时拉开序幕。27 日举行颁奖典礼，颁出全部 7 项大奖。大奖评委和提名作家们在评奖期间到顺德举办新书签售、作家采风等一系列活动。

颁奖现场，获奖者及嘉宾合影留念

诗歌朗诵会——时光的刻刀

文学沙龙——透过文学看当代中国

“悦读人生”读书沙龙

作家见面会——“冒着生命危险”的故乡叙事

草明百年诞辰纪念

2013年是已故著名作家草明诞辰一百周年，顺德各界举办一系列活动，缅怀并纪念这位曾在中国现当代文学史上留下重要篇章的顺德籍女作家。

2013年6月14日，百年草明图片楹联展在容桂容城艺术馆举行

2013年12月27日，顺德区委宣传部举办草明百年诞辰纪念座谈会，图为武汉大学当代文学教授、博士生导师陈美兰女士发言

2013年12月27日开始，顺德区博物馆举办“延安火种钢铁魂——草明百年诞辰纪念展”

2013年12月27日，草明的女儿吴纳嘉向顺德区博物馆捐赠草明的相关文物

第八届中国（美的）岭南美食文化节

由顺德区政府与中国烹饪协会、广东省旅游局联合主办的第八届中国（美的）岭南美食文化节，于2013年5月份开始预热启动至10月份结束，持续近5个月时间，共包括20多项活动，成功开展岭南风味美食展、啤酒嘉年华、顺德名厨厨艺品鉴、粤式名点展示和品尝、“顺德美食好味到镇”活动、陈村花卉美食精品宴、顺德国际红酒文化活动、顺德美食文化图片展、大型文艺活动展演、时光影会—美食电影分享月等一系列精彩活动。岭南美食文化节活动在整个华南地区取得强烈关注，获得全国会展行业年度大奖—“2013年度中国十大影响力节庆活动”。

开幕式上，新晋名厨接受颁奖

第八届顺德私房菜大赛总决赛在北滘广场开锣

开幕式现场热闹非凡

第八届中国（美的）岭南美食文化节获“2013年度中国十大影响力节庆活动”殊荣

主会场人潮如织

特载

坚持不懈　深化突破
进一步确立改革发展领先优势

——在中共佛山市顺德区委十二届四次全体（扩大）会议上的报告

中共佛山市委常委、顺德区委书记　梁维东

（2014年1月6日）

同志们：

区委十二届四次全体（扩大）会议是在党的十八届三中全会胜利召开，顺德改革发展进入关键时期召开的重要会议。会议主要任务是：深入贯彻落实党的十八届三中全会和习近平总书记系列重要讲话精神，总结区委2013年工作，确立2014年工作思路，团结带领全区人民，围绕"城市升级引领转型发展、共建共享幸福顺德"战略目标，坚持不懈、深化突破，进一步确立改革发展领先优势。下面，我代表区委常委会，向大会作工作报告。

2013年工作总结

2013年是贯彻党的十八大精神开局之年，也是区域综合转型取得显著成效之年。一年来，面对错综复杂的宏观经济环境，全区上下按照既定战略部署，优化八大工作理念，同心同德、真抓实干，全面推进各项重点工作和中心任务，经济社会发展呈现稳中提质的良好态势。大部分经济指标增速居全国十强县前列，连续两年在全国市辖区综合实力百强中排名第一，全市新批千万美元以上外资项目超过一半落户顺德。城市建设日新月异、产业结构日趋优化、区位优势更加彰显、体制优势不断增强，领跑县域的基础优势得到持续巩固和系统提升。

——我们深化产城互动，贯彻生态优先，城市价值进入快速上升通道。一批交通基础设施投入使用，内畅外通交通格局加快形成。电网建设取得重大突破，城市保障能力持续增强。"美城行动"向村居延伸，城乡环境综合治理成效显著，生态绿化水平实现质的飞跃。佛山新城融入顺德，重大项目建设提质提速，顺德新城加快东拓，华侨城等引擎性项目成功落地。大良、容桂中心区域明显优化，北滘等小城绽放特色魅力。城市品质和内涵更加丰富，网络型城市发展格局初步成型。

——我们弘扬顺商精神，推行服务强区，转型升级路径得到确立。创造性推出做大做强骨干企业的一系列扶持措施，碧桂园集团销售收入突破千亿，顺商扎根发展的信心不断增强。区工商联获评为广东唯一的"全国工商联系统先进集体"，顺商精神得到进一步弘扬。坚定不移地立足实体经济，充分利用科技和金融"两只翅膀"，促进产业高端发展，优质元素集聚洼地效应加速形成。加快中德工业服务区、中国南方智谷等平台建设，成功引进日本村田等世界500强项目和慧聪家电等一批引领性项目，制造业智能化、服务业高端化、农业专业化发展趋势逐步确立，全产业链转型升级路径更加清晰。

——我们持续改革创新，加快放权赋能，重点领域改革取得突破。深入推进商事登记制度改革国家试点工作。率先发布企业经营审批事项目录，成为国内首份市场准入负面清单；企业登记信息化并联审批在全国率先突破，实现一表登记、三证同发；投资管理体制改革成为全省试点，社会信用体系和市场监管体系建设成效显著，宽进严管的新格局初步形成。政府继续向社会放权赋能，社会组织获得更广阔发展空间，社会管理和服务创新扎实开展，公众参与公共事务更趋广泛，富有活力的大社会与和谐健康的好社会加速成型。改革由体制内向体制外延伸，社会各界主动以改革思维谋划发展。改革建立的体制机制优势，正日益转化为推动发展的正能量。

——我们坚持执政为民，突出人文先行，社会民生事业持续改善。深入推进基本公共服务均等化，积极探索公益慈善专业化，扶持企业家兴办社会企业，公共服务多元供给格局逐步成型。推动文化体制改革，博物馆建成开放，文体惠民活动纵深开展。“平安顺德”建设扎实推进，社会治安状况明显好转，获评为全国法治区创建先进单位。一批焦点民生问题得到有效解决，区第一人民医院易地新建顺利封顶，社区卫生服务覆盖率、中心城区公交出行分担率、公益性和普惠性幼儿园比重稳步提升，市民享受更多优质、高效的公共服务，获评为中国全面小康十大示范县市。

——我们坚持立党为公，强化固本强基，党的领导核心地位更加巩固。深入学习贯彻党的十八大、十八届三中全会和习近平总书记系列重要讲话精神，增强改革发展动力。加快干部人事制度改革，创新干部培训方式，严格实施“八项规定”，深入开展“四风”整治，深化纪检监察体制改革，实施整体双派驻，监督力量全面加强。改善党的领导方式，党代表工作室成为密切党群血肉联系的重要平台，成功探索党的群众路线制度化路径；优化行政服务站运作，推动设立村居议事监事会，村居党组织依托“一室一站一会”，联动各界力量共同开展社区事务，顺利完成村级党组织换届，党组织在基层的领导核心地位得到强化。

这些成绩的取得，是上级党委正确领导的结果，是全区党员干部和社会各界共同奋斗的结果。在此，我谨代表十二届区委，向全区党员干部和社会各界表示最崇高的敬意和衷心的感谢！

2014年工作部署

2014年是贯彻党的十八大和十八届三中全会精神，全面深化改革、确立发展领先优势的关键一年。当前，全区上下咬定战略目标不放松，深化改革不停步，城市升级引领转型发展的成效逐步显现。然而，我们也清晰地看到工作中存在的问题。经济核心竞争力有待增强，土地利用依然粗放，环境欠账必须正视，社会治理任务繁重。重点领域和关键环节改革亟须突破，改革的社会参与度未如理想，少数干部的执行力和干事创业的魄力有待提升。面对依然复杂严峻的发展环境、更加激烈的区域竞争、任重道远的综合转型任务，我们不能有丝毫的沾沾自喜，更不能因畏难而裹足不前，必须牢固树立激流勇进、争分夺秒的紧迫意识，坚定不移地将既定战略付诸实践，创造更加扎实的竞争优势。

区委书记梁维东作工作报告

2014年工作指导思想是：全面贯彻落实党的十八大、十八届三中全会、省委十一届三次全会、市委十一届五次全会精神，以及习近平总书记对广东“三个定位、两个率先”的总体要求，按照“城市升级引领转型发展、共建共享幸福顺德”战略部署，以城市升级为路径、以产业转型为核心、以改革创新为动力、以民生幸福为依归，聚精会神、精耕细作，推动各项工作深化实施、竞相突破、体现成效，进一步确立改革发展领先优势。

一、坚持产城人融合，充分发挥城市升级对转型发展的引领作用

顺应市民对美好生活的追求，更加注重城市、产业和人的融合发展，推动生产、生态、生活功能同步提升，加快形成功能集约、产城融合、宜商宜居的城乡格局，营造综合转型的良好环境。

——优化城市载体功能。行政有界，经济无边。要加大规划统筹力度，按照功能片区定位，引导产业项目和城市设施有序聚集，形成三大片区错位发展，佛山新城、顺德新城“双核带动”，魅力小城“串珠成链”的总体发展格局，率先探索新型城镇化的科学路径，在珠三角城市群塑造具有鲜明岭南水乡特色的网络型城市。完善城市功能布局。坚持“双核带动”。加快佛山新城和顺

德新城两大核心建设，依靠双引擎带动顺德以更强的综合实力，参与珠三角城市分工和国际竞争，奠定在珠三角都市圈和经济圈的战略地位。完善协同规划，共享基础设施，统筹项目布局，增强有机联系，形成双核呼应、比翼齐飞的良好态势。佛山新城要加快与乐从的充分融合，依托顺德产业链高端延伸的内生动力，发挥中德工业服务区的强大带动作用，成为顺德城市升级和产业转型的发动机；进一步优化城市功能，丰富产业内涵，加快国际化步伐，提升对全市及珠三角的辐射和资源聚集能级，打造全市“强中心”核心区和广佛都市核心圈的重要一极。顺德新城要发挥东邻珠江湾区的独特区位优势和实体经济的先发优势，主动加强与南沙新区和周边地区的战略合作，成为带动全区乃至全市融入湾区经济圈的战略载体；强化对全区重大公共设施和总部经济服务的聚集功能，加快发展科技、金融和商业服务业，打造全区城市高潮区和珠三角经济圈的重要节点。坚持“串珠成链”。强化区级战略规划统筹实施力度，完善利益调节机制，引导各镇街围绕功能片区定位，突出特色产业优势，打造立足全区、面向全省、辐射全国的特色公共服务精品。大手笔构建生态网和市政网。整合交通资源，加快顺德环形快速干线和轨道交通建设；打造滨水长廊，以德胜河、潭洲水道为示范，带动相邻镇街共建“一河两岸”，在城市交集地带共建公共设施，促进魅力小城共融发展，建设新型城镇化和中欧城镇化合作的示范区。加快产业载体建设。牢固树立载体先行理念，将调整产业结构与优化城市空间有机结合，存量与增量并重，挖潜与外延并举，培育功能互补、布局有序的发展载体，形成企业各得其所、梯度发展格局。结合城市更新，实现村级工业园整合改造的有效突破，释放发展空间，开辟特色园区和标准厂房建设的新路，打造产业转型升级主战场。结合功能片区内涵，打造优质集约平台。推动中德工业服务区与南方智谷融合协调发展。南方智谷着力做好智慧“大文章”，加快形成对科研创新团队的聚集效应。中德工业服务区着力深化中欧国际合作，加快聚集德国等欧洲发达国家的高端生产服务业和先进制造业资源。高新技术产业开发区（西部生态产业新区）要进一步理顺运作机制，珍惜稀缺资源和生态基础，引领先进制造业和生态休闲产业聚集发展。结合区域合作战略，拓展产业发展空间。广东顺德清远（英德）经济合作区、佛山顺德（云浮新兴新城）产业转移工业园要密切配合全区总部经济战略，顺应本地产业扩能转型需求，推动全省区域协调发展战略的实施。

——突出生态集约发展。生态文明是顺德可持续发展的恒久动力。严格贯彻十八大“五位一体”精神，坚持生态优先，增强水乡魅力，打造居住者舒心、投资者留恋、创业者向往的理想之城。优化生态环境。坚持适度开发、宜居为重，创建国家生态区，采取果断措施淘汰落后产能、开展生态修复、守住环境底线。强化西南片区作为全区生态“绿心”的规划理念，完善生态补偿政策支持体系。推动“美城行动”常态化，深入开展城乡环境综合整治，重点解决挥发性有机物（VOCs）、汽车尾气、水环境和固体废物等突出环境问题，推动森林入城，建设更多社区公园，让市民在家门口呼吸清新空气，享受优美环境。节约集约用地。立足战略发展，切实解决土地问题。把握成为省创建城乡土地生态利用制度综合改革试点的契机，深刻领会十八届三中全会精神，建立土地资源增值收益共享等制度，加快推进集体土地流转，加强闲置土地处理；加大“三旧改造”政策宣传推广力度，提高审批效率，加快城市重点功能区、村级工业园改造升级；充分利用市场机制，更大力度兴建农民公寓等集约型社区，保障和提升农民合法权益。

——培育城市人文内涵。城市升级归根到底是人的升级，区域竞争关键是文明素养的竞争。浓郁的岭南水乡气息孕育出顺德崇文、坚韧的文化风气和执着、向上的城市秉性。要主动宣传推广历经转型升级洗礼的顺德新形象，凸显区域人文底蕴和发展内涵，增强城市的认知度、美誉度、凝聚力和辐射力，留住本土优秀人才，吸引外来高端人才。弘扬顺德精神。让改革精神、顺商精神、龙舟精神成为顺德的城市特色名片，成为顺德薪火相传的优秀基因和凝神聚力的情感纽带。通过核心价值传播、人文基础教育、社科研究合作、民间自发交流等多种形式，让“勇于创新、敢于负责、勤于务实、乐于奉献”的新时代改革精神在顺德蔚然成风，让“包容、务实、进取、创新”的顺商精神在世界得到颂扬，让团结拼搏、奋勇争先的龙舟精神在市民心中激荡。传承岭南文化。将文化元素注入标志性建筑、公共空间和经济活动中，让文化放眼可及、随处可享，塑造独具顺德特色的城市风貌和生活风尚。将龙舟、永春、香云纱、粤剧等传统文化与群众生活密切结合，打造特色文化品牌，培育群众文化舞台，开展群众喜闻乐见的文体活动，让区域人文内涵融入市民生活方式。

二、坚持全面深化改革，充分彰显改革创新对转型发展的推动作用

改革是为了发展。顺德改革由问题倒逼而产生，并在解决问题中不断深化。近年的实践证明，我区综合改革的目标方向完全符合中央精神，改革具体部署切中顺德发展的关键，并得到社会各界的高度认同，改革成果使顺德拥有更扎实的基础去解决深层次矛盾；改革开创的治理模式，使顺德走上改革促进发展、发展保障改革的良性循环道路。随着改革涉入深水区，必须按照十八届三中全会的顶层设计，进一步增强改革的系统性、协同性，紧紧依靠全区人民，积极稳妥、勇于攻坚，在行政体制、社会体制和基层治理三大改革的重点领域和关键环节取得新突破，全面释放改革能量、彰显改革成效，收获最大改革红利。

——深化治理体系改革，让体制优势更加巩固。全力推动治理体系和治理能力现代化，以行政体制改革为龙头，以社会体制改革为重点，以基层治理改革为基础，进一步加强党政治理能力建设，清晰界定政府边界，有效发挥市场、社会的作用，为创造法治化、国际化营商环境奠定体制优势。优化党政运行机制。深入开展改革回头看，继续完善大部门运作规则，强化部门首长的统筹协调作用，实施事业单位改革；推进区镇职责异构，在简政强镇的基础上进一步明晰区镇两级履行职责和管理事务界定，提升区级的决策、统筹、监督能力以及镇街的执行、管理、服务能力，减少区镇两级职能交叉，健全统分结合、责权一致、运行高效的治理体系。优化党政治理方式。突破传统行政管理思维，强化战略研究、规则制定、环境秩序、服务监管等核心职能。研究负面清单管理模式，建立透明的市场管理体系，重点在投资领域、商事登记后续监管、中介市场改革等方面取得更大突破，全面提升投资和贸易便利水平。围绕社会建设总目标，积极孵化基层社会组织，引导社会力量参与社区建设；利用市场机制规范社会秩序，持续推动“平安顺德”建设，奠定基层长治久安发展格局。

——深化经济领域改革，让转型动力更加充沛。坚持市场在资源配置中的决定性作用，更好地发挥政府在推动发展中不可替代的作用，构建新型政企关系。强化企业主体地位。依靠企业转型发展的内生动力，以培育全产业链为重点，重点推动优势制造业智能化、精益化发展，加速现代服务业高端化、集约化发展，鼓励现代农业规模化、专业化经营。深化企业专员制度，建立重大项目挂钩服务制度，坚定企业扎根顺德的信心和决心。创新国资与民资的合作形式，将国有资本资源统筹能力与市场主体蓬勃活力紧密结合。充分有序开放市政基础设施、公共建筑和社会事业投资领域，让社会资金成为产业转型和城市升级的主力军。更好发挥政府引领作用。按照十八届三中全会对新形势下政府角色定位的更高要求，切实提升政府对社会、市场和企业的引领能力，着力营造发展环境，通过培育市场体系、集聚高端要素资源、保障公平秩序，引领区域发展。把城市升级、综合转型的环境优势转化为招商引资的强劲动力，加快引进一批具有战略性和引领性的重大项目。优化公共资源配置，创新资金扶持方式，完善多元化投融资机制，构建区域创新体系，加快国内外著名高校、科研院所等创新要素聚集，提供转型发展人才和技术储备。

——深化公共服务领域改革，让市民生活更加幸福。按照系统设计，尽力而为、量力而行，适度超前的民生工作原则，坚持以人为本，尊重人民主体地位，把幸福图景化为人民群众实实在在的物质精神享受。突出需求导向。扩大参与式预算和竞争性财政分配范围，完善政府购买服务方式，引导社会参与兴办福利事业，打造错位发展的社会服务网络，健全公共服务多元供给格局，确保广大群众最紧迫的需求及时得到保障。突出公平导向。系统规划民生政策体系和设施体系，推动基本公共服务均等化，逐步实现低端全面保障、中端加大支持、高端依靠市场。在社保、就业、救济等领域，注重广覆盖、保基本；在义务教育、医疗卫生、公共交通等领域，注重更优质、可持续；对高端需求按照付费受益原则，注重引入市场机制。确保财政投入更科学合理，公共服务更公平高效。

三、坚持党的群众路线，充分调动各方积极因素凝聚改革发展合力

在经济社会综合转型的关键时期，必须大力继承和发扬党的群众路线这一优良传统，坚持立党为公、执政为民，调动各方积极因素，激发社会创造活力，形成推动改革发展的强大合力。

——加强队伍建设，提升党员干部执行能力。提升干部队伍干事创业的激情和创意，是改革发展的基本保障。全区各级党组织要将学习党的十八届三中全会和习近平总书记系列重要讲话精神作为首要政治任务，切实领会中央战略部署，提升各级领导干部的理论水平，深化区域重大战略研究，更好地指导顺德的改革发展。要深入开展谈话谈心活动，用理想信念凝聚共识，用发展成就振奋人心，引导党员干部增强责任感和使命感，激发争先创优的决心，释放自我实现的激情。要深化干部人事制度改革，建立改革内生动力机制，创新后备干部培养形式，加大干部双向交流力度，真正做到干部能上能下、能进能出，提升队伍执行力，汇集改革发展正能量。

——完善监督机制，营造为民务实清廉氛围。党风正则民风纯，干群和则社会稳。全区党员尤其是领导干部要保持高度的政治敏锐性和大局观，紧跟中央步伐，牢固树立“高压”意识和“红线”意识，持之以恒推进作风建设。落实党风廉政建设责任制，实施切实可行的责任追究制度。完善惩治和预防腐败体系建设，严肃查处违法违纪案件。健全部门内控机制，严格执行预决算和“三公”经费公开、重大工程建设项目跟踪审计和限额设计等制度。创造条件发挥好新闻媒体、社会团体、网络舆情的监督作用，以实际成效取信于民。

——扩大社会参与，密切干部群众血肉联系。坚持群众路线，就是要全心全意为人民服务。以全区开展党的群众路线教育实践活动为契机，认真学习找差距，严明纪律转作风，健全直接联系服务群众的长效机制。健全政民互动平台。坚持问政于民、问需于民、问计于民，发挥“一室一站一会”阵地效应，充分运用党代表工作室平台，强化服务意识，了解群众诉求，设身处地解决企业发展的难点问题和群众关注的热点问题。健全信息对接制度。优化政策信息、工作信息的发布机制，完善社情民意信息收集渠道，分析工作效果，调整政策方向，有的放矢地开展群众工作。健全社会参与机制。充分发挥公共决策咨询机构和社会组织作用，建立切实有效的议事规则和互动反馈机制，广泛吸纳社会精英有序参与决策和监督。健全协商民主制度。充分发挥人大、政协作用，创新协商民主形式，加强法治政府建设，提高科学民主决策水平，凝聚共谋改革发展的强大力量。

同志们，空谈误国、实干兴邦。面对综合转型的历史重任和全体市民的殷切期盼，让我们在上级党委的坚强领导下，凝聚全区智慧和力量，以昂扬向上的精神、攻坚克难的锐气和决战决胜的魄力，为实现“城市升级引领转型发展、共建共享幸福顺德”的宏伟目标而努力奋斗！

政府工作报告

——在佛山市顺德区第十五届人民代表大会第四次会议上

佛山市顺德区人民政府区长　黄喜忠

（2014年1月14日）

各位代表：

我代表顺德区人民政府，向大会作政府工作报告，请予审议，并请政协委员和其他列席人员提出意见。

2013年工作回顾

2013年是顺德经济社会综合转型取得重要进展的一年。在上级党委政府和区委的坚强领导下，我们围绕“城市升级引领转型发展，共建共享幸福顺德”战略目标，统筹推进城市升级、产业转型、改革创新三大重点工作，以民生幸福为依归，较好地完成了区十五届人大二次会议确定的主要目标任务。预计全区实现地区生产总值2545.1亿元，增长10.2%；地方公共财政预算收入154.1亿元，增长12.9%。连续两年位列中国市辖区百强首位，获评中国全面小康十大示范县市。

我们致力优化环境、提升品质，区域价值进入快速上升通道

城乡布局不断优化。强化控制性详细规划编制，全区控规覆盖率达57%。佛山新城与乐从全面融合，进入新的发展阶段。顺德新城建设提质提速，路网、绿网、滨水景观建设成效显著，核心区中轴线、德胜总部商务区初具雏形，大良东区板块日臻成熟，东拓步伐加快。北滘等镇街绽放小城魅力。网络型城市形态更加凸显，区域价值充分彰显。

城市功能有效提升。重点项目建设继续突破，区域性交通设施、城市骨干路网建设全面推进，港口、水利、电网、信息化建设进展顺利。成为全省创建城乡土地生态利用综合改革试点，大力解决农村“两地”问题，加快建设农民公寓。“美城行动”向村居延伸，“五位一体”道路综合整治、“大保洁”等工作成效显著。成为全国首批智慧城市试点，智能交通系统一期工程建成使用，中心城区公交出行分担率提高至23%。

人居环境明显改善。积极创建国家生态区，新增及改造绿化面积327万平方米，滨水区域、主干道路、重要节点绿化改造及生态景观林带建设全面升级。铁腕开展城乡环境综合治理，单位GDP能耗下降5.68%，空气质量优良率达66.9%，城镇生活垃圾无害化处理率达100%，农村污水治理创出新路子，“窝棚猪”等热点环境问题有效解决，环境质量稳步提升。逢简村入选“中国最美村镇”。城市街区面貌改观，市民生活更加舒适。

我们致力调整结构、增强后劲，经济发展质量效益显著提升

经济运行持续向好。主要指标增速高于全国全省平均水平，规模以上企业工业产值等增幅居全国十强县之首。消费、投资增速分别高于GDP增速1.5和3.8个百分点，出口同比上升8.5%。人均GDP达16778美元，每平方公里产出达3.16亿元，经济效益进一步提高。出台扶持骨干企业做大做强“18条”，实施企业专员等制度，企业发展势头良好，碧桂园集团销售收入突破千亿关口，美的集团成为国内最大家电类上市公司。

产业结构得到优化。信息化和工业化深度融合暨智能制造试点扎实推进，家电业等加快向全产业链模式转型升级。高新技术产品产值占规模以上工业总产值比重提升至60%。服务业增加值占GDP比重达45%。工业设计、电子商务发展增势喜人，物联网应用全省领先。成功举办第二届广东（佛山）安全食用农产品博览会。农业产业化及合作经济组织蓬勃发展。

创新驱动全面实施。全社会研发投入占GDP比重达2.9%，居全省领先水平。不断深化与清华大学、卡内基梅隆大学、中科院等国内外知名高校和科研院所合

区长黄喜忠作政府工作报告

作。新增高新技术企业22家、工程中心30家、博士后工作站5家。广东西安交通大学研究院等创新平台启动运作。商标品牌和质量强区战略深入实施，专利申请量、授权量连续18年居全国县域前列。天交所广东运营中心落户我区，30家企业登陆场外交易市场，新宝股份、欧浦钢网成为IPO重启后首批上市企业，全区登陆资本市场企业累计达63家。赴京举办高端人才交流洽谈会反响热烈，高层次、高技能和创新型人才加快集聚。

发展后劲持续增强。推动145项重点项目建设，计划总投资超1600亿元。省现代产业500强、省重点建设项目数量占全省比重连续三年超过10%。全市新批超千万美元外资项目超过一半落户我区。华侨城、慧聪网、村田陶瓷等行业巨头纷纷进驻。南方智谷、顺德高新技术产业开发区、广东顺德清远（英德）经济合作区等重大产业载体基础设施加快推进，招商引资和项目建设取得新进展。

我们致力改善民生、构建和谐，共建共享幸福顺德彰显成效

民生保障更加有力。职工养老保险参保人数突破80万，办理社保卡超过140万张。推行居民医保重大伤病补充保险制度。五保户、低保户、“三无”人员供养标准分别提高14.1%、9.3%和14.1%，企业退休人员等群体养老待遇稳步提高。社会参与养老事业持续升温。残疾人、妇女儿童、公益慈善等事业健康发展，区儿童福利院建成使用。超额完成保障性住房建设任务。

公共服务更加优质。推进教育综合改革，在全省率先建立多元开放的学校评价体系。公益性、普惠性幼儿园比重提升至52%。社区卫生服务走在全省前列，容桂社区卫生服务中心获评“全国示范社区卫生服务中心”。区第一人民医院易地新建和伍仲珮医院扩建进展顺利。“平价医疗服务”等深受市民欢迎。完善人口计生管理。加快异地务工人员融入顺德。区妇联、区侨联、区工商联分别荣获“全国妇女宣传舆论阵地建设先进单位”、“全国侨联系统先进组织”、“全国工商联系统先进集体”称号。

文化建设更加繁荣。完善公共文化设施和服务网络，顺德博物馆建成开放，顺德演艺中心、德胜广场等文化场馆有效盘活。群众性文体活动蓬勃开展，岭南美食文化节、欢乐龙舟文化节盛况空前，获授“全国群众体育先进单位”称号，顺德龙舟队征战世界龙舟锦标赛勇夺4金。深入开展“十大市民文明行动”“顺德好人”等活动。碧江村入选全国首批传统村落名录。清晖园、顺德糖厂早期建筑列入全国重点文物保护单位。

社会环境更加和谐。“平安顺德”建设迈上新台阶。原始刑事治安警情同比降幅连续两年超过30%，市民安全感明显提升。抓好“六五”普法，获评“全国法治区创建先进单位”。推行重大事项社会稳定风险评估，三级综治信访维稳平台高效运作。社会信用体系、市场监管体系建设有序推进。大良中区社区、容桂幸福社区获评“全国和谐社区建设示范单位”。安全生产稳控在省下达指标以内，城市应急、食品药品安全工作不断强化。

我们致力深化改革、提升服务，区域发展活力动力得到增强

营商环境不断优化。深入推进行政审批制度改革。优化审批流程，提高审批效率。大力压减审批服务事项，继续向社会转移职能。商事登记制度改革取得新进展，初步构建宽进严管市场监管体系。企业登记信息化并联审批在全国率先突破，实现“一表登记、三证同发”。全国首推商事主体网上年报备案。在国内率先发布企业经营审批事项目录，探索市场准入“负面清单”管理模式。企业投资管理体制改革走在全省前列，发出全省首张投资项目立项备案证，进一步压缩工程项目报建验收时限。

协同共治不断深化。全方位扶持社会组织发展，群团组织枢纽功能日益凸显。社工机构和社工队伍发展壮大，法定机构承接政府职能更加有力，居家养老等领域社会创新项目深受欢迎。公共决策咨询迈向制度化、常态化，社会参与平台有效拓宽。村务公开、农村集体资产交易、股权信息化管理、农村财务网上监控等平台建设扎实推进。

政府建设不断强化。坚持依法行政、阳光行政。主动接受人大、政协和社会监督，深入开展

"微问政"。加强廉政风险防控管理，强化行政监察和审计监督，提升财政资金使用绩效。落实中央"八项规定"，开展"四风"专项整治，队伍作风明显改进。外事侨务、统计、信访、人防、武装、档案史志等工作取得新进步。

各位代表，这些成绩的取得，是全区上下共同奋斗的结果。我代表区人民政府，向全区广大干部群众，向省、市驻顺单位，向人民解放军、武警驻顺部队，向所有关心和支持顺德发展的各界友好人士表示衷心感谢！

回顾一年工作，我们更加清醒地认识到，前进道路上还存在不少困难和挑战。主要是：产业结构还不够优化，土地、环保等要素瓶颈愈发凸显；城市发展质量还不够高，聚集辐射能力和开放度都还不够强；民生工作力度还需要进一步加大；改革社会参与度还有待增强，行政绩效还需进一步提高等。对于这些问题，我们将高度重视，采取有力措施认真加以解决。

2014年工作部署

各位代表，2014年是顺德转型发展的关键一年。面对各种机遇和挑战，我们将继续脚踏实地，开拓创新，攻坚克难，全力推动经济社会发展取得新成效。

今年政府工作的总体要求是：深入贯彻党的十八大和十八届三中全会精神，按照上级党委政府和区委十二届四次全会部署，围绕"城市升级引领转型发展，共建共享幸福顺德"战略目标，把"质量并举、以质取胜，效益优先，高端发展"理念贯穿政府工作的各领域和全过程，全力推进城市升级、产业转型、改革创新、民生幸福等核心工作，着力破解一批关键性问题，通过提升城市综合环境，力推经济转型升级，促进企业更好发展和市民生活改善，切实增强顺德综合转型的持久活力和动力，全面提升区域长远发展的核心优势。

2014年经济社会发展的主要预期目标是：全区生产总值增长10%，地方公共财政预算收入增长10%；城乡居民人均可支配收入与经济保持同步增长；城镇登记失业率控制在3%以内，主要污染物减排量、单位生产总值能耗下降幅度和人口自然增长率控制目标完成上级下达任务。

为实现上述目标，我们将重点做好以下工作：

一、提升城市综合环境

坚持政府引领、市场运作、社会参与，汇聚各方正能量，更大力度推进城市升级，提升城市综合环境和区域价值，建设人民安居乐业的美好城市。

注重规划引领、策划先行。加强城市发展战略研究，健全城市升级统筹协调机制。完善城乡规划体系，大力推进协同规划，提高控规覆盖率，优化规划实施机制。创新城市经营理念，提高市场化运作水平。

注重合理布局、功能提升。强化佛山新城、顺德新城"双核"带动，魅力小城串珠成链、联动发展，推动网络型城市加速成型。加快建设佛山新城。充分利用市场力量，加快产城人融合互动，建设中欧新型城镇化示范区。科学统筹东平水道、潭洲水道沿岸陈村、北滘、乐从等镇"两河三岸"地区城市规划，大力推进乐从"六纵六横"骨干路网等基础设施建设。强化中德工业服务区对顺德产业的辐射带动，建好中德高技术实验园等优质平台，加强对以德国为主的欧洲国家招商，加快智能装备制造和技术服务、商贸金融等产业聚集。精心打造顺德新城。实行"中优、东拓、西延、南联、北融"，增强顺德新城集聚效应和辐射功能。中部优化：加大产业聚集力度，推动华侨城大型文化旅游综合项目建设，促进南方智谷总部创新区快速成型，完善顺峰山公园服务配套，加快滨河路、桂畔海云近东区景观提升，打造高品质生活区和高端服务业集聚带。东部拓展：推进东乐路东延线、德民路东延线等道路建设，搭建东拓路网骨架，主动对接广州南沙新区。西部延伸：实施德胜河北岸城市改造，推动马岗片区发展，合理布局现代教育、生物医药、高端医疗器械等绿色产业。南部联动：推动德胜河"一河两岸"统筹建设、有机联动，加快一体化进程。北部融合：推进新基北路、新市良路、羊大路、甲子路延伸线等建设，加快大良、伦教融合步伐。促进镇街协同发展。加快市政网和生态网的贯通，健全镇街深度合作机制，引导镇街资源共享、形成合力，确保全区重大战略和重点工作的整体协调推进。

注重智能高效、科学管理。坚持简约、实用、有效原则，倡导花小钱办大事，着力提升工程质量和进度管理水平，确保城市运行有序。完善基础设施。优化区内路网结构。把顺德环形快速干线作为最核心的基础工程抓实抓好。推进伦桂路、禅西大道南延线、新南沙大桥等骨干路网建设。疏通重点区域道路"毛细血管"，继续打通"断头路"。完善城市慢行系统，推进公交专用道试点，加快人行道、自行车道建设。强化对外交通连接，加快推进广明、江番、佛江高速以及海华大桥、江顺大桥、三善大桥（扩建）等项目。大力推动轨道交通建设，做好沿线区域发展布局研究和站点设置、站场综合开发规划。大力推进500千伏顺德II输变电工程、水利工程和顺德新港建设。科学评估和优化重大公共设施布局。强化城市管理。推动"美城行动"覆盖所有村（社区），全面铺开"五位一体"沿街景观整治，完成105国道、121省道（原325国道）、碧桂路、南国路景观改造和广告整治。鼓励社会参与城市基础设施和公益设施管理。加快智慧城市建设，更好发挥智能交通和数字城管作用。

注重生态优先、宜居宜业。把生态文明建设融入城市发展各方面和全过程，为市民创造良好生产生活环境。推进低碳发展。建立"资源节约型、环境友好型"工业体系，实行更严格的环保准入制度，限期关停、转移和提升一批"三高一低"企业。落实节能减排目标责任制。倡导低碳生活方式，推进"低碳小区"示范工程。探索建立生态资源有偿使用制度和生态补偿机制，逐步体现付费使用资源原则，加大环保执法力度。实施综合整治。更大力度推进大气、水、固体废物等综合治理。完善城镇污水处理厂和配套管网建设，加强农村分散污水治理和分散工业废水集中收运处理，实施桂畔海等10条重点河涌整治。加强细颗粒物（PM2.5）、臭氧等污染防治，推进典型行业挥发性有机物（VOCS）治理，加大工业锅炉、黄标车整治力度。提升生活垃圾收运处理水平，加快启动垃圾焚烧扩能提升项目。提升绿化水平。更加注重绿化生态价值和效益，推动森林进城、绿化进社区。加强城市、郊野、镇村森林公园，湿地公园和公益生态林建设。提升绿化美化，推广道路和建筑物立体绿化，加快潭洲水道、德胜河、桂畔海等江河沿岸绿化景观带建设。

二、增强可持续发展的内生动力

坚持发展作为第一要务，突出工业立区、服务强区，立足当前、着眼长远，以解决基础性、结构性问题为突破口，增强区域可持续发展的动力和活力。

发挥企业主体作用。坚持企业做主体、政府造环境，着力营造公平的竞争环境，充分激发社会投资热情，释放企业发展潜能。健全适应社会主义市场经济要求的产业政策体系，深化实施"龙腾计划"、"星光工程"、扶持骨干企业做大做强"18条"，引导企业加快技术、管理和商业模式创新，推动企业在新一轮市场化进程中实现跨越发展。继续大力开展企业家培训，提升顺商综合实力。开展企业服务年活动。深化企业专员制度，加快培育骨干企业梯队，支持专、精、特、新的中小微企业发展壮大。大力引入市场竞争机制，创新财政支持产业发展方式。进一步清理和规范涉企行政事业性收费项目。

破解土地瓶颈制约。坚持用好增量、盘活存量、优化结构、平衡利益。推进全省城乡土地生态利用制度综合改革试点，成立土地发展管理委员会，着力破解土地历史难题，释放顺德转型升级巨大潜力。强化土地规划管控，加快全区立体空间规划"一张图"管理，适应"建立城乡统一的建设用地市场"的总要求，健全城市更新工作机制和政策体系，突破产权关系复杂、改造动力不足等关键问题，以点带面推动、以价值提升带动"三旧"改造有效突破。重点推进德胜河"一河两岸"、乐从北入口等片区改造。以战略高度推进村级工业园整合提升，科学制定方案，稳步推进试点。

完善区域创新体系。把创新作为提高发展质量效益的根本动力，更好发挥创新驱动经济持续发展的主要作用，促进创新、人才、资本等核心要素高效配置，健全以企业为主体、市场为导向、产学研用相结合的区域创新体系。推进科技企业孵化器、企业工程中心和重点实验室建设。支持骨干企业、高等院校、科研机构组建产学研创新联盟。推进数控一代机械产品创新应用示范专业镇、信息家电示范专业镇建设。为各类人才创新创业创造良好条件，发挥广东顺德中山大学—卡内基梅隆大学国际联合研究院等平台作用，培育和引进一批科技领军人才、高技能人才、复合型人才和创新团队。强化金融服务实体经济理念，提高企业直接融资比重，发挥政策性投融资机构作用，推动银行机构设立科技支行，大力发展互联网金融等新业态。

强化项目平台支撑。突出产城互动，发挥项目引领区域发展的关键作用。推动中德工业服务区、南方智谷、顺德高新技术产业开发区和顺德（云浮新兴新城）产业转移工业园、广东顺德清远（英德）经济合作区强化特色、错位发展，为优质项目提供平台，全力打造新经济增长极。创新招商模式，强化事后监管，提高项目策划、甄别和谈判水平。发挥城市升级、综合转型的环境优势，提升招商质量，加快项目落地。积极探索"研发设计、高端制造、渠道创新”全产业链模式，通过引领性项目推动优势产业高端化和国际化发展。推进信息化和工业化深度融合，加快广东智能制造产业基地等载体和项目建设，提升家电制造业和机械装备业核心竞争优势。发挥中德工业服务区、南方智谷等重大载体对现代服务业项目的聚集功能。加快广东工业设计城扩容提质。着力培育一批电子商务龙头企业、行业电子商务平台和重点项目，鼓励企业开展跨境电子商务。在移动互联网和物联网、云计算、大数据、3D打印等领域抢抓新的机遇。推动现代商贸流通业加速发展。大力发展现代农业，重点扶持农民专业合作社和农业龙头企业，推进国家安全农产品示范区和省级现代农业示范区建设。

三、构建和谐美好幸福顺德

坚持把增进民生福祉作为发展的最终目的，不断提升保障和服务水平，切实解决市民关心的问题，提高市民幸福感。

优化投入保障机制。完善公共财政对民生事业投入的保障机制，扩大一般性转移支付规模和比例。以市民需求为导向，更大范围推行民生项目参与式预算。鼓励多元化保障模式，大力引进社会力量和竞争机制，加大政府购买公共服务力度，促进民生可持续发展。

健全基础保障体系。完善城乡社会保障体系。突出促进就业与鼓励创业“两手抓”，实现社会更充分和更高质量就业。健全社会养老服务体系，优化养老服务设施布局，鼓励公建民营和民办养老福利机构发展。探索建立市场配置和政府保障相结合的住房制度，加快建设南国西路保障性住房。推进平安创建十大工程，发布顺德城市公共安全白皮书，完善社会治安防控体系，提高食品安全保障水平。落实安全生产“一岗双责”，防范重特大事故发生。加强城市应急管理体系建设，切实做好重大事项社会稳定风险评估，确保社会大局持续稳定。

提升公共服务水平。积极推进公立医院改革，建立医疗绩效科学评价机制，实现全区公立医院信息化自助服务系统全覆盖，加快区第一人民医院、桂洲医院整体搬迁。完善社区卫生服务体系，促进优质卫生资源均衡布局，引导市民首诊在社区。提升人口计生服务质量。办市民满意的教育和优质的均衡教育。着力提高公办教育总体水平，支持民办教育加快发展，更加注重普通高中办学质量。优化城乡校网布局，强化教师队伍建设。推进教育评价体制、职业教育体制和招生制度改革。强化开放办学理念，深化区域教育交流合作。加强公益性、普惠性幼儿园建设。

大力推进文化惠民。完善公共文化服务体系，扩大公共文体设施和群众性文体活动覆盖面。深化文化体制改革，鼓励社会力量参与公益性文化建设。保护和传承岭南文化，活化一批历史文化片区、特色街区和历史建筑，创作一批体现岭南文化内涵、凸显顺德文化特色的文化精品，加大非遗项目保护和非遗传承人保障培养力度。推动顺德传统文化进入市民生活，加强文化与旅游等产业深度融合，培育新兴文化业态。加强城市内涵宣传，提升城市吸引力和影响力。

着力打造幸福社区。把生活社区作为社会建设基本单元和社会治理重要抓手，着力打造“生活便利、管理有序、安全舒适、环境优美、文明祥和”幸福社区。发挥典型示范作用，围绕社区管理服务、公共设施配套、文化教育、生态环境等方面，统筹整合各类资源，探索建立新型社区治理模式。

今年，我们还将办好十件民生实事，让市民更加充分享受改革发展成果。

四、巩固改革开放领先优势

坚定社会主义市场经济改革方向，立足我区综合改革初步建立的体制机制优势，进一步扩大对外开放，更大力度推进重点领域和关键环节改革攻坚，推进地区治理体系和治理能力现代化。

完善现代市场体系，推进政府职能转变。发挥市场配置资源的决定性作用，进一步明晰政府与市场的关系。加快完善生产要素市场。健全多层次资本市场体系。鼓励设立民营银行、第三方支付公司和金融租赁公司。争取人民币资本项目可兑换试点。完善地方金融监管体系，防范区域性、系统性金融风险。逐步建立规范高效的土地市场，优化工业用地公开出让、土地供后监管、建设用地退出等制度。完善现代企业制度，增强国有资产运作能力。建立健全技术创新市场导向机制，优化公共创新平台运作模式。深入推进公共资源交易体制改革，促进城市经营项目投资多元化、市场化。持续深化行政审批制度改革。建立全区统一的信息公示平台、综合监管平台和公共联合征信系统，强化商事登记后续监管，着力打造法治化、国际化营商环境。启动行业许可并联审批试点和电子证照应用平台建设。加快企业投资管理体制改革，显著提升企业投资便利化水平。放宽中介行政限制，打破垄断，进一步提高企业办事效率，降低办事成本。

改进社会治理方式，激发社会发展活力。正确处理政府与社会关系。积极培育社会组织和社会企业，提升社会组织承接政府转移职能的能力。建立社会工作服务标准，提升社会服务专业化水平，探索慈善福利事业社会化、专业化、透明化发展。完善现有法定机构法人治理运行机制，助推政府执行效率整体提升。加快城乡统筹发展，促进农民增收，增进社会和谐。积极推动志愿者服务，鼓励市民广泛参与社会服务管理，增强公民社会责任感和城市凝聚力。

大力实施开放引领，提升改革发展层次。跳出顺德谋划顺德发展，以更广阔的视野、更包容的心态、更开放的机制，汇聚更大的发展资源和力量。大力提升城市外向度。充分发挥内畅外通交通优势，深化与周边地区战略合作，更加积极主动融入广佛肇都市圈和珠三角一体化进程。充分利用国际友城、港澳台等渠道，提升城市和产业国际化水平。大力发展总部经济，推动企业“走出去”发展，抢占全国乃至全球商机。弘扬顺德精神，以开放包容的城市文化和海纳百川、兼收并蓄的城市胸怀，集思广益、汇聚民智，形成共建共享、充满活力的城市发展局面。

五、建设人民满意的政府

进一步强化执行、优化服务，结合党的群众路线教育实践活动，营造奋发有为、廉洁高效的干事创业氛围，建设人民满意的政府。

坚持完善机制、提升效能。深化内部动力机制建设，提升各级干部攻坚克难的毅力和立足长远发展的定力。强化全区上下的“运动员”意识，形成主动作为、敢于担当、善于担当，少抱怨、少指责，多沟通、多实干的工作氛围。完善部门设置，优化流程设计，加强部门协作，推进区镇政府职责异构，加快形成大财政、大国资、大国土、大招商、大交通、大环保工作格局。加强财政资金监管，建立健全重大工程建设项目联审等制度，确保财政支出和政府性债务资金的安全高效。

坚持依法行政、科学行政。注重运用法治思维和法治方式正确履行职能。着力提高政府工作透明度，切实加强网络问政，自觉接受人大法律监督、政协民主监督、社会公众和舆论监督。继续加大政务公开力度，推动行政执法流程网上管理，建立执法投诉和执法结果公开制度，执行预决算及“三公”经费公开。强化科学决策，问计专家、问计基层，完善公共决策咨询体系，开展公共服务政策社会评议，增强社会共识与政策认同。

坚持从严治政、廉洁从政。严格落实中央和省、市关于改进工作作风、密切联系群众的规定，严肃查处有令不行、敷衍塞责、庸懒散奢等行为。加快建立全区统一的政务咨询和行政投诉平台。完善惩治和预防腐败体系，强化重点领域、重点部门、重点资金、重点项目的行政监察和审计监督，加强领导干部经济责任审计，完善公务员考核与奖惩机制，营造风清气正的发展环境。

各位代表，新的一年，新的征程。我们将在区委的坚强领导下，紧密团结和依靠全区人民，坚定信心、创新实干，励精图治、奋勇争先，为实现“城市升级引领转型发展，共建共享幸福顺德”宏伟目标而努力奋斗！

佛山市顺德区人民政府2014年十件民生实事

关爱长者 建成5个“长者综合服务中心”。制定居家养老服务工作指引，组建居家养老服务评估队伍。逐步推行养老机构社工介入服务。推进为低收入、高龄、独居、失能和失独老年人购买住养类养老服务试点。推动村（社区）设立退休人员社会化管理服务站。

公交优化 开通“南顺互通”公交线路。优化公交线路设置。新增公交车辆100辆，中心城区万人公交车拥有量达18台。公交站亭建设覆盖85%以上公交站点。

社区卫生 社区卫生服务覆盖率达95%。社区家庭医生服务覆盖率达90%以上。推行社区医生慢性病管理责任制，慢性病跟踪管理率达80%以上。各镇（街道）社区卫生服务中心全部建成“健康小屋”，并逐步推广至下属社区卫生服务站点。

食品安全 对全区食品生产、食品流通及餐饮服务三个环节的监督抽检达到1000批次，各镇（街道）食用农产品检测比率同比提高5%。每个镇（街道）鼓励和推动完成1个以上农贸市场升级改造，累计完成1000平方米以上市场升级改造项目不少于6个，对市场设施、市场环境、食品检测监管等方面进行全面综合提升。

教育惠民 增加优质学前教育资源，全区93%的幼儿园成为规范化幼儿园，幼儿园上等级率达78%。完善顺德新城公共教育配套，加快推进1所中学、1所小学建设。借鉴德国“双元制”人才培养模式，加强技能型人才培养。

文化共享 打造区级重点群众文化体育活动，推广粤剧、永春、龙舟等群众参与度高的特色文体项目。新建、改造、提升10个社区体育公园。

社区优化 各镇（街道）推动新建或改造提升包含各类休闲文化公共设施的高标准社区公园1—2个。鼓励对环境欠佳、设施陈旧的村（社区）进行改造优化。全面完成14个全征地社区的公共项目建设，建立社区公共服务管理团队。

生态家园 铺开“五位一体”沿街景观整治，每个镇（街道）落实1个改造试点。实现“大保洁”市政管理模式全区覆盖。完成容桂、北滘、乐从、龙江、均安等5个镇（街道）生活垃圾压缩中转站的升级改造。推进建设农村分散污水治理项目。按照“一河一策”整治方案，每个镇（街道）启动至少1条河涌的整治工程。

信息便民 各镇（街道）政府公共服务办公区域、医院、公园等公共场所免费提供无线网络服务。推进住宅小区光纤入户，光纤覆盖达8万户，新建楼盘小区光纤通达率达100%。推进在区内所有路边收费停车路段和收费公共停车场支持市民卡刷卡消费。

治安提升 推进视频卡口和电子防控网络建设，构建立体化治安防控体系。

佛山市顺德区人民政府
2012～2016年十项重点工程推进情况

顺德区第十五届人民代表大会第一次会议审议通过了2012年至2016年十项重点工程，目前各项工程推进情况如下：

顺德新城工程。 按计划推进43项重点项目，其中10项已完工。城市景观、绿化亮化、道路交通等建设水平显著提升。华侨城大型文化旅游综合项目等一批高端服务业项目加快推进。大良东区板块日益成熟，顺德新城东拓步伐加快。南方智谷B区启动区建设取得重大进展，广东顺德中山大学—卡内基梅隆大学国际联合研究院落成。

佛山新城工程。 佛山新城委托顺德区管理，实行区镇融合、联动发展。北滘麦家沙拆迁、乐从岳步村全征地、乐从大墩村改造进展顺利，安置房小区建设已完工。中德工业服务区基础设施和招商引资建设取得初步成效。

基础网络工程。 23项重点水利工程完工18项。完成12项内河涌整治工程，整治内河涌565公里。建成14座小型污水处理设施。实施绿化提升工程，近年来绿化投入累计达11.81亿元，新增（改造）绿化面积达906.3公顷，其中2013年投入达6.62亿元，新增（改造）绿化面积达461公顷。完成286公里城市绿道及相关配套设施建设，绿化水平全面提升。佛山一环南延线（主线）等一批重点工程相继完工，“三横四纵”高速路网、“30·15”交通路网（即区内各镇（街道）30分钟互达，15分钟上高速）建设目标基本实现。数字城管覆盖全区10个镇（街道）中心城区，启动智能交通系统建设。

环境再造工程。 深入开展“美城行动”，2011年8月起累计投入达48.9亿元，考评范围覆盖全区一半村（社区），市容环境明显改善。铁腕推进以大气、水环境、固体废物为重点的城乡环境综合治理，投入7.88亿元推进9座城镇污水处理厂建设，计划投入7.8亿元，推进农村分散污水处理设施建设，预计三年内将完成110座农村分散生活污水处理设施建设。完成所有村（社区）垃圾收集站改造提升，全区城镇生活垃圾无害化处理率将达100%。大力推进“三旧”改造。德胜河“一河两岸”、天富来国际工业城改造项目、容桂文塔中央商务区、勒流滨水生态区启动区、乐从北入口片区等重点改造项目正加快推进，示范带动效应逐步显现。

产业软实力工程。 深化实施“龙腾计划”“星光工程”，出台推动骨干企业做大做强“18条”。创造性推出企业专员制度和干部到企业挂职锻炼制度。企业上市步伐加快，目前全区共有63家企业成功登陆资本市场。广东西安交通大学研究院等13个公共创新平台建设扎实推进。大力实施品牌、专利、标准和知识产权战略，专利申请量和授权量连续18年位居全国县域前列。全社会研发投入占GDP比重达2.9%，居全省领先水平。实施“人才强区”战略，出台“1+10”人才政策，探索建立接轨国际的人才管理体制迈出坚实步伐。

产业载体工程。 南方智谷吸引力合科技园、广业科技服务基地、广东湖南大学研究院等项目落户，新增2家国家级科技企业孵化培育单位，孵化科技企业超过100家。顺德高新技术产业开发区升格为省级开发区，优质项目加快进驻。广东顺德清远（英德）经济合作区基础设施、招商引资进展顺利，入驻企业累计达21家、总投资234亿元。中德工业服务区、顺德（云浮新兴新城）产业转移工业园顺利推进。

现代产业工程。 产业结构持续优化，三次产业比重为1.6∶52.5∶45.9。成为全国唯一“国家级装备工业两化深度融合暨智能制造试点”，机械装备产业成为顺德第二个千亿级产业集群，高新技术产品产值占规模以上工业总产值比重提升至60%，服务业增加值占GDP比重达45%。工业设计、电子商务发展增势喜人，物联网应用全省领先。慧聪中国家电电子商务产业园等一批重大项目落户顺德，探索家电“研发设计、生产制造、渠道创新”全产业链模式迈出重要一步。省现代产业500强、省重点建设项目数量占全省比重连续三年超过10%。

文明安康工程。 编制推进基本公共服务设施均等化规划。实施教育提升五年行动计划，大力推进公益性、普惠性幼儿园建设。推进医疗卫生体制改革，建设社区卫生服务中心（站）88间，覆盖率为92.08%。推行社区医生进家庭服务，组建社区卫生服务团队420个。落实国家基本药物制度，全区门急诊次均药费降至25.94元。人均体育用地面积达2.06平方米。建成公交站点3045个，2013年日均公交客流量约42万人次，较2011年年底提高40%，中心城区公交出行分担率达23%。完善食品信息发布机制，加大日常监管和专项整治力度。加强社会治安立体防控，加大警力下沉力度，推进电子防控体系建设，建成前端视频点48967个，原始刑事治安警情同比降幅连续两年超过30%。

安居乐业工程。 完成省政府下达保障性住房建设任务。完善就业援助体系，开发公益性社区服务就业岗位，93个社区成为全省“充分就业社区”，城镇登记失业率控制在2.3%以内。出台小额担保贷款政策，完善就业技能培训体系，实施“蓝领工程师”培育计划。完善助残扶困和社会救助机制，建立社保财政补贴机制。完善完全被征土地农村居民基本养老保障制度，实施城镇居民基本医疗保险的重大伤病补充保险制度。

改革创新工程。 深入推进行政审批制度改革。优化审批流程，提高审批效率。大力压减审批服务事项，继续向社会转移职能。商事登记制度改革取得新进展，初步构建宽进严管市场监管体系。企业登记信息化并联审批在全国率先突破，实现“一表登记、三证同发”。全国首推商事主体网上年报备案。在国内率先发布企业经营审批事项目录，探索市场准入“负面清单”管理模式。企业投资管理体制改革走在全省前列，发出全省首张投资项目立项备案证，进一步压缩工程项目报建验收时限。全方位扶持社会组织发展，社工机构和队伍发展壮大。居家养老等领域社会创新项目深受欢迎。公共决策咨询迈向制度化、常态化，社会参与平台有效拓宽。推进法定机构试点。村务公开、农村集体资产交易、股权信息化管理、农村财务网上监控等平台建设扎实推进。

佛山市顺德区人民政府2013年12项民生工程落实情况

充分就业工程。 实施“蓝领工程师”培育计划。完成3.4万人次技能提升培训，完成率达121%。开展城乡居民岗前技能培训，增加农村劳动力免费技能培训机会。实施“扶持创业带动就业”计划，落实创业小额担保贷款等政策。推行“阳光就业服务工程”，对已办理失业登记仍未就业的各类就业困难人员进行就业指导服务。帮助1327名就业困难人员实现就业。

社会保障工程。 全区80%的村（社区）实现社保服务联网，为群众提供劳动、社保、金融等自助服务。2013年起实施重大伤病补充保险制度，居民重大伤病患者报销比例达62%。建立健全异地务工人员社会救助制度。医疗救助“一站式”服务救助困难群众3697人次，救助金额431.43万元。

治安提升工程。 推进警用电子防控体系建设，新增社会治安视频监控点730个（含392个高清点），23个高清治安卡口，全区视频一类点达6542个、卡口总数达202个。继续完善情报信息主导警务体系。完成警用地理信息平台建设。“两抢”“两车”“两入”“黄赌毒”警情分别下降36.8%、47%、24.6%、40.4%。八类严重暴力案件立案下降、破案绝对数及破案率上升。全区命案发案下降54.8%。推进社区警务平台及移动社区警务，落实社区警务专职化、“以房管人”、定期抽查通报等工作措施。

住房保障工程。 编制2013~2020年全区住房建设规划。1270套新增公租房全部动工，2324套公租房和限价房基本建成。完成率达到127%和101%。

市民健康工程。 建成统一的社区卫生信息系统，启用社区卫生服务移动工作站。社区卫生服务覆盖率达92.08%，社区家庭医生服务覆盖率达85.37%。省卫生村覆盖率达98.8%。成立省内首个县区级医学检验专业质量控制中心，扎实开展医疗卫生服务第三方满意度调查。为9509对育龄夫妇免费提供孕前优生健康检查服务。

食品安全工程。 开展食品安全专项整治行动，共抽检食品1488批次，对肉制品、大米、豆制品、食用油等大宗商品抽检654批次。编制《2012年度顺德区食品安全监管白皮书》，向社会公布2012年全区食品质量安全信息。构建基层食品安全监管网络和防控体系。完成40个农贸市场硬件建设。

教育惠民工程。 全区幼儿园上等级率达76.2%，省规范化幼儿园比例达90.98%。推进异地务工人员子女入读义务教育阶段公办学校“积分入学”制度。落实残疾儿童少年15年免费教育政策，对符合条件的残疾学生，学前教育免除保教费6000元/人·年、高中阶段免除学杂费2470元/人·年、中职学校全面实行免费入学。

文化共享工程。 组织各类公益性文化活动、展览、讲座近2000场，免费放映电影2600多场。在顺德一中德胜校区、李兆基中学，以及北滘、勒流开展“公共图书馆服务进校园”试点。为异地务工人员开展700多场文艺培训。为4000多名市民进行免费体质测试服务。

生态绿化工程。 新增及改造绿化面积327万平方米。完成碧桂路（容桂段、伦教段、北滘段）绿化改造、顺德新城核心区中轴线绿化景观提升改造、顺德立交桥及大良主城区人行天桥立体绿化一期工程。每个镇（街道）启动1至2个新建、改造公园绿地和道路绿地项目。

清洁家园工程。 全区村居垃圾收集站改造完成率达85%，容桂、北滘、乐从、龙江、均安等5个镇级垃圾压缩中转站动工建设。容桂、勒流、陈村、乐从、龙江城镇污水处理厂（新）扩建项目在建。完成14座农村分散生活污水处理设施建设项目。龙江镇有机废水集中处理项目动工建设。整治主干河涌和部分支涌工业排污口，规范合法排污口208个，清理取缔非法排污口51个。关闭未达整改要求的排污企业291家。全区提前淘汰公务类黄标车120辆，提前淘汰社会类黄标车3717辆，全部取消2000年年底前登记营运类黄标货车营运资格。升级改造2个国控环境空气自动监测站。

公共设施工程。 完成8座人行天桥建设。启动新建（改造）停车场（库）34个，配套停车位3800个。网上审批大厅全面启用，848项审批事项实现网上受理。完成市民卡在公交领域的推广应用。在顺峰山公园免费提供无线网络服务。

爱心结对工程。 全区295户困难户、710名困难群众列入被帮扶对象。实行“一户一策、一人一法”等综合扶贫措施。试行“一企一岗、一企多岗”的推荐办法，帮扶困难户就业。开辟公益性岗位，优先就近聘请被帮扶对象。通过实行义工家教、爱心助学等方式对困难户学生开展助学帮扶。

践行群众路线　为民务实清廉 谱写幸福顺德新篇章

——在中共佛山市顺德区第十二届代表大会第四次会议上的报告

中共佛山市委常委、顺德区委书记　梁维东

（2014年2月20日）

同志们：

现在，我代表顺德区委向大会作报告，请予审议。

2013年基层党建工作回顾

过去一年，我们紧紧围绕“城市升级引领转型发展、共建共享幸福顺德”的战略目标，改进党的领导方式，完善工作机制，加强自身建设，基层党建不断优化提升，引领全区改革发展开创新局面。

党领导改革发展能力进一步增强。面对错综复杂的发展环境和艰巨紧迫的改革任务，各级党组织引领方向、统揽全局、科学决策，推进城市升级、产业转型、改革创新工作取得新突破，经济社会发展呈现稳中提质的良好态势，大部分经济指标增速居全国十强县（市）前列，顺德领跑县域的基础优势和核心竞争力系统提升，连续两年位列全国市辖区综合实力百强之首，获评中国全面小康十大示范县市。凝心聚力、协同各方，深化简政放权，扩大社会参与，实施企业专员制度，激发经济社会活力和创造力。全市新批千万美元以上外资项目超过一半落户我区，商事主体登记在2012年实现大幅增长的基础上再增长12%。社会组织蓬勃发展，同比增长31.8%，首破1000家。社会组织“孵化式”党建工作荣获2013年中国城市管理进步奖。党领导下富有活力的协同共治格局加快形成。强化服务，扎实推进各项民生工程建设，城乡环境和治安环境大为改善，农村基层历史问题逐步解决，党群关系更加密切，社会大局日趋和谐稳定。

工作机制日益完善。深化党代会常任制试点工作，党代表履职机制更加健全。基层党组织统筹“一室（党代表工作室）一站（行政服务站）一会（议事监事会）”运作的城乡社区治理模式日趋成熟。继续从党建战略的高度推进党代表工作室建设，党代表牵头联同人大代表、政协委员深入社区听民意、察民情、纾民困，约请职能部门协同解决民生问题，一年来处理群众意见1万多条，办结率91%，群众满意度达92%。加大党建经费投入，探索建立社区发展基金，联动社会资源参与社区发展，基层党建资源保障更加有力。

党组织建设和反腐倡廉工作不断加强。深化“固本强基”工程，建立党员“优进劣汰”机制，创新党员教育、管理和服务方式，各级党组织的战斗力和创造力得到提升。严格落实中央“八项规定”，坚决整治“四风”，党员作风进一步改进。加强反腐倡廉建设。深化纪检监察审计体制改革，实施整体双派驻，大监督体系进一步健全。注重标本兼治，深入开展廉政文化建设，创新廉政工作机制，加强要素市场监管和审计监督，依法打击违法违纪行为，党风廉政建设和反腐败工作向纵深推进。

2014年党的群众路线教育实践活动部署

各位代表，今年是顺德改革再提速、发展再提质、城市再提升，进一步确立和巩固综合领先优势的关键一年，党建的保障促进作用显得更为迫切和重要。必须坚决按照中央和省、市的部署，坚持为民务实清廉，深入开展党的群众路线教育实践活动，全面加强党的建设，以更加优良的作风、过硬的能力、昂扬的斗志，团结带领全区人民推进综合转型升级，谱写幸福顺德新篇章。

一、统一思想，深刻领会教育实践活动的重要意义

贯彻群众路线是加强党建夯实执政基础的必然要求。在当前国际国内环境、世情国情党情深刻变化的形势下，党正面临一系列深刻的考验和挑战，其中最大的危险是脱离群众，这要求我们必须全面加强党的建设，深入贯彻党的群众路线。群众路线是党的生命线和根本工作路线。开展群众路线教育实践活动，就是要加强和改进党的作风建设，密切党群血肉联系，把为民务实清廉的价值追求深深植根于每个党员的思想和行动中，使保持党的先进性和纯洁性、巩固党的执政基础和执政地位具有更广泛、深厚、可靠的群众基础。

贯彻群众路线是深化改革实现战略目标的必然要求。党的十八届三中全会的召开，标志着我国进入了改革引领发展的新时期，一直以改革取胜的顺德，再次迎来了大有作为的历史机遇期。全面深化改革，实现“城市升级引领转型发展，共建共享幸福顺德”的战略目标，关键在党、在人、在党员干部的素质和作风。开展群众路线教育实践活动是收集民意的最好方法，通过转作风、办实事赢得群众的信任和支持，夯实工作的群众基础，带动社会风气整体好转；也是吸纳民智的过程，深入基层广泛咨询、问计问策，优化党委政府决策，提高党员干部能力，更好地推进改革发展；更是引导民意的重要方法，走进群众宣传党委政府的方针政策，进行真诚充分的沟通发动，推动企业和群众履行社会责任和公民义务，提升改革发展的社会参与度。

贯彻群众路线是改进作风解决群众反映问题的必然要求。坚持问题导向是这次活动的鲜明特点，是活动能否取得实效的关键。经过前段时间的整治，党员队伍作风明显好转，但依然存在一些问题和不足。主要表现在：有的领导干部群众观念不强，推进改革发展的紧迫感、责任心欠缺，面对激烈竞争敢于继续领先发展的能力、信心和锐气不足。有的部门服务基层的意识淡薄，主动策划、尽心协助基层依法解决问题的观念弱、办法少；有的本位主义严重，没有大局观念，工作被动保守缺乏沟通，在改革中放权不积极、配合不到位。有的村（社区）党组织软弱无力，服务群众的意识和能力差，领导方式僵化，规则意识不强，办事公开透明不足，甚至不公不廉，等等。这些不正之风是产生社会问题的重要原因。开展群众路线教育实践活动，就是要让广大党员干部加强学习，认真查摆作风问题并加以整改落实，补精神之钙、除“四风”之害，去行为之垢、利为民之治；让广大党员干部深入基层、走进群众，了解基层难题和群众疾苦，增强造福社会的使命感和责任心，提升推动发展的能力和创造力，解决好群众反映的问题，以转作风、促发展、惠民生的实际成果取信于民。

二、明确目标，高标准严要求开展教育实践活动

把握好活动的总体要求。顺德作为第二批开展党的群众路线教育实践活动的基层单位，部门和人员范围广、领域宽、数量大，与群众联系更加直接紧密，涉及的矛盾和问题更加具体复杂，任务更加艰巨。必须认真贯彻习近平总书记关于教育实践活动的系列讲话精神和中央、省、市的要求，以为民务实清廉为主要内容，以落实中央八项规定为切入点，以“照镜子、正衣冠、洗洗澡、治治病”为总要求，突出作风建设，坚决反对形式主义、官僚主义、享乐主义和奢靡之风，着力解决人民群众反映强烈的突出问题，提高新形势下做好群众工作的能力，使全体党员干部思想进一步提高、作风进一步转变，党群干群关系进一步密切，为民务实清廉形象进一步树立，基层基础进一步夯实，凝聚推动改革发展的强大合力。

突出解决问题的活动导向。要把干部作风转变没有、群众的问题解决没有、改革发展的重点难点突破没有，作为检验教育实践活动成效的标准。着力破解“四风”难题。要针对各级党组织和党员干部思想作风的突出问题，深入查找问题产生背后的理想信念、体制机制、社会文化等原因，改进和创新作风建设的方式方法。着力破解影响改革的体制约束难题。改革是发展的最强大动力，顺德作为全省的改革先锋，要借这次活动提升改革成效。进一步弄清制约改革的体制机制障碍，加强改革的宣传发动和学习培训，建立完善改革的动力机制，提高改革的社会参与度，以更大的勇气和魄力突破重点难点问题。着力破解群众反映强烈的切身利益问题。保障和改善民生是最大的群众路线。要加快解决农村基层长期存在的历史遗留问题、群众普遍关心的民生突出问题、社会公平正义问题、公共服务优化提升问题，推动人民向往的美好生活变成现实，增强群众的幸福感。着力破解转型升级面临的难题。要以科技创新驱动制造业升级，加快发展第三产业，提升城市功能，改善人居生态环境，培育人文内涵，推动“产城人”和“产业金融科技”融合发展，增强顺德经济核心竞争力。企业是顺德转型升级的骨干力量。要借教育实践活动的契机，切实解决制约企业发展的热点难点问题。着力破解联系服务群众“最后一公里”的难题。要切实加强基层党组织和一线服务、执法部门建设，改进和完善镇街和村居服务，建立稳定的基层组织运转和基本公共服务经费保障制度，确保联系群众、服务群众更直接、更到位。

按照从严从实的要求开展活动。要发扬共产党人讲“认真”的精神，把“照镜子、正衣冠、洗洗澡、治治病”的总要求落实到各个环节。更加注重领导带头。“子帅正，孰敢不正”。各级党组织书记要强化领导第一责任，强力推进本单位的教育实践活动，带头查改班子和队伍的突出问题，在活动中作表率做示范，让广大党员干部有标准、有方向、有动力。更加注重聚焦“四风”。要对作风之弊、行为之垢来一次大排查、大检修、大扫除，把整治侵害群众合法权益行为作为重中之重，不达目标不罢休。更加注重开门搞活动。“知屋漏者在宇下，知政失者在草野”。开展活动切忌自弹自唱，要相信群众、依靠群众，创造条件让群众全程参与活动。把“走进群众听”和“组织群众评”结合起来，广泛听取群众意见，找准找实“四风”病灶、摸透病因、对症下药，避免以自我感觉代替群众评价。更加注重分类指导。坚持分类实施，统筹推进，针对不同层级、领域和对象提出活动的具体要求任务，不能大而化之，不搞“一刀切”“一锅煮”。更加注重衔接带动。学好用活第一批活动经验的同时，要针对顺德实际和本单位具体情况，做好“规定动作”、创新“自选动作”。强化上下联动，将基层整改的问题与需要上级帮助解决的问题衔接起来，以上带下、以下促上。区党政班子的党员领导干部要各选一个镇街、村居、机关企事业单位作为联系点，选取一个制约地方改革发展、群众反映强烈的热点难点问题进行调研，制订解决方案并推进落实。区委委员要联系后进村、问题村和困难企事业单位，实行一级抓一级、一级带一级，层层抓落实，确保活动不空不偏，不走过场。更加注重严格要求。要开好专题民主生活会，以整风精神开展批评和自我批评，敢于触及思想和灵魂，敢于碰硬揭短亮丑，让党员干部红红脸、出出汗、排排毒，切实清除党内政治灰尘和微生物。坚持以严的标准、措施和纪律，把正风肃纪一抓到底，对软、懒、散的领导班子和软弱涣散的基层党组织进行集中整顿，严肃处理不合格党员，确保活动善始善终、善作善成。

三、加强制度建设，促进群众路线长效贯彻

坚持群众路线，关键在贯彻落实中加强制度建设，促进贯彻群众路线的制度化，使党的群众路线在全体党员干部中深深扎根，使践行党的根本宗旨成为党员干部的制度约束和普遍自觉。

加强社会主义民主政治建设，拓宽贯彻群众路线渠道。完善党代会常任制。畅通和落实党代表的知情权、参与权、决策权和监督权，使党委政府的决策更民主科学，更能回应群众期盼、赢得社会认同。继续从战略高度深化党代表工作室建设，创新运作机制，加强对职能部门解决群众反映问题的监督落实，推动群众意见从“高办结率”向“高解决率”转变。完善党政领导干部直接联系基层工作机制和基层反映意见的“直通车”制度，及时解决群众的实际问题和困难。完善人大群众工作机制。加强人大常委会与人大代表的联系，充分发挥代表作用。通过建立健全代表联络机构、网络平台等形式密切代表与人民群众联系，扩大公民有序参与重大事项决策途径，积极回应社会关切。推进协商民主广泛多层制度化发展。以经济社会发展重大问题和涉及群众切身利益的实际问题为内容，广泛深入开展政治协商，把协商贯穿于决策全过程。完善决策咨询制度，建立公共服务政策社会评议机制，发挥群团组织、法定机构、社会组织联系群众的优势，带动群众广泛参与社会治理和服务创新。加大政务公开力度。完善政府信息公开机制，严格落实财政预决算和“三公”经费公开，建立执法投诉和结果公开制度，保障群众知情权，自觉接受人大、政协、社会公众和媒体舆论监督，增强施政透明度和公信力。

深化综合改革，扩大贯彻群众路线成效。完善大部制和简政强镇改革。建立大部制运行规则，推进区镇政府职责异构，明晰权责、科学分工、优化流程，增强区级统筹引领能力和镇街管理服务能力，以提升党政治理能力更根本地造福市民。攻坚审批制度改革。继续简政放权，完善商事登记制度改革，推进投资领域改革，加强后续监管，营造国际化、法治化的营商环境，促进投资便利化。加强社会体制改革。培育社会组织，加大政府职能事项转移和采购服务力度，加快发展公益慈善事业。突出需求导向，完善社会政策，深化社会

各项事业改革，切实保障和改善民生。深化基层治理体制改革。完善基层党组织统筹“一室一站一会”运作的社区治理机制，推动“一室一站一会”在贯彻群众路线中发挥更大作用。加大农村发展投入，切实解决农村历史债务和征地留用地、固化宅基地等遗留问题。结合本次村居换届选举，选好配强班子队伍，夯实基层长远发展的基础。

加强自身建设，增强贯彻群众路线能力。强化使命感和紧迫感。当前顺德的改革发展正面临“千帆竞发、百舸争流”的激烈竞争，不进则退。各级党员干部要进一步增强执政为民、争先创优的使命感和紧迫感，自觉承担起披坚执锐、攻坚克难的重任，带领广大群众闯出改革发展的新路子。强化学习型、创新型党组织建设。要勤于学习、善于学习，提高推动发展、解决问题的能力和创造力，尤其要善于向基层和群众学习，深入开展调查研究，从群众中吸取源源不断的智慧和力量。强化党风廉政建设。坚持党要管党、从严治党，严格落实党风廉政建设责任制；狠抓作风建设，完善惩治和预防腐败体系，强化对权力运行的监督制约；推进纪检监察审计机制创新和制度建设，深化派驻体制改革，努力营造风清气正的政务环境。

各位代表、同志们，贯彻群众路线没有休止符，作风建设永远在路上。让我们以“踏石有印，抓铁有痕”的气魄和决心，深入推进党的群众路线教育实践活动，以作风建设的新成效汇集起改革发展的强大正能量，引领全区人民同心同德、为建设幸福顺德而努力奋斗！

特辑

以问题为导向推进综合改革
构建区域发展核心竞争力

（2014年1月7日）

一、顺德综合改革的思考

顺德作为全省综合改革试验区，改革是经济社会发展的内在需要，是问题导向和需求导向的改革，印证了习近平总书记所说“改革是由问题倒逼而产生，又在不断解决问题中得以深化”。改革开放初期，为了解决农村生产力落后、群众生活贫困的问题，顺德率先提出“工业立县”的战略部署，大力发展轻工业和乡镇集体企业，兴办全国第一家“三来一补”工厂，使顺德由农业大县发展成为工业壮县；上世纪90年代初，为了解决集体经济产权不明晰、负赢不负亏、债务包袱惊人的体制性问题，顺德在全国率先启动企业产权制度改革，实行政企分开、政资分离，“靓女先嫁”，将1000余家国有、集体企业转制为民营企业，政府退出一般竞争性领域，率先建立市场经济体制，为顺德经济发展打造了根本性制度优势，大大解放和发展了社会生产力，培育了一批先进产业集群、优秀民营企业以及具有国际视野和社会责任感的优秀企业家，成为全国县域经济的排头兵，GDP从1992年的79.41亿元增加到2013年的2545.1亿元，年均增长约18%。2000至2003年，连续四年排名全国百强县榜首，2006年成为全国首个GDP超千亿元的县域经济体。顺德的发展实践表明，改革作为源动力，是推动经济社会发展成本最低、动力最足、效果最好、作用最持久的办法。

迈入21世纪，顺德已经达到中等发达地区的发展水平。然而，随着市场经济和民主法治的深入推进，顺德率先发展，也率先遇到经济社会的深层次矛盾和问题，遇到传统发展模式的瓶颈和制约。顺德紧抓由省委主要领导挂点指导学习实践科学发展观的契机，深入剖析现状，与时俱进再举改革大旗，解决问题，重塑发展的体制优势。

2009年，顺德把握全省深化行政管理体制改革试点的机遇，在省的正确领导和大力支持下，率先启动了以党政机构改革为切入点的大部制和“简政强镇”事权改革，初步解决了区属政府部门之间以及区镇两级政府之间的分工不清晰、责权不一致、管理层级多、问责不到位的问题，提高了办事效率，构建起公共服务型政府组织架构和运作机制。随着改革向纵深推进，我们深深感受到，这两项改革主要是体制内的职能和权力调整，政府职能转变还不到位，公务员依然疲于奔命，党委政府不堪重负、缺乏引领性和创造力。

经过全面反思和深入研判，我们认为问题的核心根源在于近年顺德工业化、城市化和市场经济快速推进，带来经济社会发展的巨大变化，但党政治理体制机制滞后，政府职能没有与时俱进实行根本性转变，导致政府治理能力弱化的同时扼制了市场和社会的活力和创造力。主要表现在：与社会主义市场经济要求相比，政府对经济发展干预过多、监管不足，政府职能还存在越位、错位和缺位问题；与工业化相比，城市化水平滞后，对经济转型升级的支撑力不够，经济增长出现后劲不足；与经济发展相比，社会建设和农村发展滞后，社会问题逐步突显，社会活力和创造力受到较大制约，群众未能进一步享受到经济发展成果，农村基层从2001年起陆续出现一些影响稳定的苗头性问题，经过10年发酵和积累，2010年、2011年顺德涉农到省上访人次居全省前列。我们审时度势，作出了发展是硬道理的判断，提出了“城市升级引领转型发展，共建共享幸福顺德”的发展战略，以城市升级为路径、以产业转型为核心、以改革创新为动力、以民生幸福为依归，聚精会神、精耕细作，推动各项工作深化实施、竞相突破、体现成效，进一步确立改革发展领先优势。

二、改革的主要措施和成效

改革的整体思路是，沿着“大部制、小政府、大社会、好市场”的路径，以转变职能为目标，推进行政审批制度改革，减少管制和审批，强化服务和监管，建设“小政府、强政府”；以协同共治为手段，推进社会体制改革和基层治理体制改革，激发社会能量和活力，建设“大社会、好社会”；同步深化市场化改革，进一步明晰政府与市场、社会的关系，建立符合社会主义市场经济要求的体制机制，提升党政治理能力和市场、社会发展活力。

（一）以行政体制改革为龙头，转变政府职能打造“小政府、强政府”。

1. 重塑党政权力运行机制。在大部制改革的基础上，我们对党政权力运行机制进行了重塑，推进决策权、执行权、监督权既相互制约又相互协调。打造科学民主的决策机制。把区委、区政府和区属大部门定位为决策层，全局性重大决策由“四位一体”（党委、人大、政府、政协）的党政联席会议负责，区政府常务会议负责贯彻落实全局性重大决策、重大项目，区属大部门负责专业政策研究、标准制定和行业规管。同时全区成立38家公共决策咨询委员会，深入开展决策咨询；试点参与式财政预算，吸纳社会精英和民意代表参与。从结果来看，通过听取专家和市民的意见，使决策逐步消除“部门主义”，变“闭门造车”为“开放施政”，优化政府决策，提高社会认受性和政社互信；从过程来看，在政策出台前听取各方意见，能有效调动社会参与公共事务的热情和积极性，是“推进协商民主广泛多层制度化发展、发展基层民主”的有益探索。

从2010年启动决策咨询工作以来，短短三年内就形成了区镇、事业单位、村（社区）等多层次咨询网络。咨询委员会作为独立的议事组织，1000多名咨询委员全部由各行业精英和各阶层优秀代表组成，不仅是政府的顾问和智囊，更是社会不同利益的代表。例如，我区环境运输和城市管理局对调整公交线路、完善站点布局以及推进公交基础设施建设等重大问题，都要提交该局的咨询委员会讨论。事前将讨论事项的依据、目的、作用及数据资料提供给委员，委员利用各种渠道收集公众意见，然后双方在信息对等的情况下进行讨论。又如，容桂街道办成立决咨委以来已开展30多次咨询活动，从街办工作报告、财政预算等大政方针，到医院易地新建、人行天桥、路口交通灯设置等民生事项，都经过委员审议后再报街道党政联席会议讨论。

打造专业高效的执行机制。区属3197项行政管理权限下放给镇街，具体微观管理服务事项外移给事业单位、法定机构和社会组织，实现公共服务提供主体和提供方式多元化、专业化。

开展法定机构试点，是我区新型执行体制的一大亮点。法定机构在英、美、法、日等国家和我国香港广泛存在。作为公共治理结构中的执行层，它在社会管理和服务领域发挥重要作用。顺德目前已成立法定机构5家，参照事业单位登记，不列入行政序列，按照现代法人治理结构和模式运行，以企业效率、社会化参与履行政府使命，提升社会管理和公共服务水平。以区文化艺术发展中心为例，它在区文体旅游局指导下，组织开展艺术推广和群众文化活动。理事会是它的决策层和监督机构，由文化专业人士、服务对象代表和政策对口部门代表组成。11名理事中，政府代表不能超过1/3，全部理事以不受薪形式参与决策，保证它的独立性。与政府机构和事业单位相比，它在运营、资金和人事上有更大的自主权，让举办文化活动从过往单靠政府推动，转变为引入社会决策、利用社会资源、满足社会需求的“共建共享”格局，在满足公益性演出需求的基础上引进精品高端剧目，培育文化消费市场，探索构建现代公共文化服务和文化市场体系。2013年该中心获得财政投入500余万元，吸引社会资金700余万元，共举办各类活动和培训2260余场，群众覆盖面超过百万人次，活动数量和参与人次较改革前提高近30%，极大满足我区群众文体艺术需求。而区文体旅游局则从过去大量的具体活动事务中解脱出来，集中精力研究政策、进行监管，有效实现政府职能转变，决策和执行效能均大为提高。

打造独立有力的监督机制。探索纪检监察管理体制改革，实现纪检、监察、审计职能一体化运作，向部门、镇街及参公事业单位统一派驻纪检监察机构履行监督职能，解决以往“同体监督”的问题。同时，监督权进一步向人大、政协和社会开放，发挥人大政协应有的制度功能，不仅提前参与重大政策制定实行监督，还以调研、提案、建议等方式监督政府政策、重点项目的执行推进，在促进城市升级、产业转型和改革创新三大中心工作上发挥更大的积极作用。例如，区人大常委会在没有立法权的情况下，率先探索以规范性文件形式设立法定机构，去年底开展调研详细了解5个法定机构的运作情况及存在问题，并向区政府提出完善建议，促进政府职能转变和社会管理创新。区政协围绕“工业废水处理、保护水环境”的议政专题，组织常委实地考察工业园区废水处理现状，听取部门工业废水治理情况报告，并向政府提出加大环保投入、调整工业结构、推进节能减排等意见建议，有力督促政府部门狠抓落实，积极回应社会声音。

2. 推进行政审批制度改革。在大力推进党政机构科学分权的同时，我们加快推进行政审批制度改革，使机构“硬件”改革得到审批“软件”改革的呼应，政府部门从重审批、轻服务、缺监管的工作定势中解脱出来，回归应有职能，真正发挥出改革的“化学反应”。

勇于自我弃权。对于审批权限，我们坚持能减则减，能放则放，政府做好分内事。梳理出区级行政审批等8大类行政管理事项共5720项，其中审批和服务事项占1504项，形成不可再拆分、全国县级政府最完整的“权力清单”；通过压减审批服务事项363项，向社会转移职能事项121项，累计向镇街下放行政审批事项536项，解决政府职能越位、错位等问题，实现政府职能“瘦身”，并为经济社会进一步发展让渡更大空间。

优化审批流程。对确需保留的审批服务事项实行“三集中、三到位”，集中行使审批权，优化审批流程，缩减审批法定时限50%以上，编制“天书”公开每项审批的要件标准和流程标准，实现“无差别审批”。推广网上审批，建设全省唯一的直对省网上办事大厅县（区）分厅，将1481项审批事项纳入通用审批系统，实现前台网上审批大厅和后台一体化审批系统无缝对接，当前审批事项网办率达到71%，进一步提升审批服务质量和效率。

在夯实审改基础工作以后，主动攻坚企业登记和投资两大重点领域，规范政府与市场的关系。在全省率先推进商事登记制度改革，将商事主体资格和经营资格分离，由先证后照改为先照后证；放宽注册资本、经营场地等准入门槛，允许“零”首期注册企业，解决了中小微型企业、刚毕业大学生缺乏资本和经营场所的创业难题，激发社会创业热情，尤其促进了互联网、电子商务等行业发展。推进企业登记并联审批，实行“一表登记、三证同发（营业执照、机构代码证和税务登记证）”，6个部门（国地税、工商、质监、公安、社保）同步审批，审批时限由平均13.5个工作日压缩至4个工作日，改革以来企业登记逆势增长35.6%。编制全国首个《企业经营资格审批事项目录》，221项证照许可目录向社会公开，对企业经营资格申请实施负面清单模式管理，既消除隐形准入障碍，又有利于企业对投资项目实行事前评估和科学决策。针对项目投资审批烦琐的问题，启动了企业投资管理体制改革，在大力推进并联审批的同时，把原来政府大包大揽的项目上马、建筑安全、建筑质量、工地管理等方面的责任更多地让业主和承建商自主负责和承担，让政府与企业、与市场的关系更为明晰。从立项、工程报建和竣工验收3个环节，压减30%以上的审批事项、缩短审批时限近80%，预计房建项目审批由法定时间391天压减至93天（如不考虑竣工验收环节，审批时间则压减至58天），工业项目审批由法定时间306天压减至72天（如不考虑竣工验收环节，审批时间则压减至37天）。如果把商事登记比喻为领取“结婚证”，那么投资领域改革就是领取“准生证”，两项改革有机结合，有效解决了备受诟病的企业登记难、项目落地慢问题，使企业登记、投资更方便快捷，成本更低，从机制根源上激发市场活力。

强化市场监管。在放宽市场准入、取消烦琐审批的同时，着力构建与改革相适应的“宽进严管”市场监管体系，保证放而不乱。出台商事登记制度改革后续监管工作实施方案，进一步深化改革措施，打造政府负责、部门协作、行业规范、公众参与相结合的市场监管新格局。建立全区市场监管对象分类监管制度，按监管对象的风险等级分别设定监管频率、监管要求和突发事件响应机制，实行差别化监管，提升监管质量。按照“以信息强监管、以信用促监管”的思路，建设全区通用市场监管平台和监管信息公示平台，推动各部门监管信息的实时共享和对外公示，凝聚监管合力。推动行业信用建设和行业自律自管，提高社会诚信，实行协同共治。

（二）以市场化改革为牵引，增强发展动力营造“大市场、好市场”。

市场经济需要政府与市场的良性互动，政府和市场不断演进的互补互促就是顺德市场化改革模式的精髓。顺德上世纪90年代初实行的以产权制度改革为核心的综合改革，极大地解放和发展了社会生产力，让顺德成为国内市场化发育程度最高的地区之一，也打造出超十亿、超百亿民营大企业茁壮成长的营商生态。在新一轮改革中，我们坚持社会主义市场经济的方向，一方面完善政策、搭建平台、营造环境，发挥好政府作用，另一方面更加注重发挥市场这只“看不见的手”资源配置的决定性作用，由市场和企业唱主角，激发民间资本创新创业精神，以市场化方式实现经济升级产业转型的战略目标。

1. 完善政府经济职能。顺应产业高端化趋势，推出“龙腾计划”、“星光工程”、发展总部经济、加快企业上市、建设人才强区、扶持骨干企业做大做强“18条”、企业专员制度等一系列政策“组合拳”，进一步构建起适应社会主义市场经济要求的产业政策体系，实现了产业政策对不同体量企业的全覆盖和系统扶持。始终坚持创新驱动战略，充分发挥企业在科技创新中的主体作用，是全会提出“加快建设创新型国家”的基层实践。建成国家级重点实验室、国家级企业技术中心14个，国家级高新技术企业214家，是广东省工程中心最多的地区之一。顺德专利申请、授权量连续17年位居佛山市首位，全社会研发（R&D）经费支出占GDP比重达2.9%，投入强度领先全省。近两年顺德入选省现代产业500强项目数量约占全省1/10，90%以上是民营企业。

以产城互动推动经济转型。坚持“生态优先、宜居为重、适度开发”理念，实施一城三片区的发展战略，推进城市升级工程，深入开展“美城行动”，全力打造以佛山新城、顺德新城为高潮区的中心城区以及以北滘镇为标杆的魅力小镇，发展兼容大城市产业效率和小城镇生态环境的网络型城市，为产业转型提供良好的城市环境和服务功能。通过推进中国南方智谷、广东顺德清远（英德）经济合作区、顺德高新技术产业开发区、“三旧”改造等产业载体以及一批对全局和长远发展具有引领带动作用的重点项目建设，进一步拓宽产业发展空间，增强发展后劲。以建设慧聪中国家电电子商务产业园、广东工业设计城、总部集聚区等为抓手，积极探索家电“研发设计、高端制造、会展销售”全产业链模式的转型升级之路，引导产业向“微笑曲线”两端延伸，为机械装备、家具、珠宝、花卉等产业集群提档升级以及专业镇转型提升探索经验。

2. 推动经济市场化改革。尊重市场规律，积极推进土地、金融、国有资产、公共资源交易等领域市场化改革，发挥市场在资源配置中的决定性作用。推进要素配置市场化。在全国率先推行集体建设用地使用权流转，目前农村集体用地流转约1万亩；建立健全供地指标评价体系、土地弹性出让和租赁制度、闲置土地收购和退出机制，提高土地资源集约节约利用水平，获得全省土体集约优秀奖。建立全区统一的公共资源交易平台，规范交易行为，提高公共资源配置效率。取消土地拍卖准入条件设置，促进土地市场的充分公开竞争，吸引了深圳华侨城文化旅游综合项目落户，顺德城市综合竞争力和区域价值得到进一步提升。开展县域金融体制综合改革，积极利用多层次资本市场拓宽企业融资渠道，目前全区上市公司共有13家，融资规模与江浙强县相比占据绝对优势，新宝电器成为IPO重启后首批5家发行企业之一。设立11家小额贷款公司和12家融资担保公司（含4家分支机构）；引导民营资本进入金融服务领域，顺德信用社成功改制为全省首家农村商业银行。天津股权交易所广东运营中心落户顺德。推进国有资产市场化经营，实施以产权结构和法人治理结构为核心的国资管理体制改革，组建广东顺德控股集团有限公司，按照商业原则和市场规律，实现国有资产监管与运营分离。

3. 以市场化手段改进公共服务。实施城市项目投资多元化、市场化改革，推出城市可经营项目455个，投资总额1467.49亿元，涵盖经济社会发展众多领域。推进政府职能事项转移，在经济服务、就业培训、社会福利等多领域积极开展政府购买社会组织服务，目前共有260多个项目，金额超过5000万元。制订社会企业标准和扶持政策，推动社会企业建立，培养社会企业家，以商业模式解决社会问题。

（三）以社会体制改革为重点，凝聚政社正能量建设“大社会、好社会”。

增强社会发展活力、增加社会和谐因素、提高社会治理水平，是建设幸福顺德的关键所在。我们积极拓展社会参与平台，凝聚社会正能量，带动公众参与，保障和完善公共服务，努力构建党领导下富有活力的协同共治格局。

建立覆盖全区的三级社会创新服务体系。全区社会创新、社会服务中心和社工机构由零开始，至今在区层面成立了区社会创新中心，致力于建立社会投资、公益创新的促进政策和支持机制，通过培育社会组织、社会企业、社会人才，整合资源创新方法解决社会问题；从去年起区级每年投入1300万元，以竞争性分配的方式鼓励社会开展社会服务创新。10个镇街建立起各具特色的枢纽型社会服务中心，成立社工机构16家，依托198个村级福利会、96个社工服务站将专业服务覆盖到村居，服务范围覆盖到家庭服务、养老服务、青少年服务以及社区矫正、戒毒康复、异地务工人员服务等更多领域。7家社会企业探路公益事业创新发展，吸纳过百名特殊群体就业，在解决社会问题中改进公共服务、促进社会融合。

打造渗透社会各领域的创新服务机制。把完善和保障民生作为改革的出发点，将创新精神渗透到民生各领域，提升公共服务水平。目前，顺德在社会福利、救济、养老保险、医疗保险、劳动力就业市场等社会事业方面，已基本实现“城乡发展一体化”。健全社会保障制度，在全省率先实行并提高完全被征土地农村居民基本养老保障制度（由每人200元提高到250元），出台医保重大疾病补充保险制度，让发展改革成果更多更公平惠及市民。深化教育管理体制改革，落实学校办学自主权，引入社会参与学校投资和管理。推动基层医疗卫生改革，投入2亿多元推行基层卫生服务站和社区全科医生建设，切实解决群众看病难、看病贵的问题。完善就业服务，开设社区工作坊、日班生产线等灵活的就业模式，88个社区和72个村达到充分就业标准。扶持养老事业发展，出台扶持民办养老机构发展政策，对于兴建实体和床位给予补贴。加强异地务工人员服务，出台异地务工人员融入顺德的政策，在异地务工人员中招聘流管协管员和组织企业义工队，使其多渠道参与社会治理服务，推动新旧顺德人融合。社会治安方面，组建1000人的“大巡防”队伍，加强网格化管理，提升路面见警率，2013年全区各类警情和暴力案件平均下降3成，群众社会安全感进一步提升。

培育孵化遍布城乡的社会组织。在政策、资金、场地、服务等多方面加大社会组织培育力度，促进社会治理主体从单一向多元转变。目前全区社会组织超过1000家，其中推进社会体制改革以来新增超过1/3，76家社会组织获评3A及以上等级，为全省县级城市最多，具备了优先承接政府职能转移的资格。特别是在经济发展方面，推动协会商会参与行业管理，目前共有区镇两级各类协会商会86个，会员企业13000多家，它们在行业自律、维护权益、反映诉求、促进发展等方面发挥重要作用。创新农业组织制度，成立农业专业合作社29家，组建社会组织农业促进联合会，系统开展农业政策宣传、信息、金融、技术、市场开拓等服务。

在培育社会组织的过程中，注重发挥群团组织作为党联系群众的桥梁纽带作用，在引导其按照章程做好主业的基础上强化枢纽功能，培育、引导、扶持各自领域的社会组织，形成党领导下的社会组织体系，齐心协力推进改革发展。比如，区总工会拓宽社会服务职能，凝聚各类社会组织181个，强化基层工会对工人群众的联系和服务，打造工人信赖的“职工之家”，在全国工会十六大上，3家基层工会组织获“全国模范职工之家”称号；团区委在全省率先面向社会选拔3名兼职副书记，将青年工作植根于企业、村居和学校，打造镇街和社区“青年坊”，丰富青年生活；区妇联培育、联系360多家村居妇女儿童社会组织，在服务和活动中顺势宣传党委政府的方针政策，化解社会矛盾，凝聚社区力量；区工商联推动成立镇街总商会，在行业自律、维护权益、反映诉求、促进抱团发展等方面发挥积极作用，荣获全省唯一的“全国工商联系统先进集体”称号。积极探索社会组织“孵化式”党建新模式，有效破解以往社会组织党建工作的管理难、覆盖难、发挥作用难等问题，实现社会组织增长与党组织、党工作覆盖的同步推进，荣获2013年度“中国城市管理进步奖”。

调动社会力量和资本参与社会建设。社会精英是社会建设的重要主体，他们在参与公共决策咨询外，还积极加入到5个法定机构的理事会，使法定机构有效联动企业和社会资源执行公共服务职责，开放接受社会监督。比如，区社会创新中心联动政、商、研、社、金、媒各方力量，筹建社会服务交易所，策划“顺商关爱计划”，引导企业投身社会公益。改革引发全社会行动，社会资本积极投入民生事业，如美的集团牵头筹建现代化养老机构，最近5年捐资8000多万元支持北滘慈善事业；碧桂园、富华机械等企业捐资1.2亿元参与新人民医院建设；龙江、乐从等镇青年企业家协会策划筹建青年大厦，打造青年创业和文化阵地；一批企业家更投资创办扶持残疾人就业的社会企业、自闭症儿童康复中心及托管幼儿园，在解决社会问题中丰富公共服务。目前，全区各类企业和个人冠名慈善基金达55个，筹集4000多万元开展公益慈善活动，有效推动社会公益事业发展，社会自我管理、自我服务的能力和活力得到提升。

（四）以基层治理体制改革为基础，共享发展成果夯实社会稳定和谐大局。

优化基层治理结构。中央农村工作会议指出，农村和谐稳定，农民安居乐业，整个大局就有保障，各项工作都会比较主动。顺德对此深有体会并致力营造和谐稳定大局。我们从巩固党的执政基础的战略高度出发，以基层党组织统筹“一室一站一会”为抓手，理顺基层“三驾马车”的关系，解决基层问题，以服务力提升党的领导力。建立党代表工作室制度，全区247个党代表工作室联动政府部门深入基层、倾听民意、解决民困，以制度化的形式将群众路线贯彻到日常工作中，密切党和群众血肉关系。党代表工作室创设以来，收集并处理群众意见建议21000多条，群众满意度达95.4%，以作风转变切实赢得群众的信任和支持。推进政府管理服务前移，建立201个村（社区）服务站统筹基层行政事务，开展社区服务，党支部书记担任服务站负责人，村（居）委会回归自治和服务角色。设立村居议事监事会，由党支部牵头联合村（居）委会和社区各界代表，对社区事务进行参谋议事和监督，逐步构建起以党领导为核心，村（居）民自治为基础，社会参与为动力的基层治理新格局。顺德杏坛逢简村就是一个成功范例，该村基层党组织建设有力，村民自治规范有序，全村上下致力打造富有岭南水乡特色的“理想村居”新模式。去年9月，逢简以华南地区第一名入选“发现·2013中国最美村镇”评选活动的最高奖项“典范奖”；11月，胡春华书记到顺德调研时也饶有兴致地登上逢简村民的小艇，泛舟河上，感受水乡魅力。

切实维护农民合法权益。习近平总书记在海南考察时提出“小康不小康，关键看老乡”，告诫全党不能忘记为谁发展、发展成果由谁共享的宗旨意识。顺德虽是工业立市，但六成户籍人口是洗脚上田的农民，赋予他们更多财产权利是实现“帮民富、解民忧、促和谐”的根本。我们通过搭建农村集体资产交易、农村股权流转、财务监控和村务公开四大平台，规范集体经济管理和村务财务公开，推动集体资产阳光交易，激活农村生产要素实现市场价值。去年全区农村集体资产成功交易近1100宗，交易总额约8亿元，集体收入增加约2亿元，人均股份分红同比增长24%；通过挂牌、拍卖等形式将农村集体经济组织留用地推向市场，增加集体经济收益达20亿元，真正让农民公平分享土地增值收益。积极探索以货币收购、物业置换、建设“农民公寓”等方式，落实征地留用地4360亩，切实解决农村历史遗留问题，如乐从北村和均安鹤峰村两个农民公寓试点，集约利用92亩土地解决了近1900户村民的宅基地问题。目前建成或在建农民公寓项目达57.5万平方米，有效提高土地利用率，增进农村社区和谐稳定。通过上述措施，政府兑现承诺，逐步解决征地留用地、宅基地指标等问题。党领导下富有活力的基层协同共治机制正逐步释放正能量，市民对政府的信任度大幅提升，去年到省上访人数同比下降83%，社会大局日趋稳定和谐，投资发展环境明显改善。

经过近几年的努力，顺德以综合改革推动区域发展优势叠加，促进经济社会转型升级初现成效，社会各界支持改革、主动参与改革的氛围日益浓厚，改革的红利持续释放。2013年预计实现GDP2545亿元，增长10.2%。1—11月全市新批千万美元以上外资项目超过一半落户顺德，外贸出口增幅位居全省前列，大部分经济指标增速高居全国十强县前列甚至榜首，2012年、2013年连续两年排名全国市辖区综合实力百强之首，勇获“2013中国全面小康十大示范县市”殊荣。

中大政务学院肖滨教授对顺德改革作出两点评论：“一是顺德的改革是综合改革；二是从经济体制改革到未来的政治体制改革，需要以治权体制改革作为中介，唯有顺德的实践，为下一步政治体制改革奠定了基础。”

三、下一步改革设想

具有历史里程碑意义的十八届三中全会为顺德坚持不懈推进改革坚定了信心，提供了重大机遇，也对全面深化改革提出了新要求。顺德改革发展仍处于重点领域和关键环节的攻坚阶段，下阶段我们将深入贯彻落实全会精神，围绕“城市升级引领转型发展，共建共享幸福顺德”的战略目标，秉承顺德人务实有为的传统，继续巩固、完善、深化综合改革，不谋惊天动地之举，沉下心，扎扎实实开展有利于发展、有益于群众、有助于社会矛盾化解的改革措施，谋求新突破，释放更大发展红利，确立顺德发展新优势。主要设想有以下四方面：

一是完善以大部制为框架的行政运行机制。根据决策权、执行权、监督权相互制约又相互协调的原则，抓紧制订大部门的具体运行规则和区镇职责异构方案，科学配置职能权责，致力构建职权统分结合、权责一致、决策科学、执行坚决、监督有力的现代治理体系。

二是加快完善现代市场体系。一方面继续以商事登记和投资体制改革为突破口推进行政审批制度改革，加快政府职能转变，深化行政执法体制改革，健全司法权力运行机制，培育社会诚信和行业自律，真正实现“宽进严管”，建设法治型、服务型政府。另一方面继续推进创新驱动战略，强化企业在技术创新中的主体地位，发挥市场的决定性作用，让企业依靠自主创新的内生动力和敏锐的市场触觉，推动实体经济转型升级。把金融创新作为推动实体经济发展的另一只有力翅膀，完善金融体系建设。鼓励区内大型企业抱团组建民营银行，加快我区特色专业市场和产业转型平台的小额贷款公司布点，依托互联网金融的体制创新，推动物流、旅游等传统产业向现代金融服务业延伸，为顺德丰富的民间资本开拓广宽的投资领域。与此同时，发挥好政府“有形之手”的作用，完善产业发展规划和政策，提升服务，优化发展投资环境、社会环境和生态环境。总结顺德作为全国农村建设用地流转的试点经验，根据农村建设用地与国有土地用等入市、同权同价原则，加快建立城乡统一的用地市场，完善经营性用地招拍挂制度，为全区城市升级、产业转型提供动力和空间。

三是推动社会治理创新和社会建设。加大培育社会组织，培养社会人才，完善社会创新、公益投资和政府购买服务政策，鼓励和支持社会各方面参与，确保政府职能事项放得出，社会接得住、做得好，实现政府治理和社会自我调节、居民自治良性互动。加强党员精英的培植，在“一室一站一会”的基础上建立“一金（社区发展基金）一院（社区培训学院）”，增强基层党组织和党员的素质与服务能力，以过硬的能力和到位的服务赢取民心，树立威信，建立党领导下富有活力的协同共治格局。

四是健全城乡一体化发展体制机制。借三中全会的东风，进一步完善土地、农村集体资产等资源交易制度，保障农民公平分享土地增值收益。大力发展农业专业合作社，组建农业促进联合会，促进农业规模化、专业化、现代化经营。统筹城乡基础设施和公共服务建设，加大对困难村的扶持力度，鼓励社会资本投向农村建设，推进城乡基本公共服务均等化。

（区委、区政府办公室提供）

顺德城市升级推进情况

自2011年下半年顺德区委区政府提出“城市升级引领转型发展，共建共享幸福顺德”的发展战略以来，城市升级就成为顺德各镇街及相关部门一项重要的中心工作。2012年2月，顺德印发《顺德区城市升级五年行动计划》，将城市升级工作分解到区属相关部门和各个镇街。随着城市升级工作进一步深入，2013年，区政府对全区各镇街城市升级项目进行梳理，确定89项城市升级重点项目和55项产业转型重点项目，内容涵盖城市重点片区开发、产城互动、产业转型升级载体、基础设施建设、公共设施建设、城市景观提升等项目。

经过近2年的强力推进，顺德城市升级工作效果已经显现。15个市统筹升级项目中3个已经完工，其余项目也在顺利推进。广东顺德中山大学—卡内基梅隆大学国际联合研究院、美的广场已经封顶，德胜商务综合体、置业广场初具规模，南方智谷B区一期工程有序推进，华侨城项目顺利入驻，这一批产城互动项目将为顺德城市升级和产业提升提供载体平台。东乐路延伸线、滨河路、南国东路延伸线等道路建设将使顺德内部路网结构更为完善，大良东区、顺德新城德胜商务区与南国路、碧桂路、广珠西路网节点进一步打通，新城的区位优势进一步凸显。甲子路延伸线、新基北路一期、新市良路、新基北路与新市良路的连接工程的建设将进一步密切伦教与大良的联系，人民医院异地新建项目及其配套工程、顺德博物馆等一批民生项目将使全区公共服务配套水平有新的提升。

各镇街城市升级工作也亮点纷呈。大良街道完成环市南路等14条市政道路“五位一体”改造（包括路面、人行道、绿化、灯光等）。容桂街道继凤祥南路、振华路、容奇大道中完成后，2013年还完成了风华路等11条道路的改造工程、科技创新中心等项目，并大力推进文化楼、文塔商务中心、德胜河南岸三个地块的三旧改造。伦教街道完成了东西轴五位一体、康乐中心改造、霞石村改造、三洲停车场公园建设。勒流街道完成树林公园改造提升、龙升北路等11条道路的五位一体改造，启动滨水生态区启动区改造。北滘完成潭州水道、林头村、杨家涌改造提升，北滘新城总部区大楼建设有序推进。陈村完成仙涌村、沙滘特色步行街改造。乐从完成罗浮宫家具总部大楼、钢铁世界、北入口绿化提升、沙良河片区改造、美庐农民公寓工程。龙江体育公园、联塑总部大楼、盈信商圈等正在有序推进。杏坛镇有序推进农村分散污水处理工程、垃圾中转项目。均安鹤峰农民公寓、凫洲河一河两岸的滨水景观提升、都市经典城市综合体等均顺利推进。

2014年是城市升级的收获之年，顺德区将有一大批交通、绿化和重点城市升级项目完工，届时，顺德将化蛹成蝶，城市面貌、生态环境和产业水平将实现质的提升。

顺德新城建设

顺德新城总面积约70平方公里，范围为德胜河以北，羊大路以南，桂畔海以东，李加沙水道以西的区域，同时包括新城区、逢沙、苏岗、范沙片区。作为核心平台区，新城是顺德城市升级的主战场，其建设任务更是升级工作的重中之重。2012年5月，顺德印发《顺德新城五年建设计划》，将顺德新城建设任务细化为43个具体项目（其中规划编制6项，绿化景观提升工程、交通基础设施建设工程、重点建设项目各12项，新城区夜景亮化工程1项），按照“一年全面启动、两年初见成效、三年明显改观、五年奠定格局”的要求全力推进。截至2013年，各项目均按计划推进，已经完成项目12个（包括6

个规划编制类项目，5个绿化景观提升项目）。

项目名称：德胜商务区保利商务综合体

项目简介：保利中环广场位于顺德新城德胜商务区拥翠路以东，彩虹路以南，碧桂路以西，居CBD区域中心，是德胜商务区启动期的首个大型综合体项目，总建筑面积约82万平方米，其中商业金融建筑面积超过40万平米，包括甲级写字楼、酒店、公寓及大型的集中商业，是顺德未来的商务发展中心。一期项目共五块地：1号地：超甲级写字楼群，包括5栋定制写字楼1栋标志性超甲级写字楼；2号地：1座五星级酒店，1栋酒店式公寓，1栋超甲级写字楼群；3号、4号地：高端住宅；5号地：包括11.7万平方米住宅，8万平方米集中商业、可售商业。2013年1月份成交的A11地块面积为9.2万平方米，计容面积为商业部分16万平方米，住宅部分12万平方米。

项目名称：万科F06地块

项目简介：该项目位于顺德新城德胜商务区德胜中路以南，观绿路以西，居顺德新城中轴线东侧，南临德胜河，东面为喜来登酒店、万科F04地块，北面是保利中环广场。项目总面积为113223.93平方米，集住宅、写字楼、商业、公园与绿地为一体，整个综合体规划从中间210米高的标志性写字楼辐射开，西部设置一系列高度90米到45米不等的酒店式公寓楼，北部沿德胜中路设置商业裙楼和生活中心。

项目名称：美的广场

项目简介：该项目位于大良东区南国东路与桂峰路交汇处，紧邻顺德地标顺峰山公园，占地面积8.3万平方米，总建筑面积32万平方米，由甲级生态写字楼、万豪酒店、商业中心、住宅组成，是顺德首个大型城市综合体。该项目写字楼、商业中心已售罄。

项目名称：置业广场

项目简介：该项目位于德胜商务区碧水路以北，总建筑面积约17万平方米，投资约9亿元，集办公、展馆、公共服务为一体，同时配套有银行网点、商业零售等服务功能。项目的落成将有效满足顺德及附近区域企业对高端写字楼的需求，同时与保利商务综合体、万科F06地块的高端配套形成集聚效应，加速德胜商务区商圈的形成。

项目名称：华侨城

项目简介：项目选址于顺峰山公园东北侧，占地约4100亩，规划打造成精品旅游项目，将涵盖休闲娱乐、文化科技体验、文化演艺节庆、主体商业、生态社区等内容，高水平综合体现生态、旅游、商务、娱乐、休闲、购物、人文功能。项目建成将有力提升顺德旅游文化产业的规模和水平。

项目名称：新城区主要道路改造工程

项目简介：21条主要道路的五位一体改造，主要内容包括路面、路沿石、绿化、路灯等。已完成华桂路、碧水路、彩虹路、兴顺大道、民安路等。

交通建设

近年来，顺德大手笔、高起点、大规模推进路网建设，使顺德形成发达的交通网络，对外衔接不断完善，对内辐射不断加强。截至2013年底，顺德区已建成通车的公路里程达到1803.15公里，其中高速公路和城市快速路（含佛山一环）达128.64公里，一级公路487.09公里，二级公路189.37公里。

2013年初，一环南延线主线、高富路、番村立交、高赞立交、荷岳路（二期）、五沙大桥扩建工程、百安路光华路口跨线桥、羊大路（北岸）、国道G325线顺德龙洲路口立交工程、佛开高速扩建工程等10项交通工程正式通车。对外交通衔接方面，广明高速三期、广中江高速、佛江高速的征地拆迁工作取得较大进展；江顺大桥的征拆在关键节点上取得突破，安富村、右滩村征地工作已经完成，收地工作进展顺利；黄榄快速干线顺德段已完工；海华大桥、三善大桥扩建正在推进前期工作，预计2014年动工；禅西大道南延线已经动工。区内跨镇域的骨干路网方面，乐龙路正在加紧推进，一期工程（佛山一环至龙洲路段）将于2014年年底全线通车。伦桂路的征地拆迁有序推进，一期工程（红旗路到南国路段）将于2014年下半年通车。横九干线均安段完成85%，将于2014年下半年全线通车。南沙大桥及引道工程、新基北路与新市良路连接线工程均进入施工招标准备阶段。随着上述交通项目的推进和完工，顺德区的对外衔接更为紧密，对内交通更为顺畅，路网格局不断完善、架构不断优化。

绿化景观提升

近年来，顺德在城市升级工作中注重绿化项目建设，积极推进生态绿化工程，重点构筑生态绿网，截至2013年底，顺德中心城区建成区绿地率达38.02%，绿化覆盖率达39.92%，人均公园绿地面积达19.01平方米。2013年，全区共完成146项绿化工程项目建设，投资4.48亿元，共新增、改造绿化面积256.99公顷，绿化提升成绩喜人。德胜河南岸滨水绿化工程、德胜商务区中轴线的改造提升已基本完工，滨河路、新城区道路改造及绿化提升、桂畔海南岸滨水绿化提升、德民路东延线、澄海路东延线项目的绿化提升正有序推进，上述将于2014年相继完工，使新城区的绿化景观有质的飞跃。顺德水道、潭州水道、桂畔海、德胜河一河两岸以及区内其他主干河涌等进行滨水绿化景观提升改造，完成总提升面积近100万平方米，绿化里程18公里，优化了城市滨水空间。完成广珠西线沿线生态景观林带及大良、容桂、北滘等三个节点的绿化工程、广湛高速生态景观林带一期工程、碧桂路、南国路和G105国道沿线绿化景观改造，总绿化面积143.19万平方米，总绿化里程63.42公里。推进珠二环伦教、杏坛、勒流、龙江等沿线和4个出入口节点绿化，总规划绿化面积约61万平方米。启动一环南延线绿化工程，与道路建设同步推进乐龙路、伦桂路等绿化工程。通过上述绿化项目的建设，顺德初步形成以主干路网为载体的纵横73.22公里的生态绿带。对滨河路、德民路东延线、澄海路东延线等新建道路按高标准绿化建设，在顺德新城形成了以顺峰山

顺德区交通路网图

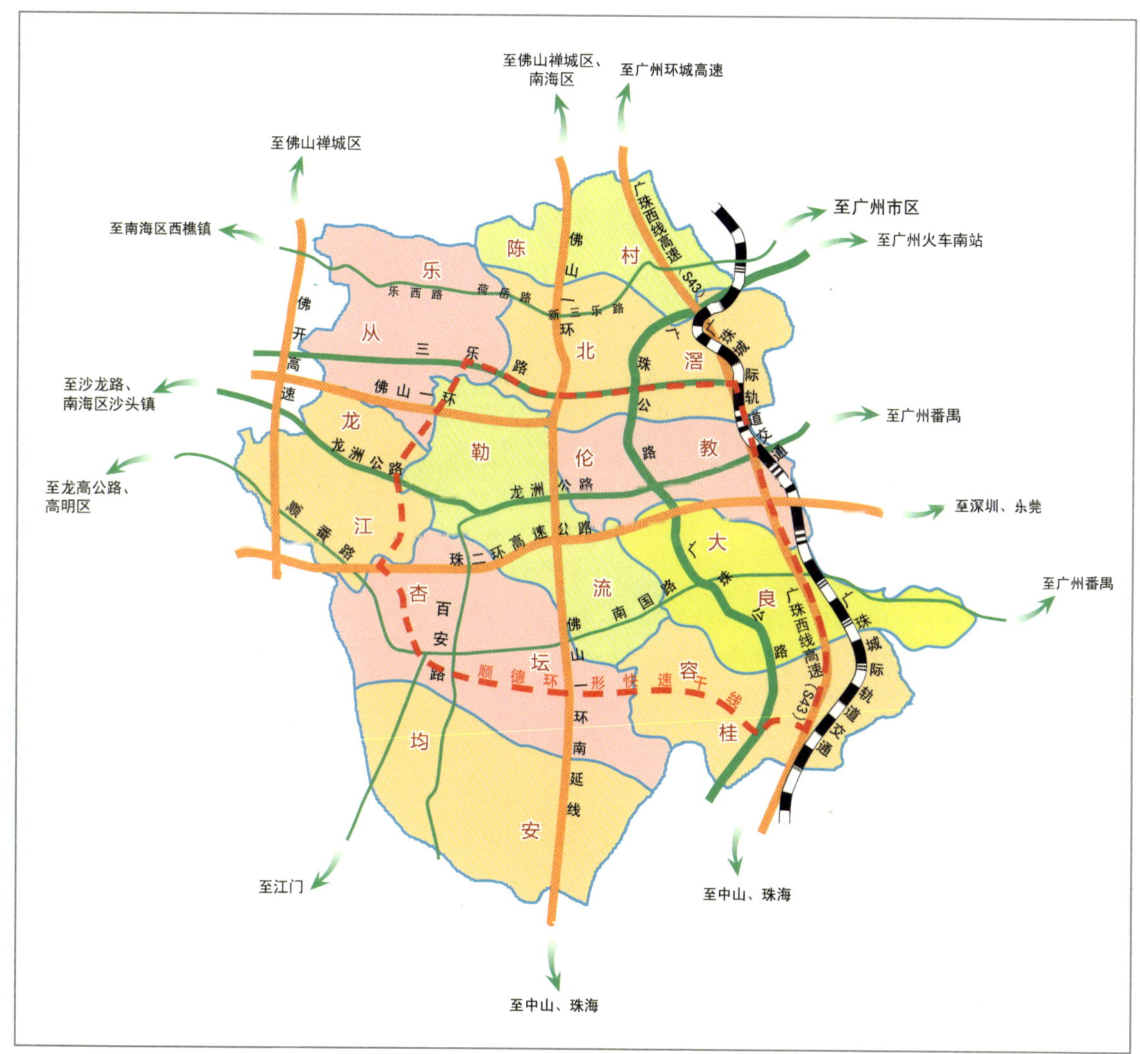

顺德区城市升级重点交通基础项目（在建及完工项目）

序号	项目名称	项目概况	计划建设年限	预计完成时间
1	乐龙路	路线全长15.19公里，主路双向六车道，辅路双向四车道，对促进顺德与广佛都市圈及珠三角城市群的融合、完善佛山市干线公路网具有重要意义	2010～2012	2015
2	“横九”均安段	佛山横九干线的一段，路线全长6.79公里，双向六车道	2010～2012	2014
3	伦桂路	顺德境内南北走向交通主干道，路线全长11.954公里，主路双向6车道	2011～2013	2016
4	了哥山码头	靠泊杂货船为主兼顾部分集装箱运输的通用泊位4个，建设规模均为3000DWT级，码头岸线438m，码头结构预留5000DWT级	2011～2012	2015
5	南国路东延线	路线全长4.56公里，宽42.5米	2010～2012	2014
6	新基北路一期	顺德中心城区连接南二环高速的重要通道，路线全长1.480公里，双向6车道	2012～2014	2015
7	新市良路	大良与伦教的重要联系通道，路线全长1.54公里，双向6车道	2012～2014	2015
8	甲子路	新人民医院配套道路工程，路线全长1.503公里，双向6车道	2012～2014	2014
9	大良滨河路	加强东区与旧城区的联系，路线全长2.043公里，双向6车道	2013～2015	2014
10	羊大路	顺德区新人民医院重要配套道路工程，路线全长4.8公里，双向6车道	2011～2012	2015
11	一环南延线辅道工程	一环南延线重要地方配套道路，方便沿线群众出行，路线全长19.5公里，二级公路，双向四车道	2009～2011	2013
12	顺德科技园C区纵四路与高富路交叉工程	主要由A、B匝道及高富路下穿支线组成，A匝道长256米，B匝道长278米，下穿支线长170米	2013	2014
13	新人民医院东侧道路	滨河路至龙洲路，长500米，城市主干道，双向4车道	2013～2014	2014
14	五沙大桥扩建	广佛同城项目，加强与番禺区连接，路线全长2.1公里，新建桥梁宽度17.5米，对旧桥改造	2010～2012	2013
15	海尾立交	105国道与红旗路的全互通立交	2009～2011	2015
16	高赞互通立交	红旗路与一环南延线的全互通立交，主线长1.21公里，匝道长7公里	2009～2011	2013
17	德民路东延线	解决南城水轴片区的东西向交通问题，路线全长2150米，双向6车道	2013～2015	2015
18	澄海路东延线	完善区域道路交通网络，为市民提供休闲游览服务，长1480米，双向2车道	2013～2015	2015
19	禅西大道南延线（近期方案）	加强禅城和顺德的联系，近期实施樵乐路和环镇西路改造工程，路线全长4570米，双向10车道	2013～2015	2015
20	顺德新城区21条旧路面改造工程	包括新城碧水路、彩虹路、华桂路等21条路旧路面改造工程，改善新城区交通环境	2012～2014	2014

公园为绿核的连接大良东区和新城区连绵十多公里的都市绿带。

项目名称：北滘潭洲水道滨水景观提升项目

项目简介：该项目全长23公里，东起顺德水道、西接佛山新城，绿化改造总提升面积约60万平方米，总投资约1亿元。至2013年底，已完成12公里，绿化面积将近40万平方米，预计2014年可基本完成。改项目进展情况良好。

项目名称：顺德大良滨河景观和岸线整治建设工程

项目简介：该项目位于大良云近东区，用地面积23.7万平方米，包括桂畔海太艮路至南国路段景观，及一纵二横河涌两岸景观组成，总投资约1.28亿元。沿岸设置绿道、8座景观桥，和数个休闲活动广场、观景平台。主要建筑有：士多店5座，咖啡室3座，茶室2座，休闲建筑（酒吧街）7座（双层），建筑总数17座，商业建筑占地面积2023平方米，建筑总面积3509平方米，绿化造价约6421万元。

项目名称：德民路东延线段绿化景观工程

项目简介：该工程位于桂畔海南城水轴段地块南侧（德民路东延线段），西起碧桂路，东接容桂水道，南侧为德民路东延线，北侧为桂畔海；公园面积约为46.58万平方米（含16万平方米桂畔海水域以及周边其他用地临时绿化面积约5.35万平方米），项目绿地率为87.44%。预计全部工程于2015年年底前或10月底前完成。

项目名称：澄海路东延线段绿化景观工程

项目简介：该项目位于顺德新城南片区德胜河北岸、沿江大道、德胜东路以南，东接桂畔海、南侧为德胜河、西接德胜大桥、北侧为规划路沿江大道。工程总投入1.1亿元，面积约209800平方米，水岸线长约2000米，项目绿地率为71.73%。正开展设计施工总承包招标工作，预计全部工程于2015年底前或10月底前完成。

项目名称：珠二环的立交及景观林带建设

项目简介：珠二环沿线及龙江、伦教、杏坛、勒流出入口、沿线绿化景观建设项目总面积约61万平方米，丰富了顺德森林绿地体系。上述绿化工程将于2014年8月底前完工。

村居公园改造

近年来，顺德加大对村级公园新建和改造工作力度，成效显著。据统计，截至2013年年底，已新建和改造村级公园58个，绿化提升面积24万平方米。村级公园的建设让市民在家门口即可享受到城市建设成果，为宜居顺德提供了载体，实现了城市从村居到镇街再到中心城区的立体化升级。2013年已完工的项目有霞石润和公园改造提升工程、陈村万村绿一南涌安宁大街小公园改造工程、北滘林头社区贞节牌坊公园、北滘林苑社区公园。

镇街亮点项目

项目名称：顺德科技创新中心

项目简介：容桂科技新城是指街道辖区内105国道以东、桂洲大道东、容桂水道与德胜河合围区域，总规划面积约30.14平方公里，集中了众多世界500强企业和国内知名品牌企业，已成为珠三角高新技术产业最为密集的区域之一。顺德科技创新中心占地104亩。共分两个功能板块：第一板块为科技创新中心，建筑面积24.97万平方米，共两栋（26～27层），第二板块为万隆国际，建筑面积为12.91万平方米，建筑层数为21层，其中商业、酒店公寓均已封顶。

项目名称：乐从镇罗浮宫国际家居总部大厦

项目简介：罗浮宫国际家居总部大厦设计43层，建成后高236米，建筑面积16万平方米，由罗浮宫家居集团投资兴建，是一座以家居产业为主题的总部经济大厦。大厦集家具研发、创意设计、展示中心、采购物流、私家收藏、家居体验酒店六位一体，并有餐饮娱乐等配套设施。大厦还将以家具文化为主题建设一个世界家居收藏馆，收藏全球最具历史和文化价值的家具珍品，并定期举办家具藏品品鉴会。各楼层功能分布具体为：1~6为商业中心，7~8层为餐饮，9~10层为收藏馆，11~30层为家具体验式酒店，31~43层为名人会所、创意设计中心、电影院、咖啡吧、酒吧街等。2013年3月底罗浮宫总部大厦封顶，并正在进行玻璃幕墙安装施工，整体装修工程于2014年底完工。

项目名称：北滘总部经济区项目–日美总部

项目简介：又名E–WORLD中心，位处北滘新城区天宁路与怡和路交汇处，是总部区域内第二座总部。总部大楼建筑面积达38100平方米，地下2层，地上22层，建筑高度90米，已建成并投入使用。E–WORLD中心

16~22层作为日美公司总部及上下游行业客户使用，其它楼层则对外招商。

项目名称：北滘总部经济区项目–北滘国际财富中心

项目简介：位于新城区BJ–A–16地块，是总部区域的核心项目。2011年初，项目地块由8家区内、外优质企业联合竞得，总占地面积约9.87公顷，总建筑面积约61万平方米，由八座高层建筑体组合而成。项目建成后各塔楼将作为写字楼，各裙楼将发展高端的区域商业配套中心。2013年，财富中心项目基坑已经动工建设。

项目名称：加利源国际工业城三旧改造项目

项目简介：该项目位于北滘镇工业园兴业路4号，属单一产权的工业提升改造项目，占地面积3.24公顷，原建筑面积3.2万平方米，主要以多层厂房和简易车间为主，土地利用率较低。计划由公司自主投入约5000万美元改造资金进行工业提升改造。改造后，项目容积率为3.75，总建筑面积约12万平方米，土地利用率提高约三倍，达到了集约利用土地、产业转型升级、促进城市升级的目标打造“科技和软件研发、物流信息服务”等特色产业的创业基地。

2013年，该项目主体工程已经完工，部分已投入使用，是北滘镇首个落成的大型工业提升改造项目，将对其他工业改造项目起到示范和促进作用。

项目名称：乐从钢铁世界项目工程

项目简介：该项目位于佛山一环高速乐从大罗段附近，总规划267公顷，首期规划200公顷。总投资超100亿元，前期投入55亿元，建成后年促成钢材贸易总量超过2000万吨，年加工能力超1000万吨。乐从钢铁世界规划为现货区、加工区、仓储区、商务区四大功能区，其中现货区已于3月30日开业。区内金融中心面积达3万平方米，将进驻20多家银行及金融机构；行政办公楼、总部经济大厦、金融服务、会展、公寓、酒店餐饮、购物娱乐、技术服务以及其他相关配套，为企业提供全面的“一站式”服务。通过引入现代市场管理、金融服务体系和物联应用技术，钢铁世界还将为整个园区进行统一的规划、包装与宣传，打造一个规模更大、质量更高、功能更齐全的发展平台，打破乐从以前分散式的、地摊式的粗放型发展模式。

大事记

1 月

1 日　顺德区市场安全监管局自1月1日起，在全省范围内率先实施商事主体年报备案，通过全面提供网上年报备案服务，实现全过程无纸化年报备案。

△勒流街道梁季彝纪念学校获评国家象棋培训基地，是广东省第一所获此殊荣的学校。

3 日　顺德成立首家民营升级培训学院——广东博思职业培训学院。

4 日　顺德市民赠予交换中心投入使用，打造市民参与公益平台。

△全省首个“全职能”大企业税收征管机构——顺德区地税局大企业征收管理税收分局正式运作。

5 日　“美的集团支持北滘慈善捐赠千万善款仪式”在美的集团总部举行，美的集团一次性向北滘慈善会捐赠1000万元，主要用于扶贫、助困、幼教、社会公益设施建设。

7 日　顺德被省政府授予“广东省创业先进城市”称号，北滘镇政府获授予“全省就业先进工作单位”称号，顺德区人力资源和社会保障局获评为“省人力资源和社会保障工作先进单位”。

8 日　我国首家微波食品研究领域的院士工作站——孙大院士工作站在美的集团厨房电器事业部成立。

△顺德区人民法院被最高人民法院确定为全国第二批“司法公开示范法院”，是广东省两家获此殊荣的基层法院之一。

△大良鱼灯制作技艺、双皮奶制作技艺、伦教糕制作技艺、龙眼点睛民俗、陈村粉制作技艺、真步堂通胜成为第四批顺德区级非物质文化遗产名录；阮贤娥、龙海华、岑志荣、董兆祥、陈鸿发、梁桂欢、黄志均、蔡伯励成为第四批区级非物质文化遗产项目代表性传承人。

9 日　中共佛山市顺德区委十二届三次全体（扩大）会议召开。佛山市委常委、顺德区委书记梁维东代表区委常委会作工作报告，报告首次提出要弘扬顺商精神。会议表决通过召开中共佛山市顺德区第十二届代表大会第三次会议的决议和区委全会决议。

△顺德首批评定确认466名高层次人才。

11 日　顺德获评“广东省创业先进城市”。

14 日　顺德产业服务创新中心正式揭牌启用，主要承担三大职能：创新运作财政扶持资金、履行政府服务企业职能、承担整个产业发展所需的公共服务，致力于打造中小微企业综合服务平台。

15 日　顺德区2012年度“美城行动”工作会议在大良街道办召开，杏坛夺得美城行动“六连冠”，并获得2012年度考评成绩总冠军。

△第一部顺商发展研究报告——《解密顺商》正式出版发行。

△顺德首家社会企业——永亮善品在顺峰山公园内开业。

18 日　一环南延线主线、高富路、番村立交、高赞立交、荷岳路（二期）、五沙大桥扩建工程、百安路光华路口跨线桥、羊大路（北岸）、国道325线顺德龙洲路口立交工程等十项交通工程正式通车。同步启动十项交通工程，分别是甲子路延伸线、新基北路（一期）、新市良路、大良滨河路、东乐路东延线、澄海路东延线、德民路东延线、南沙新桥及安成至南沙工业区公路工程、均南路拓宽改造工程、顺德新城21条主要道路升级改造工程。

△开源证券顺德营业部正式开业。

△广东申菱空调设备有限公司和西安建筑科技大学深度合作的“大学水电工程地下洞室热湿环境调控关键技术系列产品研发及应用”项目荣获国家科技发明二等奖。

21 日　德国因戈尔施塔特市市长艾弗雷德·莱曼博士一行访问顺德。

21 日至22 日　政协佛山市顺德区第十三届委员会第三次会议召开。

22 日至23 日　顺德区第十五届人民代表大会第三次会议召开。会议审议并批准区长黄喜忠同志代表区人民政府作的政府工作报告，审议并通过佛山市顺德区2012年预算执行情况和2013年预算草案的报告、区人民代表大会常务委员会工作报告、区人民法院工作报告、区人民检察院工作报告。

23 日　顺德区委、区政府在顺德演艺中心大剧院举办第三届“顺德好人”之星颁奖晚会，对19位金星奖和20位银星奖的模范市民予以表彰，向全社会倡导“顺德好人”先进事迹。

29 日　中共佛山市顺德区十二届代表大会第三次会议召开。会议听取和审议区委书记梁维东同志代表区委作的题为《全面优化提升基层党建，凝心聚力共建共享幸福顺德》的报告；通报了党代表履职述职的情况、提议办理情况；听取了群众反映意见比较集中的单位的党代表工作室办理群众意见建议的情况。大会还表决通过顺德区党代会历史上第一份执行立案的提案——《关于加强和改进村社区党组织建设的提案》。

△住房和城乡建设部公布首批90个国家智慧城市试点名单，顺德区与乐从镇入选其中。

31 日　顺德区政府召开

2012年度顺德政府质量奖暨广东省名牌产品颁奖大会，广东科达机电股份有限公司、广东富华工程机械制造有限公司、广东伊之密精密机械股份有限公司以及广东美的生活电器制造有限公司荣获2012年顺德政府质量奖。

是月 美的、格兰仕入选佛山质量30强。

是月 伊之密、美芝、瑞德电子3家企业被评选为2012年国家火炬计划重点高新技术企业。

是月 顺德区公安局110接处警员梁能锋入选“广东省110十佳民警”。

2 月

1日 广珠城轨碧江站、顺德学院站正式开通，至此，广珠城际铁路顺德境内五个站点全部开通。

21日 顺德电压力锅标准联盟制订的电压力锅联盟标准DB44/579-2009《电压力锅安全及性能特殊要求》荣获2013年中国标准创新贡献奖一等奖，这是顺德实施技术标准战略以来在标准化工作领域获得的国家级最高荣誉。

23日 乐从镇获全国“2012年全民健身活动先进单位”称号。

26日 乐从镇获评全国新农保工作先进单位。

是月 顺德启动湿地普查工作。

是月 北滘镇碧江村入选住建部、文化部、财政部联合公布的中国传统村落名录。

3 月

1日 顺德成功实现国、地税联合办证。5月，国、地税联合办证业务全面推广并实现“同城通办”。

△全区农村综合改革工作现场会在杏坛镇政府召开，总结农村综合改革工作经验，明确2013年工作重点，推动改革工作更全面深入开展。

5日 顺德区政府与湖南大学正式签署合作协议，共建广东湖南大学研究院。研究院选址中国南方智谷B区，总建筑面积7万多平方米，采取政府支持、学校和民间资本共同建设方式计划5年内建成，将致力打造吸引和聚集科技人才的重要载体、连接海内外创新源和高新技术产业化的桥梁、培育创新企业和企业家的服务平台。

6日 “民俗盛宴，欢乐顺德”——2013顺德民俗旅游文化节启动。活动由3月6日持续到5月8日，历时2个月，以生菜会、观音开库等顺德传统特色民俗活动为切入点，并联动区内文化旅游景区开展了系列民俗文化展示、巡游、表演等活动。如3月6日至28日，清晖园举行民间文艺展演专场活动；3月9日，长鹿农庄举行民俗巡游活动；南国丝都举办为期2个月的顺德传统丝绸产业文化节暨南国丝都第四届桑果文化节。

7日 顺德区关心下一代工作委员会与《珠江商报》合作创办《顺德下一代》杂志，打造关心下一代的枢纽型宣传阵地。

11日 是日起，顺德户籍居民跨镇可办理居民身份证。

14日至16日 （中国）顺德厨卫生活电子采购展览会暨顺德家用电器原材料、零配件采购展在顺德展览中心举行。约有800多家来自国内外的家电企业以及40000多名采购商、经销商、代理商等代表到场参观，展会参展企业和采购单位数量创历年之最。

15日 顺德区政府与清华大学签订全面合作框架协议。清华大学将为顺德在科技创新、经济和社会发展、产业结构调整等方面提供决策咨询、评估、论证，推荐优秀科研成果；顺德依托清华大学学科优势，在传统产业升级和新兴产业培育等进行产学研项目合作。双方将共建科技产业园、联合研究机构等合作创新载体；共同成立科技孵化投资引导基金，支持创新创业项目的实施和高层次人才的引进。

△龙江镇沙富村设立顺德首个24小时电子图书馆，推进家庭文化书屋建设。

17日 杏坛镇马东村成立议事监事会，是全区首个村级议事监事会。

17日至20日 第25届国际龙家具展览会和第15届亚洲国际家具材料博览会（AIFME）分别在顺德龙江前进汇展中心和亚洲国际家具材料交易中心隆重举行。

20日 容桂街道被授予第二批“全国人口和计划生育依法行政示范乡镇（街道）”荣誉称号。

21日 伦教梁梓欢糕点店被授予首批“广东老字号”称号。

25日 由顺德区博物馆和顺德区书法家协会主办的顺德首届当代女子书法作品展在顺德博物馆（西山庙内）展出。

26日 顺德区委区政府召开2013年全区决策咨询工作会议，总结近年顺德决策咨询工作情况，并部署2013年全区决策咨询工作。

27日 顺德成立公共交通咨询委员会，将就政府部门拟出台的公共交通政策向社会进行广泛咨询。

28日 顺德城市更新发展中心挂牌成立，将为城市更新项目

提供一站式服务，推进含“三旧改造”在内的城市更新工作。

△2013年顺德区企业服务年之龙腾星光企业金融服务行动启动，政府、商会、银行协力服务企业。

29日 顺德区法学会在顺德社会创新中心挂牌，这是全省首个县（区）一级法学会。

△广东省现代服务业建设重点项目——乐从钢铁世界正式开业。

是月 美的集团董事长何享健意向捐资1亿元，发起成立广东省德耆慈善基金会，建设顺德乃至佛山地区最大最先进的养老院——善耆养老院。

是月 “顺德之春”文艺品牌获评广东省“特色文化品牌”。

4 月

1日 由顺德区政府、省家电商会和慧聪网共同主办的“广东家电产业转型升级与科技创新现场会”在北滘举行。会上，慧聪中国家电电子商务产业园正式奠基，慧聪网与区电子商务协会签订合作伙伴协议，共同推动家电产业B2C服务平台建设。慧聪中国家电电子商务产业园项目分5期建设，一期投资11.85亿元在北滘镇兴建占地4.4万平方米、总体建筑18.5万平方米的中国广东家电国际采购中心（中国·慧聪家电城）、中国家电总部基地（中国家电总部大厦）、中国家电电子商务总部基地（广东家电电子商务大厦）、中国慧聪家电交易会展馆、中国家电博物馆、产业园配套设施等。其中中国·慧聪家电城建成后将成为全国规模最大的家电产品交易中心。

△顺德公布2012年全区食品安全监管情况，正式发布全省首个区县级《食品安全监管白皮书》并免费派发市民。

△华南美国商会顺德办事处在北滘怡和商务中心揭幕成立。

2日 全区社会体制综合改革工作会议召开，全面总结2012年改革成效，部署2013年工作任务。

3日 顺德出台《顺德区加强对重点培育企业服务的实施方案》。34位区领导作为“企业专员”与80家骨干企业挂点联系，提供政策信息服务、为企业制定发展战略提供咨询服务、协调企业发展中需政府协调解决的问题，以及评价区属各部门工作等。

△万和集团被中国航天基金会授予“中国航天事业贡献奖”。

8日 顺德出台《顺德区高层次人才安居试行办法》，对四类人才进行货币补贴和实物配置。

△由顺德区质量技术监督标准与编码所主导制定的顺德区第一个地理标志产品地方标准《地理标志产品——香云纱》正式批准发布，将于7月15日正式实施，标准号为DB44/T 1127-2013。

12日 顺德区水业控股有限公司公司获评“最具社会责任中国水业服务企业奖”；容桂分公司水厂厂长杨林获评“首届中国水业感动人物”。

16日 广东浦项汽车板有限公司浦项高级镀锌板项目一期工程竣工投产。该项目总投资近3亿美元，预计年生产镀锌板达45万吨。

17日 德国联邦议院联盟党党团主席福尔克尔·考德尔一行到访佛山新城，参观中德服务平台、滨河景观等地。

19日 碧桂园获评第八届“中华慈善奖”最具爱心捐赠企业。

△杏坛镇麦村毅进坊正式全面启用，主要为残障人士提供各种形式的服务。这是广东省首个村级社区康园工疗站。

20日 顺德区大型公益活动“寻找社区星级医生”全面启动。

22日 第十一届华语文学传媒大奖在北滘文化中心启动，顺德文学周系列活动也同时拉开序幕，27日举行颁奖典礼。大奖评委和提名作家们在评奖期间到顺德基层采风并参与讲座，为作家在文学周中走进顺德、市民在文学周中走近文学创设平台。

24日 2013创新顺德工业设计大赛启动。

25日 顺德区政府与深圳华侨城股份有限公司签署顺德华侨城文化旅游综合项目战略框架协议，拟合作开发集文化、旅游、娱乐、休闲、购物、商务和居住等为一体的大型综合项目。

26日 广东省首个实体办税员协会在陈村正式揭牌成立。

28日至5月1日 由顺德区经济和科技促进局、大良街道办指导，顺德电子信息商会主办，顺德赛格电子市场承办的2013顺德首届电脑手机购物节在大良赛格电子市场举行。

28日 顺德首个限价房开售。

△顺德港出入境自助通道正式启用，持港澳居民来往内地通行证的港澳居民、持往来港澳通行证或因公往来香港澳门特别行政区通行证并办妥多次有效签注直接往来港澳的内地居民、持大陆居民往来台湾通行证并办妥多次有效签注的大陆居民，均可以从该出入境自助通道通过。

是月 顺德在杏坛镇马东村开展新型农村社会治理模式试点。

是月 勒流镇龙眼农家书屋荣获2012年全国示范农家书屋称号，勒流扶闾村委会农家书屋的廖结文荣获2012年获得表扬的农家书屋管理员称号。

5 月

3日 清晖园、顺德糖厂被国务院公布为第七批全国重点文物保护单位。

7日 中国南方智谷总部园区动工建设。

8日 顺德刺绣家梁国兴获得2013年中国工业美术百花奖刺绣类唯一金奖。

△广东省人民政府办公厅复函，同意认定广东佛山顺德工业园区为省级高新技术产业开发区，定名为顺德高新技术产业开发区，实行现行省级高新技术产业开发区政策。顺德高新技术产业开发区规划面积为393公顷，具体范围为顺德区杏坛镇东南部北至齐新路，南至高赞路，西至二环路，东至容桂水道。

△顺德区政府印发实施《顺德区关于推动骨干企业做大做强扶持办法》，出台18条措施拿出25亿元专项资金，扶持骨干企业做大做强，简称“扶持骨干企业发展18条”。

9日至12日 容桂合唱团参加法国蓬斯国际合唱节获第一名。

14日 中共中央政治局委员、广东省委书记胡春华到顺德调研民营企业发展情况，考察了乐从罗浮宫国际家具博览中心、广东工业设计城、伊之密精密机械股份有限公司。

20日 中华龙舟大赛福州站比赛中，乐从龙舟队获一金一银。

21日 北滘文化中心获2012年香港建筑师学会全年境外建筑大奖，是唯一获得该奖的国内建筑。

△顺德区委区政府召开顺德区扶持骨干企业做大做强动员大会，区委常委、副区长、政务委员，区人大、政协主要领导，区属各部、委、办常务副职，各镇党委书记（街道党工委书记）或镇长（办事处主任），以及全区80家重点培育企业的负责人参加会议。会议解读新出台的18条扶持骨干企业发展政策，遴选80家企业重点培育。

△全区公民教育工作会议召开。

22日 顺德与深圳高新投集团签约共建产业金融服务平台，创新财政资金使用模式，从无偿使用向有偿转变，提高财政资金的使用效率。

27日 顺德首期社区居委会干部社会工作培训班开班，全区村居委会社工化行动全面启动。至9月10日，最后一期顺德社区居委会干部社工知识培训班结束。培训班总共举行四期，来自全区94个社区共900多名的社区干部接受培训。每期结束时学员统一参加结业考试，发放修业证书，作为今后社区居委会干部和人员持证上岗的依据。

27日至28日 两院院士、全国人大常委会原副委员长路甬祥率队在顺德开展创新设计调研，先后参观美的集团、广东工业设计城、广东万和集团有限公司、广东伊之密精密机械股份有限公司、广东科达机电股份有限公司、佛山市利迅达机器人有限公司。

28日 广东顺德三扬科技股份有限公司在天津股权交易所正式挂牌交易，这是顺德首家登陆天交所的企业，开创顺德中小企业在资本市场融资的又一新途径。

30日 广东省农业厅和顺德区人民政府就共建省级现代农业示范区举行签约仪式，这是全省首个主题突出、发展方向明晰的“省级现代农业示范区”。

31日 顺德区公共资源交易管理委员会办公室及顺德区公共资源交易中心正式挂牌成立，标志着顺德统一公共资源交易平台和监管体系的建立和深化。区公共资源交易管理委员会办公室设在区发展规划和统计局，是一个常设机构，负责统一规范顺德建设工程招标、政府采购、土地交易、产权交易等公共资源交易活动的管理制度和交易规则。区公共资源交易中心设在区行政服务中心，由原区建设工程交易中心、区政府采购中心、区土地房产交易中心（土地交易部分）合并而成。

是月 陈村总商会被确认为“省工商联基层组织建设示范点”。

6 月

3日 广东顺德中山大学—卡内基梅隆大学国际联合研究院封顶。

△顺德区荣获“全国法治城市、法治县（市、区）创建活动先进单位”称号。

△顺德区儿童福利院新楼落成揭牌。

6日 美国卡内基梅隆大学校长SabraSuresh、中山大学校长许宁生一行到顺德考察广东顺德中山大学—卡内基梅隆大学国际联合研究院。

9日 首家省内异地顺德商会——江门市顺德商会成立。

10日至12日 顺德举办2013年顺德欢乐龙舟文化节，各项活动在桂畔路、德胜广场、顺峰山公园举行。文化节以“龙舟”为中心，通过民俗、文艺、互动游乐、旅游等13项活动，打造以“龙舟”和“欢乐”为主题的品牌文化活动。

11日 广东省交通运输厅正式批复，同意撤销容奇大桥、德胜大桥收费站。

20日 勒流东风小学花样跳绳队和勒流新球初级中学花样跳绳队参加2013年全国跳绳精英赛。东风小学五名精英队员参加男乙、男女丙组13个单项比赛，取得12个第一名，新球中学也获得六金五银二铜的骄人战绩，并打破两项全国纪录。

22日至23日 2013年广东省饮食行业职业技能大赛特色粤菜竞赛总决赛在顺德区梁銶琚职业技术学校举行，全省15个地级市116名选手同场竞技，顺德8名选手获银厨奖。

24日 欧洲顺德联谊总会在伦敦成立。

26日 顺德艺术展览馆正式揭牌。该馆位于顺德博物馆首层，面积950平方米，展线220米，可展览上百幅形式尺寸各异的画作。同日还举行文化部中国山水画创作院广东分院揭牌仪式暨“天高 地阔 水长”——朱颂民西部山水画展。

27日 由12个国家15位记者、学者组成的“笔尖下的中国”欧洲考察团来顺德考察，参观了区行政服务中心、美的集团总部、佛山新城。

7 月

1日 广东顺德清远（英德）经济合作区管理委员会与投资方在英德签订“岭南文化创意产业园”项目战略合作框架协议，共同打造集文化创意产业、医疗养生产业、旅游度假产业、教育科研、配套商住为一体的现代产业园，预计总投资上百亿元。

3日 由区、镇、村三级共建的顺德区首个青年党员教育培训基地在杏坛镇逢简村启用。

4日 顺德代表团在法国巴黎联合国教科文组织总部，正式递交“创意城市网络——世界美食之都”申请报告。这是继2010年成都成功申报美食之都后，联合国首次接受来自中国城市的申请。

23日 顺德召开党政军座谈会，庆祝中国人民解放军建军86周年。

24日至28日 顺德乐从龙舟队代表中国参加在匈牙利举行的第十一届世界龙舟俱乐部锦标赛，分别在标准龙舟公开组、公开混合组200米和500米直道竞赛中囊括四面金牌，最终夺得四金两铜的好成绩，创中国龙舟队参加世界龙舟锦标赛历史最好成绩。

31日 广东省副省长邓海光率队调研顺德农业经济发展、农村综合改革和农民专业合作社建设等情况。

31日至8月4日 在新加坡举行的第七届亚洲跳绳锦标赛中，勒流街道跳绳队派出8人代表中国队参加2个组别5个项目角逐，最终勇夺8金2银2铜，打破4项亚洲纪录。

是月 龙江以沙富与苏溪两个村居为试点，在全区率先试行公推直选村级党组织领导班子。

8 月

2日至4日 顺德北滘合唱团在新加坡举行的第四届新加坡国际华文合唱节上夺得比赛金奖及合唱节总冠军。

6日至8日 顺德区第二届残疾人运动会在顺德体育中心举行，来自10个镇街的107名运动员在田径、游泳、乒乓球、羽毛球、篮球等5个项目中进行角逐。

9日 第七届顺德中小企业服务日暨2013顺德龙腾·星光企业对接会举行，为300家龙腾企业和1000家星光企业提供“大帮小、小促大”产业互动交流平台，促成顺德与百度公司签订协议实施小微企业信息化“翔计划”，发布“顺德首部企业地图”——《2013顺德企业产品手册》，建立顺德经济网“顺德企业产品展示厅——顺德产业链配套对接平台”。

14日 国家质检总局正式批复同意北滘镇筹建“全国家电配套制造产业知名品牌创建示范区”。

16日 顺德在容桂街道举行首届电子商务大会，共有近500家企业700多人参与。会上，顺德与省经济和信息化委员会签约，省区共建电子商务示范区；发布《顺德区电子商务发展规划（2013~2020）》；举行容桂街道与大卓电商共建电子商务服务中心签约仪式以及顺德区第二批电子商务示范企业授牌仪式。大会以专家论剑、圆桌论坛等形式，搭建区内外制造企业、电商企业的交流平台。

16日至18日 2013年南国书香节·顺德书展在顺德展览中心举行。据不完全统计，本次书展入场人数超12万人次，书籍销售额达120万元，同比增长15%。

19日 顺德区电陶炉标准联盟正式成立。

23日至25日 中国顺德国际家电博览会、中国慧聪（顺德）家电交易会、中国（顺德）工业设计博览会三展合一在顺德展览中心成功举办。展会总面积5万平方米，美的、松下、万家乐、万和等近1000家家电企业参展，100多家中外知名工业设计机构直接参展，国内6000多名设计师参加博览会举办的首届中国原创设计奖和顺德工业设计大赛活动。展会吸引来自全球的7万多名专业买家和观众到场采购观展。

27日 全区农村综合改革工作会议召开，27人被聘用为第二届农改咨询委成员。

31日 大良街道公共资源交易中心举行挂牌仪式，是全区首个镇街级公共资源交易中心。

是月 均安镇覃宇奇、欧阳广业2位顺德名厨荣获全国劳务人员职业资格考评委员会颁发“中华御厨”称号。

是月 《顺德区深化综合改革规划纲要（2013~2015年）》正式出台。

9 月

3日 清晖书院成立暨顺德公民道德修养中心课堂、清晖园博物馆、清晖园历史文化研究会揭牌活动在清晖园举行。清晖书院由珠江商报与清晖园共同组织策划成立，定位为“非盈利的社会公益性服务机构”，是顺德推进社会体制改革，创新社会管理的有益尝试。

△顺德在全国率先启动企业登记并联审批改革，试行“一窗收件、一表登记、三证同发”，4日内可拿营业执照、组织机构代码证、税务登记证。

△陈村花卉、兰花、龟鳖三个农民专业合作社正式成立。

5日 顺德举行首届诺贝尔奖经济学家顺德峰会，2006年诺贝尔经济学奖得主埃德蒙·费尔普斯领衔的一批国内外经济学家和知名学者与本土企业家展开对话；区产业服务创新中心与新华都商学院签订了《诺贝尔奖经济学家顺德峰会战略合作意向书》，计划在未来持续合作，每年都将举办类似高端峰会。

13日 顺德与加拿大艾伯塔省爱民顿市签署经贸与教育备忘录。

△顺德首个道路交通事故纠纷调解委员会在北滘镇挂牌成立。

13日至16日 第二届广东（佛山）安全使用农产品博览会在陈村花卉世界举行。本届安博会以“放心食品e万家，同心共筑绿色梦”为主题，充分展示广东省农产品质量安全监管体系建设、“菜篮子”基地建设、海峡两岸农业合作试验区建设等多项成果，倡导安全食用农产品生产经营理念。本届安博会展馆总面积22500平方米，是上届的3倍，入场总人数47万人次，现场交易总额约2800万元，均比上届有显著提升。

20日至21日 中国·广东第九届国际标准舞全国公开赛暨中国·顺德（容桂）第9届国际标准舞锦标赛、首届国际标准舞艺术表演舞公开赛在顺德举行。

27日 “均安烧猪”“均安蒸猪”“均安鱼饼”以及“均安拆鱼羹”联盟标准正式发布，对菜品的原材料、配料、烹调工艺、感官要求、微生物指标、检验规则等均有明确的规范和指引。同时，包括均安烧猪在内的第三批顺德代表菜式英文译名也正式公布，30道顺德菜新增洋名字。

28日 顺德区人才发展服务中心举办第八届顺德研究生交流会，49所国内及港澳地区高校的研究生及部分社会优秀人才共4200人参加，与120多家知名企事业单位进行交流对接，意向引进高端人才1477人。

10 月

3日 顺德勒流江义中学初二学生贺纯烟以1分钟三摇跳113个的成绩创造吉尼斯世界纪录。

17日 顺德区农业促进联合会成立。

18日 顺德区工商联被人力资源和社会保障部、全国工商联授予“全国工商联系统先进集体”荣誉称号，是全省工商联系统唯一受表彰单位。

19日 逢简村荣获2013中国最美村镇最高奖项“典范奖”，也是华南地区唯一获此奖项的村镇。

21日 顺德获评“2013年中国市辖区综合实力百强（简称“全国百强区”）第1名，以及中国最具投资潜力中小城市百强区第2名。

22日 广东省委常委、省纪委书记黄先耀率调研组到顺德考察调研，先后参观了美的集团、广东工业设计城、大良街道中区党代表工作室及纪委委员工作室、区行政服务中心等地。

23日至26日 第九届中国（佛山）机械装备展览会暨第十一届中国（陈村）机床及橡塑设备博览会在顺联国际机械博览中心举行。

31日至11月2日 由工信部指导，广东省经济和信息化委员会、顺德区政府主办的第二届国家装备工业两化深度融合暨智能制造试点成果展示会在顺德展览中心举行，共有参展单位100多家，展览面积12000平方米，观众近3万人次；吸引ABB、柯马、广州数控、巨轮股份、利迅达、嘉腾等国内外最新机器人产品与系统展示；还展示了“冲压无人车间”、“机器人打磨抛光无人生产线”“无人注塑车间”等整体解决方案。展会同期举办广东智能制造高峰论坛等四场专业论坛。

31日 顺德举行区纪委派驻纪检监察机构挂牌仪式，标志着区纪委机关向区属部门、公检法、正科级参公管理事业单位、各镇街派驻的31个纪检组（监察审计室）正式成立。

11 月

1日至4日 第六届均安国际牛仔博览会在均安富安国际牛仔城（新馆）举行。

12日 顺德首个“试管婴儿”顺利诞生。

13日 顺德首例多胎妊娠减胎术成功实施。

14日 亚太地区美国商会年会在顺德召开。

16日至18日 顺德区人民政府在北京主办2013年“凤舞燕京·智聚顺德”——顺德高端人才交流洽谈会，美的、格兰仕、碧桂园等130余家知名企业参加，提供1480多个高层次职位，110多项合作项目。吸引清华、北大、人大等23所国家重点高校及科研机构、3800多名高端人才参加。

22日 中共中央政治局委员、广东省委书记胡春华到佛山进行体制改革专题调研，在顺德先后考察了杏坛镇逢简村、顺德区中小企业促进会，并召开座谈会，听取佛山市、南海区、顺德区全面深化改革工作情况汇报。

12 月

1日至3日 “2013第十一届中国国际植物展”在陈村花卉世界举行。

3日 顺德发出全省新备案系统试运行后编号尾数为00001的第一张企业投资项目备案证。

△举行荣获“全国法治县（市、区）创建活动先进单位”挂牌仪式。

5日 容桂社区卫生服务中心成为顺德首个国家级社区卫生服务示范中心。

9日至12日 由广东省机械工程协会和顺德区机械装备制造业商会联合主办的首届华南机械零配件交易会暨华南机械城奠基典礼在伦教华南机械城举行，展会规模达1.5万平方米，吸引约300家企业参展（外地参展商超过60%），采购平台触及整个华南地区，成功打造华南地区规模最大、种类齐全的交易平台，顺德装备制造企业今后可在家门口采购零部件。

10日至13日 第十四届中国顺德（伦教）国际木工机械博览会在伦教木工机械城举办。

11日 顺德区公安局北滘派出所民警卢伟明等10人被授予第二届“顺德十大杰出青年”称号。

△佛山市召开调整佛山新城（中德工业服务区）、乐从镇管理体制动员会，决定将乐从镇纳入佛山新城（中德工业服务区）统筹开发、融合发展，并将佛山新城（中德工业服务区）委托顺德管理，此次调整不涉及区划调整。

16日 广东格兰仕集团有限公司获得首届中国质量奖提名奖。

19日至20日 全省按法治框架解决基层矛盾试点工作现场会在陈村举行。

23日 区第十二次归侨侨眷代表大会在华桂园召开，来自顺德各界的归侨侨眷代表及海外侨胞、港澳同胞共220多人参加大会。大会通过关于区侨联设立侨商会、侨青会、留学生联谊会等内设组织的决定，聘请蔡彪、伍智聪、邓智钧分别为侨商会、侨青会、留学生联谊会的首届会长。选举产生第十二届区侨联常务委员和主席、副主席、秘书长，陆国伟当选为主席，区植朋、蔡彪、伍智聪、邓智钧当选为副主席。

24日 2013年广东十大经济风云人物评选结果出炉，顺德实施“全员技工化”的广东格兰仕集团总裁梁昭贤、做“智能裁缝”的爱斯达服饰有限公司总经理樊友斌上榜。

27日 顺德博物馆新馆正式免费向公众开放。新馆占地面积32500平方米，总建筑面积26230平方米，设有综合反映顺德历史文化的“顺德人 顺德事”展厅、馆藏文物展厅、馆藏书画展厅、明清家具展厅、粤剧曲艺展厅、海外乡情展厅、李小龙展厅六个专题展厅及临时展厅，陈列面积9084平方米。

△2013年度顺德政府质量奖颁奖大会在区政府会议中心召开，广东万家乐燃气具有限公司、广东申菱空调设备有限公司、广东东泰金属制品有限公司3家企业获奖。

28日 顺德获评“2013中国全面小康十大示范县市”。

是月 顺德“真步堂天文历算”和“观音信俗”两个项目入选广东省第五批省级非物质文化遗产名录。

是月 顺德被国家知识产权局确认为国家知识产权试点城市（城区）。

是年 正式启动事业单位分类改革。

顺德概况

基本情况

【建置沿革】顺德春秋战国时为百越地，秦代起属南海郡番禺县，隋代起属番禺县分出的南海县，五代南汉时属南海县分出的咸宁县，宋初重新并入南海县，元代及明初沿袭宋制。明英宗正统年间黄萧养起义后，朝廷为了加强对起义策源地的控制，于景泰三年四月二十七日（1452年5月16日）将南海县的东涌、马宁、西淋、鼎安4都37堡及新会的白藤堡划出，设置顺德县。

建县至清末，均属广州府管辖。民国初年隶属粤海道，民国9年（1920年）废道后直属广东省管辖。1950年划入珠江专区。1952年属粤中行政区。1956年隶属佛山专区（1970年起改称地区）。1958年12月15日至1959年6月与番禺县合并，称番顺县，此后恢复原建制。1983年6月实行市管县体制后，隶属佛山市。1992年3月26日，撤县建市。2002年12月8日，国务院批准调整佛山市行政区划，顺德撤市改为佛山市顺德区。2010年9月29日，广东省第十一届人民代表大会常务委员会第二十一次会议通过《广东省人民代表大会常务委员会关于促进和保障佛山市顺德区综合改革试验工作的决定》，正式以法律形式赋予顺德依法行使地级市的行政管理权。2011年1月28日，广东省委办公厅下发《中国广东省委办公厅广东省人民政府办公厅关于进一步完善和深化顺德行政体制改革的意见》（粤发办〔2011〕2号文），确定顺德区为广东省省直管县试点。

（杨力）

【地理位置】顺德区地处北纬22°40′~23°2′，东经113°1′~113°23′，位于广东省中南部，珠江三角洲腹地，北接佛山市禅城区，东连广州市番禺区，南邻中山市，西与江门市和佛山市南海区接壤，毗邻港澳，地理位置优越。全区东西相距39.4公里，南北相距37.0公里。

【地形地貌】顺德区境内绝大部分属于由江河冲积而成的河口三角洲平原，土地肥沃。地势西北略高，东南稍低。大部分地区平均海拔为0.7~2米，平原上散布多处小山丘。地形分为平原、水域、丘陵和台地四大类。其中平原面积占58.7%；水域（含河流、水塘）面积占37.4%；丘陵和台地面积占3.9%。最高山为东南部的顺峰山大岭(海拔173米)，其次为西部龙江镇的锦屏山(海拔172米)。境内河涌交错，水网交织，主要河道有16条(段)，总长210公里；主要河流依地势从西北流向东南，河面宽度一般为200~300米，水深5~12米。主要水道有西江、顺德水道、顺德支流、马宁水道、李家沙水道、容桂水道等。多数河流河床较深，利于通航、灌溉、养殖。

【区划面积】2013年，顺德区总面积806.57平方公里，下辖大良、容桂、伦教、勒流4个街道和北滘、陈村、乐从、龙江、杏坛、均安6个镇。下设社区居民委员会和村民委员会203个，其中社区居民委员会95个，村民委员会108个（附顺德区行政区划简表）。

【气候】2013年，顺德年平均气温23.4℃，年极端最高气温37.3℃（7月13日），年极端最低气温5.7℃（1月5日）；平均气温比常年平均偏高0.8℃。除4月、7月、12月气温较常年偏低，其余月份气温均偏高，其中2月、3月气温异常偏高，月平均气温分别为18.8℃、21.0℃，较常年偏高3.4℃、2.7℃；年高温日数27天，较常年偏多8天；年内无低于5℃的低温天气。年总降水量2065.2毫米，较常年偏多21.6%，年雨日和常年持平，其中3月、4月、7月、8月、11月、12月降水量异常偏多，分别较常年同期偏多89.1%、72.3%、87.7%、65.5%、69.9%、342.1%；其余月份降水量偏少，6月降水量显著偏少，1月、2月、10月降水量异常偏少，分别偏少86.5%、93.0%、92.3%。汛期（4~9月）降水量1701.4毫米，较常年偏多23%；入汛前后雨量差异大，雨量由2月的较常年偏少93%跃到3月较常年偏多89%；汛期降雨分布不均，6月雨量较常年偏少57.6%，而7月雨量较常年偏多87.7%。“龙舟水”偏轻，“龙舟水”期间（5月21日~6月20日）雨量233.5毫米，偏少22%。年内暴雨日数11天，较常年多4天，为近5年最多年份。年日照时数1682.3小时，属正常年景。4月、5月、7月、8月、11月日照时数偏少，3月、6月、10月、12月日照时数偏多，其余月份日照时数正常。年雷暴日数90天，较常年偏多17天，初雷出现在3月19日。年内强对流天气主要为雷雨大风、强雷暴、短时强降水、冰雹等。3月27日11时31分左右，大良、伦教街道出现冰雹，气象台观测到最大直径7毫米的冰雹。3月28日杏坛、勒流等镇出现冰雹。年大雾日数3天，和1975年并列为有气象记录以来最少雾日的年份。

顺德区行政区划简表

2013年8月

镇（街道）名称	社区居民委员会名称	村民委员会名称
大良街道办事处（19个社区居委会，2个村委会）	南华、升平、府又、中区、文秀、北区、金榜、新桂、顺峰、云路、新松、新滘、红岗、大门、近良、南江、苏岗、五沙、德和	古鉴、逢沙
容桂街道办事处（23个社区居委会，3个村委会）	卫红、朝阳、东风、容新、德胜、振华、容山、桂洲、红星、细滘、海尾、幸福、红旗、四基、南区、容里、高黎、扁滘、华口、容边、上佳市、大福基、小黄圃	穗香、马冈、龙涌口
伦教街道办事处（2个社区居委会，8个村委会）	三洲、常教	永丰、鸡洲、熹涌、霞石、荔村、新塘、羊额、仕版
勒流街道办事处（5个社区居委会，17个村委会）	黄连、勒流、光大、新城、大晚	勒北、东风、新明、江义、扶闾、稔海、上涌、江村、南水、众涌、龙眼、西华、富裕、连杜、新安、裕源、冲鹤
陈村镇（8个社区居委会，7个村委会）	勒竹、赤花、锦龙、南涌、合成、永兴、花城、旧圩	弼教、石洲、仙涌、庄头、大都、潭洲、绀现
北滘镇（9个社区居委会，10个村委会）	碧江、北滘、槎涌、广教、林头、碧桂园、三洪奇、顺江、君兰	上僚、三桂、桃村、莘村、西海、水口、马龙、西滘、高村、黄龙
乐从镇（5个社区居委会，19个村委会）	乐从、平步、腾冲、沙滘、兴乐	新隆、葛岸、良教、上华、小布、荷村、大墩、小涌、岳步、良村、劳村、道教、大罗、路州、大闸、水藤、沙边、罗沙、杨滘
龙江镇（10个社区居委会，13个村委会）	龙江、龙山、苏溪、西溪、坦西、排沙、陈涌、世埠、东涌、文华	旺岗、仙塘、沙富、集北、东海、官田、麦朗、西庆、万安、南坑、东头、左滩、新华西
杏坛镇（6个社区居委会，24个村委会）	齐杏、杏坛、罗水、吕地、雁园、马齐	海凌、桑麻、逢简、龙潭、北水、吉祐、西北、上地、高赞、新联、昌教、路涌、马宁、马东、西登、麦村、光华、古朗、东村、南华、右滩、南朗、光辉、安富
均安镇（8个社区居委会，5个村委会）	均安、仓门、沙头、三华、新华、天湖、鹤峰、南沙	星槎、南浦、沙浦、天连、太平
合计（203个社区居委会和村委会）	95	108

说明：区政府在2013年1月批准增设龙江镇文华社区居民委员会，8月批准增设乐从镇兴乐社区居民委员会。

2013年，西北太平洋和南海海域有31个热带气旋生成并编号，有9个登陆广东，影响顺德的热带气旋有2个，分别是1311号超强台风“尤特”和1319号超强台风“天兔”。8月14~15日，顺德普遍出现大暴雨量级的强降水。8月16~18日，受“尤特”残余环流和西南季风共同影响，普降大雨到暴雨、局部大暴雨，强降水区主要位于顺德东北部。过程累积降水量73.7~332.3毫米（13日21时~16日20时），其中15日日最大降水量北滘中学180.4毫米。1319号超强台风“天兔”于9月22日19时40分在广东汕尾市登陆，登陆时中心附近最大风力14级（45米/秒），中心最低气压935百帕，是2013年登陆广东省最强的热带气旋，从登陆时中心最低气压衡量它是历史上登陆广东时强度最强热带气旋之一（与9615号强台风“莎莉”并列）。“天兔”登陆后向西北偏西方向移动，9月23日05时以强热带风暴强度进入广州市境内。受“天兔”影响，顺德普降暴雨。（陈景虹）

【水资源】顺德区内天然年径流量一般小于10亿立方米，但西、北江过境干（支）流流经本区带来大量过境水，年过境水量达2000亿~3300亿立方米，故可供利用的水资源十分丰富。区内河流受潮汐影响明显，常有顺、逆双向流发生。2013年，顺德地表水资源量7.39亿立方米，比上年偏多17.9%，比常年偏多42%；地下水资源量1.28亿立方米，水资源总量7.69亿立方米。全区入境水量2417.7亿立方米，出境水量2422.92亿立方米，到中山1494.89亿立方米，到江门114.40亿立方米。2013年，顺德共有非农业供水工程52家，52个取水口，其中自来水厂15间15个取水口，企业自备供水37家，37个取水口。年取水总量约8.42亿立方米（含生活用水2.19亿立方米、工业用水1.67亿立方米、发电用水3.80亿立方米、公共及生态环境等用水0.76亿立方米）。另有广州自来水公司（南州水厂）从顺德境内顺德水道取水约3.6亿立方米。

【人口、语言】2013年，按户籍人口统计，顺德总人口125.94万人，比2012年增加1.15万人，非农业人口125.94万人，其中男性625637人，占49.68%；女性633771人，占50.32%。全年省内、省外迁入顺德8720人，同比2012年减少80人；迁往省内、省外4733人，同比2012年减少1428人；出生14552人，同比减少36人；死亡7211人，同比减少402人。全区流动人口128.99万人，同比2012年增长7.28万人。

顺德方言与广州话同属方言中的“粤海片”，语法、词汇基本相同，差别仅在语音和语调上。（罗利鹏）

【民族、宗教】据统计，顺德共有43个少数民族，共13万余人，其中户籍人口约6500人，常住人口近10万人，居住半年以下流动人口近3万人，占总人口比例约5.2%，主要分布在大良、容桂、乐从等镇（街道）。

顺德现有佛教、道教、天主教、基督教和伊斯兰教5大宗教，批准开放的宗教场所22间（其中佛教8间、道教1间、天主教6间、基督教7间），宗教教职人员93人，信徒5万多人。（卢瑞军）

【华侨、港澳台同胞】顺德拥有50多万华侨华人和港澳乡亲、约1.5万名归侨侨眷，侨力资源丰富。早期，顺德华侨大多分布于东南亚和东南非及美洲各国。20世纪70年代起特别是改革开放以后，不少邑侨跨越洲际，从经济落后的亚洲、非洲转向发达的欧洲、美洲和大洋洲。顺德现有华侨华人约20万人，分布在世界五大洲56个国家和地区，其中以东南非和东南亚为多。近年来，顺德的华侨已有向欧美国家转移的趋势，如法国、加拿大、美国

2013年顺德区分镇（街道）户数和人口

计量单位：户、人

	户　数	人　口
合　计	364298	1259408
大　良	70150	222641
容　桂	62858	204896
伦　教	24671	85253
勒　流	32423	118323
陈　村	23839	79385
北　滘	36943	120745
乐　从	31767	105408
龙　江	25449	101011
杏　坛	32940	132363
均　安	23258	89383

等。另外，顺德现有港澳乡亲30余万人。分布世界各地的顺德侨团超过60个，以马来西亚、美国、加拿大、马达加斯加、南非国家和中国港澳地区最为集中。有些侨团历史悠久，成立时间超过100年。近年来，随着在顺德务工和投资的台湾同胞日渐增多，台商于1995年成立了佛山市台协顺德台商联谊会，2002年1月正式更名为顺德台商投资企业协会，现有会员70多家。

【经济发展】顺德自古就是鱼米之乡。自宋代起利用河网平原的地势，塞堑为塘，叠土成基，"果基鱼塘""桑基鱼塘"商品农业应运而生。明中叶以后，发展成为全省缫丝业和丝织业中心。鸦片战争后，成为我国最早出现民族资本经济的地区之一。1911年，缫丝厂超过200家，占全省总数的53.5%，被誉为"南国丝都"。茧、丝的大量购销促进金融业的繁荣，一度成为广东的金融中枢，被誉为"广东银行"。20世代30年代，成为全省制糖工业的重要基地，有糖厂50多家，工商各业全面兴旺。新中国成立后，顺德以缫丝、制糖等产业为依托，以农业为主体的经济得到恢复和发展，1978年工农业总产值16.26亿元（按1990年不变价）。改革开放后，顺德以乡镇经济为主体，以科技创新为动力，实现由农业经济到工业经济的跨越，被称为广东"四小虎"之一。20世纪90年代，在全国率先开展以产权制度改革为核心的综合改革，搭建起社会主义市场经济的基本框架。2000年至2003年连续四年居全国百强县第一，2006年成为全国生产总值率先突破千亿元的县级经济体。近年来，顺德始终坚持"市场导向、创新驱动、高端延伸、载体先行"理念，建成以民营经济和实体经济为主体的产业体系，打造家用电器、机械装备、家具制造等特色产业集群，推动传统制造业向设计、研发、营销、服务等高端环节延伸。顺德先后六次获评中国全面小康十大示范县市，2012年至2014年连续三年居全国市辖区百强首位。

【旅游资源】顺德旅游资源丰富，广府文化、生态休闲、都市风光、岭南美食、特色产业交相辉映，拥有顺德美食、顺德制造、岭南水乡、千年花乡等城市名片。境内有清晖园、长鹿农庄、陈村花卉世界、罗浮宫家具博览中心4个国家AAAA级旅游景区，逢简水乡、顺峰山公园、南国丝都博物馆等特色景区，以及万辉珠宝城等特色旅游购物点。有五星级饭店2家，四星级饭店11家，旅行社28家，休闲娱乐设施完善。自古"食在广州，厨出凤城"，顺德是粤菜重要的发源地，中国三大厨师之乡之一，全国首个"中国美食名城"，著名的美食之乡，餐饮业发达，金牌菜、特色菜无数，名店名厨荟萃。

【民俗文化】顺德民间传统文化承载着乡土浓情和历史记忆的非物质文化遗产，闪烁着艺术的华光，润泽着代代顺德人的精神家园，成为不可多得的文化瑰宝。人龙舞、龙舟说唱、香云纱染整技艺等国家级非遗项目，异彩纷呈；观音开库、龙眼点睛、赛龙舟、锣鼓柜巡游等节庆民俗活动，瑰丽耀目。2013年，顺德新增6个区级非遗项目，8个区级代表性传承人，新增观音开库、真步堂天文历算2个省级非遗项目，粤绣（广绣）的保护单位顺德富德工艺品有限公司被评为第一批"广东省非物质文化遗产生产性保护示范基地"。一系列民俗节庆活动和非遗展示展演活动深受市民乐道，如欢乐龙舟文化节期间的文化遗产日活动，举办了顺德区非物质文化遗产图片展、非遗项目的展示和巡游活动，龙舟说唱、八音锣鼓柜、柜色、鱼灯舞、广绣、香云纱等传统民俗活动和项目一一亮相，深受好评。杏坛人龙舞参加2013佛山秋色欢乐节之秋色赛会，勇夺表演队伍巡游表演特等奖。

（梅彩虹）

经济社会发展概况

【城市升级】2013年，顺德围绕"城市升级引领转型发展，共建共享幸福顺德"发展战略，不断优化城市布局、形态、功能和内涵。

坚持产城互动，确立城市布局。2013年，佛山新城委托顺德管理，确定佛山新城、顺德新城"双核带动"，镇域魅力小城"串珠成链"的总体发展布局。全区控规覆盖率达57%，"三旧"改造成效显著，德胜河一河两岸、容桂文塔中央商务区、乐从北入口等重点改造项目取得突破。

坚持生态宜居，优化城市形态。2013年，顺德推进"美城行动"，"五位一体"道路综合整治、"大保洁"等工作成效显著，单位GDP能耗下降5.68%，空气质量优良天数比例达66.9%，农村污水处理率、城镇生活垃圾无害化处理率达100%。新增及改造绿化面积327万平方米，成为全省创建城乡土地生态利用综合改革试点，积极创建国家生态文明示范区，逢简村入选“中国最美村镇”。

坚持优质高效，健全城市功能。2013年，佛山一环南延线等骨干路网建成通车，顺德环形快速干线建设全面推进，全区公路密度达223公里/百平方公里，高速公路密度达11.7公里/百平方公里，基本实现了“30：15”交通路网建设目标（即区内各镇街30分钟互达，15分钟上高速）。一批水利、电力、信息化等基础设施建设扎实推进，数字城管实现镇（街道）全覆盖，公交出行分担率达23%。城市的服务、协调、集散功能有效提升。

坚持人文先行，提升城市内涵。2013年，顺德以创建全国文明城市为重点，将精神文明建设融入城市升级的总体战略。顺德博物馆建成开放，顺德演艺中心、德胜广场等文化场馆有效盘活，社区文化设施普及率达90%。广泛开展群众文体活动，曲艺、龙舟、美术等文化品牌和香云纱、广绣等非物质文化遗产得到有效传承和开发。第八届中国（美的）岭南美食文化节、欢乐龙舟文化节成功举行。顺德龙舟队征战世界龙舟锦标赛勇夺4金。碧江村入选全国首批传统村落名录。清晖园、顺德糖厂早期建筑列入全国重点文物保护单位。

【产业转型】2013年，顺德推动传统产业转型升级，培育区域新兴产业，经济发展质量效益进一步提高，是年全区生产总值2556.78亿元，三次产业结构为1.7：53.1：45.2。规模以上企业工业产值等主要经济指标增速高于全国、全省平均水平，人均GDP达16855美元，每平方公里产出3.17亿元。

企业扶持政策实现全面覆盖。2013年，顺德出台推动骨干企业做大做强“18条”，与“龙腾计划”、“星光工程”形成涵盖大中小微型企业的政策体系。推出“企业专员”制度和干部到企业挂职锻炼制度。

支柱产业引领转型升级。2013年，顺德家电业产值2144亿元、占规模以上工业总产值的39.1%，装备业1457.9亿元、占24.7%，两大产业集群成为引领全区产业转型升级的主要动力。装备业以精密数控机械、电气机械、注塑机械、压力机械、交通机械等为主体，拥有2个国家级企业技术中心，6家企业入选全省50强装备制造业重点骨干企业、12家企业入选全省100家重点培育企业。家电业逐步从制造加工环节向研发设计、品牌营销等价值链高端延伸，打造全产业链，推动产业集群整体升级。

科技金融支撑作用更加彰显。2013年，顺德全社会研发投入占生产总值比重达2.9%，科技进步对经济增长贡献率超过60%。南方智谷、顺德高新技术产业开发区、“两德”合作区等载体加快建设。推进国家创新型城市建设，成为全省唯一地市级自主创新示范区。知识产权投融资试点通过国家验收。产业金融服务平台正式投入运营。新增上市企业2家，总数达15家，融资规模居全国十强县首位。

成功培育新的经济增长点。2013年，顺德打造出10多个电子商务交易平台，全区网商3000多家，年交易额在省内仅次于广州、深圳。是年，19家企业入选省电子商务100强。培育一批用地少、高技术含量、环保型项目，阿格蕾雅、村田陶瓷等项目相继建成或投产，浦项公司光伏应用全国名列前茅。

【改革创新】2013年，顺德出台深化综合改革规划纲要（2013~2015年），推动重点领域和关键环节改革取得新突破，构建有效支撑经济社会综合转型升级的公共治理和服务体制。

行政审批制度改革取得突破。2013年，顺德在国内率先发布企业经营审批事项目录，探索市场准入“负面清单”管理模式。将商事登记受理范围从有限

2013年3月26日，北滘国际财富中心奠基

公司扩展到所有企业类型；在全国首推商事主体网上年报备案；在全国率先推行企业登记并联审批，实现“一窗收件、一表登记、三证同发”。企业投资管理体制改革成为全省试点，合并和压减一批审批事项，压缩审批时间达80%，全省首张企业投资项目备案证书在顺德发出。

社会体制改革深入开展。2013年，顺德决策咨询机构趋向制度化和常态化运作，形成多层次、广覆盖的咨询网络。设立“镇街社会创新资金”和公益创投等扶持资金，聘请第三方机构开展社会组织评级，规范引领社会组织发展，探索社会组织“孵化式”党建新模式。

基层治理改革实现创新。2013年，顺德试点设立村居议事监事会，实现政府治理与基层自治的良性互动和有效衔接。完善农村集体资产交易、农村股权流转、财务监控和村务公开四大平台，组建农业促进联合会、建立农民专业合作社。创新思路逐步化解农村历史债务问题和征地留用地问题。

【民生福祉】顺德区深入推进基本公共服务均等化，获评2013年度中国全面小康十大示范县市。

民生保障更加有力。2013年，顺德职工养老保险参保人数突破80万人，办理社保卡超过140万张。推行居民医保重大伤病补充保险制度。五保户、低保户、“三无”人员供养标准分别提高14.1%、9.3%和14.1%，企业退休人员等群体养老待遇稳步提高。残疾人、妇女儿童、公益慈善等事业健康发展，区儿童福利院建成使用。超额完成保障性住房建设任务。

公共服务更加优质。2013年，顺德推进教育综合改革。公益性、普惠性幼儿园比重提升至52%。创新异地务工人员服务管理模式，全面推行异地务工子女入读公办小学积分入学制度。社区卫生服务走在全省前列，容桂社区卫生服务中心获评“全国示范社区卫生服务中心”。

社会环境更加和谐。2013年，顺德“110”警情（刑事及治安）同比下降33.5%，“三两”[指两枪（抢劫、抢夺）、两车（汽车、摩托车）、两入（入室、入屋盗窃）]原始警情下降33.1%，八类暴力案件立案下降20.5%。推行重大事项社会稳定风险评估。顺德区获评2013年“全国法治区创建先进单位”。大良中区社区、容桂幸福社区获评“全国和谐社区建设示范单位”。

组织机构及负责人

◎顺德区五套领导班子成员

中国共产党佛山市顺德区委员会

书　记：梁维东

副书记：黄喜忠　杜镜初

刘光大（至4月挂职）

赵　海（12月始挂职）

常　委：潘东生　邓永强　周爱群

温良谋（至7月）　蓝　斌

周驭洪　马洪胜　王　勇

李东文（7月始）

佛山市顺德区第十五届人大常委会

主　任：周志坤

副主任：袁伟伦　黄　晴　黎敏秋

陈步安　霍兆忠　张　旗

常委会委员：岑伟垣　莫子方　吴志标

赵汝江　冼浩淇　马国伦

黎祐任　赵里平　夏旺祥

张连华　罗允雄　李林枝

梁朝坤　罗泽强　梁　锋

陈苏星　蒋丽霞　何倩馨

陈小伍　陈锦芳　植锦泉

宋　炜　黄锡槿　陈影然

刘伯权　余少言

佛山市顺德区人民政府

区　长：黄喜忠

常务副区长：邓永强

副区长：陈浩斌　杨小晶　卢志雄

赵万雄　刘　怡　乔吉飞（挂职）

谢国高（3月始）　刘朝阳（10月始）

政务委员：关世良　徐国元　谭志亮

林胜初　麦连桐

政协佛山市顺德区第十三届委员会

主　席：梁国章

副主席：江佐中　郭　祺　黄燕霞

刘　明　夏　伟　陈礼豪

中共佛山市顺德区纪律检查委员会

书　记：潘东生

副书记：赖剑辉（至3月）

钟景荣（3月起）　陈宇泉

常　委：李映萍　何远铭　赵永强　庄智伟

◎市、区两级派出机构

佛山新城管委会（中德工业服务区）

主　任：赵　海

副主任：麦连桐（12月始）　周　霞

王　雄　何小坚　徐　平

黄　海　朱锡雄　谢顺辉（12月始）

广东顺德清远（英德）经济合作区管委会

常务副主任：卢伟杰

副　主　任：甘志宇　苏贤安

赵　辉（英德干部）

◎各镇、街道

大良街道

党工委书记：马洪胜

党工委副书记：潘瑞民（至2月）

罗厚光（2月始）　王伟宁

党工委委员：何春云　周建新　陈少桃

黄锐建　吴智力　劳志和

苏德荣　梁永标　麦颜柱

孙丽丽（4月始）

林钦耀（至2月）

陈耿明（2月始，至4月）

人大工委主任：马洪胜

人大工委副主任：杨洁珍

办事处主任：潘瑞民（至2月）

罗厚光（2月始）

办事处副主任：何春云　谢　军　冯　兵

陈耿明（4月始）

孙丽丽（至4月）

容桂街道

党工委书记：赖雪晖

党工委副书记：罗厚光（至2月）

季少嘉（2月始）　朱艺婷

党工委委员：招霞红（至9月）

何逊文（至8月）　王　建

杨汉芳　唐天培　柯昌松

李尚勇　翟子意　冯家擎　陈汝强　谭　素
林晓波（8月始）　胡永峰（12月始）
人大工委主任：赖雪晖
人大工委副主任：何开亮
办事处主任：罗厚光（至2月）
季少嘉（2月始）
办事处副主任：招霞红（至9月）
胡永峰　孙春刚　庞仁初
李文光（12月始）

伦教街道

党工委书记：李梓文
党工委副书记：刘国兴　卢德全
党工委委员：周恒辉　陈俊贤　黄炫丹
余厚坚　林新潮　王星海
霍茂昌　周景祥　胡永文
胡国兴
人大工委主任：李梓文
人大工委副主任：何炎鸿
办事处主任：刘国兴
办事处副主任：梁啟滔　龙仲英
罗冠明　周恒辉

勒流街道

党工委书记：李建华（至9月）
麦玉团（9月始）
党工委副书记：柯宇威　梁晴尔
党工委委员：卢裕宏　曹顺祥　卢瑞芬
周少海　潘民权（至3月）
谭　郑　曹民安　吴兆明
欧胜军　唐志坚
黄宇恒（4月始）
人大工委主任：李建华（至9月）
麦玉团（9月始）
人大工委副主任：廖应财
办事处主任：柯宇威
办事处副主任：卢裕宏　杜伟泉
黄宇恒（至4月）
梁伟华　蔡炜斌（4月始）

北滘镇

党委书记：冼阳福
党委副书记：麦玉团（至10月）
余焯焜（10月始）　李满连
党委委员：卢本忠　霍炳朝　霍兆华　李达恒
洪浩鹏（1月始，至8月）　陈宇莹
吴伟勤　劳广行　何锡辉　韩治帮
黄志敏（1月～2月，12月始）
何广辉（12月始）
人大主席：冼阳福
人大副主席：梁垣刚
镇　长：麦玉团
副镇长：霍炳朝　李少玲　黄智海
黄志敏（1月始）　邓河标（至1月）

陈村镇

党委书记：温俊勇（至4月）
陈仲贤（4月始）
党委副书记：陈仲贤（至4月）　杜友华
党委委员：陈锦钊　毛永达　叶善楷　梁淑艳
苏健彬　麦金兆　何碧耀　伍超前
杨瑞华　宁　磊
梁铨开（至2月）
廖海标（3月始，至7月）
人大主席：温俊勇（至4月）
陈仲贤（4月始）
人大副主席：吕卫平
镇　长：陈仲贤（至5月）　周　旭（5月始）
副镇长：陈锦钊　吴文郁　陈耿明（至5月）
梁铨开（1月始）　廖海标（5月始）

乐从镇

党委书记：麦连桐
党委副书记：谢顺辉　麦广强
党委委员：黎经权　吴显强（至8月）　陈润明
陈杰民　蔡遥炘　廖锐强　张新华
陈碧云　黄志捷　张　云
人大主席：麦连桐
人大副主席：何森广
镇　长：谢顺辉
副镇长：黎经权　岑德荣　张松林　麦俊棉

龙江镇

党委书记：梁雄钊
党委副书记：张新杰　梁柳玉
党委委员：谭逢显　吕庆敦　欧阳伯洪

罗大泉　甄卓辉　梁绍根　叶少红
赖朝辉　张潮帮　黄长旺　黄勇基（至2月）
人大主席：梁雄钊
人大副主席：陈应杰
镇　长：张新杰
副镇长：谭逢显　林定基
　　　　谭灿荣　黄勇基（1月始）

杏坛镇

党委书记：鲁国刚
党委副书记：梁雄辉　康永忠
党委委员：欧阳永波　黄干忠　陈瑞贞
　　　　　林定楚　梁祖建　何炳辉
　　　　　王崇曦　苏玉明　胡文洪
　　　　　朱苑芸　黄汉标（5月始）
人大主席：鲁国刚
人大副主席：梁建民
镇　长：梁雄辉
副镇长：黄干忠　翁祖炎　黄家慈　廖启炘

均安镇

党委书记：谢福荣
党委副书记：周贤林　黎志强
党委委员：蔡卫兵　曾　敏　刘翠崧
　　　　　曾　帆　伍时骏　欧阳信祥
　　　　　黄浩坤　廖耀强　欧阳冠坤
　　　　　容佰辉　郑海标
人大主席：谢福荣
人大副主席：欧阳永业
镇　长：周贤林
副镇长：蔡卫兵　黄永生　陈有环

◎几套班子办事机关

顺德区委、区政府办公室

秘书长（主任）：周驭洪
副秘书长：卢伟杰（至12月）　黎劲康
　　　　　黄建雄　刘　涛　周　旭（至4月）
　　　　　李允冠　姜远国（4月始）
副主任：范伟强　王　光　凌　云　及　莉
　　　　崔伟国　林钦耀（2月始）

佛山市顺德区第十五届人大常委会办公室

主　任：张　旗
副主任：闾绍文　杨少毅　邱国盛（1月始）

政协佛山市顺德区第十三届委员会办公室

主　任：潘伟松
副主任：王安柳　罗泽基

◎区委工作部门

中共顺德区委组织部

部　长：蓝　斌
常务副部长：钟景荣（至2月）
　　　　　　赖剑辉（2月始）
副　部　长：姜远国（至4月）　曹　毅
　　　　　　鞠　琨　马剑梅
　　　　　　陈伟成（7月始）

顺德区机构编制委员会办公室

主　任：蓝　斌
副主任：曹　毅

中共顺德区委宣传部

部　长：王　勇
常务副部长：饶林海
副　部　长：梁国锋　沈　涌　李孟华

中共顺德区委政法委

书　记：杜镜初
副书记：卢英伟（兼任区委维稳办主任、区综治办主任）
　　　　贺光辉（兼任区委防范办主任）
　　　　关庆祥（兼任区司法局常务副局长）
　　　　叶志忠
区委防范办副主任：张英松
区委维稳办副主任：欧可深
区综治办副主任：林伟雄

中共顺德区委社会工作部

部　长：邓永强
常务副部长：黄燕霞　何允唐

◎区武装部及法检两院

顺德区人民武装部

部长：温良谋（至3月）　李东文（3月始）
政委：刘哲友

顺德区人民法院

院　长：何树志

副院长：叶翠青　谭振东　吴建兴　梁社明

顺德区人民检察院

检察长：杨　炯

副检察长：王文雄（至8月）　黎　明　梁　鸣
罗煦春（至8月）
朱胜华（9月始）

◎区政府工作部门

顺德区发展规划和统计局

局　长：杨小晶

常务副局长：梁伟沛　周新年

副　局　长：胡公会　潘民权（2月始）
万向阳　冯哲民　谢　明
何瑞冰　钟伟良　刘　瑜

顺德区经济和科技促进局

局　长：刘　怡

常务副局长：岑树德　李福信
余焯焜（至9月）
招霞红（9月始）

副局长：麦奕昌（至7月）　张　鹏　萧浩智
梅向民　黄小检　何绮君
洪浩鹏（8月始）　吴显强（8月始）
蔡炜斌（至4月）

顺德区教育局

局　长：徐国元

常务副局长：陈锡钊

副局长：何钊胜　徐旭雁　张艳芬　郭金元

顺德区公安局

局　长：卢志雄

政　委：洪锦华

副局长：谭志富　张颂武　冯家端
周锡开　麦志伟　颜健明

顺德区政务监察和审计局

局　长：潘东生

常务副局长：赖剑辉（至3月）
钟景荣（3月始）　李映萍

副局长：罗　伟　陈建豪

顺德区人力资源和社会保障局

局　长：谭志亮

常务副局长：马智荣　曾宪才　陆建中

副局长：招　彬　宁海鸥（至7月）　黄群英

顺德区司法局

局　长：杜镜初

常务副局长：关庆祥

副局长：冯炳全　章东波

顺德区财税局

局　长：关世良

常务副局长：梁学文　陈炳宜

副局长：黎辉雄　周冬生　刘红文
劳伟源　苏伟林　陈国雄　李锦添

顺德区国土城建和水利局

局　长：林胜初

常务副局长：孙建根　潘瑞民（2月始）
季少嘉（至2月）

副局长：郑　军　刘　机　徐守堂
黄杰光　谭敬和　马锦文
何　当　梁　艳　邱敏光（至4月）

顺德区环境运输和城市管理局

局　长：陈浩斌

常务副局长：谭俊杰　吴炬云

副局长：陈卓然　欧锦霞　刘展强　吴志伟
丘永平　罗锦雄　黄结兴

顺德区文体旅游局

局　长：王　勇

常务副局长：饶林海

副局长：梁国锋　沈　涌　欧伟中　马汉根

顺德区人口和卫生药品监督局

局　长：周爱群

常务副局长：刘　明　何建民　冯奕忠

副局长：欧阳雪乔　麦恩明　苏发展
钟建红　李子庆

顺德区民政宗教和外事侨务局

局　长：邓永强

常务副局长：黄燕霞　何允唐

顺德区市场安全监管局

局　长：赵万雄

常务副局长：温　雄　叶卉时

副局长：陶秀艳（12月始）　黄坚强
杨西学　张维聪　孔繁昌
蔡俊豪　陈景辉　冼弥冬

◎区属事业单位

顺德区委区政府接待办公室

主　任：王　光

副主任：王广生　梁桂贤　韩　军

顺德区国有资产监督管理办公室

主　任：吴　蔚

副主任：吕翠琴　何国华　蒋盛辉

顺德区社会保险基金管理局

局　长：陆建中

副局长：刘　玲　黄旭东
宁海鸥（8月始）　黄金梁（至5月）

顺德高新技术产业开发区管理委员会

主　任：刘　怡

常务副主任：林世龙

副主任：陈粤渊　黄志军　林俊庭　梁嘉斌

顺德区公用事业管理局

局　长：何永光

副局长：莫应堃　陈辉成　潘茂章

顺德区行政服务中心

主　任：闵乐萍

副主任：暨耀锋　白志武

顺德区公路局

局　长：陈卓然

副局长：王林中　王景豪　周子强

顺德区机关事务管理局

局　长：黄建雄

副局长：易惠玲　李壁良　黎广晓

顺德区档案局（区地方志办公室、区委党史研究室）

局　长：高建雄（至4月）　凌　云（4月始）

副局长：高建雄（4月始）　薛卫存　严　丽

◎区各人民团体

顺德区总工会

主　席：霍兆忠

常务副主席：丁庚山

副主席：陈万铨　何小莹

共青团顺德区委员会

书　记：陈影然

副书记：钟德慰　廖一川

顺德区妇女联合会

主　席：何倩馨

副主席：叶玉明　何宝英

顺德区残疾人联合会

理事长：欧阳培杰

◎区各民主党派·工商联

中国国民党革命委员会佛山市顺德区总支部委员会

主　委：王熙福

副主委：陈国栋　余阶群

中国民主同盟佛山市顺德区总支部委员会

主　委：宋炜

副主委：胡锐明　李冬妹

中国民主建国会佛山市顺德区总支部委员会

主　委：杨国强

副主委：欧阳征魁　董　虹

中国民主促进会佛山市顺德区委员会

主　委：舒　悦

副主委：曾小英　王基国

中国农工民主党佛山市顺德区总支部委员会

主　委：刘　明

副主委：蒋丽霞　吴光琛

中国致公党佛山市顺德区总支部委员会

主　委：欧阳红群

副主委：张　薇　黄锡槿

九三学社佛山市顺德区基层委员会

主　委：谭振东

副主委：王　俊　李奋强　张克强

顺德区工商业联合会（总商会）

党组书记：黄燕霞

主　　席：罗维满

专职副主席：梁锡开　陈伟尧
黄健华（至4月）
胡素娟（8月始）

◎双管、联检单位

顺德区国家税务局

局　长：马敬良

副局长：郭平山　冯建刚　梁　良　徐绍权

佛山海关驻顺德办事处
主　任：林利忠
副主任：赵林（1月始，至6月）
陈宁跃（6月始）　吴海宁
许先鸿　吴蒙远　张志敏
顺德区出入境检验检疫局
局　长：程　海
副局长：曾劲松（至2月）　李华沛
张远新　杜奕华（7月始）
顺德边防检查站
站　长：戴　舸（至3月）　林良敏（3月始）
政治委员：宋永洪
广州海关顺德缉私分局
局　长：赵　林（1月始，至6月）
宁　跃（6月始）
佛山海事局顺德海事处
处　长：丁度华（6月始）
政　委：范志雄（6月始）
副处长：王宝雄（6月始）　梁　锡
吴开志（8月始挂职）
顺德区气象局
局　长：曾志雄
副局长：曹　丽　温　江
顺德区邮政局
局　长：伦跃辉
副局长：黄日昇　吴传岭
广东省邮政速递物流有限公司佛山顺德分公司
经理：陈晋辉
广东电网有限责任公司佛山顺德供电局
局　长：郭伟洪（至5月）　阮绵晖（5月始）
副局长：潘湛荣　谢敬信　罗智伟　左　婧
林　峻（8月始）　孔华东（至8月）
顺德烟草专卖局（分公司）
局　长：罗正炎
副局长：杨瑞平
副经理：陈鹏英
国家统计局顺德调查队
队　长：梁隽宁
广东省佛山航道局顺德航标与测绘所
所　长：王晓凡
副所长：谭志坚（至7月）　陈洁平（8月始）
顺德路桥公司
副总经理：张雄华
顺德消防大队
教导员：彭巨澜
大队长：曹辉勇（至5月）　廖赞威（6月始）
副大队长：何问添　卢庆伟
武警顺德区大队
队　长：杨伟平
指导员：范奇兵

◎金融机构

中国人民银行顺德支行（国家外汇管理局顺德支局）
行　长（局长）：刘穗生
副行长：毛香华
副行长（副局长）：程永强
广东顺德农村商业银行股份有限公司
董事长：吴海恒（至3月）　姚真勇（3月始）
行　长：姚真勇（至3月）　廖勇海（3月始）
监事长：麦树铭（3月始）
常务副行长：廖勇海（至3月）
副行长：吴诰锦（12月始）　周　进　易晓应
林健翔　康庆江（2月始）
马列光（12月始）
中国银行顺德分行
行　长：廖雪伟
副行长：李淑英　邱济舟　曹锦贤
中国农业银行顺德分行
行　长：黄江星
副行长：李小伟　胡继红（1月始）
杨　栋（6月始）　刘春木（5月始）
胡海威（至8月）
中国工商银行顺德支行
行　长：符　辉
副行长：周双春　莫小雄　廖丽虹（2月始）
梁继业（至5月）
中国建设银行顺德分行
行　长：林德宏
副行长：王　瑛　王勇辉

中国邮政储蓄银行佛山顺德支行

行　长：唐小红

中国人民财产保险股份有限公司顺德支公司

总经理：谢泽伟

副总经理：刘吉松　吴敢文

中国人寿保险股份有限公司佛山市顺德支公司

总经理：谢江流（至11月）

　　　　吴智欣（11月始）

副总经理：莫　凡　嵇　革

◎其他

顺德职业技术学院

院　长：夏　伟

副院长：刘　毓　邹时智　罗勇武

　　　　陈粟宋　徐　刚

顺德区第一人民医院

院　长：陈小伍

副院长：胡允兆　于新发　钱　江

　　　　龙兆麟　朱达坚（9月始）

顺德区中医院

院　长：吴劲东

副院长：陈立加　宋小宁　梁□添（5月起）

顺德区妇幼保健院

院　长：黄建伟（至9月）

　　　　欧阳雪乔（12月始）

副院长：钟艳萍　翁晓阳（至8月）

顺德区卫生监督所

所　长：梅景良

副所长：周洁卉　霍培康　梁锦亮

顺德区疾病预防控制中心

主　任：余卓文

副主任：符发雄　马健强

顺德区供水有限公司

总经理：陈毅钧

副总经理：梁泽辉　陈祥金

　　　　　何子文（至5月）　老志雄

中国电信顺德分公司

总 经 理：胡国强

副总经理：林镜凡　何汉坚

　　　　　杨建波（5月始）　刘宝龙

中国移动广东公司顺德分公司

总经理：叶　青

副总经理：胡丽燕　戴建东

中国联通顺德分公司

总经理：司　伟（至1月）　谭仲坤（1月始）

副总经理：田爽宇（至8月）

　　　　　张　莹（至12月）

　　　　　陶文红（至4月）

　　　　　吕志坚（至12月）

　　　　　叶伟能（4月始）

　　　　　黄冠英（12月始）

珠江商报社

总编辑：黄　荻

副总编辑：张　颂　冯建珍

　　　　　马志良（7月始）

　　　　　黄　琳（至7月）

佛山电台顺德分台

总　监：袁　晖（至7月）　郑宇嘉（8月始）

副总监：谢智毅　谭闻声（8月始）

佛山电视台顺德频道

台　长：曹河广

副台长：蔡泽之　秦淑卿

广东省广播电视网络股份有限公司佛山顺德分公司

副总经理：魏坤伟　陈　平　诸立中

　　　　　徐荣洪（3月始）

党政工作

中共佛山市顺德区委员会

区委重要会议和决策

【中共佛山市顺德区委十二届三次全体（扩大）会议】2013年1月9日召开。55名区委委员出席会议。区纪律检查委员会委员，区第十二届党代会代表，区人大、区政府、区政协领导，区法院、区检察院、区各部委办局、各镇（街道）、各村（社区）党组织等有关负责同志列席会议。会议决定2013年区委工作的指导思想是认真贯彻落实党的十八大以及省、市有关精神，按照习近平总书记和胡春华书记视察顺德的重要指示，坚定不移实施“城市升级引领转型发展，共建共享幸福顺德”战略部署，紧紧围绕城市升级、产业转型、改革创新三大重点工作，以民生幸福为依归，优化八大工作理念。会议主要听取和审议区委书记梁维东所作题为《坚定方向、凝神聚力、优化提升，争创顺德改革发展核心优势》的报告，提出要加快推动区域经济社会综合转型。深化产城互动、贯彻生态优先、推行服务强区、弘扬顺商精神，突出人文先行、持续改革创新、坚持执政为民、强化固本强基。

会议递补了十二届区委委员，并对区委常委会2012年度干部选拔任用工作以及新选拔任用正科职干部进行民主评议。

【中共佛山市顺德区第十二届代表大会第三次会议】2013年1月29日召开。会议听取和审议区委书记梁维东所作题为《全面优化提升基层党建，凝心聚力共建共享幸福顺德》的报告，回顾顺德区2012年主要工作，并对全区2013年基层党建工作进行部署。会议指出，区委必须以改革创新精神，全面优化提升基层党建，通过改进领导方式、完善工作机制、加强自身建设，刚柔并济、凝心聚力，提升领导力、协同力和服务力，赢取威信、加强服务，巩固党的执政根基。

会议还听取和审议《关于加强和改进村（社区）党组织建设的意见》，对区公安局党委、区环境运输和城市管理局党委、区国有资产监督管理办公室党委办理党代表工作室群众意见建议及应邀到基层解决群众意见建议的情况进行民主测评。

【区党政联席会议】2013年，顺德共召开党政联席会议10次，提出讨论议题72个。年内讨论、通报和审议的主要议题有：综合改革规划纲要、完善大部门职能调整方案、进一步深化区属事业单位改革方案、顺德区人民检察院检察人员分类管理制度改革试点总体方案、加强顺德区新建加油（加气）站经营建设管理等；讨论批准企业经营审批事项目录汇编、国有建设用地使用权租赁和弹性出让暂行办法以及面积6.67公顷以上地块公开交易出（转）让方案、集体留用地处置时留取物业要求事项等。

【全区社会体制综合改革工作会议】2013年4月2日召开。会议全面总结2012年全区社会体制综合改革的成效，部署2013年工作任务，明确社改工作的重点内容主要是群团组织再改革、铺开社区咨询委员会及理事会建设、加强政策扶持等。伦教街道、北滘镇、陈村镇、区委社会工作部、区社会创新中心分别就本单位社会体制综合改革工作思路以及下阶段重点工作计划作专题报告。

【顺德区扶持骨干企业做大做强动员大会】2013年5月21日召开。区委常委、副区长、政务委员，区人大、政协主要领导，区属各部、委、办常务副职，各镇党委书记（街道党工委书记）或镇长（办事处主任）以及全区80家重点培育企业的负责人参加了会议。会议解读新出台的《顺德区加强对重点培育企业服务实施方案》《顺德区关于推动骨干企业做大做强扶持办法》《关于选派区直部门干部到企业挂职锻炼的实施方案》等文件，遴选80家企业重点培育。

【全区农村综合改革工作会议】2013年8月27日召开。会议总结梳理过去工作，对改革进行再动员，推动改革往纵深发展。27人被聘用为第二届农改咨询委成员。会议指出，农改正处于承前启后的关键节点上，下阶段将总结经验，全面铺开农村集体资产交易、股权信息化管理、村级议事监事会等成功试点项目；同时加大力度推动农民公寓建设、化解村居历史债务、村庄改造提升等薄弱项目发展，重点启动区农业促进联合会、民众俱乐部、社区社工化建设等具改革创新性的新试点，力争改革三年见成效，五年定格局。

【出台《顺德区深化综合改革规划纲要（2013~2015年）》】2013年7月印发，成为顺德未来三年推进改革的纲领性文件。文件指出，顺德将沿着“大部制-小政府一大社会一好市场”的路径，从四方面进行顶层设计。以行政体制改革为龙头，加快转变政府职能；以社会体制改革为重点，提升和凝聚社会活力；以城乡基层治理改革为基础，完善基层治理结构；以社会主义民主建设为保障，重点规范权力行使。

【加强全区决策咨询工作】2013年，中共顺德区委办公室出台《顺德区决策咨询机构工作指引（试行）》，就规范决策咨询机构的成立、组织架构、职责分工、机构管理、决策咨询反馈和信息公开等工作事宜。

【加强各级领导班子建设】2013年2月，中共顺德区委印发《关于进一步加强我区各级领导班子建设的实施意见》。要求领导干部围绕城市升级、产业转型、改革创新三大工作主线，敢于突破一切阻碍科学发展的体制机制束缚，敢于自我改革，敢于革新旧的思维定式和不合理的利益格局，不断增强各级领导干部的改革动力。提出建立试错免责机制，赋予领导干部一定的“试错”权；完善干部定期考核和日常考核制度，建立法律顾问制度，建立领导干部到信访部门挂职锻炼的长效机制等。

【加强村（社区）党组织建设】2013年3月，中共顺德区委印发《中共佛山市顺德区委关于加强和改进村（社区）党组织建设的意见》。要求通过公开竞争选拔村级党组织书记，建立党员“优进劣汰”机制；完善党员分层量化积分考核办法和党员党性定期分析制度，严格处置不合格党员；探索修改村（社区）党委的任期；选优配强村（社区）“两委”，推广非专职不受薪“两委”，吸纳社会精英、社区警长和优秀异地务工人员参与村居事务。

【推动异地务工人员融入顺德】2013年6月，中共顺德区委、区政府出台《关于进一步推动异地务工人员更好地融入顺德的工作意见》，提出要创新异地务工人员服务管理模式，推进“公共服务均等化”“第二故乡”“价值实现”和“人文关怀”等工程建设，强化措施保障。各相关部门相继制定异地务工人员融入顺德的配套政策和试点方案，启动试点工作。

【明确全区城市升级及产业转型重点项目】2013年7月，中共顺德区委办公室、区人民政府办公室印发《关于全区城市升级及产业转型重点项目的通知》，要求各镇（街道）、部门加强领导、落实责任、分类指导、加快建设，通过分年度提出和落实一批重点项目，以点带面优化城市功能、城市形态、城市环境，破解发展瓶颈，加快产业转型升级战略载体的建设。《通知》确定全区2013年城市升级重点项目89项、产业转型重点项目55项。

组织工作

【概况】截至2013年年底，顺德建立基层党组织3488个，其中党委105个、党总支218个、党支部3165个，共有党员82248人，比上年增长3.8%。制定发展党员中长期规划，并作为省级发展党员监测点，建立发展党员动态跟踪和情况月报制度。建立青年党员教育培训中心，开展党性党纪、顺德党史、顺德文化教育，全年共办班10期，培训1500多人。通过“传帮带”、外出培训、强化考核等方式，加强大学生村官培养。加大对“三不”（具体指无正当理由连续六个月以上不参加党的组织生活、或不交纳党费、或不做党所分配的工作）党员的处理力度，全年共处理“三不”党员70多人。全区党员队伍保持年轻化、知识化趋势，其中35岁以下党员32799人，占39.9%；大专及以上学历党员47427人，占57.7%，比上年增长2%。

【村（社区）党建】2013年，顺德各级党组织重视抓好村（社区）党组织建设工作。一是夯实基层党组织执政资源。在区财政每年300万元党建专项经费的基础上，从区

2013年村级党组织换届选举后，8月，顺德举办村（社区）党组织书记培训班

管党费中下拨411万元到各村（社区）党组织，用于慰问困难党员、开展党员活动等。二是做好村级党组织换届选举工作。至7月21日，全区202个村（社区）党组织全部完成换届选举，成为全市最早完成的区之一。新当选的村（社区）党支委整体素质明显提高，其中大专及以上学历比例较上届提高13.6%；平均年龄较换届前下降3.3岁。三是探索设立党群先锋队。由优秀党员带动热心居民共同联系服务群众。推进乐从镇加速优化农村党员队伍项目，打造一支信念坚定、攻坚克难的基层骨干队伍。通过创新基层党组建设模式，凝聚基层群众民心，增强党组织在基层的领导和执政能力。

截至年底，顺德村（社区）有党组织委员883人，其中大专及以上学历712人，占80.9%。委员平均年龄为40.2岁，45岁及以下872人，占98.75%。

【“两新”组织党建】2013年，顺德出台《关于建立顺德区新经济组织和新社会组织党建工作经费保障机制的意见》，由区、镇两级财政按照2：1的比例拨付“两新”组织党建工作经费。在全省率先开展“三孵化”党建机制（即在孵化社会组织的同时，孵化该组织的党组织和群团组织），通过重点孵化、平台孵化、集中孵化等手段，在社会组织中培育和建立党组织和群团组织，全年共孵化社会组织244家，建立党组织83家，开展活动1185次，服务群众11.1万人次。区“建点一设线一拓面构建社会组织党建顺德模式”项目获“中国城市管理进步奖”。是年，区委组织部在全区“两新”组织中开展“百日攻坚回头看”工作。实施“党员民营企业家培养工程”，开展青年企业家到国企挂职锻炼及与各界成功人士开展“结对子”活动。创建“两新”党建工作示范点，东菱凯琴集团党委被评为省级示范点，顺德和平外科医院党支部入选省民营医疗机构党建工作培育点。

截至年底，顺德共有“两新”组织11135家，党组织1722个，其中单独组建的党支部1047个，联合党支部675个；共有9476家“两新”组织有党组织覆盖，覆盖率85.1%，党的工作覆盖率100%；在9543家“两新”组织中，共有党员17505名，党员覆盖率达85.7%。

【机关党建】截至2013年年底，顺德33个区级机关单位中，有党（工）委27个，党总支部3个，党支部3个，全区各级机关党组织共435个、在职党员8317名。是年，顺德在各级机关继续推行党组织换届“公推直选”试点工作，在到期换届的12个机关单位76个支部中实行由党员直接选举委员和书记、副书记，进一步扩大党内民主。推行机关党支部与村（社区）支部之间结对共建，服务基层和群众更到位。推动机关文化建设，开设机关干部大讲堂，由“顺德干部讲顺德事”；开设摄影、书画等7个机关文体俱乐部，每周定期举办培训班，邀请专业人员为机关干部授课；举办机关运动会，营造机关干部健康生活、幸福工作的良好氛围。

【评选基层党建“书记项目”】2013年，顺德评选出28个基层党建书记项目，并建立区级书记项目库，其中由区委书记梁维东主持的“资源下沉，三个机制强化党组织服务力”等11个项目入选市级“书记项目”库。大良街道“建设服务型党组织，积极化解历史遗留问题”、陈村镇“探索建立入党积极分子教育培养机制”、乐从镇“加速优化农村党员队伍”等书记项目取得成效，受到佛山市委通报表扬。

【深化党代会常任制试点工作】2013年，顺德以龙江、乐从为试点实行镇党代会年会制。通过完善党代表述职制度、开展实地视察调研及举办培训班等方式，开阔党代表视野，增进了解顺德社情民意。年内，与中央党校及市委党校合作办班，提升顺德党代表党性修养、理论素质和战略思维；完善党代表提案制度，建立提案办理和反馈机制，进一步确保党代表表达权、参与权、决策权、监督权的运用和落实。全年有309人次区党代表提交提案提议共107份，比上年增长近4倍。

【加强领导班子和干部队伍建设】编写《顺德区领导班子内部制度汇编》。10月，区委组织部与区纪委组成联合考察组，对全区10个镇（街道）进行届中考察，全面了解换届以来各镇（街道）党政领导班子运作情况和班子成员履职情况。加强后备干部队伍建设，选派23名区属部门后备干部、20名镇（街道）后备干部进行为期9个月的互派挂职锻炼，选派50多名科级干部分别到企业、区信访局、市直部门进行挂职锻炼。全年提交区委常委会讨论干部任免事项235人次；部长会讨论干部任免事项200多人次。

【完善干部教育培训模式】2013年，顺德区委组织部继续加强干部专题培训，完善教育培训模式。全面实施自主选学，围绕国际形势与军事主题、经济形势与产业转型升级共举办4期自主选学，培训超

2013年1月30日，顺德区直机关党员在容桂幸福小学开展“大手牵小手，幸福在左右”党员志愿服务活动

3000人次。鼓励参加继续教育，落实学历教育学费补助政策。邀请华中科技大学、武汉大学、西安交通大学等院校来顺德开办研究生学历教育班，报读人数超200人。引导参与网络学习，至年底，顺德干部教育培训网络学院共有学员6000余人，平均日在线人数800多人，网站总访问量达30万人次。坚持定主题、定路线、定时间、定人员、定费用“五定”原则，严格审批机关单位外出考察学习。落实教育培训学分制考核办法，规定年度培训学分未达100学分的年度考核不得评为优秀等级。组织拍摄《责任》等6部电教片，《出租车上的党代表工作室》获全国党员教育电教片评比一等奖，《爱心召唤》获佛山市“情暖佛山——发现身边的感动”党员电教片评比优秀奖。

【开展组工干部下基层活动】2013年3～12月，顺德区委组织部每位部领导挂钩联系1～2个镇（街道），每个科室结对1个村（社区）和1个“两新”企业，每名组工干部联系1名党员或1名大学生村官。组工干部到村（社区）调研，指导开展党组织换届选举；参与党代表工作室接待、走访慰问群众，到村（社区）、“两新”企业现场向群众、员工解释政策、解答疑问、解决问题；到结对单位开展党员志愿服务，服务基层，促进组工干部与镇（街道）、村居基层一线的联系，加深对基层一线的情况了解。

【老干部工作】截至2013年年底，顺德有离休干部154名，机关副科级以上退休干部1019人。年度办理干部退休230人、区属事业单位及机关职工退休40人。是年，组织老干部学习贯彻党的十八大精神，做好重大节日和日常慰问工作；提高企业退休军转干部生活困难补贴、已故企业离休干部配偶生活补贴、企业离休干部生活补贴以及半行半企补贴、职级补贴和机关工龄补贴标准；开展镇级老干活动场所调查，推广乐从黎时煖老年大学办学经验，被省老干部局确定为老年大学建设示范点；组织老干部开展文体活动，组织“中国梦”主题征文比赛、老干部专场文艺演出，顺德老干部艺术团参加第八届佛山市老干部文艺会演，舞蹈《问水悟道》、民乐合奏《水乡船歌》分获金奖和银奖。

【关心下一代工作】2013年，顺德继续探索“大关工”模式，建立“横向齐抓共管，纵向上下联动”工作机制，全区10个镇（街道）203个村（社区）、238所学校全部建立关工组织，创办《顺德下一代》关工工作宣传专刊。在全国关工委基层工作年总结表彰大会上，顺德区关工委被授予“全国关工先进组织奖”，梁惠英主任作为广东省唯一受表彰的基层代表参加会议。（何敏辉）

宣传工作

【理论学习和研究】2013年，中共顺德区委围绕十八大、十八届三中全会、习近平总书记系列重要讲话精神以及中央、省、市重大部署，邀请省内外知名专家举行9场高规格、高水平的理论学习中心组系列报告会。依托“讲坛进基层”平台，邀请省知名专家赴镇（街道）举行“群众路线和中国梦”“思维创新与政府管理创新”等10场高质量讲坛。全年顺德组织收听收看及宣讲十八大精神学习活动61场，“中国梦”宣讲18场；组织宣传文化系统学习十八大精神征文活动，组织专家学者撰写专栏理论文章。编辑出版《顺德科学发展蓝皮书（2012）》《顺德再出发》等书籍，挖掘改革亮点。推进顺德区域创新体系建设研究基地建设，作为广东实践科学发展观研究首批基地，采取课题调研、座谈研讨、编印书刊等形式开展研究和中期评估。组织全区21个部门、镇（街道）申报市“学习·创新”项目22个，龙江总商会获评“学习·创新”示范项目，区委中心组、社保局和陈村镇获评“优秀

项目”。深化“社科公益讲座”品牌内涵，推动中国特色社会主义理论在基层的宣传教育，年内为基层群众举办讲座35场，1万多名基层群众参加；举办7期“顺峰山下·城市论坛”，围绕城市管理、教育、环保、交通等议题收集民间智慧，倾听群众呼声。

【社会科学研究】2013年，顺德社科联紧扣区委区政府中心工作和重点任务开展应用课题研究，评审确定立项全区2014年度哲学社会科学规划项目47项，其中重点课题4项。组织“弘扬顺商精神”系列研究探讨活动，先后举行社科界、创业者以及工商联主席主题活动座谈研讨会3场，共同探讨新形势下顺商面临的各种挑战及顺商发展的路径方向。联合举办“2013广东（顺德）民企智慧成长沙龙”暨“顺德民营经济大讲堂”活动，邀请5位专家作主题演讲，与80家民营企业共商产业转型升级之道。

【新闻宣传发布】2013年，顺德分层次培训全区新闻宣传骨干800多人次，围绕全区中心工作、部门重点项目以及突发公共事件，举行新闻发布会18场，包括区两会新闻发布会、扶强做大骨干企业新闻发布会、防禽流感媒体通气会、农村污水处理新经验新闻发布会等。利用主流网站和政务微博开展网络宣传，促进全区35个政务微博良性运作。通过微博举行区长“微访谈”，收到网友提问约2000条。是年，中央级媒体刊播顺德深度专题报道约35篇，省级以上主流媒体刊播报道约100篇。顺德获新华网颁授“中国县域网络形象排行榜”十佳行政区奖。（车祎）

【新闻出版管理】2013年，顺德区文体旅游局做好印刷行业、出版物零售企业、连续性出版物、电影放映企业、卫星电视地面接收设施等年度核验工作。政府机关软件正版化工作7月顺利通过省检查验收。加大企业软件正版化的监督管理工作，年内确定顺德农商银行北滘支行等8家企业为软件正版化督办企业。

【“创文”十大市民行动】2013年，顺德区委宣传部、区委社工部、团区委、区环境运输和城市管理局在顺峰山公园联合举办“创文美城你我参与社工义工携手同行”顺德青年嘉年华活动暨2013年顺德区“创文”十大市民行动启动仪式。行动涵盖“学雷锋做义工”服务行动、“文明餐桌”杜绝浪费行动、“我们的节日”弘扬传统文化行动等。在全区1021家餐饮企业、饭堂开展“文明餐桌”示范点创建活动。在大良升平社区、容桂东风社区、伦教常教社区、顺德汽车运输有限公司等4个单位开展市级“微文明”市民行动试点单位建设。举办文明交通、文明旅游志愿服务集中行动周活动，4月27日至5月3日期间设立志愿服务点开展文明交通、文明旅游志愿服务34个，每天有上百名志愿者提供服务。开展“讲文明树新风”公益广告宣传。在春节、清明、端午、中秋、重阳节期间组织开展“我们的节日”主题活动，丰富传统节日活动的文化内涵。“我们的节日·红红火火过大年”——文化志愿者走进企业文艺巡演系列活动启动仪式，700多名异地务工人员现场观看情景剧《蓝领俱乐部》。“我们的节日·清明”组织小学生前往飞鹅墓园奉献园祭奠捐献器官义士，全区180多间中小学校约11万学生参与“网上祭英烈”等活动。“我们的节日”——邻里共欢迎中秋活动在清晖园举办。“我们的节日·重阳”在大门社区举办第十三届慈善敬老活动。

【未成年人思想道德建设】2013年，顺德开展“中国梦·微文明·正能量”青少年书信教育活动，活动覆盖全区16万多名小学生。排演儿童剧《厨神总动员》，传达“文明餐桌”、节约环保理念。全面推进学校少年宫建设，全区现有乡村学校少年宫15所，城市学校少年宫10所；专职老师

2013年1月16日，《解密顺商》首发，图为向各镇街总商会致送《解密顺商》一书

2013年6月7日，“微文明·正能量”青少年书信教育活动启动

担任辅导员共386名，聘请校外辅导员共94名；其中，乐从小学少年宫由中央专项彩票公益金支持建设。

【公民道德教育】2013年，顺德建成各类公民道德修养课堂144个，全年举办活动300多场，录制、播出20期“公民道德修养大讲堂”节目。9月3日，清晖园博物馆挂牌成立公民道德修养中心课堂。评选表彰第三届“顺德好人”之星39名。在10个镇（街道）各举办一场道德模范巡讲巡演活动，23名道德模范参与，覆盖群众人数超过5000人。

（黎家骑）

统战工作

【政治协商工作】2013年，顺德制定《关于加强新形势下党外代表人士队伍建设的工作方案》，进一步完善民主党派参政议政渠道机制建设，创新多党合作和党外人士工作。成立区党外知识分子联谊会，深入拓展学习教育、培养人才、建言献策、服务社会、联谊交友五大功能。广大统一战线成员围绕顺德社会发展特别是“三大改革”（指行政审批制度改革、农村综合改革、社会体制改革）主题，积极建言献策，提供人才保障和智力支持。

【非公有制经济统战工作】2013年，顺德制定非公有制经济人士理想信念教育实践活动方案，开展“顺商精神成就顺商梦”系列活动，挖掘顺商精神内涵。通过建立走访通报制度、搭建对话平台、成立民营企业投诉工作站等多种形式，建立政府与企业、企业与员工之间的诉求表达机制，维护企业合法权益。异地顺德商会的组建进展顺利。2013年，江门、深圳、加拿大卡加利、多伦多先后成立顺德商会。至此，已成立9个异地顺德商会。

【民族事务管理】2013年，顺德成立少数民族法律援助工作站，引导少数民族同胞通过合法途径解决矛盾纠纷，增强维权意识。到区内信仰伊斯兰教的少数民族群众临时聚礼点开展节日慰问及安全检查，引导他们过好入斋节、开斋节、古尔邦节等传统节日。

【宗教事务管理】2013年，顺德按照“双重负责，分级管理”的原则，加强平安宗教活动场所建设，指导各镇（街道）社会工作局、宗教团体分别与宗教活动场所逐级签订《顺德区宗教活动场所安全生产责任书》。同时，推进宗教慈善事业发展。5月，区佛教宝林寺向大良医院捐赠30万元用于建设慈善门诊，其中10万元由释宏满大师个人捐赠；佛教觉妙净院与杏坛医院合办杏坛医院慈善门诊，觉妙净院每年捐资11万元设立扶助医基金。是年，顺德宗教团体组织宗教界捐款捐物约172万元，其中支援雅安地震近26万元，捐赠慈善门诊40万

2013年5月27日，佛教宝林寺捐建大良医院慈善门诊仪式举行

元，捐资助学约72万元，捐助敬老院、孤儿院、贫困家庭约30万元。年内加大对基督教私设聚会点的转化力度，采取“以堂带点”的做法，将其纳入区基督教开放堂点的教务管辖。

佛山市顺德区人大常委会

【概况】顺德区第十五届人大常委会组成人员共有33名，其中正、副主任7名，委员26名。2013年，召开常委会会议9次，开展调研视察15项，听取审议“一府两院”专项工作报告及议案26项，作出决定决议、审议意见31项；依法任免地方国家机关工作人员62人次、人民陪审员143人次，组织补选或另选市、区人大代表10名，全年受理群众信访170件，其中全国人大、省人大、市人大转办来信74件；接访39批68人次；接听投诉、反映情况电话89个次，较好化解涉法涉诉、劳动保障、农村管理、城建国土、房屋拆迁等方面矛盾，圆满完成区第十五届人民代表大会第三次会议确定的各项工作任务。

【区第十五届人民代表大会第三次会议】2013年1月22日至23日召开。全区376名代表出席会议，出席区政协第十三届三次会议的全体委员和有关人员列席会议。大会审议通过区长黄喜忠作《顺德区政府工作报告》、区财税局局长关世良作《顺德区2012年预算执行情况和2013年预算草案报告》、区人大常委会主任周志坤作《顺德区人大常委会工作报告》、区人民法院院长何树志作《顺德区人民法院工作报告》和区人民检察院检察长杨炯作《区人民检察院工作报告》。会议期间收到代表提出的建议、批评和意见86件。

【监督工作】2013年，顺德区第十五届人大常委会积极行使重大事项决定权。重点关注宏观经济运行质量，认真听取和审议政府半年工作、财政预决算、审计工作、财政担保贷款资金运营情况等专项工作报告，开展农业组织制度创新情况调研，视察“两德”经济合作区，参与重点培育企业服务工作，督促政府解决企业发展难题。重点关注顺德城市升级工作，视察“三旧”改造和美城行动情况，开展顺德区创建国家生态区情况调研，就征地拆迁难、工作机制亟待完善、城市知名度有待提升等问题提出建议。重点关注民生事业发展，开展社区卫生服务调研，跟踪监督学前教育发展情况，促使全区财政性学前教育经费大幅增长约41%；针对各地“毒大米”、食用冰块菌落超标等食品安全事件频发情况，视察食品安全监管工作情况。重点关注改革进展，走访香港法定机构，开展法定机构运作情况调研和视察；制定落实深化综合改革规划纲要工作方案，完善常委会工作信息公开、密切联系群众等制度，建立代表履职管理机制，创新人大监督方式，全力支持顺德综合改革深化突破。

【法治建设】2013年，顺德区第十五届人大常委会以法治顺德建设五年规划为引领，发挥人大主导作用，全力推动法治顺德建设进程。一是推进法治创建活动。6月获授“全国法治县（市、区）创建活动先进单位”称号；配合组织全省“按法治框架解决基层矛盾”试点工作现场会，总结和全面推广陈村镇“六大机制”的法治镇创建先行点经验。二是督促“一府两院”依法行政、公正司法。跟踪问效行政执法情况和审议依法行政工作报告，定期听取审判工作和检察工作报告，组织人大代表参与庭审旁听、检察开放日等活动，推进“阳光审判”、“阳光检务”。三是注重法治文化宣传教育。整合广场、公园、社区等公共资源，建成顺峰山公园法治园、南涌法治社区、逢简村法治绿道等一批精品设施。培育和推广法治文化建设示范点，成功打造南方医科大学与容桂马冈村，顺德职业技术学院与大良五沙社区、逢沙村“村校共建示范点”。三是善用法制管理手段。依法对政府报送的规范性文件备案审查，通过法律专家委员会为常委会开展工作和决策提供法律咨询。审议通过《佛山市顺德区城市更新发展中心管理规定》，探索运用决定权为改革设立规范，为全区改革事业提供有力支持。

2013年12月3日，顺德举行“全国法治县（市、区）创建活动先进单位”挂牌仪式

【代表工作】2013年，顺德区人大常委会不断丰富代表活动内容，提升代表履职能力，代表工作活力明显增强。一是抓好代表保障服务。邀请专家作专题辅导，提高代表建议可行性和操作

性。深化代表小组活动形式，丰富代表闭会期间活动，年内组织代表500多人次参加调研视察、检查督办、城市论坛等活动，列席常委会会议，为代表履职提供保障和服务。二是创新代表履职途径。继续借助党代表工作室平台，组织人大代表深入村居基层接访群众。支持代表参与政府购买公共服务、参与式预算、绩效评议等决策咨询工作。4月，与顺德电视频道联合推出“天天两会”的评论性专栏节目，约有80多人次人大代表上线参加，促进代表履职常态化。

【代表建议办理】顺德区第十五届人大代表会议第三次会议期间，收到人大代表提出建议、批评和意见共86件，涵盖经济发展、城市建设、交通管理、教育、卫生、市场监管等领域。出台代表建议办理办法，规范顺德区人大代表建议办理工作。开展代表建议督办工作，加强常委会、承办单位、代表三者之间沟通联系，务求做到调研协商在前、办理答复在后，引导代表建议办理更有实效。2013年，顺德对增加容桂马冈村警力、改善白米水水质、落实社会组织培育政策、合理设置交通违章抓拍点等代表建议进行重点督办，并积极配合区委书记、区长以及部门首长对规范顺德建设工程招投标市场行为、加快新均榄路建设等建议的领办督办，推动解决一批民生问题。

【“顺德人大林”建设】由区第十五届人大常委会于2013年2月份倡议筹建，3月发动全区各级人大代表、社会企业和个人捐资助建，筹集资金198.6万元。“顺德人大林”位于顺峰山公园内青

2013年12月3日，顺峰山公园“顺德人大林”竣工揭幕

云湖畔，林地面积约1万平方米，种植大腹木棉89棵，并建有休憩广场、亲水平台、景观亭台等配套设施，总体项目于同年11月竣工。（李浩添）

佛山市顺德区人民政府

区政府重要会议和决策

【广东家电产业转型升级与科技创新现场会】2013年4月1日，顺德区人民政府与广东省家电商会、慧聪网在北滘共同主办广东家电产业转型升级与科技创新现场会。佛山市副市长宋德平，顺德区委副书记、区长黄喜忠以及佛山市、顺德区及北滘镇有关部门的领导，广东主要家电企业负责人，国家家电行业协会、研究机构、工业设计机构负责人，慧聪家电产业园的合作伙伴等300多人参加现场会。会议期间，慧聪中国家电电子商务产业园正式奠基，慧聪网与顺德区电子商务协会签订合作伙伴协议，共同推动家电产业B2C服务平台建设。现场会对顺德家电企业转型升级提供有益经验。

【全区环保工作会议】2013年4月3日，顺德区委、区政府高规格召开全区环保工作会议，区委书记梁维东，区长黄喜忠，副区长、区环境运输和城市管理局局长陈浩斌，区环境保护委员会全体成员，各镇（街道）党委书记或镇长（办事处主任），区环境运输和城市管理局及镇（街道）分局有关责任人员，区重点减排企业、国控企业负责人，重点整治行业的商会、协会负责人等约160人参加。会议指出，加强环保工作是顺德最重要的民生工作，是提升顺德核心竞争力的关键，是建设责任政府最直接的能力表现，要求各级政府、部门高度重视，站在生态文明建设的高度，打开环保工作的新局面。

【全区上半年工作会议】2013年7月22日召开。顺德区五套班子领导、各镇（街道）党政一把手、区属各大部门以及相关单位负责人参加会议。区委副书记、区长黄喜忠总结全区上半年工作，部署下阶段工作。黄喜忠表示，要加快推进产业转型升级和重点项目建设，切实增强区域长远发展的核心竞争优势，推动区域经济社会综合转型。区委书记梁维东强调，全区各级各部门要进一步认清形势，切实增强紧迫感和责任感，全力以赴推进城市升级、产业转型、改革创新三大核心工作。要充分发挥重大项目引领带动作用，加快推进重点项目建设，大力培植、引进一批大项目、好项目；要坚定不移纵深推进各项改革工作，最大限度释放改革红利；要深入开展党的群众路线教育实践活动，不断强化队伍建设、改进工作作风、提升工作效能、凝聚发展合力。

【区长办公会议】2013年，顺德区政府共召开区长办公会议17次，提出讨论议题152个。年内讨论、通报和审议的主要议题有：行政审批制度改革事项目录、人才安居试行办法、国有建设用地使用权租赁和弹性出让暂行办法、建设国家创新型城市行动计划、城乡生态综合治理工作方案、民办养老福利机构扶持办法、城乡土地生态利用制度综合改革试点工作方案等，以及面积3.34公顷以上地块公开交易等事项。

【深化行政审批制度改革】2013年1月和8月，顺德区政府分两批公布实施深化行政审批制度改革事项目录；6月出台《顺德区企业登记并联审批实施方案》；11月，在国内率先发布《顺德区企业经营审批事项目录汇编》，探索市场准入“负面清单”管理模式。区政府要求各级部门积极推进行政审批事项的调整，并确保审批事项取消后监管措施到位。

【启动企业投资管理体制改革】2013年11月，顺德区政府印发《顺德区企业投资管理体制改革实施方案》，正式启动企业投资管理体制改革，将顺德区核准权限内的项目（包括外商投资项目）进行分类改革，其中对不涉及公共资源开发利用的项目一律取消核准，改为备案管理，进一步激发市场投资活力，加快企业投资项目投产进程，促进政府职能转型，从以审代管转为全程服务及监管。

【明确政府职能向社会转移操作程序】2013年，顺德区政府办公室发出通知，进一步规范经区政府发布的转移职能事项确定承接单位的操作程序。要求事项发布后及时采取有效方式向社会公开，并规定转移的程序和方式及其他事项。

【理顺镇级财政管理体制】2013年4月，顺德区人民政府印发《关于实行2013年镇街财政管理体制的通知》，进一步理顺区、镇（街道）两级财政分配关系，深化全区简政强镇事权改革，全面构建财政收入能力与支出责任相对称的财力分配新机制。文件决定2013年对各镇（街道）实行“划分事权、划分收入、比例分成、项目补助”的镇级财政管理体制。12月出台《顺德区镇级财政管理体制方案《（2014～2016年）》，从2014年起对镇级实施新财政管理体制。

【建立全区公共资源交易平台】2013年，顺德区人民政府出台建立全区统一的公共资源交易监管体系方案，按照“一委、一办、一中心”模式构建监管体系（即组建区公共资源交易管理委员会及其办公室，成立区公共资源交易中心），按“管办分离、统一规范”的原则，统一进场交易、统一信息发布、统一操作规程、统一进行监督。5月31日，顺德区公共资源交易管理委员会办公室及顺德区公共资源交易中心正式挂牌成立。其中，区公共资源交易管理委员会办公室设在区发展规划和统计局，属常设机构，负责统一规范顺德建设工程招标、政府采购、土地交易、产权交易等公共资源交易活动的管理制度和交易规则。区公共资源交易中心设在区行政服务中心，由原区建设工程交易中心、区政府采购中心、区土地房产交易中心（土地交易部分）合并而成，形成统一的公共资源交易服务平台。

【加强扶持骨干企业工作】2013年，顺德区人民政府出台《顺德区关于推动骨干企业做大做强扶持办法》，以及《顺德区加强对重点培育企业服务的实施方案》和《关于选派区直部门干部到企业挂职锻炼的实施方案》，对列入区重点培育年产值跨越50亿元、100亿元、500亿元和1000亿元名单的骨干企业实行“一企、一策、一机制、一方案”，由区领导任骨干企业专员，加强跟踪服务；从2013—2020年采取分类指导等方式，通过资本驱动、技术驱动、人才驱动和市场驱动等战略培育一批“旗舰式”大型骨干企业集团。

【推进城乡生态环境综合治理】2013年7月23日，顺德区人民政府出台《关于全面推进城乡生态环境综合治理的工作意见》，对照国家生态区指标体系，计划用3年时间共投入113.6亿元突破重点难点，深入推进水、大气、垃圾等全方位城乡生态环境综合治理系列工程，整体提升城市环境综合实力。是年出台《改善环境空气质量工作方案（2013—2014）》，《顺德区环境保护责任考核办法》等多个文件，为创建国家生态区提供制度保障。

【实行国有建设用地使用权租赁和弹性出让】2013年7月，顺德区政府办公室出台《顺德区国有建设用地使用权租赁和弹性出让暂行办法》，探索完善土地有偿使用制度，进行差别化供地。《暂行办法》规定工业用地、城市规划实施前经政府批准的短期用地、加油站加气站用地、经营性公用设施用地和公共建筑用地等四类用地可实行租赁或弹性出让，其中工业用地、加油站用地租赁期一般不超过20年。

【加快养老服务体系建设】2013年，顺德区人民政府出台《关于加快顺德区养老服务体系建设的实施意见》，提出整合资源，利用社会资本，开放管理权限，扶持社会组织建设，积极完善区、镇（街道）、村（社区）养老服务网络，规划至2015年每个镇（街道）最少有一所为生活不能自理的老年人提供临时托管或日间照料服务的福利机构。

人事工作

【机构编制管理】2013年，顺德配合推进大部制改革的深化完善、事业单位分类改革、纪检监察派驻机构管理体制改革、公共资源交易体制改革、检察院人员分类管理制度改革等，调整优化机构编制，并单独设立镇（街道）教育局。进一步明确参公管理事业单位的管理关系，重新印发部分单位“三定”规定。配合上级开展核查抽查，进一步摸清顺德区机关事业单位机构编制和实有人员情况。按照省统一部署取消事业单位法人年检，切实加强后续监管。全年办理事业单位法人设立登记17个，变更登记70个，注销登记6个，换补发证1个。

【公务员管理】2013年，顺德新录用公务员118名。经年度考核，全区公务员及参照公务员法管理单位人员中被确定为优秀等次1129人，对2010年以来连续3年年度考核被确定为优秀等次的122位公务员进行记“三等功”表彰。年内共对146人进行公务员登记资格审核并上报市相关部门审批，办理辞职备案18人，办理公务员转任手续203人，办理公务员入户108人。

【政府雇员管理】2013年11月，顺德印发实施《顺德区区属机关单位普通雇员主任岗位设置与管理实施办法》，同月启动主任岗位设置申报工作。全年公开招录普通雇员共165人、高级雇员1人。

【军队转业干部管理】2013年，顺德严格按照上级政策接收安置军转干部12名，其中副团职干部2名，技术9级干部1名。针对营级以下军转干部，继续落实考试安置政策，结合军转干部的学历、专长提供公务员岗位，由营以下军转干部自主报考，根据考核成绩和笔试成绩择优录取。做好企业退休军转干部解困慰问。

（何敏辉）

人才工作

【建成“1+10”人才政策体系】2013年4月，顺德出台《顺德区高层次人才安居试行办法》，与上年颁布实施的9项人才强区配套政策一起，标志着“1+10”人才新政策体系正式形成。年内制订《顺德区高层次人才医疗服务保障实施办法（试行）》《顺德区引进高层次人才子女政策性优惠入学实施办法》《“顺德奖章”荣誉称号授予办法（试行）》等多个人才政策配套实施办法，进一步明晰操作细则。

【开展招才引智活动】2013年，顺德在北京高校举办第二届“凤舞燕京·智聚顺德——顺德高端人才交流洽谈会”，还开展了“第八届顺德研究生交流会”、“千里求贤”等系列活动。截至12月底，共引进各类人才11709人，其中区内生源毕业生8664人，区外生源毕业生2397人，在职人才648人；中级职称以上163人，研究生以上学历476人。继续开展高层次人才认定，按照自愿申报的原则，全年有1236人被确认为顺德区高层次人才，其中国家级顶尖人才2人、一类杰出人才4人、二类杰出人才6人、三类杰出人才1205人、优秀毕业生19人。

【评选优秀人才突出贡献奖】2013年10月，顺德在原有“金凤凰奖”（个人奖）和“金梧桐奖”（团队奖）基础上新增“功勋奖”和“荣誉功勋奖”两项个人奖，授予对顺德经济和社会各项事业发展做出特别贡献的精英人才，以及在顺德发展历史上有特别重大贡献、具有崇高社会威望的个人。此次评选活动是顺德落实“1+10”人才政策的重要举措，旨在进一步完善人才激励机制，展现顺德“干事创业首选区”形象，营造“尊重人才、爱惜人才”社会氛围。

【加强人才服务平台建设】一是博士后科研工作站建设，全年发放博士后站扶持经费、在站博士后生活补贴、出站博士后安居补贴等资金合计超过376万元。年内，精艺金属、奔朗材料、万和新电气、广东工业设计城、顺德第一人民医院等5家单位被人社部批准设立博士后工作站，占佛山地区8家的半数以上。至年底，顺德拥有企业博士后科研工作站25家，

2013年12月6日，顺德博士俱乐部、外籍专家俱乐部、职业经理人俱乐部正式揭牌成立

数量居全国同级区域之首。二是专业技术人才培训提升工作，组织开展高研班、继续教育和知识提升培训班、交流活动计划申报，择优扶持。三是组织企业经营管理人才培训。组织两期企业家培训班，分赴德国和北京大学光华管理学院参加现代制造业管理和企业创新发展培训。四是营造留人环境。年内顺德博士俱乐部、外籍专家俱乐部、职业经理人俱乐部正式挂牌成立，进一步为顺德高端人才的工作、生活、交友、信息沟通等搭建平台。

外事侨务

【对外文化交流】2013年，顺德继续推进优秀文化海外行活动。9月4日至8日，顺德区政府侨务文化代表团携顺德小金凤艺术团一行，前往马来西亚槟城、吉隆坡，围绕文化、体育、美食、旅游等工作互相交流经验。代表团还拜会槟城顺德会馆，参加马来西亚广肇联合总会成立35周年暨第2届亚洲广肇恳亲大会。9月28日至10月25日，由区民政宗教和外事侨务局与区文体旅游局、澳门松风文化艺术协会、区美术家协会等联合主办“澳门·顺德书画联展”。12月28日，顺德区民政宗教和外事侨务局联合香港中西区区议会、中西区民政事务处主办“第十一届中西区区节‘家是香港’综合晚会”。支持和参与“粤港澳首届元青花研讨会”、澳门顺德陈村联谊会和澳门星际曲艺会合办的庆祝中华人民共和国成立64周年粤曲折子戏欣赏晚会。7月23日至26日，举办为期4天的2013台湾青少年顺德夏令营活动，促成顺台两地青年首次牵手。9月17日，顺德区人民对外友好协会举行第二届理事会成立大会，完成换届工作。

【友好城市交往】2013年，顺德积极开拓和活跃友好关系城市交流合作。9月13日，加拿大阿省国际关系厅副厅长、亚洲咨询委员会主席鲍胡莹仪（Teresa-Woo-Paw）女士率领阿省政府官员以及爱民顿市顺德联谊会、顺德商会首长一行10人到顺德进行友好访问，并举行两地经贸与教育合作备忘录签订仪式，其中顺德区木业商会与爱民顿市顺德商会签订关于促进两地木材进出口贸易合作备忘录，顺德职业技术学院与爱民顿市顺德联谊会签订关于互派专业师资、设立联合办学专业等内容的合作备忘录。是年，顺德与马达加斯加塔马塔夫市建立友好城市关系。

【港澳地区交往】2013年，顺德全年接待香港访问团12批近600人次，接待澳门访问团13批超过1300人次，其中过百人的大型访问团队有9批次。包括香港佛山工商联会访问团、旅港顺德绵远堂多名会首、香港顺德均安同乡会、香港乐从同乡会、香港长洲顺德同乡会等；澳门供应商联合会、澳门北区工商联会等。接待全国人大常委会委员、澳门立法会副主席、澳门中华总商会副会长贺一诚率领的澳门中华总商会访问团一行。11月8日，澳门顺德勒流同乡会正式成立。

顺德区政府增强与顺港澳主要商会、社团及友会交流，先后出席香港大埔七约乡公所、香港新界顺德联谊会、香港龙山同乡会、澳门顺德龙江同乡联谊会、香港顺德联谊会、旅澳顺德均安同乡会、澳门顺德杏坛同乡会、顺龙仁泽基金会、香港南区工商联、澳门顺德工商联等社团会庆等大型活动。拜会澳门顺德联谊总会、澳门顺德龙江同乡联谊会、澳门顺德杏坛同乡会、澳门顺德乐从同乡会、澳门顺德陈村联谊会、旅澳顺德均安同乡会、澳门顺德工商联等友好社团。推动澳门顺德工商业联合会、澳门顺德联谊总会等七大澳门社团的乡亲以“家乡美食巡游”系列活动形式回乡访问。

【对台事务】2013年8月，顺德成立台商权益保障工作联席会议。发挥台商协会的平台作用，组织台商代表参加财税、出入境管理等业务座谈交流，参与在东莞举办的转型升级专题培训活动。统筹协调区内因公赴台交流考察工作，年内协助组织5个团队，近70人赴台交流培训；共接待台湾考察团队2个，接待人数近80人。

2013年4月1日，顺德美国商会塔及会议中心揭幕典礼

【外事礼宾和涉外工作】2013年，顺德配合做好外国党政代表团访问顺德的接待工作，共接待瓦努阿图总理、毛里求斯副总统、乌干达驻华大使等团组共11批127人，增强世界各国对顺德的了解。

【因公出入境管理】2013年，顺德建立区整治公款出国旅游专项行动领导小组和工作小组，认真贯彻落实“八项规定”，严格做好每个因公出访团组的审核审批工作。审核出访任务必要性和确切性、出访人员配置、人数以及出访行程安排合理性等，要求出访团组增加事前公示；团组回国后进行事后公示，填报绩效评估表。

【社区侨务工作】2013年6月7日，大良北区作为2012年度国务院侨办挂牌联系的全国社区侨务工作示范点，举行“全国社区侨务工作示范单位”暨“北区社区侨务工作站”揭牌。10月，大良北区申报“全国社区侨务工作明星社区”候选单位，大良中区、容桂马岗申报“全国社区侨务工作示范单位”候选单位。

2013年12月23日，顺德区第十二次归侨侨眷代表大会隆重召开

民政工作

【基层政权和社区建设】2013年，顺德优化基层治理结构，巩固基层群众自治制度。3月，在杏坛镇马东村、雁园社区试点成立议事监事会（以下简称“议监会”），实行对政务、村（居）务的辅助决策和评议监督。通过议监会以及党代表工作室、行政服务站等几大平台，不断发挥党组织的领导核心作用，同时进一步厘清党务、政务、村务，逐步形成党领导下的协同共治格局。为强化村社区居委会干部的服务意识，推动全区社会工作人才队伍建设，区委社会工作部共分四期对94个社区居委会近千名社区干部进行社工知识和社工业务培训，对考核合格的人员发放“社会工作员”证，逐步做到社区干部持证上岗。

【专项事务管理】2013年，顺德准予结婚登记共11808对，其中国内结婚登记11710对，涉外及港澳台侨结婚登记98对，准予离婚登记3781对，其中国内离婚登记3748对，涉外及港澳台侨离婚登记33对。全区共办理收养登记16宗，解除收养登记2宗。全区共办理华侨、港澳同胞遗体（骸骨、骨灰）入粤安葬15宗。

【行政区划与地名管理】2013年1月，顺德增设龙江镇文华社区居民委员会；8月，增设乐从镇兴乐社区居民委员会。截至年底，顺德共设社区居委会和村委会203个，其中社区居委会95个，村委会108个。年内全区共审批路、街、巷命名、更名229条，商住楼宇、小区命名、更名63个。

扶贫工作

【概况】2013年，顺德新一轮对口帮扶清远地区英德市、连南县共35个贫困村4163户贫困户14273名贫困人口，落实和带动投入帮扶资金7826.49万元。其中，区帮扶单位落实扶贫资金4496.65万元。贫困村农田水利、道路、医疗卫生等基础设施明显改善。顺德驻村（县）扶贫队员规范日常管理，在英德市“8·16”爆发特大洪水期间，坚守在抗洪救险第一线，积极发动帮扶单位捐资捐物，帮助村民进行灾后恢复正常生产生活。驻村干部挂任村支书、主任助理，注重培养具有带头致富能力和带领群众致富能力的村官，协助加强党员队伍建设和基层党组织工作制度建设。

2013年5月30日，顺德召开扶贫开发工作会议

【完善基础设施和基本保障】2013年，顺德援建农田水利、道路硬底化、饮水工程、危房改造、医疗卫生设施等民生工程372项，镇到村公路全部实现硬底化，300人以上自然村实现村村通公路，自然村全部实现通电、通邮、通讯、通电视广播。解决506.8公顷农田灌溉问题；帮助735户村民解决饮用水问题；对所有贫困村村委会办公场所进行修缮或扩建；新建14座村级卫生站，并组织顺德十个镇（街道）医院与贫困村卫生站结对帮扶，为贫困户送医、送药4852人次。

【发展经济促进农民增收】2013年，按照一村一产业、一户一项目的扶持思路，顺德累计投入扶持资金424.17万元，促进贫困村、贫困户实现“双增收”。在对口帮扶贫困村组建农民专业合作社33个，以发展农村种植养殖业、农产品加工业为主，因地制宜扶持发展17个项目，包括打造高标准基本农田建设示范区；开展有机蔬菜生态种植，打造生态农业示范基地和华南农业大学大学生实习基地；建设鱼塘综合整治示范基地，创立“大站河鲜”品牌；设立金佛手种植基地和肉牛养殖场等。

【开展教育文化帮扶】2013年累计投入193.67万元，以修缮教学设施、签订镇际教育交流协议、优秀教师支教、设立奖教助学基金、开展技能培训等方式对贫困村进行教育帮扶，改善多所村级小学和幼儿园教育教学条件。年内开展奖教助学1687人次，开展劳动力农业技能培训4107人次，劳动力非农业技能培训2674人次。北滘、陈村结合东华镇“创教育强镇”工作目标，配合完成5间小学、4间幼儿园建设改造工程。勒流为万角、官坑小学新建电教室。伦教与大站镇签订教育交流意向书，举办教师培训班、优秀学子体验活动、教师队伍夏令营交流、支教活动等，建立两地学校定点结对帮扶机制。陈村组织退休教师进行义务支教工作。

【推进住房改造工程】2013年，

2013年10月28日，英德市西牛镇街仔村整村搬迁，居民住新居

顺德建设全省扶贫开发首个公寓式农民住宅帮扶项目——英德市西牛镇上新湖新村整村重建，被认定为英德市美丽新农村示范点。全年顺德扶持完成住房改造661户，实施整村推进及美丽乡村项目6个，有效提升村民居住环境。（谭健升）

政协佛山市顺德区委员会

【区政协第十三届委员会第三次会议】2013年1月21日至22日在大良华桂园召开。会议听取和审议《政府工作报告》和《2013年预算草案报告》，区政协主席梁国章部署2013年区政协主要工作。

【常委会专题议政】2013年，顺德区政协经过广泛征求意见，到部门调研座谈，组织常委实地视察容桂华口电镀城、华创污水处理厂、建峰电镀公司、泰科电子公司等工业园区和企业污水处理工艺及成效，赴山东济宁邹城市学习考察，于9月召开区政协十三届八次常委会议专题协商工业废水处理问题，从加大环保投入、调整工业结构、加快转型升级、引进先进工艺、提升监管水平、创新和健全长效管理机制等方面提出有针对性和可操作性的意见建议，为政府及相关职能部门决策提供参考。

【专题协商和调研视察】2013年，顺德区政协选择全区经济社会发展重大事项，开展专题协商活动，推动协商成果纳入决策程序。先后围绕社会创新中心建设、农村基层组织建设、三旧改造推进情况、水利三防工程、治安提升工程等，开展主席调研日专题视察活动，通过深入一线实地视察，与基层同志开展座谈交流，了解全区重点工作实施进展，推动相关问题解决。区政协各专委会就电子商务、社会组织发展环境、公益性群众体育组织扶持、“三旧”改造、顺德博物馆打造文化新名片等进行专题调研。各镇、街道联委会结合地域特点和产业特色，对打造城市品牌、营造创业守业环境、食品安全、行政服务中心建设、发展生态旅游等方面开展专题调研，为经济社会事业发展建言献策。

【提案工作】2013年，顺德区政协共收提案235件，立案189件，经合并整理后实际交办提案163件，所有提案全部办复，委员对提案一次办复满意率为97.5%。对不满意的4份提案实行二次办理。区委书记梁维东和区长黄喜忠督办《关于加快完善商事登记制度改革的建议》、《全面建立农村集体资产交易平台的建议》两份提案，亲自带队调研，主持召开由提案人、承办单位共同参加的提案督办协商会，协商讨论办理思路和措施，推动提案所反映的问题切实解决。

【社情民意信息工作】2013年，全年采集社情民意信息166条，其中《关于确保长假期间口岸通关工作的建议》《加快推进珠三角一体化需要加大省的统筹协调力度》等25条信息被广东省、佛山市政协采用，顺德区领导批示及有关部门办复27期。一批社情民意得到采纳落实。

【加强内外团结联谊】2013年，顺德区政协坚持开展走访委员活动，了解委员工作、学习和生活情况，征求委员意见建议。各专、联委会广泛开展小组活动，为委员们

相互了解、取长补短、加强联谊提供新渠道，年内共走访委员（企业）30余人（家）次。加强与港澳委员联系联谊，先后5次组织走访拜会港澳联委会、香港杏坛同乡会和港澳委员在内地企业，邀请港澳委员参加调研视察活动，通报顺德经济社会发展情况和政协主要工作，鼓励港澳及海外顺德乡贤一如既往支持家乡建设。

中共佛山市顺德区纪律检查委员会

纪检监察

【改革纪检监察派驻体制】2013年6月9日，顺德召开深化区纪检监察派驻机构统一管理体制改革动员大会。区派驻纪检监察机构实行“双派驻”，即由区纪委机关向区属部门、正科级参公管理事业单位、各镇（街道）派驻纪检组和监察审计室，向区人民法院、人民检察院派驻纪检组。实行“双派驻”之后，保留镇（街道）和公检法机关原纪检监察机构，撤销各区属部门、正科级参公管理事业单位的监察室。截至年底，区纪委机关派驻纪检组（监察审计室）共31个。

【健全纪委委员工作室制度】2013年，顺德共建立纪委委员工作室145个，将每月10日定为纪委委员活动日。建立区纪委委员—机关联络员—镇（街道）联络员—驻室联络员四级网络，同时发挥基层廉勤监督员、村居纪检委员作用，为纪委委员驻室活动做好服务。开发纪委委员工作室信息系统，实现区、镇、村三级权限职能划分、工作室活动提醒和信息共享、问题跟踪督办以及年底考核评估等功能。深入开展主题接访走访、区重点工作督办、“五个一”等驻室活动。全年市、区、镇三级纪委委员参加驻室活动282人次，接访走访群众201批249人次，收到各类社情民意168条，受理问题100件次，办结率100%。

【查办违纪违法案件】2013年，顺德纪检监察机关共接受群众信访举报1142件，应办信访件494件，办结466件，办结率94.3%。共立案查办案件47件，重点查办建设工程领域、医疗采购、教育系统等行业的商业贿赂案件，有力遏制重点领域腐败现象。

【推动行政监察】2013年，顺德区纪委围绕全区重点工作任务、要素市场、人民群众密切关注的热点问题开展监督检查。建立重点工程建设监察系列制度，制定闲置土地处置工作指引，对城镇污水处理建设工作和“美城行动”工作情况加强督办。年内对全区重点工程建设项目现场监督检查29次45宗。重点治理机动车检测行业和公路“三乱”，保障群众合法权益。强化行政投诉电子监察，将区、镇两级1113项审批事项纳入电子监察，全年全区共受理行政投诉件2390件，办结1877件，办结率95%。举办顺德行政服务大家谈暨政风行风热线五周年行政服务专场活动，创新政风行风热线形式，加入现场点评环节。全年举办39期热线节目，上线单位50个，接听市民电话2000多个，回复率100%，满意度83%。

2013年，顺德区纪委完善绩效管理工作方案，突出对区重点工作实行月度管理和督查跟踪，增加绩效监察情况通报和工作分析，通过360度测评等方式完成对区36个考评单位以及10个镇（街道）个性指标考评工作。对全区30多个党政机关单位和部分镇（街道）行政机关部门开展明察暗访，发现问题及时督促整改。在容桂街道和杏坛镇试点推行建立区、镇（街道）、村（居）三级纠风工作机制。

【加强廉政风险防控和宣传教育】2013年，顺德区纪委要求各单位建立廉政风险分析制度，实行月度自查自纠，健全预警控制机制。召开廉政风险防控现场工作会议，以乐从镇为试点推进政企廉洁诚信联盟工作，设立政企廉洁诚信联盟秘书处。推进农村财务网上实时监控和农村集体资产交易“两个平台”建设。举办以“廉洁顺德，你我有责”为主题的全区“廉洁顺德”宣传标语创作征集评选活动，举办全区反腐倡廉五句半创作表演大赛。举办全区领导干部纪律教育学习班，进行案件剖析和警示教育。举办全区后备干部廉政教育课、医疗系统廉政教育动员会、教育系统廉政课堂等，与佛山科学技术学院签订廉政文化研究合作协议。继续推进农村基层廉政规范化建设试点工作、廉政文化进农村工作，打造廉政文化展室。着力打造均安沙头社区廉政文化示范点。（杨榕）

审计工作

【加强预决算和财务收支审计】2013年，顺德启用在线审计监督系统，全面采集各区属部门和事业单位财政财务及业务数据，促进各单位加强预算管理，提高财政资金使用效益。按照中央“八项规定”要求，高度关注区属部门和镇（街道）“三公”经费、会议费以及培训费的使用情况。对区看守所等8个区属行政事业单位开展财政财务收支审计，重点关注和查找各单位资金管理及业务流程中存在的风险漏洞，督促相关单位加强财务管理、健全内控制度。对宏德公司等3个国有企业开展财务收支审计，重点关注工程招投标、合同签署、工程款支出等领域，保障国有资产安全高效。对各镇（街道）实行两年一审的轮审制度，对大良街道等5个镇（街道）的财政收支情况实施审计，重点关注财政资金安全和使用效益，并加大对社会热点问题、民生政策落实的延伸审计。

【开展重点项目和专项资金审计】2013年，顺德分阶段对区政府投资的8个重点项目实施跟踪审计。严格控制工程预算、招标、中间计量、结算等环节的造价管理，对工程质量问题及时发出审计意见函，督促整改。对区水利建设管理中心进行财务收支审计，重点对镇街水利工程项目进行结（决）算审计，规范水利行业资金管理。组织开展社保、地方政府债券资金情况、城镇保障性安居工作等5个专项资金审计（调查）。

【加强经济责任审计】2013年，顺德出台《关于进一步加强经济责任审计工作的意见》，按照任中轮审与离任审计相结合原则，进一步明确经济责任审计的对象与组织方式。围绕领导干部的履职情况，加强对各镇党委（街道党工委）书记、镇长（办事处主任）、区属国有企业领导等干部进行经济责任审计，注重业务管理环节的延伸审计，关注资金使用效益，强化权力运行监督。

（欧阳建欣）

民主党派·工商联

民主党派

【中国国民党革命委员会佛山市顺德区总支部委员会】2013年，民革顺德总支委发展党员5名，全区共有党员44人，其中中、高级职称41人，下设容桂、企业、文教卫、综合4个支部。全年区民革向区政协提交提案18件，其中《关于把南国路建成为快速路的建议》（并案）、《做精做强，顺德制造业转型升级之思考》被评为优秀提案。（龙红梅）

【中国民主同盟佛山市顺德区委员会】2013年，区民盟共有盟员113人，平均年龄49岁，高、中级职称111人；有广东省人大代表1人，佛山市政协委员2人，顺德区人大代表2人（其中常委1人），顺德区政协委员7人（其中常委1人），另有顺德区特邀监察员2人。全年区民盟向区政协提交提案24件，其中《有限政府+社会自治：我区现代化发展的必由之路》《关于开发住宅小区公共事务决策管理平台系统的建议》被评为优秀提案。《异地领取养老金应取消手续费》信息被国家、省、市三级政协采用。（吴翠珊）

【中国民主建国会佛山市顺德区总支部委员会】2013年，区民建有会员68人，其中在职会员45人、占66.17%，退休会员23人、占33.83%，高级职称9人、占13.24%，中级职称约29人、占42.65%。有顺德区政协委员7人（其中常委1人）。全年区民建向区政协提交提案30件，被区政协采纳23件。（贺纪文）

【中国民主促进会佛山市顺德区委员会】2013年，区民促共有会员96人，平均年龄50.2岁，大学以上文化水平，高、中级职称91人。有佛山市人大代表1人、佛山市政协委员1人，顺德区人大代表2人，顺德区政协委员6人（其中常委1人），另有顺德区特邀监察员1人。全年区民进向区人大提交议案4件，向区政协提交提案15件，其中《培育扶持民间组织创新社会管理模式》被评为区政协优秀提案。与北滘镇政府合作共办社区学校“春风学堂”，民进志愿者每周定期为社区居民及学生授课，全年累计开展大型讲座7次，社区公益课堂活动50次，参与群众累计达近4000人。（徐锋彝、郭桂林）

【中国农工民主党佛山市顺德区总支部委员会】2013年，区农工党发展新党员5名，共有党员69人，平均年龄49岁，高级职称50人，中级职称14人。有佛山市政协常委1人，顺德区人大代表4人（其中常委1人），顺德区政协委员6人（其中副主席1人），另有顺德区特邀监察员1人。全区区农工党向区政协提交提案9件，其中《关于建设人才生态系统的建议》（并案）被评为区政协优秀提案，《关于进一步培育和扶持我市小微企业发展的建议》（并案）被评为市政协优秀提案。各党员积极履行服务社会职责，妇委组织女党员到大良颐年苑开展“庆三八”及重阳节敬老慰问活动，组织专家到容桂马岗、花溪广场和英德市大站镇黄岗村开展大型义诊及健康咨询活动，为群众进行义诊及免费送药。（严华）

【中国致公党佛山市顺德区总支部委员会】2013年，区致公党发展新党员2人，共有党员51人，其中硕士研究生17人，本科25人，高、中级职称占全体成员的98%。有佛山市人大代表1人，顺德区人大常委1人，顺德区政协委员5人（其中常委1人）。全年区致公党向区人大、区政协提交议案、提案十多件篇，其中《整合资源、协同创新、“四网合一”打造顺德区现代服务业综合服务平台》被评为优秀提案奖，《关于鲜活农产品生产流通问题的建议》获致公党广东省委参政议政成果奖。认真履行社会服务职责，组织成员为三水迳口华侨农场和小学捐款和义诊，为雅安地震灾区捐款捐物。（麦桂花）

【九三学社佛山市顺德区基层委员会】2013年区九三学社发展新成员2人，共有成员60人，绝大多数成员有高级技术职称。有顺德区政协委员5人（其中常委1人），另有顺德区特邀监察员1人。全年区九三学社向区政协提交提案8件，其中《以社情民意为抓手，促进城市升级转型发展》被评为优秀提案。（李春强）

工商联

【开展“商会建设年”活动】2013年，顺德区工商联分级培训顺德区商会协会秘书处从业人员250人，成立江门市顺德商会、苏州相城区顺德商会、加拿大卡

2013年6月9日，江门市顺德商会成立揭幕

加利顺德商会、加拿大安省大多伦多顺德总商会等异地顺德商会4个，指导参与顺德区木业商会等4个区级商会协会及大良青年企业家协会等多家镇（街道）商会协会成立。截至年底，共有团体会员84个，异地顺德商会9个，执委会成员242人，会员企业14000多家，获得优先承接政府职能转移事项的3A以上等级商会协会有55个。顺德区工商联被授予“全国工商联系统先进集体”荣誉称号，陈村总商会被授予“全省工商联基层组织建设示范点”荣誉称号。

2013年10月18日，顺德区工商联被人力资源和社会保障部、全国工商联授予“全国工商联系统先进集体”荣誉称号

【开展“顺商精神成就顺商梦”系列活动】2013年，顺德区工商联与顺德农商银行联合举办“携小微·谋发展·‘百亿万户’创未来”主题活动，联合顺德区司法局举行“民营企业家与中国梦”法律知识讲座，承办广东新粤商论坛之“民营企业家与中国梦”论坛，举办“广东新生代非公经济人士共话‘中国梦’坚定‘三信’促发展”主题活动，加强对新一代非公有制经济人士的培养引导，培育顺商梯队。全年共走访30多个商会和近60家执委企业，提交8份政协提案和社情民意，组织会员企业参加境内外商务考察、贸易洽谈、展销会等各种经贸活动达600多人次。（何志玲）

人民团体

顺德区总工会

【概况】2013年，顺德各级工会突出维权主业，强化集体协商，健全维权机制，提升维权能力，构建和谐劳动关系；建设职工服务中心站点，构建职工服务体系；推进机关工会建设、工会经费地税代收、工会自身改革和组织规范化建设等工作。截至年底，全区共有10个镇（街道）总工会，5个系统（直属、教育、卫生、供电、公安）工委会，202个村（社区）工联会，22个行业工联会，工会组织18758个、涵盖单位25204个，工会会员88.2万人。

【加强工会组织建设】2013年，出台《顺德区优化工会运行机制拓宽社会职能实施方案》，探索建立与社会主义市场经济体制相适应的工会组织体制和运行机制。是年，全区各镇（街道）工会换届工作基本完成，工会主席全部由党政副职兼任，部分镇（街道）配备常务副主席，重视村居工联会班子建设。全区企业单独基层工会数量显著增加，已办工

2013年5月20日，顺德容桂劳动者之家揭牌

会法人资格登记证的企业单位共2148家，工会主席民主选举、"品牌工会"创建、规范化建设、劳动竞赛、民主管理、职工书屋等工作不断推进。

【构建和谐劳动关系】2013年，顺德区总工会以日资和世界五百强投资企业为重点，开展工资集体协商集中要约行动。按季度联动人社部门、应急办、镇（街道）总工会，分析研判全区职工队伍状况，梳理分析热点焦点问题，指导基层工会维权，及时参与处置职工群体性事件和信访件。加大异地务工人员法律援助力度，在五沙建立全区首个工业园区工会法律援助服务站点，每周有律师驻点工作。区、镇（街道）两级工会以工会维权、和谐劳动关系创建为重点，举办各类业务培训班28期次，培训工会干部7000多人次。依托顺德日资企业工会主席联谊会平台，推动全区日资企业工会间的交流互动，积极构建和谐劳动关系。

【建设职工服务中心】2013年4月27日，顺德召开全区职工服务中心站点建设推进现场会，总结推广北滘职工（异地务工人员）服务中心、五沙工业园职工服务站和伊之密企业社工服务站建设经验，年内全区新增村居、工业园区、企业职工服务站12个。各职工服务中心和站点引入社工专业服务，主动承接政府转移的公共服务职能和向社会购买的服务项目。如容桂劳动者之家（容桂职工服务中心）由容桂企业工会自发组建，首批会员有伊之密、万和、海信科龙、松下环境、顺德海尔等10家理事成员单位，按照"工会干部+社工+志愿者"模式联动服务，开展心理辅导、法律咨询及联谊、培训等服务；杏坛镇职工服务中心综合工会、人社、教育、文体、综治、卫计等服务职能，为职工特别是异地务工人员提供全方位、一站式服务。

【创新职工服务品牌】2013年，由顺德职工服务类社会组织联合会策划推动的"顺德一家人"、"顺德大团圆"和"顺德缘"等服务新品牌实现项目化、社会化运作，由专业机构承接。"一日游"吸引15000多名异地务工人员及其子女参与；"心灵之旅"顺德职工心理关怀行动举办培训36场，在全区开展职工心理状态和社会服务需求调查；"顺德缘"活动全年举办12场，参与单身职工2300余人；"顺德大团圆"关爱行动在元宵节、"五一"、中秋节共组织3000名异地务工人员参加新春游园、烹饪赛和大团圆晚会。

【开展各类活动惠及全区职工】2013年，顺德各级工会帮扶慰问困难职工2.2万人次，发放帮扶资金1016万元；组织文体活动855场、免费播放电影208场，参加职工超过24万人次。启动在职职工住院医疗综合互助保障计划，办理

2013年6月19日，顺德举行机关文明风采服务大赛决赛，图为获奖单位合影留念

职工医疗互助保障计划41350人次，为181人办理了总额为526万元的赔付。组织全区6997名区级机关党员干部、工会会员参加顺德机关文明服务风采大赛，提升机关文明服务水平和执行力。组织专业培训力量到镇（街道）企业开展专题知识讲座26场，6000多名职工参加；“三八”期间慰问51名困难女职工、联合表彰一批“巾帼文明岗”，“五一”期间组织全区历届各级劳模参观顺德建设新成就，老人节期间慰问孤寡困难退休职工683人次，组织200名退休职工代表参观体验顺德经济社会发展新成就。

（张昌涛）

共青团顺德区委员会

【概况】2013年，顺德团区委紧密围绕区委、区政府的中心工作，全方位、多层次搭建服务青年平台，大力引导青年、培育青年、服务青年、凝聚青年，服务青少年水平和能力不断提升，共青团的覆盖面和影响力不断扩大。截至年底，全区共有共青团员8.6万名，设基层团委32个、团工委5个、团总支372个、团支部2494个。

【加强团组织建设】2013年，顺德团区委不断强化团干队伍作风建设，提升团属社团的发展水平，打造一批作风优良、工作扎实、青年信任的团干队伍，打造一批基础扎实、工作活跃、青年拥护的团组织和团属社团。一是加强团干队伍建设。建立健全团区委书记会议、常务委员会议、全体委员会议、团代表小组工作规则、委员联系代表机制等制度，推动团区委决策议事的民主化、制度化、规范化。组织区、镇两级团干深入开展“两进三同”，打造“奋斗创业街”“创业设计大赛”“青年跳蚤市场”“福彩育苗夏令营”等一批重点工作品牌项目，服务青年成长需求。二是加强团支部建设。在全区开展“活力团支部”创建评选活动，选树66个有朝气、有示范、有项目、有特色的团支部（总支），分别在学习型、枢纽型、服务型、公益型四类中选择一类进行创建。继续抓好非公有制企业团组织建设，在非公有制企业新建团组织200家。三是加强团属社团建设。增设培训部、策划部、外联部，吸纳社会优秀义工进入区义工联理事会，提升区义工联发展水平。开展顺德区义务工作发展专题研究，推动顺德义工专业化水平。9月13日，顺德青年企业家协会举行第五届会员大会，以竞争选举方式选举广东亮科环保工程有限公司董事长佘永亮为第五届会长，并增设18名执行会长，完善理事会架构，提升区青年企业家协会发展水平。四是拓展主题活动。以顺德青年时尚文化节系列活动为载体，举办环保袋DIY大赛、动漫设计大赛、微电影创作大赛等十多项活动，参与青年人数超过10000人次。开展“学雷锋·做义工”系列活动，举办“创文美城你我参与·社工义工携手同行”顺德青年嘉年华，掀起市民参与创文美城、共建幸福顺德的热潮。举办“顺德区纪念‘五四’运动94周年暨青年服务月活动”，开展义务剪发、义务诊治、互动游戏、心理辅导等贴心服务。开展“展翅计划”、“育苗计划”、“暑期阅读”等六大活动项目，为青年大学生深入企业和机关实践提供机会，提升大学生就业能力。

【加强青年思想教育引导】2013年，顺德团区委广泛开展“中国梦”主题系列活动，引导青少年树立正确的人生观、价值观和世界观。一是在共青团顺德区第十九次代表大会期间，邀请党的十八大代表、顺德区委书记梁维东为与会代表解读十八大精神，并进行互动交流。各基层团组织以宣讲会、讨论会、讲座等形式，开展形式多样、内容丰富的宣讲

2013年，顺德共青团开展第三届“顺德十大杰出青年”评选活动。图为12月9日，顺德区委书记梁维东为“顺德十大杰出青年”的侯文胜颁发证书

活动。二是深入开展“汇聚青春正能量，共筑美丽中国梦”系列活动。开展第三届“顺德十大杰出青年”评选活动，引导全区青少年学先进、争先进、赶先进。开展“青春飞扬梦想起航”十八岁成人礼活动，邀请杰青代表、老师代表为18岁青年学生作专题报告，引导青年学生感受义工正能量，主动承担更多社会责任。基层团委积极开展各种“中国梦”主题活动。如容桂街道团委举办“我的中国梦”读书征文比赛及演讲比赛，北滘镇团委开展2013“美丽五四，我的中国设计梦”长者概念设计大赛，乐从镇举办第一届“书记有约”青年论坛等，全区各区属基层团委共开展30多项“中国梦”主题活动，参与人数达20000多人。

2013年11月29日，顺德团区委联合其他区属部门在伦教郑敬诒职业技术学校举办“青春飞扬 梦想启航——顺德区庆祝2013年国际义工日暨十八岁成人礼系列活动。图为顺德十大杰出青年与学子们围绕梦想、责任两个主题交流对话

【建设社团孵化基地】2013年，顺德团区委在成功打造北滘、杏坛青年坊的基础上，继续在其余镇（街道）推广该项工作。7月24日，乐从沙边青年坊揭牌启用，重点为沙边村及周边的本、异地青少年提供专业社工服务；随后乐从大罗村青年坊也投入使用，把青年坊建设延伸至社区。9月，均安青年坊启用，为均安本、异地逾7万名青少年提供专业的社工服务。11月，伦教青年坊投入使用，把社区青年调动起来参与义工培训，将各类义工组织服务延伸至社区，打造“以青年服务青年”的社会服务平台。

【培育青年社会组织】2013年初，顺德青年企业家佘永亮成立“永亮善品”公益性社会企业，服务青年创业、弱能人士就业。5月，乐从青年企业家协会正式成立，同时发动成立乐从镇首个青年公益基金——乐从青年创业种子基金，通过“帮扶就业+孵化创业+社会服务”的创新模式，服务会员企业发展和青年创业。6月，大良青年企业家协会正式成立，并创建“青年圆梦计划”项目孵化平台，为青年优质创业项目提供银行融资、合作投资等双向服务，助青年完成创业梦想。2012年至2013年，团区委依托顺德青年社会组织培育发展中心，共推动13家青年社会组织登记注册，并扶持他们重点打造一批品牌项目，一批有实力、有项目、有资源的青年社会组织相继成立，顺德青年社会组织发展联盟始见雏形。

【推动社团承接政府事务】2013年，顺德团区委推动全区各级社团积极承接政府职能事务。一是将团属品牌活动包括阳光行动、五四青年服务月、十八岁成人礼、国际义工日等，直接委托青年社会组织开展，如委托伦教飞扬音乐协会承办十八岁成人礼活动，委托君行社会工作研究及服务中心、宏德社工服务中心承办国际义工日活动等。二是引导青年社会组织承接政府事务，如推动容桂青少年成长促进会承接容桂青年坊建设及容桂部分公办幼儿园管理，龙江青年企业家协会承接龙江青年大厦建设，推动君行、启创、宏德3家社工机构承接政府事务。据统计，全年共有9家青年社会组织承接政府购买服务950多万元。（梁碧仪）

顺德区妇女联合会

【概况】2013年，区妇联进一步完善以文体活动促进社会和谐，以健身队凝聚妇女力量，以培训交流增强领导力，以社会组织创新工作机制的“妇女自治”发展模式，全区

2013年3月7日，顺德召开纪念“三八”妇女节暨妇女工作总结大会，图为优秀妇女代表受表彰

妇女事业取得新发展。建设枢纽型社会组织总部项目获得广东省妇联工作创新奖，顺德成为实施广东省妇女儿童发展规划省级示范县，区妇联荣获全国妇女宣传舆论阵地建设先进单位。

【强化枢纽型组织建设】2013年，顺德区妇联共联系社会组织335个，其中联结已注册登记社会组织26个（新孵化23个）、二级组织18个、备案登记294个，2013年新孵化社会组织11个，全区基本形成枢纽型组织网络。是年，发动社会组织承接“冬日暖童心”“欢乐家庭村居行”等品牌活动，带领社会组织推出12个项目入选广东省“集思公益 幸福广东”公益项目，争取资金72万元。按省级妇女之家示范点要求建设区级妇女之家，组织专家对9个示范点进行实地检查，成功推荐容桂海尾、伦教三洲、陈村旧圩3个社区的妇女之家成为省级示范点。

【加强妇女干部队伍建设】2013年，顺德区妇联组织区属单位妇委会负责人参观广东工业设计城等地参观学习；协调优先安排村居妇代会主任参加区委社会工作部举办的社工员证上岗培训班，提高妇女干部的社会工作理论和实操能力；举办村居换届选举妇女干部培训班，提高妇女代表参与竞选的能力。各区属单位妇委会组织开展各类培训班，提升妇女干部的综合素质。

2013年12月27日，省妇联对顺德区内的广东省“巾帼文明岗”开展检查验收工作

【丰富服务内涵】2013年，全区各级妇联组织开展丰富多彩的专题活动，将服务送到基层妇女家门口。年内，鼓励和发动建设“村居巾帼健身队”，带动妇女健身队向规范化、高标准发展；开展“三月风华”系列活动，举办“三八总结大会”，表彰一批国家、省级以及区级“三八红旗集体”“三八红旗手”“巾帼文明岗”，树立先进榜样；深入不稳定村居、边远村居开展“欢乐家庭村居行”活动63场，开展维权普法、家庭教育、创文知识普及等；通过“冬日暖童心”活动，向孤儿和困难儿童送上慰问金11.5万元。举办再就业培训和妇女就业专场招聘会，帮助解决失业妇女再就业问题。区妇联联合区卫计局免费对全区200名单亲困难母亲开展妇科病两癌筛查普治，为困难母亲送健康。巾帼文明岗、女企业家协会、区属和镇（街道）妇委会等单位继续以结对形式共建儿童书阁，全年新建儿童书阁11所。以顺德首家“省级儿童友好社区”——容桂街道朝阳社区为试点，试行儿童书阁“同爱童行交换角”项目，并举办现场交流会，向基层推广先进经验。

【创新妇女维权模式】2013年，顺德区妇联将妇女维权以项目形式交给幸福家庭服务中心、禅德社会工作服务中心承办，在全省实施首个以“妇联与社会组织合作运营服务站”的新模式。服务站配备1名站长、3名专职人员，接待妇女以来访、来电、来信的形式反映自身诉求，及时提供法律政策、心理调适等咨询服务，对个案进行跟踪处理，以购买专业社工服务形式为基层40个个案提供辅导服务。联合区法院召开家事审判合议庭工作座谈会，法官与妇联维权专干交流探讨建立家事审判协调机制，提高妇联干部协调能力。

【开展家庭文化教育宣传】2013年，顺德区妇联以创建全国文明城市为契机，深化“美德在家庭”活动，大力弘扬家庭美德。广泛开展“家庭教育大讲堂走进村居”活动，开展特色文明家庭评选活动，如伦教开展“十大文明家庭”评选，杏坛开展“五好文明家庭”，“金婚银婚”好夫妻评选等，积极培育良好的社会风气。

【实施妇女儿童发展规划】2013年是《顺德区妇儿童发展规划（2011~2020年）》实施启动年，区妇联将“儿童友好社区建设”打包成长期项目，争取省、区专项经费保障项目实施，开展年度监测评估工作，完成妇女儿童发展规划监测统计评估报告等，推动新规划顺利实施。 （冯国欣）

顺德区残疾人联合会

【残疾人救助】2013年，顺德开设有区级康复技术指导中心、镇（街）医院残疾人康复科、康园工疗、社区康复站29个，为240名残疾儿童提供康复救助，补助金额达360多万元。开展重度残疾人托养工程，全区共核定1186人符合重度残疾人托养条件；组织对68名家庭经济困难的白内障患者实施免费复明手术；对1540余名贫困精神病患者提供免费药物治疗，为18000人次精神病人提供药物

2013年5月19日第二十三次全国助残日活动期间，顺德举办助残公益市集活动，图为残疾人在表演节目

资助；为“三无”精神病人提供住院治疗180人次。

【残疾人文化体育和教育】2013年，顺德成功举办顺德区第二届残疾人运动会，全区10个镇（街）代表队107名运动员参加本次运动会，共产生金牌46枚、银牌27枚、铜牌13枚，杏坛、伦教、北滘代表团分别获得团体总分第一、二、三名；主办“顺德区第二十一个‘国际残疾人日’暨顺德区第二届特殊马拉松活动”；组建顺德区男子聋人篮球队和男子脑瘫足球队备战广东省第七届残疾人运动会提前赛，分别取得全省第一、第四的佳绩；协助中残联举办“内地与澳门残疾人文化艺术展”，开幕式当天顺德区5名残疾人工艺美术作者现场展示才艺。在第三届广东省盲人诗歌散文朗诵比赛中，顺德区选手获得二等奖。顺德54件残疾人艺术作品参加广东省残疾人艺术作品大赛，2件作品获得一等奖、4件作品获得二等奖、7件作品获得三等奖，顺德区残联获组织奖。顺德启智学校聋人学生舞蹈《快乐aoe》在第八届全省残疾人艺术会演活动中获得三等奖。

顺德区第二届残运会运动员方队

【残疾人权益保障】2013年春节、助残日和“六一”儿童节期间，顺德区各级政府机构慰问贫困残疾人约3500人次、慰问残疾人服务机构10间次。区残联处理残疾人来信2件、来访60人次、来电400多次，维护残疾人的合法权益；对84名残疾人发放燃油补贴260元/人；协助顺德区启智学校做好招生工作，推荐学生报读；做好普通高考残疾人考生申报登记、考前指导和录取工作；宣传残疾人事业，营造扶残助残的良好社会氛围；做好全区残疾人基本情况调查工作。

法定机构

【顺德区社会创新中心】2012年7月正式运营。中心位于顺峰山公园内，占地5000多平方米、建筑面积2000多平方米，由理事会与执行团队组成，执行团队共22人，来自不同的专业领域，分布在中心内设的社会研究部、社会联络部、社会创新部、社会培训部、中心办公室五个部门。总干事、副总干事是中心的核心管理层，另设有监察审计部门，独立执行监察审计委员会赋予的职责。理事会由政府代表和社会各界代表共15人组成，是社创中心的决策和监督机构，下设财务管理委员会、人事薪酬委员会、监察审计委员会及战略发展委员会。2013年，社创中心强化建章立制，优化工作团队，引进社会企业“永亮善品”、“绿宁吧”，社会组织“中道改革研究所”、“顺德区法学会”，主办公众活动31场次，协助社会组织举办活动38场次，服务逾2500人次。社会创新中心项目被省社工委列入广东省社会创新实验基地项目，在全省广泛推荐。一是建设项目孵化平台。以试点方式培育示范性社会组织和示范性社会企业，为区内近30家公益慈善及社会服务类社会组织提供发展支持。二是建设社会参与平台。筹备成立业主代表协会，吸纳进40名业主代表加入。以社创中心为顺德公益大本营，通过新媒体整合顺德公益力量，发布社会服务信息，为项目与资金实现对接。策划举办2013顺德公益嘉年华暨年度颁奖礼活动，展示社会服务机构风采和项目。举办参与式预算面谈会，对试点项目进行投票立项，2013年的参与式预算经2.8万多名公众的网络投票，最终选出4个试点项目。三是建设社会服务平台。启动线上社会服务网和线下社会服务交易所的建设，打造线上、线下社会服务平台，广泛整合顺德区内社会服务信息，为顺德社会组织提供一个高效透明的慈善公益对接平台。

2013年5月6日，顺德区文化艺术发展中心交流基地挂牌
（顺德区文化艺术发展中心摄）

【顺德区文化艺术发展中心】2012年9月正式挂牌成立。中心整合原顺德区文化馆、顺德区文学艺术界联合会和顺德演艺中心等机构职能，并承接部分政府职能，组织开展艺术推广和群众文化活动，让举办文化活动从过往单靠政府推动，转变为引入社会决策、利用社会资源、满足社会需求的“共建共享”格局，探索构建现代公共文化服务和文化市场体系。是年，中心面向全区制定相关的文艺团队协会管理、基层文化工作管理办法和文艺扶持政策，组建镇（街道）文艺工作网点，成立顺德区文化艺术发展中心咨询委员会，创立内部刊物《德道艺讯》，积极倡导“政府搭台、社会参与、群众做主”模式，加强与社会各界的合作，推动多方力量开展公共文化服务。据不完全统计，全年共参与举办各类活动、培训3460多场，直接参与群众超百万人次，活动数量和群众参与人次都较改革前提高近30%。

【顺德区人才发展服务中心】2012年9月正式成立，主要承接全区事务性、专业性较强的日常人才服务工作。2013年，中心组建全新的高素质专业服务团队，建立完善部管理体系；加强与国内外相关机构的沟通合作和联系，建立中心信息化平台，成立博士、外专、职业经理人三大俱乐部、HR交流平台等多种工作平台；创新举办第八届顺德研究生交流会，“凤舞燕京·智聚顺德”——顺德高端人才交流洽谈会；全年共引进人才11709人；为区内近10000人次办理人事代理手续、2182人办理流动手续；为近9万名在中心挂靠的在职人才提供各类优质服务，帮助他们解决落户、子女入学、家属工作推荐等问题；为顺德回乡办理报到的8664名高校毕业生提供全方位就业、创业服务工作，就业率达95.8%，特困生就业率达100%。为落实“1+10”人才政策，与中山大学联合举办首届“顺德杯”赢在中大创业计划竞赛活动；在华中科技大学、西安交通大学、上海交通大学、中国科学技术大学四所高校设立“智造顺德”奖学金；打造大学生创业基地、校企共建学习基地和大学生实习基地；评选出2家企业为大学生实习基地建设先进单位，3家企业为校企共建学习基地建设先进单位；1家企业为大学生创业基地建设先进单位。此外还协助开展各类人才评选活动，为符合条件的人才发放德才卡，协助举办节日人才慰问活动，确保人才政策落到实处。

【顺德区产业服务创新中心】2013年1月14日正式成立，办公场所位于华南家电研究院。2013年，中心组建工作团队，规范和完善内部管理，创新性运用政府财政资金，为企业提供公共服务。一是开展资源整合，与知名机构建立合作关系。推进与深圳高新投集团的合作，签订共建顺德产业金融服务平台合作协议；与教育部共同推进“蓝火计划”，合作共建中国高校技术转移顺德中心、中国技术供需在线顺德频道等，加快高校科技成果与顺德企业的对接和落地产业化；与新华都商学院达成战略合作协议，计划每年举办诺奖经济学家顺德峰会；与顺德农商银行签订金融战略合作协议和区创新资金监管合作协议；与创意产业园、物联网工程中心等机构，建立以服务企业为宗旨的常态化合作机制。二是开拓中心业务，推进各项工作。参与起草和修订6个产业政策，完成40家企业的尽职调查工作，约27家企业享受无息使用扶持资金，发放创新资金5000万元。成立政策性投融资公司，完成创投公司及管理公司的工商注册手续和三家政策性投融资公司的注册工作并投入运营。探索与容桂街道经济和科技促进局进行合作，以第三方角色组织专家开展项目评审工作，并计划以容桂为试点，逐步向各镇（街道）推广，开拓代理项目评审中介服务工作。三是调动社会公众参与，构建产业服务的高效平台。9月5日，主办以“顺德经济转型发展”为主题的首届诺贝尔奖经济学家顺德峰会；11月13日，邀请容桂职业经理人协会近40名企业家、职业经理人访问中心，宣讲中心产业服务的“3+1”平台，使顺德本地的企业经营者能够全方位了解中心的产业服务平台，并进行对接。

【顺德区城市更新发展中心】2013年3月28日正式成立，协助顺德区发展规划和统计局对现有城市更新政策进行综合评价、开展政策研究，制定城市更新综合发展计划，对项目进行可行性评估、开发策划、咨询等工作，积极参与推进城市更新项目、落实财政扶持补贴。中心通过政府补助、收取市场主体的策划咨询费等经营收入维持日常运作，最终实现自负盈亏。为此，筹组了以政府部门、专业商会（协会）等代表，以及服务对象、法律、财会等相关专业领域的社会人士组成理事会，理事会下设人事薪酬委员会、财务管理委员会、监督和审计委员会，设置监督审计部、行政部、发展研究部、市场调研部和策划部等。一年来，中心配合政府开展“三旧”改造工作，狠抓德胜河“一河两岸”、勒流滨水生态区启动区、乐从北入口改造三大重点项目，发挥各镇（街道）及改造主体的积极性，改造效果亮点纷呈，龙江镇陈涌旧村居改造项目、容桂街道宝兴顺德永旺梦乐城改造项目、广东锻压机床厂改造项目、伦教木工机械城项目、陈村登洲工业区地块改造、勒流君王酒店改造项目、龙江镇联塑雄塑旧厂房改造项目等一批精品项目已全面启动。

2013年3月28日，顺德区城市更新发展中心成立

综合改革

行政体制改革

【概况】2013年，顺德完善大部制运行机制。强化区属大部门专业政策研究、标准制定和行业规管等决策职能，下放行政管理权限给镇（街道），具体微观管理服务事项逐步外移给事业单位、法定机构和社会组织，推动公共服务提供主体和提供方式多元化、专业化，推进决策权、执行权、监督权的相互制约和相互协调。深化行政审批制度改革，在商事登记制度改革、企业投资管理体制改革和行政审批电子网络一体化建设工作方面取得成效，被列为省行政审批事项标准化建设试点地区。2013年1月和8月，顺德公布实施两批《顺德区深化行政审批制度改革事项目录》，发布行政审批制度改革事项323项，涉及取消和优化109项，直接承接120项，接受委托4项，转移90项。

【深化商事登记制度改革】2013年，顺德将商事登记受理范围从有限公司扩展到所有企业类型，建立新型企业登记制度和经营异常名录管理制度。改革年检验照制度，在全国首推商事主体网上年报备案，网上备案达96561户，占应年报备案主体的92.40%。开发全区企业登记并联审批系统，实现部门之间系统互通和资料共享，实现营业执照、组织机构代码证、税务登记证“一表登记，三证同发”，只需在1个窗口提交13份资料、4个工作日即可领取相关证照。11月，选取两个先进地区乐从镇、杏坛镇作为企业登记并联审批改革的试点镇，并逐步将改革扩大到全区。发布国内首份《企业经营审批事项目录汇编》，一次性告知企业在商事登记后取得相关行业经营资格需办理的审批、许可事项（含省级以上权限的审批事项），探索市场准入“负面清单”管理模式。

【启动企业投资管理体制改革】2013年11月7日，顺德出台《顺德区企业投资管理体制改革实施方案》，明确改革的思路、目标和具体措施，要求在立项、工程报建和竣工验收3个环节，压减30%以上的审批事项，缩短审批时限80%，工业项目审批由法定时间306天压减至72天。对区管权限内企业投资项目实行分类改革，不涉及公共资源开发利用的项目改为备案管理；具有一定投资回收能力的公共资源开发利用项目改为竞争性配置，形成以备案制为主的投资管理体制。12月3日，对广东志达钢管制造有限公司申报项目发出全省企业投资项目备案系统试运行后首张备案证书。

【推进行政审批电子网络一体化系统建设】截至2013年年底，顺德审批网络一体化系统实现与省网上办事大厅顺德分厅无缝对接，进驻网上办事大厅事项1084项，进驻率为100%，73.24%的行政审批事项达到二级办事深度，25.09%的行政审批事项达到三级办事深度（一级办事深度为在主厅提供办事指南、表格下载和网上受理服务；二级为实现主厅统一受理并统一反馈办理结果；三级为在主厅实现全流程网上办理，办理进度可全流程网上跟踪、查询和全过程监督）。全面完成在10个镇（街道）行政服务中心、203个村（社区）行政服务站以及区行政服务中心东西两座办事大楼各服务窗口设立网上办事自助服务终端工作。

2013年11月18日，陈村召开加快推进网上办事工作会议

【各部门落实行政审批制度改革】2013年，区公安局实现105项治安类行政审批事项全区窗口受理，其中审批权限前移至派出所73项，对治安业务平台的六大类17项网上审批功能进行优化和完善，全区共受理治安类行政服务审批347390宗。5月起，区财税局在全省率先推行国地税联合办证业务同城通办，顺德固定经营纳税人在行政服务中心及国、地税各办税厅任一窗口均可实现“一表登记三证同发”，办理效率

顺德在全国率先启动企业登记并联审批改革，图为第一个领取3份证照和相关文书的市民

提速50%。简化二手房交易、企业所得税减免税备案的涉税资料，精简15项社保费流程业务，大幅压减社保档案资料。区市场安全监管局至年底共办理企业登记并联审批业务146宗。取消和优化修理计量器具许可证等28个事项，取消网吧总量、经营方式限制及餐饮行业场地要求等准入条件。率先构建商事登记主体信息公示平台，推行商事主体除名制度，将未按规定进行年报备案的企业在信息公示网上除名，实行信息屏蔽，除名7829户；率先构建综合业务监管平台，标定企业7万多家，检查市场主体4.2万家次。大良、均安相继推行“注册专员审核合一”制度，即办即领，减少企业往返次数。

社会体制改革

【概况】2013年，顺德继续推进社会建设和管理创新。推进决策咨询机构的制度化和常态化运作，形成区、镇（街道）、村（社区）多层次咨询网络。注重发挥群团组织的桥梁纽带作用，培育、引导、扶持各自领域的社会组织，形成党领导下的社会组织体系。是年，顺德被确定为省社会创新实验基地，“两社三工”（“两社”是社区和社会组织，“三工”是社工、义工和优秀异地务工人员）社区服务模式被评为“广东省十大社会管理创新项目”，确定为省首批社会创新试点项目。探索社会组织“孵化式”党建新模式，实现社会组织增长与党组织、党工作覆盖的同步推进，获2013年度“中国城市管理进步奖”。

【推动公共决策咨询机构常态化运作】2013年，顺德公共决策咨询机构运作趋于制度化和常态化，有咨询委员1000多名。区环境运输和城市管理局成立公共交通咨询委员会、环境与城市管理咨询委员会，对调整公交线路、完善站点布局以及推进公交基础设施建设等重大问题提交咨询委员会讨论。容桂街道进一步优化决策咨询机制，提升咨询的灵活性和综合性，从工作报告、财政预算等大政方针到医院易地新建、人行天桥、路口交通灯设置等民生事项，都经咨询委员会审议后再报街道党政联席会议讨论。

【孵化培育社会组织】2013年，安排社会组织扶持资金300万元，截至10月底，共79家单位申报。各级群团组织指导和扶持社会组织承接政府和社会资源项目，探索社会组织“孵化式”党建新模式。区总工会联合各类社会组织181个，登记成立顺德职工服务类社会组织联合会。团区委推进镇（街道）青年坊建设。区妇联培育和联系360多家村居妇女儿童社会组织，参与竞争广东省政府和李嘉诚基金会共同出资的“集思公益、幸福广东”支持妇女计划，12个项目获资助，争取资金72万元。区工商联推动成立镇（街道）总商会，承接区政府委托的各项管理服务职能。是年，顺德新注册登记社会组织77个、民办非营利性企业176家。社会体制改革启动以来全区新增社会组织超过1/3。

【开展社会组织等级评估】2013年，顺德委托广东省社会组织评估中心开展社会组织等级评估。本次参评的18家社会组织全部达到3A以上。其中，5A级8家、4A级7家、3A级3家。全区累计有76家社会组织获评3A及以上等级，为全省县级城市最多。区委社会工作部将近三年来获取3A及以上等级的社会组织纳入具备承接政府职能转移和购买服务资质的社会组织目录。积极探索建立以项目为导向的契约化管理模式，采取公开招标、项目发包、项目申请、委托管理等方式，将更多的审批和管理事项下放给社会组织承接。

【加强社会组织监督管理】2013年，顺德将社会组织的业务主管单位改为业务指导单位，减少社会组织前置审批，加强监督管理。本年度应检社会组织729家，实际参检社会组织704家，参检率为96.6%。年检合格698家，占参检单位的95%，累计两年不年检或年检不合格的社会组织3家，予以撤销登记。委托第三方会计师事务所随机抽取、审计50家社会组织2012年度财务状况。

【开展社会创新实践】2013年，顺德区社会工作委员会选定杏坛逢简、伦教仕版、北滘君兰三个社区，开展社区文化提升、社区组织培养、社区氛围营造等实证研究，探索基层治理创新模式。选择金域湾、西山上筑两个城市小区作为社区创新观察点，从组织建设、业主参与、文化培育等几个维度进行观察和指导，强化城市小区业主自治意识，提高业主对小区公共事务的参与度。

【发展社会企业】2013年12月，顺德启动顺商关爱计划，倡导企业家及社会各界热心人士以商业模式、社会资金解决社会问题，通过顺德企业和公益项目的对接，助力发展社会企业。全年全区新孵化社会企业8家，主要分布在大良、容桂、北滘、陈村、龙江，包括帮扶残疾人就业和青年创业的“永亮善品”，扶助弱势社群、支教助学、开展免费公益活动的“绿宁吧”，解决残疾人就业的“掐丝珐琅工艺画”项目，提供活动空间和教育的“青少年拓展基地”等。

【创新资金扶持方式】2013年，顺德设立500万元公益创投资金和镇（街道）社会创新专项资金，举办“公益创新大赛”和“镇街社会创新项目评比”，打造政府和民间两大竞争性资金分配平台，激发公众的社会参与热情，鼓励各镇（街道）在社会管理、文化发展、社会保障、社会福利、公共服务等方面进行创新，提升社会管理和民生福利水平。12月22日，顺德区镇（街道）社会创新联盟正式成立。

【培育社工人才队伍】2013年，顺德10个镇（街道）都建立起家庭综合服务中心或服务站，服务站点96个，在册登记的民办社工机构15家。全区共有持证社工365名，包括286名初级社会工作师以及79名社会工作师。年内全区有135人通过社会工作者职业水平考试，其中初级98人，中级37人，合格率比2012年提高10%。是年，区委社会工作部分四期对94个社区居委会近千名社区干部进行培训；与香港大学专业进修学院（HKUSPACE）联合开办社会服务机构高层管理人员证书培训课程。

基层治理改革

【概况】2013年，顺德加强党代表工作室建设，完善党代表提案制，试点设立议事监事会，不断发挥党组织的领导核心作用，优化基层治理结构。继续抓紧农村集体资产交易平台、股权信息化管理平台以及农村财务网上监控平台等“三大平台”建设；全面开展农村历史债务清查工作；通过农业组织制度创新促进农业发展；加大财政资金投向农村建设的力度，推进城乡基本公共服务均等化。

【优化党代表工作室建设】2013年，顺德区各级党组织继续加强党代表工作室建设，丰富党代表的履职方式。全区247个党代表工作室联动政府部门深入基层、倾听民意、解决民困，以制度化的形式将群众路线贯彻到日常工作中，密切党和群众血肉关系。全年全区共收集群众意见建议8603条，全部已回复，办结7848条，办结率为91%，群众满意度92%；共有128个职能部门到141个村（社区）党代表工作室解释答疑186次，解决问题221个。

【成立村（社区）议事监事会】2013年3月，顺德在杏坛镇马东村、雁园社区试点成立议事监事会，由基层党组织牵头，整合村（社区）发展各类资源，对社区事务进行参谋议事和监督，健全基层选举、议事、公开、述职、问责等机制，推进基层协商制度化。

【规范农村资产重组】2013年，顺德出台《关于加强农村财务网上监控平台建设的意见》，加强农村财务大额现金的管理和年度预决算的管理。全区10个镇（街道）全部成立农村集体资产交易管理所，公开交易资产立项3304宗，已成功交易1982宗，成功交易合同标的总额约10亿元，中标价比招标底价平均增幅约30%。全区256个股份社完成股东信息录入，已录入股东信息70.1万人，占原固化股东人数的98%。已办理股份流转20000宗，有效化解一系列股民内部利益矛盾。

【解决历史债务问题】2013年4至5月，顺德深入了解农村历史债务形成原因、类别、数额、还贷情况等。经初步统计，全区农村历史债务总额16.79亿元，其中直接贷款本息共计3.85亿元；担保贷款本息共计12.94亿元。初步确定“四个一点”（政府出一点、镇街支持一点、村居负担一点、银行帮助一点）的处置原则。

法治·武装

法　治

综　述

【概况】2013年，顺德以平安创建和法治区创建为切入点，紧扣"一强二升三降"（群众安全感不断增强；破案率、起诉率、审结率、执结率、调解率上升，人民群众对政法工作的满意度上升；重大刑事案件下降、重大群体性事件下降、重大安全事故下降）的目标，力促严格执法、公正司法、全民守法。2013年，顺德被评为全国法治区创建先进单位；勒流街道龙眼村等5个村（社区）被评为"省民主法治示范村（社区）"；美的集团等8家企业荣获"广东省诚信守法示范企业"称号；区法院"开放法院·阳光法院"建设、龙江镇"警钟在黎明敲响·校园法律文化节"荣获佛山市首批"657"法治文化品牌。

【法治建设】2013年，顺德深化"阳光法治、法治惠民"活动。加强执法监督，全年共处理群众涉法涉诉来信来访74宗，按涉法涉诉信访改革工作要求转退处理22宗，其余52宗全部办结。促进司法公正，牵头组织清理久押不决案件专项活动"回头看"和党政机关执行人民法院生效判决积案清理专项行动，规范化、常态化开展案件评查，是年佛山市抽查顺德4宗案件，2宗被评为优秀，占全市优秀的2/3，未发现瑕疵案件。深化法制教育宣传，开展普法活动511场次，开展专题宣传1840次。"以案说法"宣传模式得到省司法厅宣传推广。成立全省首个区级法学会，区、镇（街道）投入208万元建成23个法治公园（广场、长廊、小区），在全区中小学设立36个普法教育基地。

2013年3月29日，顺德区法学会揭牌成立

【平安创建】2013年，顺德开展多个专项行动，加速"平安细胞"创建。年内集中整治容桂客运站、大良中专学校周边等10个重点目标和大良近良、北滘西海等5个村（社区）的治安环境；开展雷霆扫毒专项行动，全区建立"无毒社区"13个；组织开展食品、校园、文化市场、医院、交通运输安全大整治，全面加强全区516间学校的安全保卫工作。全年共查获重点领域"三打"（指打击欺行霸市、打击制假售假、打击商业贿赂）案件1653宗，其中食品药品类案件887宗、农资产品类案件14宗、其他类案件752宗；开展出租屋消防安全专项整治行动，排查出租屋143895间，纳入专项整治范围的出租屋12023间，发现各类安全隐患55794处，整改隐患44086处，停止使用265间，行政处罚109宗，责令1546人搬迁。加强刑释解教、社区矫正和吸毒人员帮扶力度，建成区、镇两级过渡性安置（培

2013年11月15日，顺德召开全区平安创建工作推进会

2013年6月21日，顺德召开全区重点领域"三打"工作会议

训）基地13个。龙江、勒流、陈村、乐从等镇（街道）通过购买社会服务引入专业社工实施矫治，帮助特殊人员顺利回归社会。年内率先完成保安企业的脱钩改制工作，建立区、镇（街道）二级保安监管机构和工作机制。全年顺德110共接有效报警485144起，救助群众6697人次，全区110警情（刑事及治安）同比下降33.5%，“三两”警情下降33.1%，八类暴力案件立案下降20.5%。（陈培文）

【依法行政】2013年，顺德出台《佛山市顺德区行政机关规范性文件统一登记统一编号统一发布规则》，完善规范性文件登记管理；出台《顺德区行政机关规范性文件清理工作方案》，按照“谁制定、谁清理，谁执行、谁负责”原则，对顺德区2000年以来的规范性文件进行全面清理；审查区政府规范性文件9份并按相关规定向省政府和区人大常委会备案。推进行政复议工作，全年办理行政复议案件360件。完善顺德区领导干部学法制度。组织行政执法资格培训班两期，共培训行政执法人员916名。继续做好行政执法证日常管理工作，及时为行政执法人员新办、补办、更换、注销行政执法证。

【信息公开】2013年，顺德加大政府信息公开力度，丰富公开内容，优化公开形式，拓展公开层面。依托政府网站建设政务论坛、顺德百事通微信、政务微博、在线访谈等。通过区人民政府网公开信息69570条，政务论坛点击量达1000多万次，顺德百事通微信每天为市民提供顺德人顺德事信息4～5条，官方政务微博“幸福顺德”在新浪和腾讯两大平台上共发布信息近5000条。积极派员参加相关部门举办的“广东民生热线”、“政府行风热线——民生零距离”等节目活动，加强政群互动，全年共印发《顺德政务》20期。提供档案信息查阅公开，区现行文件阅览室全年现行文件点击量超过11062次，开放档案条目139469条。创新信息公开形式。举办“凤舞燕京·智聚顺德”——顺德高端人才交流洽谈会期间，吸引《人民日报》《中国青年报》、人民网、新浪网等近30家媒体进行报道。年内，全区共受理政府信息公开申请176宗，不符合信息公开条例规定不予公开的有5件，其他均已答复。

【应急工作】2013年，顺德区应急管理办公室抓住预防为主、确保群众生命财产安全的工作核心，强化安全生产、涉农问题、涉土地权益和劳资纠纷等各类隐患的排查和治理。以科技应急为突破口，建成区应急指挥平台并投入使用，成为首个与省实现IP地址、视频会商、综合应用系统“三通”的县区级平台。以普及应急文化为抓手，在清华大学举办顺德首期应急管理专题培训班，在企业、社区、机关、学校全方位、多层次开展应急演练和应急宣教培训活动，进一步提高社会防灾减灾意识和自救互救公救能力。是年，办公室参与处置“8·21”公交司机撞人、五沙社区停水等突发事件，为顺德城市升级、产业转型、社会综合改革提供和谐稳定的社会环境。

【维稳工作】2013年，顺德前移维稳关口，指导开展重大事项社会稳定风险评估41宗。加强日常化解，年内全区三级综治信访维稳平台受理各类矛盾纠纷调处成功率为93.07%。启用涉法涉诉救助资金救助特殊困难当事人，17宗涉法涉诉案件得以办结。强化对社矫对象、刑释解教和吸毒人员的重点管控，总结推广杏坛麦村社矫工作站经验。

【信访工作】2013年，顺德全年受理各类信访合计8805件（次），同比下降4.8%。区党政领导班子成员共接待群众30批228人次，阅批群众来信141件，包案处理信访案件23宗。年内省交办积案结案率为92.9%；市交办积案结案率100%。完善网上信访和信访信息系统建设，构建起区、镇（街道）、村（社区）三级信访工作平台。

公 安

【概况】2013年，顺德区公安局围绕“平安顺德”的目标，有效提升警务效能，全区群众反映强烈的“两抢”警情下降36.8%，“两车”警情下降47.0%，“两入”警情下降24.6%，黄赌毒警情下降40.4%，火警警情下降42.2%，命案发案数为近十年最少，全区防范水平稳步提升，在全省200多个地区测评中，顺德市民的安全感排名全省第27，对公安工作的满意度排名第14，为近年来顺德最高。

【打击犯罪】2013年，顺德区公安局刑侦部门确立情报主导“打防管控”的核心地位，切实提高打击犯罪效能。年内破案同比上升5.0%，全区提请逮捕在上年逮捕数上升44.8%的基础上再上升12.3%；侵财类行政拘留同比上升148%，命案破案率为94.7%。此外，DNA受理案件数在全省地级市中排名第二，DNA破案数、受理检材数、数据库比对中案件数和对中人员数均排名全省第三，DNA综合效能位居全省第二。顺德还作为全省首个新指纹系统试点单位圆满完成任务。

【经济犯罪侦查】2013年，破获经济案件357起，提请逮捕423人。年内开展联合执法打击制假售假犯罪，共破案42宗，捣毁47处制售假窝点，缴获假冒伪劣商品604876件，涉案价值7976多万元。开展“天网–2013”专项行动，对银行卡犯罪案件进行全面梳理、打击，共破信用卡诈骗案65宗，涉案金额640.2万元。

【户政管理】2013年，顺德专项清理整治户口登记管理工作，解决重户口、虚假户口问题。率先在全市全面实现跨镇街受理居民身份证和临时居民身份证，年内共受理身份证办理68293人次、临时身份证办理24256人次。以社区民警专职化为依托，落实对境外人员等的管理工作。切实加强流动人口和出租屋服务管理水平，年内全区共登记流动人口1286818人，登记出租屋213512间。

【社会治安管理】2013年，顺德在全省率先试点社区警务平台及移动社区警务。社区警务平台整合常住人口、流动人口、出租屋、案事件等系统信息资源，对社区民警的任务执行、完成情况进行实时监督、量化和自动化考核，用信息化指导社区民警展开工作和提供全方位的信息数据支撑。推进社区民警专职化，在全区201个警务室配备专职民警和治安辅助力量，全部开通100兆公安专网，实现人手一台移动警务通，使社区民警在社区警务平台及移动警务终端上完成各项工作任务，开创具有顺德特色的社区警务工作，公安部专门组织江苏、上海等省市公安机关前来考察交流。

【道路交通管理】2013年，顺德共注册登记机动车83265辆，新增驾驶人29099人。全年查处各类交通违法行为906141起，其中查处涉酒驾驶789宗，超载22913起，查获各类使用伪造（变造）机动车号牌（证件）交通违法行为177宗，查扣假牌（套牌）及涉嫌被盗抢车辆113辆，假机动车驾驶证（行驶证）87本，抓获违法犯罪（治安类）嫌疑人32名，完成行政拘留1491人，逮捕（含直诉）383人。年内清理多次违法未处理车辆7320辆，强化大货车、大客车、危化车、校车等八类重点车辆的监管工作，责令80748辆检验不合格车辆予以整改。专项整治机动车乱停乱放问题，每万辆车违法停车率为19.49%，同比下降2.51%。

【出入境管理】2013年，顺德区公安局出入境管理大队继续推行每月第一个周日上午预约办证服务、“一小时”办证制度、为涉外企业的外籍管理人员集中办证提供预约上门服务，全年办理相应业务5000多次。严查各类涉外案事件，其中侦办的“‘3·12’组织他人偷越国边境案”被公安部列为2013年妨害国家边境管理秩序案件的督办示范案例，是年共受理证件909441份，同比大幅上升29.6%。

（罗利鹏）

【消防安全】2013年，顺德共发生火灾事故574起，死亡2人，直接财产损失1313.5万元，未发生较大以上火灾事故。顺德公安消防大队年内共检查各类单位3245家，督促整改火灾隐患或消防违法行为2384处，下发《责令改正通知书》1044份，行

2013年6月14日，区公安局举办全区出租屋消防安全业务培训

政处罚206宗，罚款225.55万元，行政拘留114宗，拘留148人，刑事拘留4宗4人（移交刑侦部门），实施“三停”61家，临时查封21宗，搬迁违规住宿人员9800多人。公安消防部队共接警1985起，出动车辆4256辆，出动警力23535人，抢救被困人员274人，疏散被困人员687人，抢救财产价值1679.9万元。顺德公安消防大队被总队评为“基层建设先进大队”，下属特勤二中队和乐从中队分别被总队评为“一星级铁军中队”和“基层建设先进中队”，陈村专职队被评为执勤岗位练兵先进单位；大队共有5名同志荣立个人三等功，2名同志被支队评为优秀警官，42名同志获支队年终嘉奖。（罗翠娟）

检　察

【概况】2013年，顺德依法打击刑事犯罪，全年共审查批捕各类刑事案件3362件5137人，同比增加4.9%和10.6%；提起公诉3571件5225人，同比增加7.4%和13.6%。重点打击黑恶势力、严重暴力犯罪，成功办理由省公安厅督办的冯鉴强等19人涉黑案、曾献道等20人串通投标案、公交车司机李联高危害公共安全案等一批重大恶性案件。促成刑事和解60件，有效减少社会对抗。接待并妥善处理群众举报、申诉、控告517件次。与企业共创两个未成年人关爱教育基地，健全学校、家庭和社会“三位一体”的青少年司法关爱体系，年内全区有314名涉案未成年人得到有效矫治。年内区检察院先后荣获全国检察宣传先进单位、广东省检察机关先进基层检察院、广东省信息化建设先进单位、佛山市“三打”行动先进集体、佛山市扶贫开发工作优秀单位、顺德区法治文化建设示范单位等荣誉。控申科继被最高人民检察院授予“全国文明接待室”后又被全国总工会授予“模范职工小家”称号。

【查办和预防职务犯罪】2013年，顺德立案侦查贪污贿赂等职务案件20件26人，立案侦查渎职侵权等职务案件2件3人。与英德市院、“两德”经济合作区签署职务犯罪预防工作协议，在全省率先开展跨地区职务犯罪预防工作。实现行贿犯罪档案查询全国联网，向社会提供查询450次，同比增加224%，促进工程建设廉洁准入制度的顺利实施。深入开展职务犯罪侦查家属辅助工作106人次，举办预防职务犯罪讲座40余场次，8500余名干部群众接受教育；联合区教育局组织中小学生反腐倡廉书画巡展，“小手牵大手”使受教育群体扩展到了全区在校师生和家长，教育效果再上新台阶。

【强化法律监督】2013年，顺德共对应当立案而不立案的督促立案34件，同比增加385.7%，对不应当立案而立案的督促撤案5件。专项监督“另案处理”案件，全年决定追加逮捕15人、追加起诉11人、追诉漏罪23人。受理行政执法机关报送该院备案案件79件。对民事行政审判依法监督，受理民行申诉案件41件。年内区检察院依法审查减刑、假释、保外就医476人次，超期羁押预警催办6827人次，保障在押人员的合法权益。在全市首创远程视频开庭系统，与法院、看守所远程开庭、提讯系统实现对接，提高简易程序诉讼效率。与看守所共建全市首个监管场所心理辅导室，建立一整套心理诊疗干预机制，减少和避免监管安全事故的发生。

（贺金慧）

法　院

【概况】2013年，顺德共受理各类案件31493件，居全市基层法院首位，解决争议标的67亿元，一线法官人均办案310件。审结刑事案件3532件5032人，同比分别上升10.9%和15.9%。审结民商事案件12614件，结案率86.4%，调撤率37.32%。审结知识产权案件590件，审结涉外案件244件。审结行政案件112件，审查行政非诉案件519件，全部裁定准许执行。受理各类执行案件8958件，办结8084件，执行结案率90.2%，执结标的金额17.3亿元。年内，首次发布《顺德法院知识产权司法保护状况（2008~2012年）》白皮书及十大典型案例，审结顺德首例非法获取公民个人信息和刑事强制医疗案，顺利建成和启用驻区看守所远程视频审判庭，妥善处理中宝公司申请排除妨害、容桂天富来申请搬迁等重大涉维稳案件。顺德法院首次被省高院荣记“集体一等功”，民事审判第一庭被评为“全国法院先进集体”。

2013年10月11日，顺德区法院驻区看守所审判庭建成启用

2013年12月26日，顺德区法院召开人民陪审员选任媒体通气会，就首次面向社会公开选任人民陪审员通报相关工作

【专业审判工作】2013年，顺德继续推广金融审判合议庭，集中审理涉金融商事和刑事案件，受理金融刑事案件52件、商事案件178件。成立劳动争议审判庭，确立劳动争议案件仲裁与审判对接机制，与区仲裁委合作建立裁审联席会议，实行互助调解、保全、调查等，全年审结劳动争议案件760件。完善延伸未成年人审判机制，实行轻罪记录封存消灭制度，探索不分地籍平等适用缓刑和复学、复业优待，构建社区矫正和帮教工作新模式，联合区教育局在全区250余所学校的30余万学生中进行应对不法侵害应急教育，全年共审结未成年人刑事案件397件650人，其中对131名未成年被告人依法适用非监禁刑。

【诉调对接】2013年，顺德进一步完善和升级“一中心、一平台、四延伸”的诉调对接工作机制。与广东省钢铁贸易商会联合成立全省首家进驻省级行业协会的联调工作室；与区保险行业协会联合设立联调工作室，全年共有效化解道路交通事故等涉保险纠纷215件，涉及标的2826万元，年内全区诉前联调网络共对3619件各类纠纷案件进行了司法确认。区法院的总收案数同比再次出现下降，较之上年少收案1693件，初步实现将社会矛盾化解关口前移的目标。

【司法公开】2013年，顺德区法院作为“全国司法公开示范法院”，连续4年举办“开放法院·阳光司法”系列活动，该品牌被评为首批“佛山市‘657’普法（法治文化）品牌”。年内先后举办“两代表一委员”、村居委主任、廉政监督员和普通市民开放日等活动17场次；打造“阳光网”和“诚信网”平台，主动发布法院工作信息，并在网上曝光典型案例、公布较多诉讼者、被执行人和“老赖”名单，助力社会诚信体系建设；设立网络裁判文书库，依法公开生效裁判文书，接受公众随时查阅；利用法院官方微博举行6场庭审和宣判直播，在全省法院率先开展“法官的一天”工作微博直播；注重对典型案例的策划宣传，法院依法审理的“百万玉石案”被中央电视台《今日说法》等中央、省、市主要媒体进行报道，引起社会广泛关注和热议。

【人民陪审员工作改革】2013年12月，顺德区法院在全市范围内公开选任人民陪审员350名，由区人大建立顺德区人民陪审员数据库，参加具体案件审理的人民陪审员，由区法院在数据库中采取随机选定和指定专家陪审相结合的方式予以确定，从而建立起具有顺德特色的人民陪审员工作模式，让法院工作直接接受人民群众监督，推动顺德法治区的创建进程。

【司法惠民】2013年，顺德对涉及教育、就业、住房、医疗、劳动争议等民生纠纷以及涉及社会弱势群体的突发性、群体性案件，坚持实行优先立案、优先审理、优先执行。完善“法官工作室”基层便民服务网络，10个镇街23个“法官工作室”就地开展诉讼指导、案件进度查询、信访接待。打造司法便民网上平台，市民可直接或通过微博链接登录法院官网，进行网上预立案、查询案件进度、信访投诉、查阅生效裁判文书等。扩大司法救助范围，简化司法救助程序，全年共为符合经济确有困难条件的638件案件当事人减、免、缓交诉讼费72万余元，依法为180名未成年被告人指定辩护人，为符合救助条件的13件案件27名当事人发放救助金44万多元。

司法行政

【概况】2013年，顺德出台《顺德律师行业信用信息管理办法》，全区律师为29个政府单位、3000个企事业单位、200个村（社区）提供顾问服务。年内开展普法活动511场次，建成23个法治公园（广场、长廊、小区），设立

36个中小学普法教育基地。接收社区矫正人员480人，解除矫正292人，现在册社区矫正人员743人。接收安置帮教对象380人，在册安置帮教人员1453人，安置1227人，帮教5576人次，重新犯罪率控制在3%以下。人民调解、法律援助和公证服务分别获得国家、省级荣誉。

【人民调解】2013年，顺德对全区280多名人民调解员开展系统培训，"以案定补"制度已覆盖全区90%的镇（街道）。区司法局协调广东和谐医患纠纷人民调解委员会在顺德设立工作室，指导镇街成立交通事故、物业管理、商会等专业性、行业性人民调解委员会。开展矛盾纠纷"大排查、大调解"专项行动，组织各级人民调解员深入农村、社区、厂企排查化解纠纷并进行分析研判，为区委区政府决策提供科学的舆情分析依据。全区各类人民调解组织调解矛盾纠纷2768件，涉及当事人7657人，标的8025万元。年内两名人民调解员被授予"全省人民调解能手"称号。

【律师法律援助】2013年，顺德进一步扩大法律援助覆盖面，全区受理法律援助案件1054件，受援人达2943人次，提供法律咨询服务12044人次。区法援处被司法部授予全国法律援助"便民服务示范窗口"荣誉称号。

【公证服务】2013年，顺德区公证处办证总量为58033件，增长14.47%，其中国内民事类47028件（保全证据类公证475宗，增长65%）、涉外类3991件、涉港澳台1729件。办理公证法律援助案件10宗，减免公证费达8242元。外出办理各项公证600余人次。公证案件质量考核被省司法厅评为优秀。

【社区矫正和安置帮教工作】2013年，大良、容桂、龙江、陈村、乐从等镇（街道）向专业机构购买服务，邀请心理专家为社矫对象开展心理矫治。在全区范围内推广杏坛镇麦村社区矫正工作站试点经验，构建社区矫正三级工作网络。依托镇街企业建立四个区级过渡性安置（培训）基地，以解决社区矫正人员、刑释解教人员和社区戒毒（康复）人员的就业问题。是年，全区累计组织社区服务129次，参加人数3446人次；开展集中教育137次，参加人数达4331人次；开展个别谈话教育789人，共6321人次；开展心理咨询447人，共558人次。恢复股份分红4人，指导就业27人次，成功8人。全区累计帮扶刑释解教人员指导就业25人次、成功4人、安置住处1人、申请临时救济1人、组织亲属到监所探视1人次、组织志愿者到监所帮教2人次。（陈培文）

2013年10月31日，顺德区司法局在区看守所举行"刑事法律援助服务点"揭牌仪式

地方武装

【概况】2013年，顺德区扎实开展"坚定信念、铸牢军魂"主题教育活动暨"学习贯彻党章、弘扬优良作风"教育活动。年内，区人民武装部（以下简称"区人武部"）高标准完成战备、征兵、双拥等各项工作任务。区委书记、区人武部党委第一书记梁维东被广州军区评为"国防动员先进个人"；区人武部被省军区评为"先进人武部""新闻宣传工作先进团级单位"。

【战备工作】2013年，顺德区人民武装部按照"能打仗、打胜仗"要求，真打实备、履行使命。按照战斗力保持、指挥所常态化运行、情报会商、紧急出动演练、突发情况处置、战备工作随机检查"六个机制"，组织修订完善国防动员、军警民联防等方案。8月，超强台风"尤特"袭粤期间，组织40名轻舟队员参加英德抗洪，转移受灾群众470余人，运送物资达10余吨。

【征兵工作】2013年征兵工作作出重大调整，首次由冬季征兵调整为夏秋季征兵。顺德区利用政务微信平台、公共信息服务平

2013年4月10日，顺德召开部长调整命令暨2013年度武装工作会议

2013年8月1日，顺德在北滘中学举行2013年夏秋季征兵宣传发动暨应征适龄青年报名仪式

台、顺德城市网等新兴媒体广泛发动，高标准完成直招士官任务，占佛山市征集任务的2/3。

【双拥共建】2013年8月，顺德区人民武装部组织区党政领导班子过军事日活动，观看民兵武器装备仓库的现代化建设汇报片和国防教育展板，并进行实弹射击体验。开展“手拉手、帮战友”活动，设立“退伍军人之家”。重点宣传退役军人自力更生、自主创业、勤劳致富的成功事迹典型。

【民兵工作】2013年，顺德区按照“建强应急队伍、建精支援队伍、建实储备队伍”的标准，压缩基干民兵规模，编实建强抗洪抢险、森林防火、抗震救灾、反恐维稳、医疗救护等专业力量，重点抓好省属民兵轻舟分队等应急专业力量建设。9、10月，先后3次出动应急分队参加军分区组织的应急演练，演练成绩名列前茅。11月底，容奇港民兵营代表佛山市参加广东省首届“南粤长城杯”企业员工国防技能大赛，获得短棍术集体演练和实战演练两个项目总评冠军。

【人民防空】20世纪70年代初，顺德全县开始挖掘防空洞，构筑防空工事。2004年6月，顺德区人民防空办公室正式挂牌成立。2013年，顺德新增安装电声警报器5台、新型多媒体防空防灾警报器一台。截至年底，全区共安装防空警报器120台，警报覆盖全区十个镇（街道）。2013年11月，在大良顺峰山公园结合原有的地震应急避难场所建设顺德第一个人民防空疏散地域。至年底，项目已经完成方案设计，设计疏散地域总占地面积约9万平方米，可容纳疏散人员约2.5万人。2013年12月，区人防基本指挥所初步设计和施工图设计经国家人防办批准。

（胡力毅）

基础设施

交　通

综　述

【概况】截至2013年年底，顺德区已建成通车的公路里程达1803.15公里，其中高速公路和城市快速路（含佛山一环）128.64公里，一级公路487.09公里，二级公路189.37公里，全区公路密度达223公里/百平方公里。是年，顺德先后建成番村立交连接匝道、高赞立交连接匝道、325国道太和庄跨线桥、锦上东路、海山北路、兴顺大道、欣荣路、呈祥路、彩虹路、金沙大道与仙泉酒店连接线等10项工程，建成人行天桥9座。大力推进乐龙路、伦桂路、横九干线均安段、南国路东延线等35个项目建设工作，其中高速公路项目3项，分别是广明高速、江番高速、佛江高速；广佛同城项目4项，分别是海华大桥、黄榄快速干线、三善大桥扩建、榄核西线公路延长线；城市升级及顺德新城项目12项；其他市、区重点建设项目16项，涉及项目总投资超150亿元。

【顺德新城城市升级项目建设】2013年，在建及完工顺德新城城市升级项目如下：（1）顺德新城区主要道路升级改造工程，包括观绿路、碧水路、兴顺大道、顺番路等主要道路的路面、绿化、排水等内容的升级改造。2012年9月开始动工。至2013年年底，已完成华桂路，彩虹路、民安路等建设。（2）南国路东延线，至2013年底已基本完工，2014年春节前正式试通车。（3）东乐路东延线工程，立项前期工作接近尾声，开始设计工作。（钟平）

容桂大桥

2013年9月12日，区委书记梁维东带队考察区交通建设项目

交通运输管理

【运输管理】2013年，顺德有道路运输企业12，823家，营运车辆45655辆，从业人员43664人，全区完成道路货运量7965万吨，道路货物周转量56705万吨公里；完成道路客运量1920万人，道路旅客周转量177977万人公里。年内，顺德区环境运输和城市管理局共出动执法人员16565人次，查处违法违规经营车辆2634辆次。6月起作为广东省首批试点，顺德实行道路运输从业人员无纸化考试；8月起，在全国率先对驾驶员培训机构全面实行按学时收费的经营管理模式；开展机动车维修行业从业人员发证换证工作，改变以往维修人员绝大部分未持有效资格证上岗的状况。开展运输业质量信誉考核，全区200家一、二类及四个专项以上的三类机动车维修企业评为AAA类65家、AA类71家、A类60家、B类4家；自有车辆20辆以上普货企业有15家评为AAA类；18家驾培企业4家为AAA类、14家为AA类；14家道路旅客运输企业13家为AAA类、1家为AA类；3家出租车企业均为AAA类。

【公共交通提升】2013年，顺德继续完善公交TC体系，由区级统筹实施全区公交线路规划、运力投放和服务监督，并设立区公交发展专项基金。聘请专业机构全面评估线网布局合理性，逐步优化现有公交线网。全年新增TC公交线路11条，新增TC公交车辆121台（其中清洁能源公交104台），新改造公交站亭1003个。至年底，全区共开通TC公交线路132条，TC公交运力共1636台（清洁能源公交900台），共有公交站点3071个，公交站亭1738个，划设公交专用位2886个；全年全区公交客流量约1.49亿人次，日均客流量约41万人次；城区公交出行分担率由2012年底的20.91%提升为21.04%；此外，建成大良、伦教2个公共自行车

大良、伦教交界的公共自行车交换站

北滘港

交换站，为解决公共自行车不同系统之间“通借通还”问题迈出第一步。

【出租车行业管理】2013年，全区出租车行业25%的驾驶员全年无交通违章，无服务投诉和无责任交通事故；全年1083台出租车没有一宗有责任致人死亡的交通事故；出租车驾驶员李良久被广东省交通运输厅评为广东省“最美的哥”。12月，区环境运输和城市管理局将出租车驾驶从业人员考试受理、审核、档案制证职能转移给区出租车协会承接办理。

【港航管理】2013年，顺德全年港口（码头）货物吞吐量967万吨，其中集装箱吞吐量80万TEU，完成水路旅客量71万人；水路旅客周转量8399万人公里，水路货运量为731万吨，水路货物周转量为64111万吨公里；全年共征收货物港务费136.24万元。10月28日，区环境运输和城市管理局出台《顺德区水泥船强制退出营运补贴资金发放工作方案》，进一步加快水泥船淘汰工作。《顺德区港口码头岸线规划》通过专家评审。（林晓琼）

【水政执法】2013年，顺德区环境运输和城市管理局共出动水上执法人员1152人次，执法船只128航次，执法车辆384辆次，检查船舶768艘次，纠正违章48起，协查23宗，所有违章船舶都按有关法律法规进行教育和处罚；清理取缔36个违规临时砂石场，清理面积约38800平方米。（翁国钿）

2013年顺德区交通运输情况

	计量单位	2013年	2012年	增长%
一、货物运输量	万吨	8696	7888	10.2
陆运	万吨	7965	7160	11.2
水运	万吨	731	728	0.5
二、货物周转量	万吨公里	694173	604208	14.9
陆运	万吨公里	630062	541205	16.4
水运	万吨公里	64111	63003	1.8
三、旅客运输量	万人	16304	13333	22.3
陆运	万人	16233	13262	22.4
水运	万人	71	71	0.5
四、旅客周转量	万人公里	389978	376313	3.6
陆运	万人公里	381579	367950	3.7
水运	万人公里	8399	8363	0.4
五、港口货物吞吐量	万吨	967	988	−2.1
六、港口旅客吞吐量	万人	71	71	0.5
七、年末实有公共汽车	辆	1636	1654	−1.1
八、年末实有出租小汽车	辆	1083	1083	0
九、港口码头泊位个数	个	73	71	2.8
十、公路通车里程	公里	1803	1802	0.1

注：此表由顺德区环境运输和城市管理局提供，上级部门微调了部分2012年度数据。

公路建设养护

【机构改革】2013年，顺德区公路局成立东、北、西南三个片区事务办公室。东部事务办公室，业务辖区为大良街道、容桂街道、伦教街道；北部事务办公室，业务辖区为北滘镇、陈村镇、乐从镇及龙江镇；西南部事务办公室，业务辖区为勒流街道、杏坛镇、均安镇。改革强化了基层工作，把道路管养工作“关口前移，重心下移”，加强与各镇（街道）的沟通；完善制度，规范管理，尤其是在工程建设方面，整合原区地方公路管理站和区公路局的职能及资源，进一步规范设备材料采购招标与区的对接，严格执行区规定的制度，加强工程建设规范化实施。

【道路养护】2013年，顺德全年巩固文明样板路148.912公里，MQI（公路技术状况指数）达到91.32，RQI（路面行驶质量子数）达到92.98。年内采用资金补助形式改善农村公路路况，全年发放补助金3650万元，其中“路况提升、路网优化”道路工程改造项目41个，已完成交工项目4个。每季度按下放线路总里程的25%进行抽查，按下放养护公路补助规定进行资金拨付，实行专款专用，确保路况水平。

【路政执法】2013年，顺德区公路局创新管理方式，狠抓公路违章行为整治。年内共发放《公路违法案件告知表》114份，信息反馈率100%；发放《道路维护情况办结表》61份，信息反馈率100%。通过建立“路政养护”双向联系，健全路政管理与道路养护有效协作，达到管养联动、信息互通效果。全年累计发生路产赔偿案件68宗，结案61宗，结案率90%，收回路损赔偿费187575.85元。

【年次票管理】2013年，顺德区路桥建设有限公司主管年次票工作，全年年次票征收金额为4.67亿元，同比减少7.9%，其中：年票收入为4.50亿元，同比增长1.8%，征收率达93%以上；次票收入为0.16亿元，同比减少71%，次票车流量为102万车次，同比减少78%。全年共办理汽车年票退费1500多笔，金额101万元。办理免费年票车辆的审核、发证手续，共办理年票免费车1800多辆。全年共投入30万元用于改善收费站的生产和生活文化设施。2013年1月1日零时起珠三角九市实施车辆通行费年票互认，广州、佛山、肇庆、东莞、惠州、珠海、中山、江门籍已购买本市车辆通行费年票的车辆（凭有效年票缴讫凭证或年票标识）及深圳籍车辆（凭车辆号牌），免费通行顺德区各次票收费站。7月15日24时起撤销容奇大桥收费站和德胜大桥收费站。

（梁俊妍）

水利

【概况】2013年，顺德未出现洪水灾害及干旱灾情，仅发生局部短时雨水淹浸，未发生人员伤亡事故及较大经济损失。全年实施堤围整治工程4宗、泵站工程4宗、泵站工程共4宗、闸站群控升级改造工程1宗、河涌整治工程共2宗。组建水利公司对全区的水利工程建设管理。国土城建和水利局督导各镇、街道水利管理部门加强水利（工程）设施管理，保障发挥防洪排涝效益。

【水情、雨情和风情】2013年8月中下旬，西江中下游地区和北江流域出现持续多日的强降水，形成北江2013年第1号洪水（超20年一遇），在上游洪水和潮汐顶托的共同作用下，20日前后顺德东南部下游地区出现略超警戒水位的最高洪水位。全年全区累计降雨量2050.1毫米，比多年平均年降雨量约多12.3%。年内对顺德造成明显影响的台风有3个（“飞燕”“尤特”“天兔”），其中受超强台风“尤特”影响，顺德出现8~10级最大阵风，全区大部分地区累计过程降雨超过200毫米；超强台风“天兔”影响期间，全区普遍出现暴雨和8级以上阵风。

【水利工程建设】2013年，顺德实施堤围整治工程共4宗，总概算投资6671.94万元，总整治堤线长度16.396公里。实施水闸工程共4座（含闸站合建1座，河涌整治新建节制闸1座），闸孔总净宽24米，设计过闸流量85.6立方米/秒。实施泵站工程共4宗（含闸站合建工程1宗），总概算投资10057.2万元。其中，排涝泵站3宗，总设计排涝流量67.44立方米/秒，总装机容量4690千瓦；引水泵站1宗，设计引水流量6立方米/秒，装机容量320千瓦。实施闸站群控升级改造工程共1宗，总概算投资575.62万元。实施河涌整治工程共2宗，总整治长度4761米，总概算投资1573.54万元。

【组建水利投资建设有限公司】2013年，作为全区水利工程建设的项目法人，主要负责辖区内小（二）型及以上水利工程项目的投融资、前期工作、工程建设和经营管理；与水利相关的土地资源综合利用开发及相关项目的投资建设、经营管理。年内，累计完成水利工程项目初步设计审批10宗，工程水下验收5宗，泵站试运行验收7宗，竣工验收32宗工作。

邮政

【概况】截至2013年末，顺德全年投递平常函件2078.4万件，普通给据函件84.4万件，个性化投递函件61.7万件，完成国内汇票业务61.34万笔，征订报纸2219.42万份，杂志96.87万册。2013年邮政系统三大经营板块中，顺德邮政企业年实现邮政业务总收入14671.4万元，同比增长12.15%；邮政速递物流公司实现业务收入7000万元，同比增长4.84%；邮储银行实现业务收入8820万元，同比增长33%。

【函件业务】2013年，顺德邮政函件业务收入达2691.9万元，国内小包累计收入800.86万元。“双十一”“双十二”（指11月11日和12月12日）期间，小包日均量及创收均达到历史新高，其中“双十一”日均达7555件，累计收入62.31万元，“双十二”日均达6466件，累计收入53.78万元。年内，顺德邮政局丰富及完善账单功能，根据不同行业的需求提供个性化的投递服务。

【集邮业务】2013年，顺德邮政集邮业务收入达1483.3万元。顺德邮政局整合资源，举办丰富多彩的集邮鉴赏活动。与容桂碧桂园共同举办以“难忘童趣，共寻儿时梦”为主题的教师节集邮鉴赏会；在岭南美食节上举办“逛美食，品珍邮”专题活动；举办“徐悲鸿百年珍邮”品鉴会，现场展出徐悲鸿名画奔马真迹及徐悲鸿画作系列珍邮供顺德市民鉴赏，丰富市民的文化生活。

【报刊业务】2013年，顺德区邮政局的报刊业务重点在于开发校园市场，5月，由区教育局牵头，顺德区邮政局主办，于嘉信西山小学举行首漂仪式，在全区校园开展“我的中国梦”优秀校园书刊漂流活动，全区共有17所学校参与漂流活动，促进邮政进入校园和在校师生书报阅读的普及。截至年底，邮政报刊收入1482万元，实现大收订流转额2517.9万元。

【金融业务】2013年，顺德邮政全年累计完成代理金融收入7424万元，同比增长9.62%，高于全市平均增幅8.94%；代理储蓄收入增长15.11%；平均余额的提升及活期存款收益的提高带动利差收入增长14.98%，交易业务收入提升40%。

【邮政速递物流】2013年，顺德邮政速递物流板块完成业务收入7760万元，同比增长2.7%。其中特快业务收入7266万元，同比增长2%；特快业务细项中，国内标件业务收入3969万元（其中同城收入887万元），同比增长5.8%；新经济业务收入1380万元，同比增长31%；国际业务收入748.65万元，同比下降9.4%，（其中国际E邮宝同比增长158%）。新物流业务收入147.5万元，同比增长24%；包裹（快递包裹+国际包裹）业务收入263万元，同比增长4.5%。省内、国内标准快递及时妥投率、56个重点城市全部达标，标准特快指标及时投递率98.28%、及时妥投率95.55%均超过省、市公司指标要求。年内速递物流公司共新建大良五沙等8个速递物流营业部。10月起对速递物流板块区内网运工作的发车时间、邮路、车型进行重大调整，确保区内1~4频次发车时间定格在每天7时、9时、14时、16时30分，覆盖18个营业部，车辆容间满足需求。

供　电

【概况】2013年，全区全社会用电量达150亿千瓦时，同比增长5.04%，电网最高负荷291.8万千瓦。

2013年4月28日，顺德区政府与佛山供电局签署电网建设战略合作框架协议

【电网建设】2013年，顺德供电局主网投资达9.38亿元，包括500千伏换顺线、110千伏陈村、杏坛、锦湖站扩建等工程已顺利投产，新增主变容量176兆伏安。配网建设方面，新建配网总投资达2.88亿元，有效解决重（过）载10千伏公用线路3条、配变192台，低电压台区37个。与顺德区政府签订《电网建设战略合作框架协议》，合作开展《顺德区近期电网建设规划》《顺德新城110千伏及以上电网专项规划》编制，使500千伏顺德Ⅱ输变电工程、220千伏熙悦等一批重点项目的站址或线行得以提前预控。

【供电服务管理】2013年，顺德供电局完成5个24小时自助服务厅的建设，年内合共应用电了作业表单35477份，占全市使用总数的85%。开通绿色通道，实施上门服务，助力大型项目用上电、快用电，全年累计报装（增容）容量71.48万千伏安。结合“牵手村居，服务前移”工作，开展数据查漏补缺大行动，共整改客户联络信息15万户，客户联络信息完整率提升至100%。（暨映晖）

供　水

【概况】2013年，顺德出台《顺德区供用水管理规定》（于2014年2

月起实施），规范全区供用水管理。全年供水量达3.81亿立方米，41751.8万吨，同比上升1.2%；用户水表抄收率100%，水费回收率99.88%，用户投诉办结率100%，水质综合合格率99.97%。全年全区建成供水管道长度（DN75毫米以上）3523.43千米。

【工程建设】2013年，顺德区水业控股有限公司加快推进右滩水厂扩建工程、杏坛供水调度中心工程、龙江北江水厂制水系统改造工程、勒流龙州路—银城路DN1200–800给水干管工程建设。推进农村水改工作，与乐从平步村、路州村、良村村、大闸村、小布村、沙滘西村共6个村签订供水接管协议；完成乐从葛岸村、岳步村、劳村二期管网改造工程；推进龙江、杏坛、容桂等9项农村供水设施改造工程；完成北滘水厂至碧桂园DN800供水主管工程的90%。推进区内村级和民营水厂关停整合，容桂小黄圃水厂关停，实现对容桂小黄圃水厂直接供水，并完成村内供水管网一期环状主管网改造工程。为关停勒流水厂、碧桂园（江口）水厂，分别实施了勒流龙洲路至银城路给水干管工程及北滘至碧桂园园区给水干管工程。

2013年4月13日，顺德区水业控股有限公司荣获“最具社会责任中国水业服务企业奖”（全国10家）

2013年9月13日，容桂分公司在桂洲社区设摊，开展顺德水业服务提升年——“服务进社区”活动

【水厂管理】2013年，顺德区水业控股有限公司投资833万元，推进31项水厂技改技革项目，完成羊额水厂DN1600出厂水阀门更换、北滘水厂200千瓦机组更换等15个项目。启用供水生产监控管理系统，实现下属各间水厂运行信息的远程统一在线采集、监视与统计分析，做到数据共享，为水厂的生产业务、设备管理及标准化管理工作提供支撑。

【水质检测】2013年，顺德区水业控股有限公司完成原水、出厂水、管网水、新装管道及二次供水冲洗、水厂排放水等各类水样检测分析9000多份，出具各类检测报告1396份。开展理化检测项目新方法、挥发性有机物新方法和项目的GC–MS方法、阴离子新方法和项目的LC方法等70项新检测方法。每周、每月通过公司网站，向公众公布各水厂出厂水、管网水的水质情况。

【经营管理】2013年，顺德区水业控股有限公司逐步推行供水片区管理，将大良与伦教、勒流与杏坛、容桂与均安分别设为一个管理片区，实行管理人员、业务运作方式相对统一。年内，突出“优质、规范、安全”这一主题，全年举办水厂开放日活动4次，组织“供水营业服务进社区”活动47场，参与承办顺德“地球一小时”等政府主办活动，并聘请18位社会监督员。同时，进一步优化服务流程，简化用水报装手续；制订实施违章用水举报奖励办法；集中收集用户手机号码，完善用户短信内容。

【安全供水】2013年，顺德区水业控股有限公司积极应对突发水质污染，妥善处置勒流取水口油污染和白色泡沫污染、北江上游两次源水酚污染、广西贺江镉和铊污染等事件，确保出厂水符合国家饮用水卫生标准要求。开展企业安全生产标准化管理工作，公司属下8间分公司通过区安监部门的现场验收。全年没有发生安全生产事故，该公司荣获广东省“企业安全文化示范企业”称号。（梁锦欣）

气　象

【信息服务】2013年度，顺德区气象台发布预警信号116次，其中寒冷黄色7次、寒冷橙色1次；大雾黄色4次；森林火险黄色7次、森林火橙色2次；雷雨大风蓝色22次、雷雨大风黄色5次、雷雨大风橙色1次；冰雹橙色4次；暴雨黄色29次、暴雨橙色6次；台风白色3次、台风蓝色3次、台风黄色2次、台风橙色2次；高温黄色13次、高温橙色1次；灰霾黄色4次。发送气象短信383条，服务1092362人次，主动通过众多媒体向公众发布天气预报和防御灾害信息；免费为市民开具保险理赔或法律诉讼气象证明168份。建成容桂上佳市安全气象社区、北滘君兰安全气象社区、伦教霞石气象信息服务站，实现气象预警直达村居行政服务站。

2013年9月21日，台风“天兔”期间，顺德召开台风防御阶段会议，应对“天兔”袭来

【防雷减灾】2013年，顺德区气象局防雷装置初步设计审核单位79个、建筑物361座；防雷装置施工图设计审核单位309个、建筑物723座，技术审查总建筑面积为8710051平方米；重审单位62个、建筑物97座、总面积627763平方米。8月20日起现场竣工验收单位139个、建筑物382座。为进驻顺德的25家防雷专业施工单位办理防雷资质备案登记，与各施工企业签订《安全生产责任书》，全年组织、指导113家企业完成防雷安全隐患自查自纠工作，并抽查企业15家，对辖区内雷电灾害防御重点领域进行防雷安全生产专项联合执法检查，年内防雷安全生产事故为零。顺德区防雷设施检测所全年共出动检测11102人次；定期检测1110家企业，共计5796座建筑物，建筑物同比年减少6.53%；新增年检单位95家，共计252座建筑物；完成总体检测366家企业，共计912座建筑物。完成机房检测6个；完成雷电风险评估31宗。

【基础业务建设】2013年，顺德建成高清视频会商系统；增建3个能见度自动观测站、1个蓝天观测仪；升级改造9个区域自动站；完成17个区域自动站防雷整改工作。满足多样化气象需求，制作7天、10天天气预报和逐3小时分区预报；运用广播、电视、报纸、QQ即时通讯、手机等公共媒体，打造气象频道、微博、网站、短信、“12121”电话等应急气象品牌，自行开发iOS和Android两个版本的“顺德天气”手机软件，使市民随时可以了解天气实况数据和预报。加强气象行政审批效能建设，6月下旬实现100%审批事项可网上办理、100%审批事项已接入一体化平台，7月起实现审批业务量在网上办理高达100%。（雷瑛）

通　信

【信息化基础设施建设】2013年，顺德区三大电信运营商及广电营业收入超过51亿元；互联网普及率达95.58%；光纤用户数达到17万户，光纤入户率达20.64%；无线通信基站2459个，3G网络覆盖率99.90%；

WiFi发射站约2917个，无线宽带覆盖率27%。各项信息化指标位于全国先进水平。

【中国电信顺德分公司】2013年，移动业务规模效益发展，光纤、宽带业务发展稳步上升。分3批启动年度光纤平移建设项目，启动对FTTO二级分光覆盖区域的二次销售，启动光纤平移区域的铜转光和光接入客户的二次销售，光纤宽带用户同比增幅96.96%；C网建设继续深化，全年C网室外基站、WiFi热点、室分系统等，按时间进度完成建设任务；4G牌照发放前的网络建设已全面铺开，至年末，4G网室外站和室分建设已覆盖大良容桂大部分地方及其他镇的部分重要区域。严格落实网络维护计划，推进等级化维护服务、高端政企客户差异化服务、IDC资源清查与维护等关键工作，网络运维支撑能力稳步提升。荣获中国电信集团先进集体称号、公司总经理当选为第三届中国电信十大感动人物；获全国模范职工之家；广东公司2013年度县级公司先进绩效单位一等奖等荣誉称号。

（梁敏莹）

【中国移动通信集团广东有限公司顺德分公司】2013年，顺德分公司推进网络协同发展，构建2G、3G和WLAN多模式的无线公共接入体系；开展网络优化建设，成立黑点选址、干扰整治、ATU保障小组，试点以项目团队运作方式解决网络黑点和干扰热点，年内省黑点解决率高达90%；开展高危基站、直放站的安全巡检，重点关注电源接入部分的漏电及火灾安全隐患，组织防汛应急演练，完善防汛机房、基站、应急物资保障机制，顺利完成元宵游园、龙舟竞渡、高校迎新等顺德多项重要节假日的网络应急通信保障工作。运用本地的电子商务物流体系，推出网上团购等便民营销模式，G3终端客户及集群客户得到规模发展；加快全业务价值运营，新建乐从政府、顺峰山公园两大重点无线局域网项目。启动“心服务·新价值”服务质量提升工程，重点推出全网络服务、全渠道服务、全互联服务、全业务服务和全过程服务等“五全服务”，客户满意度持续提升，实现企业增值、业务增值、运营增效。

（黄嘉铭）

【中国联合网络通信有限公司顺德分公司】2013年，顺德分公司实现主营收入6.48亿元，比上年增长19.11%、移动电话用户比上年增长20.91%；发展互联网用户比上年增长35.20%。公司科学配置网络资源，重点对核心片区与商圈网络服务能力提升，3G网速全面提升，全网带宽升级至42M。有效整治网络隐患，网络服务能力提升。全年组织3GWO课堂及用户俱乐部活动101场、参与客户1600人次；通过开设企业服务QQ、佛山联通官方微博、微信、电子化、互联网化自助式服务等，进一步拓宽服务渠道与手段，加快客户服务效率与便利。把握重大节日和本地重要活动契机，开展了“核爆发”“手机嘉年华”“沃庆双节”“新年G时代”“WO爱佛山·唱响全城”、“珠江形象大使竞选”等成贯穿全年的营销活动，向广大市民提供多元精彩的服务。

（张海鸥）

公用事业

【在建公共建筑项目】顺德区第一人民医院易地新建项目。至2013年年底，医院主体结构顺利封顶，砌砖工作基本完成，完成合同总工程量的55%。工程计划2015年上半年完工。桂洲医院易地新建项目。至2013年底，医疗服务楼已结构封顶，完成合同总工程量的45%，预计2015年上半年完工。中医院环市北门诊部至2013年底，土建主体结构已完成至地下室负一层梁板和剪力墙，完成合同总工程量的50%，预计

2013年12月，南国西路保障性住房项目实现1至7座全部封顶

2014年12月完工。大良南国西路保障性住房一期（1、2、7座）和一期二标段（3、4、5、6座）全部完成封顶，预计2014年12月完工，二期（8、9座）预计于2016年6月完工。顺德博物馆工程于2013年12月27日正式启用，免费向市民开放。顺德区国防教育训练动员作战指挥中心易地新建于2013年11月28日顺利完工并移交使用。儿童福利院改扩建工程于2013年5月正式完工，6月3日顺利揭牌使用。广东顺德中山大学-卡内基梅隆大学国际联合研究项目至2013年年底，学生宿舍、教师宿舍、科研楼的土建和装修基本完成，完成合同总工程量的70%，计划2014年4月完工。

【在建市政建设项目】滨河景观和岸线整治建设工程。位于大良云近东区，工程用地面积约302817平方米，总投资约11380万元，工程建设期2年。其中桂畔海河岸滨河景观及岸线整治用地面积约119149平方米，河涌景观用地面积约183668平方米。至2013年年底，该工程的立项前期工作基本完成，预计2015年7月完工。人民医院东侧道路工程。位于伦教街道境内，南起龙洲路，北至羊大路，路线全长524.038米，双向四车道，红线宽30米，城市II级次干道标准，设计速度40公里/小时。预计2014年12月完工。大良南国西路地块保障性住房项目周边市政道路和市政配套设施工程。至2013年底，该工程立项等前期工作基本完成，2014年2月开工，预计2014年12月完工。桂畔海东岸南方智谷段景观项目。面积约0.39公顷，总投资约1740万元。至2013年底，工程正在进行设计施工总承包招标，预计2014年年底完工。南国东路迁移高压线项目。至2013年年底，该工程监理、设计施工总承包已中标，10千伏项目设计已完成，110千伏项目设计基本完成。相关河涌整治建设工程。位于大良云近东区，河涌整治建设工程长约3100米，用地面积约8272平方米，工程估算总投资1500万元，工程建设期一年。至2013年年底，横一、纵二河道开挖已完成80%，1号、3号箱涵已完成搅拌桩施工，2号节制闸搅拌桩施工完成50%，累计完成合同总工程量的20%，计划2014年10月完工。桂畔海南岸德民路东延线绿化景观工程。包括顺德体育公园及其它步道、自行车道，工程规模32万平方米。至2013年底，工程设计工作已开展，正在进行初步设计。计划2015年年底完工。德胜河北岸澄海路东延段绿化景观工程。以绿化、公园等建设为主，工程规模20万平方米。至2013年年底，工程设计工作已开展，正在进行初步设计。计划2015年年底完工。（钟平）

【天然气建设推广】2013年，顺德新建天然气市政管网38.76千米，新增天然气用户约1.9万户，截至年底全区管网达730.27千米，用户数约9.3万户，全年天然气销售量达1.61亿立方米，同比增长28.8%，均安中石化加油加气站完工投入使用。

【垃圾管理】2013年，顺德推行“大保洁”市政管理模式，统一收运标准和规范，环境保洁专业化已覆盖86%的村居；87%的村居完成垃圾收集站的改造提升工作，除大良、容桂外，其余8各镇街已全面完成；容桂、北滘、乐从、龙江、均安等5个镇级的垃圾压缩中转站升级改造启动。全区垃圾统收统运率及城镇生活垃圾无害化处理率均达到100%。

【城镇污水处理】2013年，顺德大力推进各镇（街道）的城镇生活污水工程建设，龙江污水处理厂二期、容桂第二污水处理厂一期、勒流污水处理厂三期、陈村污水处理厂二期、乐从污水处理厂二期等5个项目的厂区基本完工；配套管网工程方面，除陈村污水处理厂二期项目因受地铁2号线工程影响处于招标阶段外，其余4个项目的配套管网工程均已动工。截至年底，顺德共有城镇污水处理厂11家，城镇污水处理厂的总处理能力达47.5万吨/日，配套管网270多公里，全年污水处理量达17715.23万吨。

【林业绿化建设】2013年，顺德完成《广东省佛山市顺德区林地保护利用规划（2010~2020年）》编制工作，并通过省林业厅的审核批准。全区全年共完成义务植树70.08万株，尽责率达90.1%以上。新增、改造绿化面积327万平方米。重点推进东平河、顺德水道和潭洲水道的生态景观林带建设，全年建成生态景观林带15公里，新增绿化面积约40万平方米。共建成“万村绿”示范村20个，其中包括村居小公园14个，村居道路3条，四旁绿地3处，政府补助建设资金300

北滘潭洲水道绿化景观

万元，建设面积40000平方米，种植树木6000多株。至年底，中心城区建成区绿地率达38.02%，绿化覆盖率达39.92%，人均公园绿地面积达19.01平方米。完成顺峰山公园公交换乘站建设，建成均安沙滩园和北滘潭洲水道2个绿道亮点，完成北滘潭洲水道沿岸绿道精品工程建设。“生态休闲顺德绿道项目”获2013年广东省宜居环境范例奖。

地震监测与预防

【地震测报】2013年，顺德开展的地震监测项目5项，包括地下流体、电磁波、强震观测、地震遥测台网、地震预警自动观测站等，各监测项目都与省、市联网观测，实现24小时自动观测，数据连续性达到96%，设备正常运转率达到98%，为省、市地震监测提供准确可靠的基础数据。可以实现顺德强震发生后10秒内发出地震预警信息，有感地震15分钟内发出地震烈度速报信息。

【地震应急避难场所管理】2013年，6月，区国土城建和水利局下发《佛山市顺德区地震应急避难场所管理办法》（顺建发〔2013〕38号），明确地震避难场所管理部门责任、日常维护要求、资金投入保障等要求。年内，顺德建设完成并投入使用的地震应急避难场所11个，遍布全区10个镇街，占地面积约100万平方米，实际避难面积约为42.5万平方米，可安置避难人数约为23万人。

【无线电管理】2013年，顺德区经济和科技促进局开展多项无线电规范管理工作，完成B库台站分类清理2290个，清理比例为100%；检测广播电视设备1台，专业通信设备36台，公众移动通信基站100台，抽检率100%。抽检基站发射设备125台，完成率125%。是年共核发新建基站执照481个，续期基站执照548个，站址认定307个，补办执照674个。做好无线电安全维稳工作，处理区内移动基站投诉81宗，完成移动通信基站环境电磁波辐射测试69起，出具测试报告38份。（冯家辉）

城乡管理

城乡规划

【规划编制】2013年，顺德区发展规划和统计局开展《顺德三大片区战略评估及行动纲领》等86项规划项目的编制工作，确定片区内部核心组团项目开发时序，形成东部片区引擎带动、北部片区和西南片区双轮驱动的发展格局。组织编制了《顺德德胜河北岸控制性详细规划》等33项控规项目，全区控规覆盖率提高到57%，基本实现顺德新城、西部生态产业新区控规全覆盖。

【规划研究】2013年，顺德区发展规划和统计局组织开展了顺德城市升级及新型城镇化战略研究、顺德工业园区现状普查及评估、顺德村级工业园区整合优化及村镇发展策略、顺德乡村建设用地优化提升等规划研究工作；推进轨道交通及站场综合开发规划研究，做好城际轨道广佛环线、佛山市地铁2号线、3号线、南沙铁路选线、站场布置的综合协调工作；协调推进江番高速、新325国道改建及佛山一环南线东延线等工程建设，重点开展南国路、碧桂路、三乐路等主干道路快速化研究；制定《顺德区地下管线工程规划管理操作办法》，建立市政管线工程验收动态入库机制。

【规划管理】2013年，顺德区发展规划和统计局编制《规划审批管理优化方案》，分类调整审批事项，优化管理局分级审批制度；制定《关于规范顺德区城乡规划行政处罚裁量权的操作指引》等文件，规范规划审批标准；进一步完善规划放线、验线工作，修订操作办法并对测绘单位加强管理。全年共办理各类规划审批业务约23102宗。

【“三旧”改造】2013年，顺德继续探索创新节约集约用地模式，完善“三旧”改造政策，简化审批流程，明晰操作指引，提高审批效率；完成《顺德区“三旧”改造专项规划》修编工作，强化对项目的规划引导功能；对村级工业区进行策略研究，梳理分类，对相对集中连片的地块进行改造整合和产业升级；成立法定机构——城市更新发展中心，推进含“三旧”改造在内的城市更新工作。德胜河一河两岸改造、容桂文塔中央商务区、北滘加利源国际工业城、乐从物联天下等改造项目取得明显成效。进行“三旧”改造地块标图建库动态调整，全区图斑数为497块，总面积53757821.5平方米（折合80636.7亩）。（邓慧琨）

国土资源管理

【概况】2013年，顺德区国土城建和水利局在行政审批制度改革、土地管理制度改革、节约集约用地、规范土地市场、土地市场动态监测、土地执法监察、地籍测绘管理、地理信息化建设、地质灾害防治、干部队伍和政风行风建设等方面均取得较明显成效。12月，顺德区被国土资源部授予“全国土地市场动态监测与监管工作先进单位”称号。

【土地利用】2013年，顺德重点建设项目用地报批取得新进展。勒流光电产业园、勒流物流中心项目、江顺大桥工程（顺德段）项目，了哥山港区本港作业区通用码头货运堆场、物流等配套设施项目4个区、省重点项目用地已如期上报省审批。交通、能源重点建设项目用地报批工作方面，新基北路、新市良路、甲子路延伸线、伦桂路（古鉴至仕版段）、杏坛镇齐宁路延伸段一期道路工程、杏坛镇二环路道路工程、勒流LNG加气站和伦教街道慈善养老用地8个区重点项目已报区、省审批。农民公寓试点项目用地报批方面，完成了沙浦农民公寓项目用地的审批上报工作。全年全区审批或上报省以上审批的建设用地面积为562.9557公顷，农用地占486.3821公顷，其中使用省农用地转用指标44.8169公顷，使用顺德区2013年及2012年追加的指标共441.5652公顷。共受理收回土地使用权、调整用地面积103.6647公顷。

【地籍管理】2013年，顺德全面完成农村集体土地确权登记发证整改和归档工作，通过省国土资源厅验收，对核发的集体土地证1376本（其中集体土地所有权证863本、国有农用地使用证513本）完成档案整理修改和归档入库工作。继续深入推进暂未确权的集体土地所有权争议土地的调处和发证工作，完成3宗共43.92公顷争议土地的确权发证。8月，顺德区在广东省农村集体土地确权登记发证工作考评被评定为“良好”，获奖励新增建设用地指标40公顷。

【土地市场管理】2013年，顺德新增供应国有建设用地143宗，面积348.56公顷，其中以招标拍卖挂牌方式供应的建设用地占

120宗，面积278.35公顷；以划拨方式供应的建设用地占23宗，面积70.21公顷。在招标拍卖挂牌供应的建设用地中，工业用地面积74.13公顷，成交单价823元/平方米；住宅用地面积159.79公顷，成交总价款113.41亿元，地面单价7098元/平方米，楼面单价2774元/平方米；商服用地面积44.43公顷，成交总价款21.25亿元，地面单价4782元/平方米，楼面单价1578元/平方米。年内新增供应集体建设用地12宗，面积合计6.07公顷，其中以公开交易首次流转方式供应的建设用地1宗，面积1.28公顷；以补办首次流转方式供应的建设用地1宗，面积0.09公顷；以划拨方式供应的建设用地10宗，面积4.7公顷。

【测绘管理】2013年，顺德区国土城建和水利局开展测绘地理信息化工作，其中顺德区宗地统一代码编制项目、测绘数据保密软件采购和顺德区“一村一镇一地图”工程建设项目一期工作已完成。年内开展2013~2014年度房产测绘市场准入评审工作，22家测绘生产单位通过准入评审，完成对区属6家测绘资质单位的注册。年内共受理审批19家单位申请使用测绘成果数据，对外提供22987幅1：500数字地形图，14份全区卫星影像图，35份全区的专题图形数据。

【地质灾害防治】2013年，顺德推进2012年度全区计划实施的地质灾害治理工程共14宗，正在施工建设3宗，已完成勘查、设计9宗，已开展勘查、设计2宗。推进2013年度全区计划实施的地质灾害治理工程共7宗，到年底已完成勘查、设计4宗，正在开展勘查、设计3宗。

建筑业管理

【概况】2013年，顺德新增工程数量有所萎缩，竣工面积与上年基本持平。年内共核发施工许可320项，同比减少8.8%；新开工面积740.71万平方米，同比增加15.2%；造价127.60亿元，同比增加26.7%。办理单位工程竣工验收备案347项，同比减少17.8%；面积819.70万平方米，同比减少4.8%；造价113.30亿元，同比减少6.2%。

【工程质量管理】2013年，顺德进一步加强建设工程质量安全监督体系建设，区质监站水利水电工程质量监督资质顺利通过省水利厅的复核，年度未发现所监工程有一般及以上的质量安全事故。全年全区受理房屋建筑工程报监495项，报监面积839.91万平方米，造价约144.17亿元；工程竣工验收611项，面积880.18万平方米，造价约128.56亿元。全区水利工程在建23项，其中受理工程报监9项，报监工程造价1.3亿元。交通市政在监工程60项，合同总造价27.85亿元。抽测商品住宅、校舍工程钢筋原材771组，抽测工程实物质量514项。受理建筑类信访91宗，均按时结案。顺德区国土城建和水利局加强混凝土结构实体质量监督管理，出台《佛山市顺德区重点建筑工程、交通工程和市政基础设施工程质量安全监督方案（试行）》，加强对重点工程的督查。

【施工安全管理】2013年，顺德区国土城建和水利局加强安全生产动态监管，实行省建筑工程安全生产动态管理信息系统与市的建筑行业诚信管理平台联动扣分，全年对违规企业和人员执行省动态扣分1007次。出台《顺德区建筑起重设备责任单位动态管理办法》，对起重机械安装单位和产权单位的违规行为设定分级处理标准，全年及时处理25家严重违规企业。落实顺德建设工程安全信息提示制度，利用政府政务信息平台发送信息至全区在建工地的施工和监理单位的项目负责人。全年对337项工程进行前期安全措施审查，完成卸料平台和建筑起重机械专项整治，推进建筑施工安全措施标准化样板引路工作，印发《顺德区深基坑工程管理暂行办法》。是年，配合佛山市城市管理考评及顺德“美城行动”工作，全面落实《佛山市建设工程文明施工管理规定》，采取城市管理考评暗检的做法，使建设工程文明施工情况大为改观。

【勘察设计管理】2013年，顺德区审图中心完成施工图审查项目1811项，其中勘察专业395项，进尺333654.45万米；建筑结构专业320项，面积7206023.99万平方米；给排水专业356项，面积9763229.684万平方米；电气专业357项，面积9981128.074万平方米；暖通空调专业128项，面积6685970.514万平方米；路桥专业197项；燃气专业58项。

【建设工程质量检测】2013年，顺德区建设工程质监部门完成工程基桩检测32516根，常规建筑材料检测193834组；完成建筑面积51187.17平方米的房屋鉴定工作，其中发现不合格基桩392根，不合格建筑材料6687组；组织对民营检测机构、鉴定机构、预拌混凝土生产企业和预制建筑构件生产企业质量监督138次。3月，顺德区检测中心参与的《超大型桩基静载试验装备与关键试验技术集成研究》课题获得广东省建筑工程集团有限公司科技进步一等奖。9月，顺德区建设工程质量安全监督检测中心获得"广东省水泥检验大对比物理性能检验全合格单位"称号。

【建筑节能管理】2013年，顺德审图中心审查节能设计工程项目172项，总建筑面积4180169.82万平方米，其中居住建筑面积2724750.91万平方米，公共建筑面积1455418.91万平方米。年内，新建建筑设计阶段建筑节能标准执行率、民用建筑新型墙材应用率、建筑技能设计达标率均达100%。

房地产开发与管理

【概况】2013年，顺德房地产市场延续上年回暖走势，成交基本稳定，价格持续回升，土地成交量价齐升。成交价格和成交量呈双峰曲线，峰值分别出现在4月和11月。12月，受信贷紧张影响，成交价格和成交量出现明显回落，市场观望气氛浓厚。

【房地产市场管理】2013年，顺德办理预售房地产169宗，建筑面积390万平方米，用地面积91.3万平方米；确权270宗，建筑面积500万平方米，用地面积133万平方米。办理房地产权初始登记528宗，变更登记12682宗，注销登记679宗。新建商品房（含商品住宅、商铺、商品厂房、车位）成交量为322.6万平方米，同比增长5.79%；成交套数28274套，同比下降8.35%；成交金额251.72亿元，同比增长9.76%。其中新建住宅成交22905套，同比增长7.57%；成交金额216亿元，同比增长20.78%；成交建筑面积288.35万平方米，同比增长10.15%；成交建筑均价为7497.92元/平方米，同比增长9.66%。全年存量商品住宅房交易量为156.93万平方米，同比上升44.56%；成交套数11112套，同比上升45.6%。

【物业管理】2013年，顺德继续推进物业服务企业社区志愿服务活动，开展平安创建工作和"区优秀示范小区"评选活动，并对物业服务企业进行不定期的现场检查。建立物业管理与社区管理联动机制，设立小区社会创新观察点，行业协会出台《顺德区物业服务（住宅）项目分级管理准则》，探索转变行业监管方式道路。年内完成业主委员会备案71宗，全区现有业委会360个；住宅专项维修资金支取审批126宗，涉及金额300多万元，全区已开立维修资金专户478个，资金余额16.37亿元。

城市管理

【概况】2013年，顺德查处市容环卫、城市规划、园林绿化、市政管理、生活环境噪声等污染、无照商贩占道经营、室内违建等案件4058宗；全区整治户外广告牌7732宗，拆除违建广告牌4775宗，面积达86286平方米，责令整改2957宗，面积达67518平方米，共计整治违章户外广告牌153804平方米。

【深化"美城行动"】2013年，

2013年顺德区房地产开发经营情况

	计算单位	2013年	2012年	增长%
企业个数	个	196	224	−12.5
年末从业人员	人	6733	6533	3.1
房地产开发完成投资额	万元	1718378	1817469	−5.5
其中：土地购置费	万元	383028	435255	−11.9
完成投资额按工程用途分				
1. 住宅	万元	1192393	1317254	−9.5
2. 办公楼	万元	99326	35661	178.5
3. 商业营业用房	万元	212905	136547	55.9
4. 其他	万元	213754	328007	−34.8
利税总额	万元	653506	578289	13
房屋建筑施工面积	万平方米	1460.36	1423.81	2.6
房屋竣工面积	万平方米	205.08	216.41	−5.2
实际销售房屋面积	万平方米	299.76	273.6132	9.6
实际销售额	万元	2310813	2122711	8.9

开展美城行动，加强道路保洁

顺德区、镇两级投入23.7亿元，推动“美城行动”拓面提质。行动考评范围从建成区扩展至各镇街的一半村居，覆盖面积达350平方公里；修订完善考评指标体系至8大项目277项指标；并首度在考评中引入公众满意度权重，占季度考核分值的15%；从原来的每月考评变为每季度考评，逐步实行常态化管理。第二季度起，乐从连续三个季度获得区“美城行动”考评第一名；大良代表顺德参加全市城市管理考评，于第二、三、四季度连续获得五区第一名。

【成为首批国家智慧城市试点】自实施“四化融合智慧顺德”以来，顺德智慧城市建设步伐不断加快，智慧应用领域不断扩大，在智慧民生、智慧社区、智慧交通、智慧警务、智慧城管、智慧环保、智慧教育、智慧“菜篮子”等方面取得显著成效。2013年，顺德区及乐从镇分别被住建部认定为国家首批智慧城市试点，这是全国仅有的同一辖区两级区域同时入围的城市。

【推动智能交通建设】2013年12月，顺德区智能交通系统一期工程通过竣工验收。该项目是“四化融合，智慧顺德”建设方案中的一项重点建设内容。系统以大良、容桂为试点，集城市交通信号控制、交通违法行为监测、视频监控、交通流采集、移动警务等功能于一体，作为交通综合管控平台，已经在优化交通信号灯、黄标车限行执法等方面凸显优势。

【推动数字城管建设】2013年，顺德继续推广数字城管建设。勒流、容桂数字城管中心通过验收，数字城管覆盖各镇街中心城区，其中杏坛、均安、乐从将覆盖范围延伸至部分村居，全区监管面积达111.65平方公里。系统全年共立案26万宗，结案25.7万宗，结案率98.4%。

【开展道路“五位一体”提升改造】2013年，顺德着力抓好道路“五位一体”（包括道路交通、绿化环境、灯光亮化、管线铺装、建筑面外立面等五方面内容的道路景观综合整治提升）提升改造。全区7条市级“五位一体”改造示范路已基本完成改造工程。杏坛镇道路景观综合整治工程全面提升市容市貌，成为佛山市城区沿街景观“五位一体”长效管理机制范本。2013年至2015年，全区计划共改造道路111条，长度108.8公里，投资约7.33亿元。2013年验收通过22条，长度18.17公里，完成投资1.9亿元。其中大良、容桂、勒流已分别启动首期10多条道路的升级改造，新城区华桂路等10多条道路的改造也如期开展。

环境保护

【环境质量状况】2013年，顺德环境质量保持基本稳定。空气环境质量状况。顺德监测到的环境空气质量（AQI）优良天数236天，按照实际监测有效天数353天计算，优良率为66.9%，其中NO_2、PM_{10}、$PM_{2.5}$的浓度水平均有不同程度上升，SO_2和O_3的浓度水平有所下降。当前造成顺德环境空气污染问题的主要污染物依次有：臭氧、颗粒物（$PM_{2.5}$、PM_{10}）和氮氧化物。全年全区二氧化硫（SO_2）、二氧化氮（NO_2）、可吸入颗粒物（PM_{10}）、细颗粒物（$PM_{2.5}$）浓度年均值分别为28、52、77、47微克/立方米，臭氧（O_3）浓度日最大8小时平均值第90位百分数为189微克/立方米，一氧化碳（CO）浓度日均值第95位百分数为1.9毫克/立方米。全区二氧化硫（SO_2）、一氧化碳（CO）浓度年均值达到GB3095-2012二级标准，二氧化氮（NO_2）、可吸入颗粒物（PM_{10}）、细颗粒物（$PM_{2.5}$）、臭氧（O_3）浓度均超出GB3095-2012二级标准。

水环境质量状况。2013年，全区饮用水源总体水质由上年度的“优”级下降到“良好”。杨

2013年顺德区环境空气污染物浓度与上一年比较

污染物指标	SO_2浓度均值，μg/m³			NO_2浓度均值，μg/m³			PM_{10}浓度均值，μg/m³		
年份及变化	2013年	2012年	增幅	2013年	2012年	增幅	2013年	2012年	增幅
全区	28	31	-9.70%	52	48	8.30%	77	74	4.10%
标准限值	60			40			70		

2013年顺德区环境空气污染物浓度与上一年比较

污染物指标	$PM_{2.5}$浓度均值，μg/m³			O_3浓度日最大8小时值 第90百分位数，μg/m³			CO浓度日均值 第95百分位数，mg/m³		
年份及变化	2013年	2012年	增幅	2013年	2012年	增幅	2013年	2012年	增幅
全区	47	46	2.20%	189	212	-10.80%	1.9	1.9	0.00%
标准限值	35			160			4		

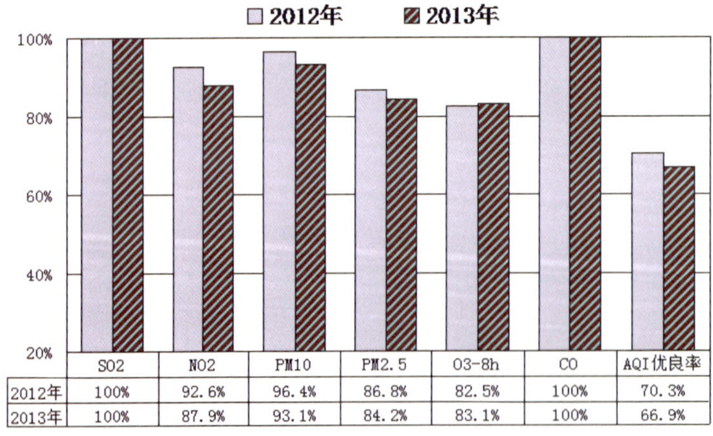

2013年顺德全区环境空气各污染物及AQI达标率与上一年同期对比

滘、大闸、甘竹滩、穗香围、横石砂、星槎六个饮用水源地水质监测断面全部项目年均值符合Ⅱ类水质标准，水质状况均属“优”级，合成、羊额、江口、平步四个饮用水源地水质监测项目符合Ⅲ类水质标准，水质状况均属“良好”。全区主河道总体水质状况有所下降，水质定类评价为“良好”级别。顺德水道、容桂水道、东海水道、顺德支流、李家沙水道、鸡鸭水道水质定类评价为“优”；潭洲水道、陈村水道、桂洲水道、凫洲河、古镇水道、洪奇沥水质定类为“良”。全区内河水质由上年度的轻度污染下降到中度污染，10个镇（街道）中，容桂、乐从、陈村、大良内河为“轻度污染”，勒流、北滘、均安内河为“中度污染”，龙江、伦教和杏坛内河为“重度污染”（水质定类为劣Ⅴ类）。

声环境状况。2013年，全区声环境质量维持稳定。噪声监测结果表明，顺德区中心城区（大良与伦教街道）区域环境噪声的昼夜间平均等效声级分别为57.3、49.3分贝，昼间值同比下降0.1分贝；道路交通噪声昼夜间平均等效声级分别为67.5、56.9分贝，昼间值同比上升0.3分贝；功能区噪声中，1类区的昼夜平均等效声级分别为53.7、45.3分贝；2类区的昼夜平均等效声级分别为55.8、48.3分贝；3类区的昼夜平均等效声级分别为61.8、55.2分贝；4类区的昼夜平均等效声级分别为67.6、56.4分贝。其中1类区、3类区、4类区的夜间平均等效声级超出《声环境质量标准》（GB3096-2008）相对应类区的标准。

【环保综合管理】2013年，顺德出台《关于全面推进城乡生态环境综合治理工作的意见》，明确3年内累计投入超过100亿元落实大气、水环境、固体废物等全方位的整治措施。顺德区环境运输和城市管理局全力落实政府环保责任和减排任务，是年在全省减排考核排名第6名，同比上升3位。年内，顺德完成广东省生态区的申报工作，大良、勒流创建国家级生态乡镇通过省环保厅实地验收；全区10个镇（街道）中，伦教、北滘、陈村、乐从、均安已获命名为国家级生态乡镇，大良、勒流、龙江获推荐国家级生态乡镇；大良、勒流、龙江、杏坛已获命名为广东省生态乡镇；全区有15个广东省生态示范村，7个广东省绿色生态社区、3个环保教育基地和30间广东省绿色学校。杏坛镇逢简村入选“中国最美村镇”，是华南地区唯一代表。

【环境监察与监测】2013年，顺德对区内重点污染行业开展密集式专项整治，累计关闭违法违规企业312家；深入排查整治主干河涌和部分支涌的工业排污口，规范合法排污口224个，清理取缔非法排污口52个；铁腕开展畜禽养殖专项整治，清理“窝棚猪”和禁养区内的畜禽养殖场2068个，面积近83万平方米。全年全区共出动执法人员21801人次，检查排污单位10042厂次，立案查处违法行为为609宗（其中移送公安机关7宗），罚没金额793.64万元。伦教、陈村率先以政府购买服务方式开发中小型污染源在线监控平台，已安装近200套监控设备；全区累计共安装434套在线监控设备，监控329家企业。区环境保护监测站完成污染源监督性监测939间次，委托监测583间（次），建设项目三同时验收监测16间（次），共出具监测报告1,538份；通过路检和遥测方式，监测超过12000辆机动车的尾气。完成2个国控环境空气自动监测站的升级改造，加强$PM_{2.5}$、臭氧的环境监测能力。

【大气污染治理】2013年，顺德出台《顺德区改善环境空气质量工作方案（2013~2014）》，重点加强部门协防联治，大气环境质量有所改善，二氧化硫和臭氧比2012年分别降低5.3%和10.8%，酸雨频率为46.3%，同比下降7.5个百分点。机动车排气防治方面，率先对违规进入限行区域的黄标车实行电子监控、抓拍并作出处罚，成为全市推广的模式（年内全区抓

2013年和2012年顺德区地表水水质评价结果对比表

分类	河道和断面	水质定类 2013年	水质定类 2012年	水质定类评价 2013年	水质定类评价 2012年
饮用水	合成	Ⅲ类	—	良	—
	杨滘	Ⅱ类	—	优	—
	大闸	Ⅱ类	—	优	—
	羊额	Ⅲ类	Ⅱ类	良	优
	甘竹滩	Ⅱ类	—	优	—
	穗香围	Ⅱ类	Ⅱ类	优	优
	横石砂	Ⅱ类	Ⅱ类	优	优
	星槎	Ⅱ类	—	优	—
	江口	Ⅲ类	Ⅲ类	良	良
	平步	Ⅲ类	—	良	—
	综合	Ⅲ类	Ⅱ类	良	优
主要河道	潭州水道	Ⅲ类	Ⅱ类	良	优
	顺德水道	Ⅱ类	Ⅱ类	优	优
	顺德支流	Ⅱ类	Ⅲ类	优	良
	容桂水道	Ⅱ类	Ⅱ类	优	优
	东海水道	Ⅱ类	Ⅱ类	优	优
	陈村水道	Ⅲ类	—	良	—
	李家沙水道	Ⅱ类	—	优	—
	凫洲河	Ⅲ类	—	良	—
	古镇水道	Ⅲ类	—	良	—
	鸡鸦水道	Ⅱ类	—	优	—
	桂州水道	Ⅲ类	—	良	—
	洪奇沥	Ⅲ类	—	良	—
	全区主河道综合	Ⅲ类	Ⅱ类	良	优
各镇（街道）主要内河	容桂内河	Ⅳ类	Ⅲ类	轻度污染	良
	勒流内河	Ⅴ类	Ⅳ类	中度污染	轻度污染
	乐从内河	Ⅳ类	Ⅴ类	轻度污染	中度污染
	龙江内河	劣Ⅴ类	劣Ⅴ类	重度污染	重度污染
	陈村内河	Ⅳ类	劣Ⅴ类	轻度污染	重度污染
	北滘内河	Ⅴ类	Ⅳ类	中度污染	轻度污染
	伦教内河	劣Ⅴ类	Ⅳ类	重度污染	轻度污染
	杏坛内河	劣Ⅴ类	Ⅴ类	重度污染	中度污染
	均安内河	Ⅴ类	Ⅲ类	中度污染	良
	大良内河	Ⅳ类	Ⅳ类	轻度污染	轻度污染
	全区内河综合	Ⅴ类	Ⅳ类	中度污染	轻度污染

备注：□根据《地表水环境质量评价办法（试行）》要求，水质评价中水温、总氮、粪大肠菌群不参加定类评价；□内河水质监测和评价对象为镇街中心城区河段。

拍“闯禁”黄标车2294宗）；建立起区镇两级机动车排气检测常态机制，路检点由原来的1个增至11个；淘汰公务类黄标车128辆，累计淘汰黄标车超过23000辆，约占全区68,000余辆黄标车总数的35%，其中符合提前淘汰补贴的4827辆，发放奖励补贴5515.4万元；2000年年底前登记营运类黄标货车已全部取消营运资格。工业污染防治方面，全年全区完成302台10蒸吨以下工业锅炉的淘汰或改造，发放奖励资金420万元。在挥发性有机物（VOCs）治理方面，完成26家VOCs重点监管企业治理任务；强制17家排放量大的企业开展清洁生产审核；以印刷、家具业为试点，委托科研机构开展VOCs治理技术研究，优选出5个最佳可行技术供40家试点企业选择建设。

【水环境治理】2013年，顺德大力推进各镇（街道）的城镇生活污水工程建设，城镇污水处理厂的总处理能力达47.5万吨/日，配套管网270多公里，全年污水处理量达17715.23万吨，城镇污水处理率达86.15%。出台《顺德区水环境综合整治项目建设规划》，在全市率先全面铺开农村分散污水处理设施建设，已建成项目14个，近60个项目进入建设、招标或可行性研究阶段。启动内河涌整治，出台桂畔海、眉蕉河综合整治规划设计方案；各镇（街道）按“南粤水更清”行动要求编制“一河一策”整治方案和时间表。开展分散工业废水集中处理试点项目，出台《顺德区分散工业废水集中处理专题研究报告》，龙江镇有机废水集中处理试点项目动工建设；完成杏坛电镀城升级改造，并加快推进容桂华口电镀城升级改造。

【环保产业及环评管理】2013年，顺德区环境运输和城市管理局共向43个单位颁发《顺德区环保工程资质备案登记证书》，区内共有4家单位取得国家颁发环境污染治理设施运营资质证书，4家单位取得国家或省的环境工程专项设计资质。全年有26家环境影响评价机构在顺德开展环境影响评价业务；受理项目1974个，批准1851个，否决78个，否决率为3.95%，其中87.9%的项目在镇（街道）分局完成审批手续；完成“三同时”验收项目462个，通过362个，验收合格率为78.35%。（翁国钿）

经济发展

农　业

【概况】顺德坚持走市场导向、质量效益优先的农业创新之路，形成以优质水产养殖和名贵花卉种植为龙头、规模经营和市场化流通为支撑的现代农业体系，拥有"中国鳗鱼之乡""中国花卉之都""中国兰花之乡""全国重点花卉市场"等国家级区域品牌。2013年，全区农业用地总面积1953.33公顷，农业总产值85.09亿元，平均亩产值2.9万元，位居全省前列。外延农业2.3万公顷，年产值相当于再造一个顺德农业。全区年产万吨以上饲料企业21家，工业总产值超亿元饲料企业15家，全年饲料总产量183.6万吨，同比下降7.5%；饲料工业总产值59.2亿元，同比增长2.4%。

【发展现代农业园区】2013年，顺德加快现代农业园区建设，被确定为广东省级现代农业示范区。陈村花卉世界现代农业园区开展特色步行街项目、南国之花演艺综合体项目、花卉科技馆、花卉休闲旅游示范村等建设工程，构建融生产、生活、休闲、观光、生态、科研、示范等多种功能于一体的"都市型花卉产业"。广东菊花湾现代农业园一期项目投入使用，50多家企业签约入园。均安镇南沙休闲农业园区面积67.06公顷，31块地块承包经营权通过公开竞投，全部成功租赁，年租金收入410万元，集体收益明显增高。北滘农民创业园拓展无公害蔬菜种植，引进滴灌无土栽培技术，规范蔬菜种植质量安全管理。海峡两岸国兰产业园区项目落户顺德高新技术产业开发区，面积25.13公顷。

【扶持农业龙头企业】2013年，顺德新增省级农业龙头企业2家、市级农业龙头企业2家，全区农业龙头企业达到20家，国家级龙头企业2家（广东陈村花卉世界有限公司、广东国通物流城有限公司），省级7家。农产品加工代表企业为佛山市顺德甘竹罐头有限公司、佛山市顺德区东龙烤鳗有限公司。农产品流通代表企业为广东陈村花卉世界有限公司（2013年花卉销售额13.9亿元）、生生农业集团（2013年水产品出口额1.29亿美元）。是年，落实国家农机购置补贴资金16.6万元，拉动农民直接向农机投入100万元。

【发展农业组织】2013年，顺德划拨专项扶持资金，指导符合条件的农户组建专业合作社。全区有"广东省鳗鱼协会""顺德水产商会""顺德区花卉协会"等农业商协会8个，会员1500多人，农民专业合作社30家（其中5家为市级合作社），带动种养面积约6000公顷（含外延农业），辐射带动面积1.3万公顷以上。11月，组建区农业促进联合会，带动社会力量参与创新农业产业发展和惠农服务，推动农业产业化、信息化发展。

【规范行业管理】2013年，顺德在农药、肥料、种子、饲料、兽药、农机等经营和使用环节开展农资打假工作。顺德区养宝生物制药有限公司等8家企业荣获"广东省兽药守法诚信企业"称号。开展"瘦肉精"专项整治，检查兽药生产经营企业160家次，检查饲料生产经营企业68家

2013年3月28日，广东菊花湾现代农业园在勒流举行落成典礼

2013年9月30日，陈村花卉、兰花、龟鳖农民专业合作社揭牌

2012~2013年顺德区农业总产值对比

单位：万元

	2013年	2012年
农业总产值	850941	830693
其中：种植业	190482	185611
牧业	97665	125181
渔业	522376	482791

次，未发现生产、销售“瘦肉精”等违法行为。加强有害生物防控和处理，年内区镇两级共投入资金600多万元，出动检查防控人员约5986人次，调查面积24万亩次。开展饲料原料中霉菌毒素监测工作；开展饲料生产企业产品监测工作，检测项目合格率为100%。启动生猪养殖场无害化处理监督工作，共无害化处理生猪11434头。

【加强水产品质量管理】从2013年5月1日起，顺德选取三洲水产品批发市场、弘顺渔场作为水产品产地标识准入制度试点企业，对进入试点企业销售的鳜鱼、乌鳢、黄颡鱼实行附加标识准入，对全区水产养殖场进行随机抽样。

（杜启新）

【开展畜禽养殖场专项整治】2013年，顺德划定畜禽禁养区和限养区，全区应清理畜禽养殖场2107户，已清2042户，完成97%，清拆畜禽棚舍面积77.9万平方米。

【开展H7N9禽流感防控】2013年，顺德加强养殖场和活禽市场的防疫监管，落实强制免疫措施，免疫率超过100%，免疫登记率达到100%；严把畜禽产地和屠宰检疫关，产地检疫率100%，屠宰检疫率100%，查证索证率100%，杜绝无标无证的生猪进场，严格家禽凭检疫证进批发市场；加强疫病监测工作，没有发现H7N9禽流感病毒阳性样品。

【改造提升饲料企业环保设施】2013年，广东泰峰膨化饲料有限公司投入350万元，建立喷淋式粉尘收集和水循环处理系统；全兴水产饲料有限公司投入500万元，引进荷兰AEROX电浆除臭设备，治理饲料粉尘和气味；利宝饲料有限公司、海皇饲料有限公司分别投入近300万元和350多万元，建立喷淋式粉尘收集和水循环处理系统。

工　业

综　述

【概况】顺德坚持“工业立区”，产业规模大、集聚度高、配套完善、品牌众多，拥有家用电器、机械装备、家具制造等特色产业集群，新材料、物联网等新兴产业迅速发展。2013年，顺德实现全社会工业总产值5920.2亿元，同比增长11.3%；规模以上企业实现工业总产值5473.7亿元，同比增长11.8%；规模以上企业工业增加值1171.5亿元，同比增长12.1%，高新技术产品产值占规模以上工业总产值比重提升至60%。拥有中国驰名商标25个、广东省著名商标117个、广东省名牌产品152个。

【发展智能制造产业】2013年，顺德坚持“市场导向、企业主体、政府推动、平台支撑”，发展“智能装备”、建设“智慧工厂”、研制“智能产品”、拓展“智慧服务”，全区智能制造工业产值突破1500亿元，约占全区工业总产值的25%；新认定“百家企业智能制造工程”试点示范企业24家，累计达69家。智能装备产值达950亿元，同比增长15%。制造企业智能化技术改造项目120个，投资总额超过35亿元，企业劳动生产率提高30%，产品优良率提高2%；智能产品增长迅猛，智能家电产值近500亿元，电子信息产业产值约150亿元，软件产业业务收入超过6亿元；顺德“智慧服务”范围不断拓展，康宝电器研制的无线物联智能家居系统已在大型楼盘应用，美的研发的智能厨房和格兰仕研制的云智能微波炉已成为销售增长点，科达机电公司建成“机械装备产业信息化服务云平台”，成功向智能制造服务商转型。

【建设广东省智能制造产业基地】2013年，广东省经济和信息化委员会和顺德区人民政府签订合作框架协议，规划在顺德高新技术产业开发区建设346.67公顷的“广东省智能制造产业基地”。已进驻项目16个，项目投资总额近25亿元，占地约42.53公顷，正在洽谈进驻企业超过5家。

【成立广东省智能制造产业联盟】2013年10月，顺德牵头成立“广东省智能制造产业联盟”，成员由区内和省内智能制造代表性的企业、高校及研发机构共56家单位组成，华南理工大学瞿金平院士担任联盟理事长，联盟秘书处落户顺德区两化融合创新中心。联盟定位于加强广东省智能制造企业间的合作，形成产业链聚集发展，共同开拓国内外智能制造市场。

【开展两化融合牵手镇街行活动】2013年5月21日至7月，举办“广东省两化融合牵手工程顺德站——顺德区两化融合牵手镇街行”活动，深入全区10个镇街，以政策宣讲、专家主题报告、企业经验分享等多种方式，展示信息化应用解决方案、应用和研发成果，有近1000家企业，1600多名企业代表参加。

2013年5月21日，广东省两化融合牵手工程顺德站——顺德区两化融合牵手镇街行活动到勒流举行演讲报告会

【举办第二届国家装备工业两化深度融合暨智能制造试点成果展示会】2013年10月30日至11月2日在顺德展览中心举行，展览面积12000平方米，参展单位100多家，吸引ABB、柯马、广州数控、巨轮股份、利迅达、嘉腾等国内外最新机器人产品与系统展示；还展示了“冲压无人车间”“机器人打磨抛光无人生产线”“无人注塑车间”等整体解决方案。同期举办广东智能制造高峰论坛等四场专业论坛。

主要行业

【家用电器】2013年，顺德家电行业规模以上总产值达2144亿元，增幅20.8%，企业增加值为475.2亿元，同比增长21%。11种主要产品产量居全国前3位，其中微波炉、电风扇、燃气热水器、洗碗机、消毒碗柜、饮水机等产量排名第1，如微波炉产量占全省91.9%，占全国74.3%；家用燃气热水器占全省63.3%，占全国42.9%；冰箱占全省48.9%，占全国10.3%。3家企业主营业务收入超100亿元，美的集团主营业务收入1285亿元，已成为世界级白色家电“航母”，名列中国500强第114位；格兰仕集团主营业务收入298亿元，是全球第1大微波炉制造商，居中国500强第363位；简氏依立电器有限公司从2004年到2013年连续9年雄居全国紫砂电器炊具行业销售量第一名。

【机械装备】2013年，顺德机械装备业规模以上企业总产值1458亿元，同比增长11.4%，其中顺德汽车配件业规模以上企业总产值162.6亿元，同比增长30.6%。全区共有6家企业入选广东省50强装备制造业重点骨干企业、12家企业入选广东省100家重点培育企业，两者都占全省的12%。广东科达机电股份有限公司主营业务收入38亿元，成为全球领先、国内最大的陶瓷机械设备企业。广东伊之密精密机械股份有限公司入选“2013中国塑机制造业综合实力25强企业”及“2013中国塑料注射成型机10强企业”。广东丰凯机械股份有限公司纺织机械产销量全国排名第二。

【纺织服装】2013年，全区规模以上纺织服装制造业产值203.4亿元，同比增长2.5%。生产企业超过3000家，其中规模以上企业超过300家，涵盖纺织、面料、印染、服装服饰等领域，拥有“浪登”“嘉意”“佛罗伦”“爱斯达”等本土知名品牌，基本形成生产、销售、物流、会展、技术服务等完善的产业体系，成功打造“均安牛仔产业群”“杏坛印染产业群”“伦教香云纱产业群”等多个特色的产业集群。均安是全国最大牛仔服装OEM生产基地，素有牛仔之城的美誉，年产

2013年4月8日，顺德举行德国·中国（顺德）机械行业合作交流会。图为区委书记梁维东发言

牛仔服装2亿多件，年批发、零售牛仔面料8000多万码，牛仔服装年产值近百亿元，产品出口率达80%以上。

【电子信息】2013年，顺德电子信息产业规模以上企业总产值149.9亿元，产业集中度不断提高，配套体系不断完善，形成了以伦教为核心的电子整机生产集群区，以大良、勒流为龙头的电子元器件零配件集群区，建成顺德OLED产业基地、顺德物联网技术及应用示范产业基地2个高端新型电子信息产业基地，成功打造具有顺德特色的“物联网应用—工业设计—两化融合—智能制造—电子商务—智慧城市”信息化应用全产业链。

【精细化工】2013年，顺德精细化工业规模以上企业总产值162亿元，同比增长7.2%，已形成产业集约化、企业规模化和品牌市场化的发展态势，拥有德美化工、华润涂料、美涂士等一批知名企业，产品覆盖家具、建筑、装饰、船舶、金属、手机等行业。顺德是中国最集中的涂料生产基地之一，约有企业150家，被授予“中国涂料之乡”称号，2013年产量接近105万吨，占广东省的1/3，全国的1/10，销售量占全省销售的30%以上。其中家具涂料占主导地位，约占50%，建筑涂料约占40%。广东华润涂料有限公司主营业务收入超十亿元，是中国涂料品牌10强企业之一，处于全国同行业领先地位。广东德美化工股份有限公司是国内纺织助剂行业的龙头企业之一，其规模、产品质量和品种数量在国内同行业中位居前列。

2013年顺德区全部工业企业单位数

	2013年	2012年	增减%
全部工业企业单位数	16806	18170	−7.5
一、规模以上工业企业数	1874	1762	6.4
其中：轻工业	973	942	3.3
重工业	901	820	9.9
二、规模以下工业企业数	14932	16408	−9

注：规模以上工业企业不含个体工业。

【家具制造】2013年，顺德家具制造业规模以上企业总产值86.9亿元，同比增长7.5%。全区共有家具制造行业5000多家，家具材料销售商铺10000家。龙江是全国规模最大的原材料生产和集散地，拥有亚洲国际家具材料城、豪俊材料城、龙山材料市场以及亚太木业城四大材料销售市场，被称为“中国家具制造重镇”和“中国家具材料之都”。乐从形成连绵十里的家具商贸市场，展销各类家具，有“中国家具商贸之都”之称，被认定为“广东省家具国际采购中心”。

【包装印刷】2013年，顺德规模以上包装印刷业实现总产值54.7亿元，同比增长21.2%，涵盖印刷、包装装潢等领域，近年逐步向高端、多元化产业形态转变，在印刷数字化、网络化、高效化，产品高质化等方面快速进步，拥有广东德冠、广东万昌、广东顺昌、乐从彩印、绿之彩等知名企业。广东德冠是中国功能性BOPP薄膜研发及生产的领跑者，拥有八条国际先进生产线，装机产能超13万吨；广东万昌被公认为亚洲最大的啤酒标签专业印制企业；乐从彩印专业精印各种香烟外包装，是广东省最大的烟包印刷制造商。

【生物医药】2013年，顺德医药保健业规模以上企业总产值11.9亿元，同比增长3.9%，已形成较完善的产业链，拥有生产型医药企业、医药配送、连锁药店等医药一条龙企业。顺峰系列产品年产销3亿多元，是国家医药百强企业；环球“玉屏风颗粒”“小柴胡片”“生脉胶囊”为国家中药保护品种，“七叶神安片”“玉屏风颗粒”“益母草片”“小柴胡片”在国内同类市场占有量第一；康富来“洋参含片”“血尔口服液”“脑轻松”等成为国内知名品牌。（简梅）

服务业

综　述

【概况】2013年，顺德总部经济、电子商务、现代物流、研发设计、文化创意等新兴服务业不断壮大，初步构筑起较为完整的现代服务业体系。乐从家具市场、钢铁市场、塑料市场、陈村花卉市场具备较强的国际辐射能力；家电、家具、花卉、机械、牛仔服装等专业性展会品牌影响力逐年扩大；广东工业设计城、顺德创意产业园等新兴服务已形成较强的品牌影响力。2013年，顺德第三产业增加值1156.69亿元，占地区生产总值（2556.78亿元）比重达45.2%。其中现代服务业占第三产业增加值的比重超过66.7%。

【重点商贸项目】2013年，顺德区内重点商贸项目建设进展顺利。慧聪中国家电电子商务产业园4月动工，年底已完成打桩，总投资11.85亿元，占地4.4万平方米、建筑面积18.5万平方米，预计首期2015年年底落成。容桂文塔中央商务区项目，单体报建规划方案已批复；工程处于基坑支护出土和超前钻工程，正着手准备桩基础相关工作，相关招商工作顺利推进，项目预计2015年底完工。陈村太平洋城市综合体项目总投资26.5亿元，重点建设包括港澳台现代服务产业园、高端国际商务五星级酒店、大型购物广场、写字楼、会议中心、酒店式公寓、高级居住社区、休闲娱乐等，项目于2013年11月领取《建设工程施工许可证》，12月开始打桩。乐从天佑城（原乐从星光广场）项目总投资10亿元，是集商业项目、酒店与商务大厦于一身的大型商业综合体项目。年底商场外广场已完成车位及绿化施工，公共通道装修已完成，卜蜂莲花超市和横店电影院已开业，其他商家陆续装修开业。乐从钢铁世界项目已完成投资15亿元，800多家商户已经进驻经营。

商贸流通

【批发零售业】2013年，全区限额以上企业零售额269.2亿元，同比增长18.7%。是年，顺德各大型购物中心开展各种促消费活动，销售保持稳步上升，大润发、吉之岛、沃尔玛、乐购等15家连锁企业实现销售36.8亿元，同比增长11%，本土企业顺客隆商场年销售7.9亿元，成为年度销售业绩最好的连锁企业。2013年，顺德共有商品交易市场250个，其中农贸市场205个，家具市场8个、家电市场5个、汽车市场5个、钢材市场4个及其他行业市场23个。在专业市场方面，乐从钢铁专业市场通过建设乐从钢铁世界项目，发展电子商务，实现传统大宗商品交易市场的升级换代，全年实现销售688.8亿元，同比增长3%；塑料市场建设专属仓储物流供应链管理中心和国际塑料专业贸易中心，全年实现销售72亿元，同比增长18%；家具市场大力发展家居创意产业，推动乐从镇由“家具商贸之都”向“家具设计之都”迈进，全年实现销售42.3亿元，同比增长5%。

【现代物流业】2013年，顺德共有各类物流企业1500多家，AAAAA级物流企业1家，AAAA级物流企业2家，全区货物运输量8696万吨，同比增长10.3%，其中公路货物运输量7965万吨，同比增长11.2%；水路货物运输量731万吨，同比减少0.6%。全年货物周转量69.4亿吨公里，增长14.9%，其中公路货物周转量63万吨公里，同比增长16.4%；水路货物周转量6.4万吨公里，同比增长1.8%；进出口货运总量456万吨，同比下降10%，标准集装箱101万个，同比下降1%。全区安得物流、国通物流、一通物流、德丰物流等一批有实力的物流企业从单一的物流运输向综合物流服务转变。广东欧浦钢铁物流有限公司成为省物流龙头企业。

工业设计

【概况】2013年，顺德工业设计产业发展迅速。广东工业设计城扩容提质初见成效，设计广场一期全面竣工，工业设计研究生院基建稳步推进，色彩研究中心、设计材料馆等一批重点平台项目投入使用。推出“105设计大道”规划，探讨设计与城市共融。举办珠三角设计服务巡回会、设计师产业之旅、西班牙设计服务专场等6场设计对接会，10场优质专利代理镇对接会，参与企业达300多家次。成功举办“小熊电器，妙想生活—2013创新顺德工业设计大赛”、“顺德区科达杯第五届学生专利发明大赛”等主题活动。顺德现已成为全省最大的高端化、专业化、国际化工业设计产业集群区域，吸引了来自德国、荷兰、日本、韩国及中国香港地区等地近万名设计人才和德国科隆国际设计学院、清华大学、香港创意设计服务中心等设计机构入驻，设计外包服务年收入近4亿元，年专利申请授权量过千件，每年撬动工业产值超过400亿元。

【广东工业设计城】广东工业设计城规划面积2.8平方公里，2013年，来自国内外104家工业设计公司进驻，入园设计师超过1200人，成交工业设计成果近万例，是目前国内最具影响力的工业设计主题园区，也是工信部和国家知识产权局的工业设计示范基地。年内，广东工业设计城举办或参与“英国100%设计展”等多个工业设计展会，举办16期北滘设计沙龙活动，美国环境设计师、数字艺术设计师Timo-thyCharlesIvory、广美工业设计学院工业设计基础教研室主任段丽莎等大师级人物都曾作客沙龙。是年，设计城相继建成市场交易、金融、知识产权保护转化、共性技术研发才引进与培训和品牌推广六大公共服务平台，向园区企业提供专业的配套服

广东工业设计城外景

务。年内与美国塔吉特公司等国外零售商建立合作关系，与顺德电子商务协会开展“电商+设计”的新网上贸易模式；全年获得知识产权2000余项，其中发明专利5项；利用工信部专项扶持资金1090万元建设广东工业设计城实验室，利用省经信委专项扶持资金700万建设茶品研究、节能健康电暖技术、环境湿度调节研究、微型压榨技术研究等共性技术平台。2013年12月与韩国清州大学建立产学研合作平台，在《珠江商报》平台开设《设计顺德、顺德设计》专版，与顺德电视台牵手合作打造“越讲越顺”大型谈话类节目，设立“广东工业设计城文化工作室”，为设计城获得更多的社会关注提供支持。

【设计人才培养】广东省教育厅和顺德区政府于2011年共同建立广东工业设计研究生联合培养基地，开展三大人才培养项目。一是开展清华大学工程硕士班。截至2013年，已成功举办两届清华大学工业设计工程硕士班，共培养39名学员，其中13名学员通过国家统考正式成为清华大学硕士研究生，为顺德本地设计产业提供高素质的人才支持。二是研究生校企联合培养。截至年底，培养基地已与北京大学、华南理工大学、德国奥芬巴赫造型艺术大学等国内外45所知名高校达成校企联合培养协议，共联合培养研究生52名。三是成立广东顺德工业设计研究院。以顺德本地产业为重心，通过引入高端科教人才，培养应用型设计创新人才，促进科研成果产业化，服务本地企业。是年，广东工业设计城获人力资源和社会保障部、全国博士后管委会批准设立博士后科研工作站。（钟瑞卿、梁慧敏）

物联应用

【扶持培育物联网应用示范项目】2013年，顺德加大资金扶持力度，扶持一批物联网应用示范项目，促进物联网产业快速发展，截至年末共扶持项目30个、扶持金额近3000万元，拉动社会民营资本投入约2亿元，项目涵盖智能家电、智能物流、智能制造、智能家居、食品安全溯源、智慧教育、智慧农业等领域，其中3个物联网重点领域项目纳入2013年省现代信息服务业专项，获900万元经费扶持。区级物联网产业发展专项给予爱斯达服饰公司6个项目无偿资助740万元，财政资金无息使用扶持项目4项共610万元，拉动企业物联网应用、信息化建设投入超过5000万元。

【广东省物联网应用产业基地建设】2011年4月，广东省经济和信息化委员会授予顺德“广东省物联网应用产业基地”的称号，截至2013年，基地建设步伐进一步加快，影响力初现。核心园区“广东物联天下物联网信息产业园”已引入各类科技型企业80多家，总投资额近3亿元，主要集中在物联网、智慧城市解决方案、大数据、移动互联、节能减排、智能制造、计算机信息等方面；产业园总人数400多人，博士级专家团队（包括海外回来的博士后专家）约10人，80%以上园区工作人员拥有本科以上学历的。园区运营单位物联天下科技集团已竞得商业用地125亩，规划建设面积达32万平方米的物联新城，打造新一代的城市科技综合体。

会展经济

【概况】2013年，顺德展馆总面积约18万平方米，举办较具规模的展览项目13个，行业涉及家电、家具、机械装备、物联网、农产品等领域，其中中国顺德国际家用电器博览会、顺德厨卫生活电器采购展览会、中国顺德国际木工机械展览会和亚洲国际家具材料博览会等展会影响力位居全国同行前列。中国顺德（伦教）国际木工机械博览会自1999年以来已举办十三届，伦教已成为华南地区的木工机械交易中心。亚洲国际家具材料博览会已举办16届，利用“中国家具材料之都”的区位优势，树立了中国家具材料第一展的品牌。

【实行家电“三展合一”】2013年8月23日至25日，中国顺德国际家电博览会、中国慧聪（顺德）家电交易会、中国（顺德）工业设计博览会“三展合一”，在顺德展览中心举办。展会总面积达5万平方米，美的、松下、万家乐、万和等近1000家家电企业及中外知名工业设计机构100多家参展，国内6000多名设计师参加博览会举办的首届中国原创设计奖和顺德工业设计大赛活动，吸引来自全球的7万多名专业买家和观众到场采购观展，成为亚洲第一大家电专业展览。

【举办首届华南机械零配件交易会】2013年12月9日至12日在伦教华南机械城举行，展会规模达1.5万平方米，吸引约300家企业参展，其中外地参展商超过60%。展品包括机器人、自动化系统、机电类和传动类设备、紧固件、五金配件和刀具附件等，多种新技术产品亮相，打造行业采购链，现场还设立专区集中展示顺德机械装备制造科技创新成果。

【举办农业展会】2013年，顺德举办“第二届广东（佛山）安全食用农产品博览会”、“第五届中国（顺德）龟鳖产业发展论坛暨第二届中国（顺德）龟鳖文化实化展”、“2013第十一届中国国际植物展”、“顺德区第十一届迎春兰花展”等特色农业展览。组织农业企业参加“第二十四届香港美食博览会”和“第十一届中国国际农产品交易会”，展示顺德的农业特色，宣传和树立顺德农业高端品牌。

慧聪家电城的中国·家电博物馆

电子商务

【概况】2013年，顺德出台《顺德区电子商务发展规划（2013~2020）》，电子商务发展规模紧随广州、深圳，位居广东省电子商务发展的第二梯队之首。6家电子商务企业认定为2013~2014年度广东省电子商务示范企业。据不完全统计，全区现有网商约3000家，2013年“双十一”单天全区电商销售额突破20亿元。全年电子商务交易额近600亿元，打造出10多个电子商务交易平台，覆盖钢铁、塑料等生产资料及家电、家具、服装等制成品领域，华南钢贸网成为全国钢铁交易风向标，小冰火人被认定为省电子商务示范企业。

【园区载体建设】2013年，顺德电子商务特色产业园区迅速发展，中国邮政EMS电商集配中心、顺德区车翼凤诚电子商务产业园、广东安捷仓储服务园等初具规模。龙江龙家具电商港占地面积约10公顷，电子商务核心区域15万平方米，已有全国第三大家具电商大森林家具公司等60多家企业进驻。伦教珠宝电子商务集聚区等正在建设中。顺德科技创新中心电子商务总部大楼已落成，可容纳电商企业超过200家。

【首届顺德区电子商务大会】2013年8月16日在容桂举行。大会以“再造顺德制造”为题，以专家论剑、圆桌论坛等形式，搭建起区内外制造企业、电商企业的交流平台，吸引近500家企业到场。会上，发布顺德区电子商务发展规划，举行容桂街道与广州大卓企业管理咨询有限公司共建电子商务产业服务中心签约仪式及顺德区第二批共23家电子商务示范企业的授牌仪式。（何耀坚、冯家辉）

旅游业

【概况】2013年，顺德有旅行社28家，酒店200多家，客房10000多间，其中星级酒店27

家，餐饮企业6187户。全区旅游收入105亿元，同比增长13%。主要旅游景区接待游客915万人次，同比增长13%；营业收入3.1亿元，同比增长20%。区内主要旅行社组团121万人次，同比增长8%；接待52万人次，同比增长12%；营业收入10.2亿元，同比增长12%。区内主要星级酒店营业收入7.5亿元，同比增长5%。全区餐饮业收入110亿元，占全市的35%，同比增长11.5%。

【加大旅游业政策扶持力度】2013年，顺德出台《顺德区促进旅游业发展工作方案》，区财政设立促进旅游业发展专项资金，鼓励顺德旅游企业做强做大。深度开发顺德特色民俗旅游资源，打造“顺德民俗游”文化旅游产品。长鹿农庄申报国家AAAAA旅游景区，乐从国际会展中心、顺峰山公园申报国家AAAA级旅游景区通过初评，逢简水乡、均安国际生态谷等旅游景点规划提升工作稳步推进。

【推进南番顺联盟合作】2013年，顺德作为南番顺联盟轮值主席，牵头三地以整体形象参加广州国际旅游展览会、2013中国海洋旅游年港澳地区主题宣传推广活动、第27届香港国际旅游展、2013中国（广东）国际旅游产业博览会、中国国际旅游交易会等展会。举办南番顺联合惠州推介会和“中国旅游日——游南番顺，品味地道广府文化”主题活动。与区内主流媒体共同组织策划开展美食文化节，并诚邀中国中央电视台、广东卫视、亚洲卫视等知名媒体前来顺德、采风，通过专题片、系列报道等形式，全方位、多角度地宣传顺德旅游美食；加强与网络等新媒体合作，通过天涯社区、新浪微博、腾讯微信等平台大力宣传顺德旅游美食产品。

【举办2013顺德民俗旅游文化节】2013年3月6日至5月8日，顺德以生菜会、观音开库等顺德传统特色民俗活动为切入点，联动区内文化旅游景区，开展系列民俗文化展示、巡游、表演等活动，推出“顺德民俗游”特色民俗旅游线路，吸引珠三角港澳约10万多名游客参与。2013欢乐龙舟文化节期间，各大景区接待游客量大幅增长，三天接待量近20万人次。

【举办第八届中国岭南美食文化节】活动于2013年5月份启动至10月份结束，持续近5个月时间，被评为2013中国十大影响力节庆活动。本届美食文化节以“美丽顺德品味幸福”为主线，围绕“品美食、赏文化、拓品牌、推产业、促升级”的目标，全民参与、全城互动。9月30日至10月4日，北滘广场主会场吸引海内外游客120万人次，总交易额2200万元，同比增长200%。

【申请“世界美食之都”取得突破】2013年7月4~5日，顺德向联合国教科文组织正式递交“创意城市网络——世界美食之都”申请报告。受文化部和中国烹饪协会邀请，顺德首次代表中国餐饮界组织中国美食文化代表团赴美国孔子学院开展美食文化交流活动；在北京举办“粤菜传承·发展·创新论坛暨顺峰粤菜美食文化节”，探讨粤菜文化特色和创新发展等热点话题；区旅游协会与凤城食都签订旅游战略合作协议，推动顺德美食游发展；协助央视《味道》到顺德制作美食专题。

对外经济贸易

【对外贸易】2013年，顺德进出口总额保持平稳增长，贸易顺差130.2亿美元，同比扩大6%。全年一般贸易增速高于加工贸易，内资企业出口增速继续领先外资企业，对新兴市场出口增长放缓，对欧美市场出口止跌回稳。对中国香港地区、美国、欧盟三大主要市场出口额占全区出口总值的52.9%，对中东、东盟、巴西、俄罗斯、印度五大新兴市场出口额45.9亿美元，占全区出口总值的24.6%。机电产品出口扭转2012年负增长态势，继续居出口商品主导地位，占全区出口总值的69.6%。向南非、韩国、东盟、美国四大主要进口国（地区）进口额36.8亿美元，占全区进口总值的65.0%。主要进口产品为钻石、初级形状的塑料、钢材等大宗原材料、原辅材料和零部件。

【外商投资】2013年，顺德合同外资10.24亿美元，同比增长6.53%，全年新批设立外商投资项目89个，增资61个；实际外资7.69亿美元，同比增长6.35%，其中，超亿美元项目4个，分别是新批设立的佛山市晋合房地产开发有限公司、佛山市阅沣置业有限公司、佛山市佑嘉置业有限公司和佛山市鉴博置业有限公司；超千万美元项目31个，投资总额达16.13亿美元，合同外资达9.6亿美元。截至2013年末，顺德历年累计批准设立3313家外商投资企业，累计合同外资107.89亿美元，累计实际外资85.808亿美元；现存外商投资企业1712家，投资总额133.87亿美元，合同外资73.56亿美元。

【投资顺德的世界500强企业】截至2013年年底，共有广东浦项汽车板有限公司等27家世界500强企业到顺德投资设立43家企业（其中1家为内资企业），累计合同外资9.47亿美元。年内成功引入世界500强企业2个。排名世界500强第157位的中国五矿集团在顺德设立佛山村田五矿精密材料有限公司，投资总额6360万美元，合同外资1908万美元。排名世界500强第53位的西门子在顺德设立欧司朗企业管理有限公司，投资总额2105万美元，合同外资1052万美元。

（李彬娟）

【境外投资】2013年，顺德有6家单位（广东安能保险柜制造有限公司、佛山宗德投资发展有限公司、广东德美精细化工股份有限公司、广东唐仁盛投资发展有限公司、佛山市帆泰电器配件有限公司、佛山市顺德区博悦投资有限公司）申请新设境外企业，投资总额1220万美元；增资2家（广东顺德美隆堡酒业有限公司、佛山市顺德美的投资控股有限公司），增资1.3亿美元。全区累计设立境外企业48家，投资额达3.2亿美元。

（陈国瑞）

金　融

综　述

【银行业金融机构】截至2013年年底，全区共有银行业金融机构22家，其中政策性银行1家（中国农业发展银行），国有商业银行5家，股份制商业银行13家（含外资银行4家），农村商业银行1家，邮政储蓄银行1家，财务公司1家。截至2013年12月末，顺德全区金融机构实现利润86.71亿元；本外币各项存款余额3453.2亿元，同比增长9.6%。本外币各项贷款余额（不含外资，下同）2515.95亿元，同比增长13.19%。顺德全区不良贷款余额16.17亿元，不良贷款率0.64%。

【多层次资本市场】截至2013年底，顺德在资本市场挂牌及登记企业61家，累计募集资金超过640亿元，其中场内交易市场上市企业13家（深圳证券交易所8家，上海证券交易所1家，香港联合交易所4家），控股区外上市企业6家；场外交易市场挂牌及登记企业42家（天津股权交易所6家，广州股权中心6家，前海股权交易中心14家，广东金融高新区股权交易中心16家）。深化与上海证券交易所、深圳证券交易所、天津股权交易所的战略合作。2013年，天津股权交易所广东运营中心正式落户顺德，主要为中小企业、科技创新型企业提供股权融资、上市培育等服务。拓展与香港联合交易所及国际投行的合作关系，鼓励企业通过境外运作开拓国资资本市场。探索组建覆盖全区的资本市场企业服务中心，以及引入各类国内外知名投行、会计师事务所、律师事务所及资产评估机构。年内，开源证券顺德营业部、开源证券广东资产管理分公司在顺德正式营业，长安期货在顺德建立营业部，顺德国有资产积极参与各类创投基金管理。

【小额贷款市场】2013年，全区

顺德区场内交易市场上市企业

企业名称	地址	时间
美的集团股份有限公司	北滘	2013年9月18日吸收合并美的电器（1993年11月深交所上市）整体上市
广东万家乐股份有限公司	大良	1994年1月深圳A股上市
海信科龙股份有限公司	容桂高新区	1996年7月香港主板上市 1999年7月深圳A股上市
广东德美精细化工股份有限公司	容桂高新区	2006年7月深圳中小板上市
广东精艺金属股份有限公司	北滘	2009年9月深圳中小板上市
广东万和新电气股份有限公司	容桂高新区	2011年1月深圳中小板上市
广东华声电器股份有限公司	容桂高新区	2012年4月深圳中小板上市
广东顺威精密塑料股份有限公司	容桂高新区	2012年5月深圳中小板上市
碧桂园控股有限公司	北滘	2007年4月香港主板上市
威灵控股有限公司	北滘	2008年3月香港主板上市
中国联塑集团控股有限公司	龙江	2010年6月香港主板上市
中国地板控股有限公司	大良	2011年5月香港主板上市
广东科达机电股份有限公司	陈村	2002年10月上海A股上市

共有小额贷款公司11家（其中1家在广东金融高新技术服务区设立），实现10个镇（街道）全覆盖。省金融办核准同意欧浦、美的小额贷款公司依托自身的产业布局拓宽经营范围。中国人民银行支持顺德区成立小额贷款公司进驻“佛山民间金融一条街”，完善中小微企业金融服务体系。截至2013年年底，全区共有小额贷款公司10家，总注册资本达到22.2亿元，累计发放贷款142.85亿元，其中2013年发放贷款70.89亿元，贷款余额27.44亿元。

【融资担保行业】顺德共有融资担保公司12家，包括8家独立法人和4家分支机构。其中8家法人资格融资担保公司在保余额27.72亿元，在保户数730户；2013年内担保业务发生额24.22亿元，同比增长16.9%：融资性担保业务在保余额14.59亿元。

【金融诚信体系建设】2013年，顺德继续完善社会诚信体系载体（广东顺德德信行信用管理有限公司）的后续建设，实现对“龙腾计划”和“星光工程”约合1300家重点企业的信用信息采集、入库和整合工作，开展覆盖全区企业的基础信用数据征集工作，推动机构信用代码发放，运用于社会经济活动及社会信用体系建设等领域。德信行公司与人民银行顺德支行、小额贷款公司、融资担保公司建立框架性的战略合作关系，由人民银行顺德支行试点授权德信行公司接受辖区内融资担保公司、小额贷款公司查询客户企业信用信息。

中国人民银行顺德支行

【金融创新】2013年，重点支持美的集团、格兰仕等大型骨干企业电子商业汇票流通应用，协助美的集团成功申请跨国公司总部外汇资金集中运营管理试点资格，帮助大型骨干企业办理跨境人民币融资业务，支持欧浦钢网申请非金融企业支付服务许可证。向上级行争取下放外债登记、变更、注销等授权业务。建立专业市场金融服务联系点，在30多家企业内部布放近70台自助服务终端，降低转账手续费，惠及辖区7万多名农民工。联同区金融办对区内50家代表性企业上门走访。全区金融机构设立中小微企业专营服务部门56个，信贷资金支持中小微企业16897家，创新金融信贷品种62个。年末，顺德区金融机构中小微企业贷款余额1400.45亿元，占年末辖区各项贷款增量的56.98%，比年初增长13.55%。个人经营性贷款余额132.11亿元，比年初增长37.27%。

【外汇管理】2013年，加大跨境资金监测核查力度，将12家企业列为B类管理范畴，对辖内13家重点监测企业进行现场核查和风险谈话，3家B类企业重新调整为A类。2013年，顺德跨境收支、结售汇继续保持双顺差，跨境人民币结算业务发展迅猛。一是涉外收付款、结售汇顺差继续保持上升势头。年内，银行代客累计涉外收入228.43亿美元，同比增长28.36%；累计对外付款80.69亿美元，同比增长60.67%；银行代客累计涉外收付款顺收147.74亿美元，同比增长15.64%。2013年，银行代客累计结汇146.01亿美元，同比增长26.03%；银行代客累计售汇39.69亿美元，同比增长46.03%；银行代客累计结售汇顺差106.32亿美元，同比增长19.91%。二是房地产投资强劲，带动外商直接投资额大幅上升。年内，顺德区外商直接投资出资额（外资外汇登记数据）累计超10亿美元，是上年同期的2.5倍，其中房地产外资4.5亿美元，占全年外商投资总额的26%。三是跨境人民币结算业务继续保持快速发展势头。是年，顺德辖区累计发生跨境人民币结算业务462亿元，同比增长34%，占全市的29%，其中进出口收付金额174亿元，占顺德区跨境人民币结算业务总量的38%；服务贸易收付款31亿元，占跨境人民币结算业务总量的7%；资本项下业务金额249亿元，占总量的54%。

【国库管理】2013年，顺利上线国库会计数据集中系统，总体运行稳定。全年办理国库收支业务1727.92万笔，金额1015.52亿元，日均办理业务654.52万笔。推动工会费直缴国库工作，支持工会费规范管理。

【金融基础性服务】2013年，顺德支行严格执行人民币结算账户管理制度，做好核准类银行账户开户许可证核发的初审和复核工作。年内共开立基本账户13202个，专用账户1015个，临时账户50个，销户4966笔，变更业务9147笔。配合公安机关开展打击假币专项活动，加强反假宣传和知识培训工作，全区共收缴假人民币438.63万元。

【综合执法检查】2013年，在上年独立开展对商业银行综合执法检查的基础上，首次试点将检查范围延伸到保险和证券机构，开展综合执法。年内对中国银行顺德分行、国元证券顺德营业部以及中国平安财产保险股份有限公司佛山市顺德支公司开展综合执法检查。处理落实商业银行未经储户授权擅扣垃圾费情况调查，进一步督促和引导商业银行合法依规开展业务操作。（徐兆君）

银行业

【中国农业银行顺德分行】2013年，顺德农行实现拨备前利润19.3亿元，实现中间业务收入6.6亿元，各项存款余额788亿元，各项贷款余额459亿元，被顺德区公安局、佛山银监局顺德办事处授予“2013年度金融机构安全防范工作先进单位”荣誉称号。全年个人电子银行客户规模净增127万户，同比增长79%，企业电子银行客户规模净增15000户，同比增长111%。新增信用卡有效客户26000户，有效商户净增600多户。新增2家全国千佳服务网点和6家省行五星级网点。成功投产离行网点61个，存量的离行式网点数量达到124个，柜员机800多台，是顺德自助银行最多的金融机构。

【中国银行顺德分行】2013年，顺德中行本外币存款余额、本外币贷款余额分别为132.40亿元和159.74亿元。跨境人民币业务同比增长108.10%，小型企业贷款、微型企业贷款投放分别较年初新增12.37亿元和2.87亿元。全年共创建省行级“巾帼文明示范岗”2个、顺德区“巾帼文明岗”单位和省行文明单位各1个、省行级“青年文明号”单位4个。连续四年蝉联顺德区金融机构“安全防范工作先进单位”及“佛山市银行业协会信息工作先进单位”。

2013年9月，顺德中行开展金融知识进万家活动，佛山银监分局领导亲临活动现场指导工作

【中国工商银行佛山顺德支行】2013年，顺德工行各项存款余额264.62亿元，同比增长12.98%；各项贷款192.91亿元，同比增长4.50%。项目贷款余额27.31亿元，年内累放7.54亿元。小企业贷款余额63.58亿元，同比增长21.52%，年内累放77.87亿元。个人贷款余额77.24亿元，同比增长4.26%，年内累放26.41亿元。（杨宗沅）

【中国建设银行顺德分行】2013年，顺德建行实现拨备前利润7.10亿元；实现中间业务收入3.30亿元；各项存款余额229亿元，比年初新增26.93亿元；各项贷款余额229.47亿元；不良贷款余额1.15亿元，不良贷款率0.50%。中小企业贷款余额64.56亿元，比年初新增5.61亿元。发放“商会助保”个人助业贷款141笔，金额合计2.6亿元。电子银行账务性交易量比达到76.78%。“善融商务”电子商务金融服务平台新增活跃商户130户，总额达18亿元。（王亮）

2013年12月23日，建行顺德分行举办钢材行业客户交流会

【中国邮政储蓄银行顺德支行】2013年，邮政储蓄银行顺德支行累计完成代理金融收入7424万元，同比增长9.62%；代理储蓄收入增长15.11%；利差收入增长14.98%，交易业务收入提升40%。（邱盈炜）

【顺德农村商业银行】2013年，顺德农商银行总资产1865.45亿元，实现利润总额35亿元。各项存款余额1360.9亿元，其中人民币存款余额1346.16亿元，同比增幅13.64%。各项贷款余额907.09亿元，其中人民币贷款余额888.26亿元，增幅11.97%，不良贷款率0.42%。全年外汇收支66.13亿美元，占全区市场份额的23.59%。债券交割总量18167.45亿元，在全国同系统中排名第4名。实现电子银行业务替代率69.1%，年内实现跨区发展，南海支行成功开业，金融市场部上海分部成立。是年，该行累计信贷投放928.98亿元，全部投向实体经济领域。对家电、物流、机

2013年12月16日，顺德农商银行南海支行开业（温国 摄）

械装备等支柱行业和龙头骨干企业贷款余额185.52亿元，占各项贷款的20.45%。对小微企业贷款余额299.32亿元，受益小微企业4700多户。对农户、农村组织等涉农贷款余额430.53亿元，占各项贷款的47.46%。（卢毅宁）

保险业

【概况】截至2013年年底，顺德共有保险机构39家，其中财产保险公司20家，人寿保险公司19家，保费累计收入54.3亿元，同比增长13.86%。其中财产保险保费累计收入23.16亿元，同比增长22.34%；人身保险保费累计牧入31.14亿元，同比增长8.28%。财产险公司共处理财产类赔案累计290284宗，同比上升10.54%，财产类赔款累计支出12.81亿元，同比上升31.27%，为顺德地区经济发展提供累计10645亿元的财产保险保障。

【中国人民财产保险股份有限公司顺德支公司】2013年，该公司全险种保费收入突破8亿元，非政策性保费收入78257万元，同比增长11.27%。营销员渠道全年实现保费收入35973万元，同比增长13.59%。银保业务和中介业务同比增长率分别达到58%和73%。是年，该公司推进以"客户为中心"的转型，提升客户服务能力，小额案件理赔时效从最初的22.5小时缩短为2小时；优化非车险案件处理流程，非车险案件处理率达113.42%，同比提升6.20%。（何少颖）

【中国人寿保险股份有限公司顺德支公司】2013年，该公司实现全年总保费收入11.06亿元，同比增长6%。其中，个人业务新单保费收入为1.21亿元；银保业务新单保费收入2.99亿元；短期险业务保费收入为0.58亿元。年内为超过4万名有效客户提供个人、团体意外险和长期健康险保单和服务，累计赔付支出约5000万元，支付红利、生存金、养老金合计约5.3亿元。在全区10个镇街实施计划生育家庭保险工作，受益群众达99663人。（吴颖淇）

科　技

【概况】2013年，顺德致力建设国家创新型城市，加快推进南方智谷、公共创新平台和科技服务项目的建设，大力发展高新技术产业，开展创新型企业试点工作，促进产学研合作，推动企业开展核心关键技术攻关，科研创新、企业孵化能力不断加强，创新平台支撑作用更加彰显，科技进步对顺德经济增长贡献率超过60%。全社会研发经费支出占国内生产总值比重2.9%，工业技术改造投资74.9亿元、同比增长16.4%。高新技术产品产值超过3500亿元，占规模以上工业总产值比重的60%。新认定高新技术企业22家，累计达到229家，占全市的37.5%，国家火炬计划重点高新技术企业9家。新认定5家省创新型试点企业，1家省创新型企业，累计国家级创新型试点企业2家，省创新型企业6家，省创新型试点企业10家。全年受理企业申报各级科技计划项目663项，组织产学研、院地合作项目申报各级科技计划项目291项。区企业获得国家技术发明奖二等奖1项，广东省科学技术奖三等奖3项。专利数量保持较快增长，全年专利申请受理量为14019件，同比增长19.37%；专利授权量为10560件，同比增长11.36%。其中，发明专利、实用新型专利、外观设计专利的申请受理量分别为2107件、5603件、6309件，同比增长38.07%、19.85%、13.71%。历年累计专利申请和授权量分别达到10.8万件和10.4万件，申请量和授权量连续17年居佛山市首位。

【创建国家创新型城市】2013年7月，顺德区政府出台《顺德区建设国家创新型城市行动计划》，明确任务分工、时间节点、实施路径等。从2013年到2017年，区、镇（街道）两级财政连续5年共投入不少于30亿元经费，专项用于国家创新城市建设。制订《顺德区创新扶持资金管理暂行办法》，安排科技与经济发展专项资金2.6亿元，整合区、镇（街道）科技与经济发展资金，设立科技类、创新类、信息化类、知识产权类、工业设计类等专项经费，对创新平台、创新团队、重大科技项目以及专利发明进行资金奖励，支持和引导重点工程项目的实施。是年，顺德进一步推动科技创新税收优惠政策落实，全区48家企业享受1.1亿元研发费用加计扣除减免，95家高新技术企业享受总额超过9.5亿元所得税优惠减免。（黄剑亮）

【加快创新平台建设】2013年，顺德打造以企业为主体、公共创新平台为核心的三层次创新平台，构建区域创新体系的"铁三角"。公共创新服务平台方面，全力推进南方智谷建设，跟进公共平台管理，重点建设区内五个创新平台（广东顺德西安交通大学研究院、北航先进技术南方产业基地、工业与信息技术研究中心、广东纳米材料工程中心、广东华南家电研究院），推动产业转型升级。广东顺德中山大学—卡内基梅隆大学国际联合研究院已完成主体建筑，以南方智谷为载体建立中国科协“海智计划”广东（顺德）基地，成为全国唯一的在区一级设立的基地。广东顺德西安交通大学与容桂合作筹建“传热传质领域院士陶文铨工作站”并已开展相关产学研合作项目。北航先进技术南方产业基地初步建成以机械及电气装备研究院为标志的一院四所三中心。工业与信息技术研究中心（中科院计算所顺德分所）重点搭建起“工业仿真公共技术服务平台”和“嵌入式技术与软件公共技术服务平台”，6款数控系列产品已经通过前期技术原理的验证，部分产品已经处在样机加工制造的环节。广东华南家电研究院组织相关单位推进白色家电智能控制网络规范的制定，参与起草智能家电设备描述及数据编码规范，开发和完善顺德白色家电智能控制网络标准文本。是年，顺德实施“专业镇转型升级计划”取得良好效果。北滘镇协同创新公共服务平台、大良机械及电气装备专业镇产业公共创新服务平台、顺德龙江创科家具质量检测创新服务平台、勒流五金产业科技创新公共服务平台4个项目获得佛山市科技创新平台建设专项资金支持。顺德勒流精密五金技术创新服务平台、顺德科技创新中心中小微企业电子商务服务平台等5个项目纳入顺德专业镇转型升级项目专项资金支持。十个镇街，因应自身经济、产业和企业的特色和需求，全部建成省技术创新专业镇。企业方面，建有国家级企业技术中心7家、省级企业技术中心57家，分别占全市63.6%和36.1%；省、市、区三级工程中心232家，是广东省工程中心最多的地区之一。

【开展院地对接】2013年，顺德区院士中心共组织课题调研、技术对接、专题研讨等活动十余次，共邀请40余位院士、专家前来顺德参加学术活动，其中包括两院院士14人；各项活动参与人数约1000人次；成功组织中国工程院和中国科学院的重大课题调研及咨询活动；促成顺德企业和中科院下属机构开展产学研合作项目59个，项目总投资约8850万元，并为企业培养高素质的技术人才；广东德美精细化工股份有限公司与中国工程院石碧院士合作建立工作室，攻关解决系列环保型水性聚氨酯关键核心技术问题，提高企业技术水平和企业自主创新能力，项目预计带动年产值2000万元，专利申请2项。

【推动技术改造创新】2013年，顺德区经济和科技促进局修订《区中小企业技术改造资金管理办法》，由无偿补助方式修订为无息贷款方式，扶持金额也由原来的每家企业最多100万元调整为300万元，通过政策引导，加快企业创新技改步伐。“顺德新型建材产业”被成功列入2013年省市共建战略性新兴产业基地名单。申菱空调等6家企业被纳入2013年广东省战略性新兴产业培育企业，全区已有9家战略性新兴产业骨干企业，9家战略性新兴产业培育企业。年内全区新增东亚电器等6家省级企业技术中心，新增永通等四家市企业技术中心；27个项目纳入“2013年顺德区星光企业技术改造项目支持项目”，并给予扶持资金合共495万元。

【加强知识产权保护】2013年，顺德申报创建国家知识产权试点城市并获批，试点主题是知识产权运用能力提高，是年，顺德区全年共受理专利侵权纠纷案件17宗，其中查处假冒专利案件7宗，调处专利侵权纠纷案件10宗。调解展会专利纠纷4宗，与中山、佛山、江门签订四市（区）灯饰专利执法协作协议。年内，区经济和科技促进局制定《专利行政执法事项审批管理制度》等4个制度性文件，配合省、市知识产权局“三打两建”工作，开展专利执法检查。到商场、药店等巡查，依法查处黑代理，打击侵犯知识产权行为。

【加强知识产权融资服务】2013年，出台《顺德区知识产权质押融资装箱资金管理办法（暂行）》，安排专项资金用于项目贴息和项目评估，预计可带动2.6亿元以上知识产权贷款，并组织银行、评估机构和多家一线企业质押融资服务对接会。是年，全区办理专利资助申请超过3400项，发放资助金额达620万元。评审认定区知识产权示范企业、企业工业设计中心等政策扶持项目40个，下达资金345万元。组织和辅导60家企业申报上级的知识产权和工业设计项目，获批20个，获得扶持资金1000余万元，其中获得2013年省级工业设计发展资金580万元，取得国家专利奖6项，获省政府300万元奖励。

【开展科普宣传】2013年，顺德区科协系统举办科普及学术交流、讲座、研讨会等431场次，参加人数超10万人；举办各类培训796期，培训3万人；举办科普展览63次，观看人数约73万人次；放映科普影视节目234部，观看人数约46万人次；发放科普读物、宣传单张884种，共38.7万份；制作、展出科普展板1302块，展出总长度约4500米；新建、更新科普画廊828米；举办青少年科技竞赛活动96项，参加人数约2万人次；举办较大型的综合类科普、学术交流活动99次，参加人数约16万人次。

产城融合

双核驱动

【顺德新城建设】2013年，顺德全面推进顺德新城的开发建设，着力增强集聚效应和辐射功能，打造全区城市高潮区和珠三角经济圈的重要节点。华侨城大型文化旅游综合项目签约落户，中山大学—卡内基梅隆大学国际联合研究院封顶，开展新城路网、绿网、滨水景观升级改造，核心区中轴线、德胜总部商务区初具雏形。至年底，南国路东延线主线试通车；羊大路完成总工程量的40.8%；甲子路完成总工程量的37.38%。

【佛山新城管理体制调整】佛山新城（原东平新城）位于佛山市中南部，由同济路、南海大道—北滘环镇西路、佛山一环南线、325国道围合而成，总规划面积88.6平方公里。2003年启建，2007年、2008年进行重新定位和规划调整。2013年12月11日乐从镇纳入佛山新城（中德工业服务区）统筹开发、融合发展，并委托顺德管理，乐从镇在行政区划上仍然归属顺德，佛山新城（中德工业服务区）和乐从镇的内部机构、职能、人员进行整合，合理设置职能部门，一套人马办公。佛山市、顺德区对佛山新城（中德工业服务区）和乐从镇充分授权，按照“办事不出佛山新城（中德工业服务区）”原则，由佛山新城（中德工业服务区）管委会根据需要，提出审批和管理权限清单，佛山市和顺德区通过委托的办法，将有关权限转移到佛山新城（中德工业服务区）和乐从镇。佛山新城将依托顺德产业链高端延伸的内生动力，打造成顺德城市升级和产业转型的发动机、全市“强中心”核心区和广佛都市核心圈的重要一极。

产城互动平台

中德工业服务区

【概况】中德工业服务区（以下简称“服务区”）是佛山新城打造的重要产业平台。2012年5月写进广东省第十一次党代会报告，成为全省六个重大合作平台之一。2012年8月，写入中国商务部与德国经济技术部签署的关于进一步促进双向投资的联合声明，由此跻身国家级合作层面。2013年10月30日，广东省政府常务会议审议并原则通过《广东（佛山）中德工业服务区发展总体规划》，服务区战略定位为广东工业服务高端国际合作区、广东工业服务综合配套改革试验区，发展蓝图逐渐清晰。是年，服务区与国家商务部签订《产业投资促进合作协议》，合作共建“中德投资促进中心”“中欧专家俱乐部”“中欧经济合作华南中心”等。2013年12月，佛山市委、市政府做出佛山新城（中德工业服务区）、乐从镇管理体制调整的重大决策，将佛山新城委托顺德管理，佛山新城、乐从镇实行区镇融合、联动发展战略，为服务区的发展迎来新的发展契机。

2013年12月11日，佛山召开调整佛山新城（中德工业服务区）、乐从镇管理体制动员会

【推进平台和科研合作项目建设】2013年，服务区高标准推进产业服务载体建设。中德高技术服务平台示范工程，基坑支护开挖施工顺利推进，主体建筑方案设计同步推进，将建成高技术企业和研发服务机构的孵化器；中德高技术实验园项目已完成研发楼及人才公寓主体结构80%的施工，工程设计及报建报批工作同步推进。“亚欧合作研究中心”共建工作正式启动。“云制造”体验培训中心正式运营。佛山中科院产业技术研究院过渡平台建成，首批中科院生物物理所两个科研团队已正式落户。与弗劳恩霍夫协会系统创新研究所（ISI）共同开展中德工业服务对比研究。

【促成工业服务机构进驻】2013年，与德国合作的多个工业服务机构筹划进驻服务区。筹建中德职业技术学院，打造与德国职业技术培训机构合作的线下实操与线上仿真化培训相结合的开放性平台；与佛山职业技术学院、西门子（中国）有限公司共建“西门子先进自动化技术联合示范中心”，展示、推广西门子最先进的自动化设备和软件平台；与德国F+U教育集团签订合作备忘录，共同开展双元制职业教育培训项目；促成佛山和德国知名的知识产权保护和服务机构VJP法律事务所签订《推进佛山中德工业服务区知识产权国际合作框架协议》，重点围绕中德工业服务区需求开展知识产权服务，并辐射带动全市。

【扩大招商规模】2013年，中德工业服务区全面铺开招商工作，共有研发设计、检验检测及总部经济等34个产业项目落户。7月，欧司朗公司亚太区总部落户中德工业服务区；10月，与史太白技术转移（中国）公司签署合作协议，成立史太白华南公司（总部），搭建史太白技术转移佛山平台；与德国工商大会广州办事处签订全面合作备忘录，双方将在服务区招商推介、德企落户与服务、SES高级专家派遣、职业教育等方面紧密合作。

中国南方智谷

【平台规划】中国南方智谷是顺德区委、区政府“十二五”重点建设工程，是顺德产业升级和城市升级的重要载体，已纳入2012年广东省重点建设项目、佛山市城市升级三年行动计划和顺德区城市升级五年行动计划。智谷由核心园区和特色园区组成。南方智谷核心园区规划为三区一园，共约649.53公顷（约7.5平方公里）。其中，A区位于顺德职业技术学院、华南家电研究院所在片区，约173.33公顷，建设产学研结合的公共技术创新平台片区；B区位于顺峰山公园旁同江医院以北，约423公顷，打造高端人才集聚、高端研发和高端现代服务业的发展片区；C区位于马冈片区，约120公顷，依托南方医科大学重点发展生物医药及医疗器械产业。创业孵化园位于顺德高新技术产业开发区，约20公顷，承接南方智谷研发成果的中试及产业化。特色园区包括北滘的广东工业设计城、美的创业园，乐从的广东省华南家具设计研究院和广东省物联网应用产业基地，容桂的广东德美新材料科技园及顺德科技创新中心，大良的顺德创意产业园，龙江的顺德家具研究开发院，均安的广东省均安牛仔服装研究院等。南方智谷A区已基本成型，“十二五”期间重点开展B区启动区建设。

南方智谷规划效果图

【核心园区加快建设】2013年，南方智谷B区启动区一期BT市政工程已完成总投资的80%，累计总投入资金8000万元，展示中心基本完工；总部园区进行建筑方案设计和规划、综合报建工作，开展基础部分施工，至2013年年底累计总投入资金36700万元。6月3日，中山大学—卡内基梅隆大学国际联合研究院封顶；广东顺德西安交通大学研究院规划综合楼和食堂宿舍楼已完成主体建筑和安装工程，“传热传质领域院士工作站”于11月15日正式揭牌成立，“数控技术与装备专业化服务平台”“生物前沿即时诊断研究中心”“轻质结构功能材料研发中心”“制冷与压缩机研究所”等平台正在建设中，累计承担或参与各级科技计划20项，承担服务项目16项，通过课程进修班、讲座、论坛等公益大课和培训活动，累计培养人数约达1200人次。

【重大项目陆续落地】2013年，顺德区政府与清华大学、深圳清华大学研究院签订合作协议的，共建顺德力合科技园。科技园规划总建筑面积100万平方米，直接总投资50多亿元，将在科技园区建设、高科技企业孵化、科技成果转化、科技企业总部聚集、人才项目引进等方面打造可持续发展、具有良好市场竞争能力的知名品牌，促进顺德的科技创新和产业转型升级。另外，广业科技服务基地、广东湖南大学研究院也已确定落地南方智谷。

【招才引资取得突破】2013年，南方智谷共引进10个创新团队和项目，成员包括3名国内院士，国家“863”“973”计划带头人多名，1个韩国团队等，承载单位既有顺威、德美、大自然等上市企业，亦有格尼斯磁悬浮、龙亭新材料等依托骨干企业建设的初创型企业项目，覆盖高端电子信息、智能制造、生物医药、新材料、现代服务业、现代农业等传统产业升级和战略性新兴产业培育领域。年内德美新材料创新科技园被认定为顺德科技企业孵化器，作为南方智谷的特色园区科技企业孵化器，已认定的6家孵化器孵化的企业超过100家，广东工业设计城工业设计企业孵化器和顺德创意产业园科技企业孵化器2家获认定为国家级科技企业孵化器培育单位（省级科技企业孵化器）。（杜启昕）

顺德高新技术产业开发区

【概况】顺德高新技术产业开发区由原顺德科技工业园与顺德西部生态产业新区共同组成，总规划面积106.5平方公里，包括顺德科技工业园五沙A区10平方公里，容桂B区10平方公里，佛山高新技术产业开发区顺德园3.5平方公里，以及顺德西部生态产业新区83平方公里。2013年，省政府发文认定广东省佛山市顺德工业园区为省级高新技术产业开发区，定名为顺德高新技术产业开发区，其中启动区产业规划进一步完善，重点投资项目建设进展顺利，已成功收回土地1.5万多亩，占征地总面积的93%，确定入园项目17个，在谈重点项目13个，广东省智能制造产业基地落户高新区。

2013年4月15日，顺德高新技术产业园西部启动区首家企业广东浦项汽车板有限公司举行竣工仪式

【规划设计】2013年，管委会启动区总体规划、控制性详细规划修编和道路、管网、水利等专项设计，加快推进商务配套区的规划调整，完成该区域控规修编，确定首期3个地块的规划技术指标，简化办理程序。道路工程方面，完成启动区主路网两个标段的市政道路、排水工程施工图设计工作；初步制定启动区主干道路与江珠高速中两个通道衔接项目的总体设计方案。管网设计方面，完成启动区主路网10千伏电力线路设计、一期供水工程施工图设计，及污水主干管项目的施工图设计，同时启动配套龙腾产业园片区的2号污水提升泵站的设计工作。水利工程方面，年内编制《顺德西部生态产业区启动区水利（河涌）规划报告》，并获区国土水利部门审查通过。

【基础设施建设】2013年，管委会重点推进启动区主路网、供电主网、供水主干管、污水主干管、绿化水系景观等27项基础设施建设并完成其中20项。推动土地平整，累计填砂平整用地面积146.67公顷，占工程总量近7成。推动道路建设，全长3.6公里、贯通启动区东西片区的主路网一标工程正式动工，并建成临时道路共3.6公里。推动绿化景观建设，首期投入约500万元建设全长11.2公里的绿化带，覆盖启动区主入口、主干路旁、河涌堤围等区域。推动电网建设，配合区供电部门兴建220千伏奎福变电站和110千伏新联2号变电站。启动部分10千伏电力线路的施工，并以租用变压器方式缓解梅塞尔和龙腾产业园、水产养殖等项目的用电需求。推动水利建设，疏浚浦海大涌，开挖4#渠、5#渠，逐步搭建富有岭南水乡特色的生态发展平台。推动污水管网建设，高富路、二环路污水主干管及提升泵站工程准BOT项目完成施工招标，进入施工阶段。

【园区产业发展】2013年，高新区成功引进智能电器、智能机械、装备、新能源开发和工厂化水产养殖等5个购地项目，涉及用地面积约16.73公顷，投资总额达12.4亿元。同时，以租赁方式在启动区绿心引进由国家农业部和广东省海洋渔业局重点扶持的大鲵人工孵化驯养基地、由顺德国兰协会投资的国兰种植基地项目，建设省区共建现代都市型农业示范基地已基本成型。产业规划方面，编制完成《顺德西部生态产业新区启动区产业规划》，完善启动区项目准入机制，颁布实施《顺德西部生态产业启动区工业项目准入条件实施办法》，为启动区招商引资提供明确的指引。项目落户方面，浦项项目按计划正式投产；签约企业加快入园建设进程，年内购地入园的14个项目（不含浦项）已有13个取得《国有土地使用证》，其中梅塞尔公司正式入园建设。新项目引进方面，年内编制并实施《顺德西部生态产业新区智能制造产业发展规划》，成功引入智能农业物联终端设备制造与应用项目，正式启动4个与智能制造基地对接项目的洽谈。年内，管委会在园区中心地带规划267公顷商服用地用以发展综合商务配套区，将按照“生态产业新城”的概念，通过出让土地的方式引入社会资本负责开发与建设。

广东顺德清远（英德）经济合作区

【概况】2013年，广东顺德清远（英德）经济合作区（以下简称“合作区”）实现地方财政收入24067万元，完成财政支出24023万元；合作区基建、征地等投入约13.5亿元；完成土地征收约568.93公顷（累计超600公顷），完成土地出让81.13公顷，土地出让收入1.83亿元；启动区内开发总面积超过200公顷，基本完成道路建设总长度达6公里。截至12月，正式入驻合作区企业达22家，总投资额达236亿元。

【完善体制机制】2013年，合作区各项体制机制和管理架构运作更加顺畅。5月，合作区与清远市环保局、清远市人防办签订《委托管理责任书》，逐步行使地级市经济管理事权。强化落实省经信委印发的《关于支持广东顺德清远（英德）经济合作区跨越式发展政策措施》的扶持政策，对加快基础设施建设、强化合作区服务管理职能等30项扶持策措施分步落实，推动合作区跨越性发展。合作区第三次建设工作联席会议对合作区污染物排放总量指标问题达成共识，初步解决合作区污染物排放总量来源问题，推动环评相关工作开展。省财政厅下发《关于印发<广东顺德清远（英德）经济合作区财政资金缴拨办法（试行）的通知>》，初步解决财政运作中财税收入入库、财政资金缴拨以及财政预结算等问题，使合作区财政收入调库工作得以顺利开展。此外，顺德明确了合作区在预算决算方面等同顺德街道的做法，合作区2012年财政决算报告和2013年财政预算草案获顺德区人大常委会全票通过。8月29日，合作区公共资源交易中心正式挂牌成立，为进一步提供优质行政服务，推进公共资源阳光交易打下基础。

【加快基础设施建设】2013年，合作区总体规划获清远市政府批准，土地利用总体规划局部修改获省国土地资源厅批复通过，规划整体定型。年内启动汕昆高速以北、广乐高速以东两个片区控

2013年6月28日，顺德清远（英德）合作区管理委员会与奥园集团有限公司在英德签订“岭南文化创意产业园”项目战略合作框架协议

制性详细规划编制工作并获专家评审会通过；推进专项规划编制工作，进一步统筹路网及雨水、污水管道等市政设施的建设；完成合作区电力规划编制并通过专家评审；1：500野外信息化测绘工作也于年内完成。英红、横石塘两镇年内合计完成征地568.93公顷，合作区共支付两镇征地拆迁补偿款2.62亿元。启动区内186.67公顷土地办理土地移交手续；年内共计完成土地出让81.13公顷，土地出让收入1.83亿元；完成52公顷林地转为建设用地、52.33公顷农用地转为建设用地申请；完成红岛、员工村、宏德等项目地块的土地出证工作和核心区8.47公顷土地置换工作；启动区拆迁安置方案和横石塘镇拆迁安置方案正式启动。年内共完成9个工程建设项目，总造价约8.27亿元的招标。合作区全年基础设施建设总投资约11亿元，基本完成总长度达6公里的道路建设。井字“四路”骨架路网正加紧建设，“四路”工程监理方和施工方正式进驻施工。启动区东侧市政工程已基本完成，西侧市政工程已全面启动，供水、供电、通信工程进展顺利。是年合作区共有4个项目16家企业动工建设，如容声电器综合加工园已进入动工建设阶段，红岛完成首期主体厂房建设，万家乐已完成地质补强及厂房设计工作，汉田橡胶已完成厂房平面设计，宝丽汉达正进行厂房设计，天然气热电联产项目已完成规划编制。

【强化招商引资】2013年，合作区策划打造的“中国礼品产业基地”“中国汽车用品产业转移园”等特色综合性产业园区已进入项目前期策划及建设方案细化研究阶段。年内有多个龙头项目顺利落户及建设。6月27日，奥园岭南文化创意产业园正式与合作区签订投资协议，项目总投资超100亿元；华电天然气热电联产项目进展顺利，项目首期规划装机规模为2×39万千瓦，投资超过30亿元。2013年合作区宏德公司共获7亿元银行授信额度，并成功从顺德农业银行获得合作区第一笔2600万元贷款。在顺控集团支持下，宏德公司成功从顺德区通途路桥建设有限公司获专用于征地拆迁的2亿元借款；还与广州国家开发银行、广州银行，顺德光大银行、交通银行、建设银行和农商行进行融资洽谈，扩宽融资渠道。合作区还探索资产运作模式，成立宏德城投公司，负责各类特许经营。

（钟瑞卿、梁慧敏）

经济管理

宏观管理

【固定资产投资项目管理】2013年，顺德有53个项目入选省重点建设项目，投资总规模652.23亿元。年内完成投资46.6亿元，年度投资计划完成率达118.77%。广东省现代产业500强项目年内完成投资51.1亿元，年度投资计划完成率约达117.32%。全年顺德固定资产投资立项共516个，计划总投资548.4亿元。

2013年5月31日，顺德区公共资源交易中心成立

【城市可经营项目管理】“2013佛山城市可经营项目投资推介洽谈会暨签约仪式”活动中，顺德推出18个项目，计划总投资额228.11亿元。在广东省“重大项目面向民间投资（2013年）招标推介会”现场，顺德推介27个招标项目，投资额逾100亿元。年内，顺德组织城市可经营项目和招标项目等20多个参加“第十四届中国西部国际博览会”。

【招投标管理】2013年，顺德成立区公共资源交易管理委员会及其办公室，区、镇统一的公共资源交易运行机制正式确立。年内，顺德查处区内建设工程招投标过程中的违法违规行为，不予退还违法违规企业投标保证金5000多万元。全年核准项目招标方案730个，参与处理招投标投诉15宗。

【粮食管理】2013年，顺德认定“粮食应急加工定点企业”4家、“粮食应急运输定点企业”5家、“粮食应急供应定点企业”50家。区储备粮管理总公司通过“国家二级（省级）安全生产标准化”评审；白燕、金禾、东方面粉、生鱼米业等先后通过“区级安全生产标准化评审”。广东金禾面粉有限公司获得“顺德区安全文化建设示范企业”称号，顺德区军粮供应站被评为省优秀军粮供应站。（邓慧琨）

2013年12月3日，顺德区发展规划和统计局发出编号尾数为00001的全省第一张企业投资项目备案证

物价管理

【城乡居民消费】2013年，顺德城镇居民人均可支配收入和消费性支出均实现稳定的增长，人均消费支出为28971.15元，同比增长6.2%，恩格尔系数31.02，同比下降0.78个百分点。八大项生活消费支出表现为“七升一降”格局（见下页表），食品、衣着、居住、交通和通信等传统消费虽仍占主导，但已从解决最基本生活需要的单一化消费向多元化消费转变。（李旭放）

【商品价格管理和服务收费管理】2013年，顺德落实价格政策，清费减负。降低农产品生产流通环节用水、用气价格；清理通关环节收费，促进出口稳增长；落实和调整民生优惠政策，继续对区内低保户、五保户家庭实行用水、用电、用气、电信资费优惠等；对政府定价、政府指导价的游览参观点单次购买全票的游客实行“五一”、国庆、春节门票价格不低于20%的优惠等；调整养

2013年顺德城镇居民各项消费性支出情况

支出项目	全年(元/人)	同比增长(%)	构成(%)
消费性支出	28971.15	6.2	100
食品	8986.83	3.6	31.02
衣着	1535.23	6.0	5.30
居住	3029.50	18.4	10.46
家庭设备用品及服务	1803.71	6.8	6.23
医疗保健	1865.70	3.4	6.44
交通和通信	6484.24	10.2	22.38
教育文化娱乐服务	3675.92	4.7	12.69
其他商品和服务	1590.02	−6.7	5.48

老服务收费政策、生猪屠宰费标准；调整生活垃圾处理费收费方式为“水消费系数法”。做好资源价格管理，促进生态持续发展。区内首个光伏电价项目获批复；提高环保补贴，降低上网电价；实行惩罚电价和差别排污费政策；严格核定污水处理结算价格。制定民办教育收费管理办法，完善、规范收费行为；根据省物价局的批复，顺德自2013年9月1日起调整大良九所、乐从两所公办幼儿园的保教费标准。

【价格监测】2013年，顺德区价格监测移动采集系统正式运作，全区包括平价商店监测点和各类商品价格监测点共有监测点30个，监测品种为顺德区《城市居民食品价格监测品种目》中16类399多个品种，准确掌握市场价格动态，为顺德的商品价格调控发挥重要的价格风向标作用。

【收费许可监管】2013年，顺德继续加大对行政事业性收费单位收费项目、收费标准及收费公示情况的检查力度，区发展规划和统计局联合区财税局、审计局对顺德区2012年行政事业性收费进行综合年审。据各行政事业性收费单位自查自报的材料统计，顺德2012年度参加年审的行政事业性单位共20个，收费项目计115项，收费总额为167543.2225万元，剔除国税、工商、质检、出入境等省管单位收费后，顺德2012年行政事业性收费总额为158270.0525万元；经营服务性收费共计26项，收费总额为17968.02万元。

【价格调节基金管理】2013年，顺德继续完善价格调节基金管理工作。全年价格调节基金入库6242万元，比上年增加782万元；指导和协助企业争取到省级价格调节基金扶持资金449万元；运用区级价格调节基金1144.7万元扶持“三项建设”项目，合共87家企业单位，其中运用216.83万元扶持蔬菜种植基地大棚建设，126.66万元扶持物流冷链设施建设，801.53万元扶持平价商店建设，为稳定顺德农副产品价格提供有力保障。年内还运用区级价格调节基金发放困难家庭临时价格补贴678.58万元；发放困难家庭学生校服补助50万元，补助养老儿童福利机构100万元，补贴特殊群体医疗优惠开支400万元，补助肉品统一配送车辆207.5万元，以发放平价商店消费券的形式补助困难家庭324万元，此举开创全省先河。

【平价商店建设】2013年，顺德重新修订《顺德区平价商店管理制度》和《顺德区平价商店考核办法》，在全省率先引入平价商店第三方考核，出台《关于全面提升平价商店规范化建设水平的意见》。年内全区新建平价商店32家，其中，药品平价商店15家，农副产品平价商店13家，粮油产品平价商店4家，超额完成省市下达26家的建设任务。是年平价商品销售总额达2.6亿元，月均让利166.7万元。扶持2家农民专业合作社新建蔬菜大棚9.33公顷，新增蔬菜种植基地30公顷；扶持2家企业单位新建冷库设施7800立方米，新增冷藏储备容量达31200吨。

【价格监督检查】2013年，顺德全面组织开展旅游、房地产、进出口环节、民办教育收费、医药卫生服务价格、零售企业等涉及重大行业领域的13项专项检查，全面掌握受检查行业的价格与收费情况。全年顺德价格监督检查立案21宗，办结19宗，行政罚没总金额为144148元，实施经济制裁约167万元；全年接收价格信访事项740宗，办结736宗，办结率达99.5%；办理行政复议7宗，无一败诉。 （邓慧琨）

统计

【专业统计】2013年，顺德开展统计“四大工程”（一是建立真实完整、及时更新的调查单位名录库，二是建立统一规范、方便填报的企业一套表制度，三是建立功能完善、统一兼容的数据采集处理软件系统，四是建设安全畅通、便捷高效的联网直报系统）工作，年内纳入国家统计一套表的“四上”企业数有3317个。履行国民经济核算和社会经济发展情况统计职能，抓好数据质量管理，加强总量核算与各专业、各部门、各镇、街道统计数据的衔接，开展数据审核、整理、评估、分析、汇总上报工作，按时保质完成国家、省、市规定的国民经济核算，以及工业、农业等各专业的统计年报和定期（月、季）报表任务。

【第三次全国经济普查】2013年，顺德制定《顺德区第三次全国经济普查方案》等相关文件，落实全区普查机构、经费、人员、物资、设备，做好单位核查工作，加强对基本单位名录库的管理，着力提升核查数据质量。2013年9月至12月，全区核查登记并完成录入的法人和产业活动单位数共47720个，个体户共104748个。

【统计调查】2013年，顺德开展农村住户抽样调查、农民工监测调查、村农户建房投资调查、大城市劳动力调查、人口变动调查、工作城乡一体化调查及畜禽监测调查等工作。配合上级各有关部门开展各项社情问卷调查，包括2012年广东群众幸福感测评、农村住户贫富差距监测调查，广东医药卫生体制改革情况调查等。

【统计监督】2013年，顺德建立“企业走访制度”，加强企业核查、走访，做好外商投资企业联合年检工作，加大统计数据监控力度。多次组织镇街统计人员和大中型企业的统计业务培训，研究统计“四大工程”运行中的问题和推广先进镇街、企业的经验。进一步健全基层统计机构，出台《关于进一步加强顺德区统计工作的若干意见》以规范管理，建立企业诚信资料档案库、企业数据统计审核制度、年度跟踪和监测制度，真实反映已获得政府支持的企业发展情况。

【统计服务】2013年，顺德实行“互通有无、成果互享”工作机制，实行综合数据网上直报与资源共享。年内，形成包含本地区、佛山各区、珠三角各市、沿海强市（县）主要经济指标的月度小册子，为实行综合经济分析和决策提供依据。8月出版2013年顺德统计年鉴。全年共接受社会各界信件、邮件、电话等形式的统计信息咨询超过350次。

（邓慧琨）

经贸管理

企业服务

【概况】2013年，顺德以政策引领产业发展，形成以“推动骨干企业做大做强18条”“龙腾计划”和“星光工程”三轮驱动的政策体系，构建大、中、小、微企业梯度发展的产业生态。以300家龙腾企业和1000家星光企业为重点，创新服务，搭建龙腾企业与星光企业合作平台，发布首部“顺德企业地图”，形成《2013年顺德区万家民营企业调研报告》，实现企业协作共同发展。

【龙腾计划】截至2013年12月，全区有45家龙腾企业项目入选省现代产业体系500强项目，11家龙腾企业入选省自主创新100强，236家龙腾企业被评为国家高新技术企业，获选7个省级自主创新和转型升级项目、2个创新产业化示范基地，9家龙腾企业入选广东省民营企业100强，3家龙腾企业获得广东省政府质量奖，5家龙腾企业在境内（外）挂牌上市，2家龙腾企业通过证监会审批。在龙腾企业示范带动下，全区企业的规模、竞争力、专利品牌及标准化战略、国际化水平、产业集群和区域竞争力得到进一步增强和提升。

【星光工程】2013年，星光企业（工业）实现总产值约440亿元，约占顺德工业总产值的10%，同比增长约6.9%，拥有各类专利近1200项，获得财政支持的技改项目27个，科技创新项目近20个。星光企业在各行业细分领域中“隐形冠军”层出不穷，如广东科凡家具有限公司获得德国红点设计大奖，佛山顺德区蓝贝科技有限公司的光学镜片在全国行业细分市场排名第一，佛山惠美庄电器有限公司联合行业企业着手起草家用榨油机行业标准等。星光企业成为带动顺德中小微企业发展和推动产业转型升级的主要后备力量，已有50家星光企业从微型企业向小型企业、小型企业向中型企业成功升级。

【扶持骨干企业做大做强18条】2013年，在“龙腾计划”“星光工程”基础上，顺德出台《关于推动骨干企业做大做强扶持办法》，召开顺德区扶持骨干企业做大做强动员大会，提出扶持骨干企业做大做强的“18条”政策，设立25亿元“推动骨干企业发展专项资金”，引导骨干企业采取兼并重组、技术改造、产品结构调整等战略壮大发展，通过产业纽带、上下游配套、分工协作和技术扩散等方式，带动相关领域的中小微企业发展共赢。年底，全区分三批认定区级骨干企业36家，其中纳入佛山市第一批重点培育企业共16家，占全市入选企业总额35%，美的、格兰仕和海信科龙3家企业被认定2013年度广东省重点支持大型骨干企业。

【实施企业专员制度】2013年3月，顺德出台《顺德区加强重点培育企业服务工作实施方案》，建立骨干企业重点联系制度，由区四套班子32名区领导担任企业专员，与区内85家重点培育企业配对联系，加强企业服务直接性和高效性，促进区内重点培育企业的发展。出台《关于选派区直部门干部到企业挂职锻炼的实施方案》，从区直部门的新提拔科级干部、领导班子副职后备干部和中层后备干部、30岁以下优秀年轻干部等三个层次中，分批选派干部到挂职企业担任总经理助理，每批为期半年，提升干部队伍驾驭市场经济、服务企业发展、推动经济转型升级的能力，政企携手实现共赢。

【建设小企业创业基地】2013年，顺德全力推动创业基地基础设施建设和服务平台建设，引导企业、服务机构与基地合作。全区共有9家小企业创业基地，其中“物联信息小企业创业基地”获广东省小企业基地称号。

【省地共建“双试点”工作】2013年，顺德区经济和科技促进局推进省地共建社会化服务体系试点和小微企业融资服务创新试点工作。年内开展企业服务年“暖企活动”50场次以上，服务企业1.2万人次以上，深入镇（街道）、园区、行业协会举办政策宣讲会，向企业传递并解读国家、省、市各级最新的政策动向，在全区范围内营造齐心协力促进企业发展、推动经济发展的良好氛围。

【举办中小企业服务周】2013年，顺德区经济和科技促进局举办第七届顺德中小企业服务日和第四届顺德中小微企业服务周活动，搭建八大对接平台（产业链配套对接平台、技术对接平台、产业集群平台、电商服务对接平、海外市场开拓平台、融资对接平台、自主创新与专利对接平台、企业学习交流平台），来自阿根廷、英国、意大利、南非、赞比亚、尼泊尔等国买家携采购清单与顺德企业零距离接洽。文化创意、家用电子、精密五金等6家区小企业创业基地进驻对接会，顺德农村商业银行、工商银行等20家金融机构、15家专利申请机构在对接会现场辅导，京东商城、天猫等国内知名电商及小冰火人等本地电商运营机构向企业提供电子商务解决方案。

【建设顺商学院】2013年，顺商学院共举办2期“顺商论道”、3期“顺商万里行”和2期“顺德民营经济大讲堂”活动，累计近1200人次参与。截至年底，顺商学院已培养近300家企业500多人次的中高层管理者，帮助部分学员企业营业额提升，并促成多家学员企业间的业务合作，成为广东省内企业家培养基地的一面旗帜。12月底正式注册为佛山市顺德区顺商培训学院（简称“顺商学院”）。

（杨艳生、黄冲、陈琪、张粤）

2013年8月9日，第七届顺德中小企业服务日暨2013顺德龙腾·星光企业对接会在顺德展览中心举办

招商引资

【概况】2013年，顺德围绕高端装备、新材料、新能源以及物联网等新兴产业实施产业链招商，先后在境内外重点区域开展系列招商推介活动，主动赴跨国公司中国总部、知名央企和行业领军企业开展拜访、路演活动，加强与国内外大型企业的沟通。全区全年共引进超亿元项目16个，项

目总投资约200亿元人民币，包括2个世界500强项目，其中当年已完成供地正式落户项目7个。

【引进重大项目建设】2013年，顺德引进的重大项目进展顺利。浦项汽车镀锌钢板项目竣工投产，村田高端陶瓷电容器新材料、梅塞尔气体、阿格蕾雅光电等7个新型材料项目建设顺利推进，新材料产业发展已初具规模；日出东方南方热能利用基地、华电分布式新能源等项目抓紧筹建，中源光伏屋顶发电示范工程、富华汽车城30兆瓦光伏电站完成建设，顺德区新能源产业发展如火如荼；顺德智能制造产业基地初步规划完成，富华国际交通机械城建成投产，顺特阿海珐等一批机械装备优质企业实施增资扩产，机械装备行业提质升级步伐加快；唯品会电子商务项目进入运营阶段，慧聪电子商务产业园已启动建设，物联网应用产业基地完成项目供地，电子商务产业蔚然成风，促进顺德产业的转型升级。

【开拓潜在投资项目】2013年，顺德先后在国内举办德国—中国（顺德）机械行业合作研讨会、顺德（北京）机械装备产业合作说明会等路演活动，在海外举办德国、日本投资环境推介会，在区内举办两期外商投资企业政企交流会。顺德提高路演层级和频次，由区领导甚至市领导亲率小分队，拜访中国美国商会、中国欧盟商会等机构高层，并与ABB集团、三星电子、联合利华、乐天、上海大众、中国航天科工等30多家世界500强企业、30多家中介商协会和40多家其他重点企业建立联系。同时以商引商，对光洋六和、东海埋化等15家区内的世界500强企业开展走访，鼓励他们在顺德投资新项目和增资扩产，并引荐上下游企业落户顺德，成功获取到一批外企扩大投资的信息，积累一批潜在投资项目。

【构建全区“大招商”格局】2013年，顺德加快推进招商引资三年行动方案“三个一”工程，加强对载体建设的协调统筹，建立区内重点招商项目和特色工业园区的信息通报制度。牵头制定《顺德区重点招商项目部门协同机制》，改进重点项目的谈判、决策、落实等工作流程，明确区重点招商项目的认定标准及其可享受的各项审批绿色通道，为加快项目落地提供政策保障。年内先后完成机械装备产业链招商规划、乘用车分析报告、汽车电子产业分析、新能源汽车产业的政策研究，用产业分析成果指导项目筛选和项目挖掘，用项目拜访和项目对接取得投资者的信任与合作。

【投资项目评估和用地管理】2013年，顺德区工业用地公开交易联审小组通过联审项目26个，总面积约98.2公顷。从2011年4月至2013年12月，顺德有效备案的工业用地100宗，总面积约784.87公顷；82个工业用地项目已经完成工业用地公开交易的联合评审工作，总面积约339.6公顷，投资总额约139亿元。（熊更新）

商贸行业管理

【商贸流通业管理】2013年，顺德区经济和科技促进局制定《促进顺德区现代流通业发展实施意见》，大力推动现代流通业的转型升级。开展“单用途商业预付卡”备案工作，完成18家企业的报备。协助外资企业、连锁经营企业在区内开拓经营网点，全年共审核14家企业63个网点的开设；做好“万村千乡市场工程”绩效评价工作。

【烟草专卖管理】2013年，顺德共完成卷烟销售88780.30箱，销售不含税金额198199万元，销售毛利额5.01亿元，同比上升2.57%、7.73%和8.13%。全年共发放零售许可证1303个，依法注销1005个，现有效零售户6734个。区烟草专卖局加强卷烟市场监管力度，全年共出动专卖执法人员6648人次，出动专卖执法车辆1465车次，检查卷烟零售户57218户次，查处各类卷烟违法案件444宗，上缴财政罚没款23.61万元。向区市场安全监管局移交无证经营卷烟案件28宗，向公安机关移交涉烟刑事案件2宗，联合破获多宗案件。（李超）

【废旧物资回收行业管理】2013年，顺德在工商部门登记的再生资源回收企业794家，其中注册资本在300万元以上的10家，100万元以上的33家，50万元以上的119家，行业发展态势平稳。是年，顺德区经济和科技促进局指导区金属回收公司加强服务流程管理，建设省报废汽车回收拆解企业升级改造示范工程试点，购地3.3万平方米建设全新的拆解场，预计2014年完工。

【拍卖典当行业管理】2013年，顺德共有拍卖企业12家，典当企业11家和1家分支机构，新设立典当公司两家，分别是佛山市华威典当有限公司和佛山市顺德区雍泰典当有限公司，佛山市易按典当有限公司在乐从设立分支机构，行业全年发展态势平稳。

能源管理

【概况】顺德的电力供应由省网电、地方电组成，2013年社会累计用电量149.95亿千瓦时，增长5.04%。其中：第一产业用电量4.99亿千瓦时，增长2.32%；第二产业用电量101.27亿千瓦时，增长6.12%；第三产业用电量21.16亿千瓦时，增长5.52%。全年工业用电量99.8亿千瓦时，增长6.37%。全区成品油供应总体处于平稳状态，顺德区加油站全年零售成品油总销量63.79万吨，同比下降0.65%。其中汽油37.60万吨、柴油26.19万吨。2013年全区单位GDP能耗为0.437吨标煤/万元，同比下降4.54%，完成节能任务。

【错峰用电】顺德2013年度供电负荷较为充裕，没有发生过因电源性缺电而实施错峰用电的情况，由于电网建设投入加大，电网工程施工频繁，因电力工程施工停电以及输配电设备检修而引起的断面受限情况较多。2013年期间，受电网建设及断面受限等的影响，共对有关片区执行了12天的错峰用电（较多集中于陈村片区），每天平均在用电高峰期间控制负荷约3.8万千瓦，共影响供电量约273.6万千瓦时。

【节能惠民工程】2013年，顺德共推荐5家企业申报国家惠民工程项目，推荐产品型号共141个。广东美的制冷设备有限公司、海信科龙电器股份有限公司、广东万家乐燃气具有限公司、广东安博基业电器有限公司、广东万和新电气股份有限公司5家企业共获得中央财政扶持资金6.5164亿元。

【清洁生产】2013年，顺德有12家企业通过省级清洁生产认定。全年12家清洁生产企业共削减COD排放量3.5吨/年、氨氮排放量1.3吨/年、粉尘16.5吨/年、SO_2排放量26.5吨/年，减少排放废水33.3万吨/年、固废601.7吨/年、危废0.1吨/年，共节约用电321.84万千瓦时、天然气12.12万立方米，原煤17852.84吨、蒸汽9145吨，合计折标煤14946吨标准煤/年，节约原水35.93万吨/年，总经济效益达5480.74万元/年。

【电力需求侧管理及电机能效提升】2013年，佛山市推行电力需求侧管理城市综合试点工作，顺德区所承担的任务为三年时间（2013~2015年）完成节约和转移电力负荷13.47万千瓦的任务。顺德年内共组织发动企业提交项目备案111项，初步匡算节电负荷7.5万千瓦，占总任务的55.6%。（黄志英）

财政·税收

财政

【概况】2013年，顺德地方财政总收入277.95亿元，比上年增收62.11亿元，同比增长28.8%。其中，公共财政预算收入154.08亿元，同比增长12.9%；政府性基金预算收入123.87亿元，同比增长56.2%。全区地方财政总支出274.01亿元，同比增长22.2%。其中，公共财政预算支出149.06亿元，同比增长0.7%；政府性基金预算支出124.95亿元，同比增长63.8%。是年，顺德区着力保持财政收支平衡，以民生保障为重点，进一步落实各民生项目的财政投入；加大财政改革力度，推进区镇财政体制改革，深化参与式预算工作，完善封套预算制度，做好全区财政信息公开工作，安排专项资金，推进城市升级和经济结构调整。

【民生建设投入】2013年，顺德扎实推进基本公共服务均等化。完成城市升级及生态绿化项目投资评审150项，审核金额29.89亿元。区级财政安排TC公交运营资金2.65亿元，新增公交汽车100多台。投入城乡生活垃圾运输处理费1.05亿元，安排农村污水分散治理专项资金4691千万元；公共安全支出17.16亿元，同比增长19.3%；教育支出32.55亿元，同比增长3.7%，其中投入2.7亿元用于免费义务教育公用经费补助标准，安排中等职业教育免学费

2013年6月28日，顺德区财税局举办镇街财政管理改革会议（杨健雄 摄）

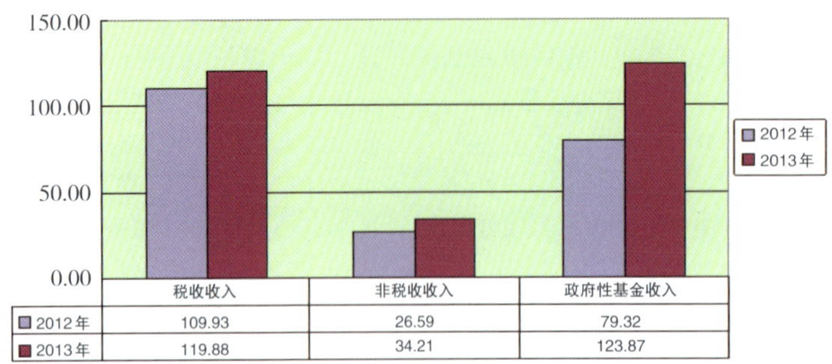

2012年、2013年顺德区地方财政收入对比

及国家助学金补助1.5亿元，对全区中职就读学生进行全免全补；科学技术支出5.93亿元，同比下降11.0%，减支原因是上级对顺德科技方面的补助减少；社会保障和就业支出10.07亿元，同比增长3.6%，其中投入新型农村养老保险补助1.35亿元，实现全区所有村（社区）办理参保手续，投入完全被征土地农村居民基本养老保障资金0.67亿元；医疗卫生支出7.87亿元，同比增长14.5%，其中投入居民基本医疗2.39亿元，投入1.33亿元用于推进医药卫生体制改革，将9项基本公共卫生服务经费人均标准提高到35元；节能环保支出14.14亿元，同比增长18.1%；城乡社区事务支出13.66亿元，同比增长27.9%；农林水事务支出8.18亿元，同比下降14.0%。此外，落实省十件民生实事支出9.66亿元，落实市十件民生实事支出4.27亿元。

【镇街财政体制改革】2013年，顺德深化镇街财政管理综合改革。以“存量不变，增量改革，保障镇街既得利益”为改革基础，按照“量化排序，分类管理”的原则，科学体现镇街间梯队差异；采取超收奖励与减收回补并轨，鼓励经济发达镇街继续保持良好的发展势头，最大限度促收、扶强，推行“共建共担”政策，对经济相对欠发达镇街给予政策倾斜，缩小镇域间基本公共服务能力的差距，均衡镇域利益，鼓励镇街通过加快发展增加财税收入。年内，10个镇街统一业务制度，统一信息系统，通过对镇街财政资金进行事前、事中、事后全方位监控，实现财政“大监督”。推进财政集中支付改革，提升镇街财政的调控和统筹能力。

【封套预算改革】2013年，顺德区财税局继续实施封套预算改革，针对部门封套内项目调整，出台封套资金调整系统操作指引，促进财政资金有效合理使用。自实施封套预算管理以来，全区预算追加明显减少。

【信息公开】2013年，顺德区财税局全面推进区属部门预决算信息公开，并指导预算单位及时做好该年预算公开工作。进一步细化公开内容，公开表格细化到“款”级科目，其中教育、医疗卫生、社会保障和就业、农林水事务及保障性住房等支出细化到“项”级科目。统一公开口径，统筹推进“三公”经费公开工作，全年共有95个区属行政事业单位公开“三公”经费预算。

【参与式预算】2013年，顺德区财税局继续做好“孕前优生健康检查”和“残疾人辅助器具适配、居家无障碍改造”两个参与式预算试点项目的监管工作，定期通过试点单位和财税局门户网站发布试点项目的进展情况，接受社会监督。是年，扩大2014年度参与式预算试点范围，试点项目从2个增加到4个，筛选标准从项目金额300万元及以上调整为200万元及以上，试点金额从上年的1198万元增加到7087万元。创新项目选取方法，采取网上投票、微博投票、问卷调查等方式，对9个预算项目实行公众评选，得票最高的4个项目作为2014年参与式预算备选项目；加强实施前论证，项目通过公示后，在区社会

2013年10月30日，顺德区财税局举办参与式预算项目面谈会
（孙宝成 摄）

2014年参与式预算试点项目经费核定表

单位：万元

项目名称	预算申报金额	核减金额	核定预算金额	核减率（%）
学前教育三年行动计划	684	0	684	0
扶持残疾人就业	4657	2025	2633	43.47
食品安全监测经费	300	0	300	0
发展群众体育健身	1446	720	726	49.79
合计	7087	2745	4343	38.73

创新中心举办四场项目面谈会，各项目代表委员们对项目预算安排、实施方案进行广泛质询，并提出多项有针对性、建设性的意见建议。（杨健雄）

国家税务

【概况】顺德区国家税务局（以下简称区国税局）全区共管辖纳税人119445户，其中一般纳税人28912户，小规模纳税人87895户，非增值税纳税人2638户。2013年，该局共组织税收收入215.29亿元，同比增长1.9%，增收4.1亿元。剔除海关代征，国内税收收入（含调库）199.53亿元，同比增长3.5%，增收6.68亿元。从分级次收入来看，全年共实现省级收入14.02亿元，同比下降12.0%，减收1.91亿元；区级收入43.55亿元，同比增长6.2%，增收2.54亿元。

【税收征管】2013年，顺德区国税局继续深化税源专业化管理，调整17项基层股室职责，推进29项“同城办税”业务，补充24个行业管理模型，并开展6大攻关项目。做好“营改增”试点和扩围工作，加强相关政策的摸底调研、研究分析与业务培训。抓好日常征管工作质量，跟进CA（指数字证书）推广与电子申报软件升级工作，CA签约率、开通率与电子申报软件的使用率稳步提升，为无纸化办税工作打下扎实基础；完成企业所得税汇算清缴和后续管理，迎接金税三期工程试点上线，试点海关缴款书对比监控系统，联合财税部门开发GIS地理信息系统等。

【税收执法】2013年，顺德区国税局以创建“省法治文化建设示范点”为契机，落实执法信息系统监控与维护，全年共纳入考核数据80多万条；出台税收执法综合评价机制，成立法律义工服务队伍，清理税收规范性文件和执法证件等。加大政策辅导和退税审批，对6类低风险企业实施当月申报当月退税，全年共办理退税98亿元，惠及全区1578户企业。坚持“用好、用活、用足”税收优惠政策，全年为84589户享受不达起征点免征增值税优惠政策的小微业户免征税额1.31亿元，为9482户享受企业所得税优惠政策的小型微利企业减免税额0.43万元，为53户享受高新技术企业减免优惠的企业减免税额8.46亿元，为37户享受研发费用加计扣除的企业减计应纳税所得额3.67亿元，为29户享受资源综合利用增值税优惠的企业免征增值税销售额3.53亿元，为23户享受安置残疾人支付工资加计扣除的企业减计应纳税所得额542万元，为31户符合优惠条件的非营利组织、民间社会团体减免收入达8422万元等。

【纳税服务】2013年，顺德区国税局落实税务公共职能转移，提高全区中介机构的代理建账水平。上线国地税联合办税平台，全区累计办理联合办证业务3483户次。开展“税收宣传月”活动，组织“税宣志愿者”活动，加强税法宣传。做好征信系统建设，从三季度起每月定时查找和报送7类、66项指标数据，进一步推动全区建设纳税诚信体系。加强办税厅标准化建设，优化基层办税服务环境，提升前台人员

2013年5月11日，顺德区国税局举办税宣传进商场活动

2013年，顺德区财税局联合区国税局推动已建总商会的所有镇街分别成立办税员协会，构建税务协同共治新格局 （谭哲 摄）

服务素质；在全区推广应用16台ATM和12台ARM自助服务终端，以及跟进音频视频监控系统等，大力推进基层办税服务厅的规范化、标准化建设。（罗俊忠）

地方税务

【概况】顺德区财税局全区共管辖纳税人171383户。2013年，该局共组织地方税费收入237.46亿元，同比增长10.1%，其中税收收入142.93亿元，同比增长6.0%，增收8.05亿元；其他收入94.53亿元，同比增长16.9%，增收13.64亿元。从收入级次看，中央级收入24.45亿元，同比下降2.7%，减收6741万元；省级收入42.16亿元，同比增长3.2%，增收1.31亿元；县区级收入76.33亿元，同比增长10.8%，增收7.41亿元。

【地税征管改革】2013年，顺德区财税局深化征管改革，推动镇街办税员协会成立，承接纳税人满意度调查、政策辅导、税企恳谈等税收公共服务事项，构建税务社会化协同治理模式；成立专业化税收数据分析监控中心，以信息技术为依托，以风险管理为导向，以数据应用为主线，对全区征管数据的风险点进行筛查、分析和推送，运行两月成功协助基层追缴税款1.53亿元。年内，在全省率先推行国地税联合办证业务同城通办，工作提速50%。

【税收执法】2013年，顺德区财税局严格执法，整顿税收秩序。抓好执法责任制系统的督促辅导，健全信访工作和纳税人权益救济机制，与区人力资源和社会保障局、区社保基金管理局联合制定社保信访投诉问题协调处理办法，组建网监队伍，通过政务微博等新平台强化舆情监控和危机化解，全年保持行政诉讼、行政赔偿“零发生”。强化稽查力度，确保税收秩序规范；完成重点税源企业检查，查处过百万元大案1宗，成功利用银行账户检查方式查处某物业公司偷税案，查获全区首宗虚开网络发票案，电子查账软件延伸到基层，稽查信息化水平和日常评估查账效率大幅提升，全年稽查综合处理金额1.31亿元。

【纳税服务】2013年，顺德出台服务纳税人的十大措施和服务基层的二十二条指导意见，提升服务质量；开展“暖企行动”，深入镇街、企业和行业商会实地调研，贴心交流问需问计，尽力协助解决难题；自主开发企业减免税辅导系统，推出一企一策辅导方案，提高优惠政策落实效率，让企业充分享受政策红利；打造“地税智库”，深度分析财税经济形势；从税政角度协助优化三旧改造工作部署，推动工会经费征缴标准出台，有效辅助政府科学决策。

【大企业税收征管】2013年，顺德区财税局继续深化对大企业税收集中征管的探索。1月起，该局大企业征收管理税务分局正式对外运作，成功接管全区78个集团共1047户企业，通过专业的平台管理和多元团队服务，实现大

2013年1月4日，全省首个“全职能”大企业税收征管机构——顺德区地税局大企业征收管理税务分局正式对外运作 （简敏 摄）

企业从属地征管到专业化征管的平稳过渡，创造大企业管理的“顺德模式”，是全国第一个“全职能”大企业集中征管分局。是年，顺德大企业分局共组织税费收入53.43亿元，其中税收收入40.98亿元，占全区地税收入的29%，所辖企业税收贡献总量同比增长6.5%。

【地税信息化建设】2013年，顺德全面加强信息管税能力建设。二手房地产基准房价评价系统二期成功上线，核价范围基本覆盖区内各类存量房，进一步堵塞征管漏洞，规范市场秩序，约束自由裁量权；自主开发应用车船税征管新系统，满足交警部门新车入户“先税后证”规定，有效提升部门协管水平；作为广东地税首批试点单位之一，担当国家税务总局金税三期系统上线工作，上线后可逐步实现全国范围内国、地税数据的大集中和规范化管理；试点应用广东地税税源管理平台；担当广东地税电子办税服务厅试点，逐步实现电子办税厅和实体征收厅的同质化管理；自主开发社保费费源申报系统，及时掌握全区各镇街、各行业、各企业、各时期的费负参数，为社保扩面工作提供支持。（林　俊）

2013年8月20日，顺德区财税局召开金税三期工程双轨试运行工作启动会（简敏 摄）

市场监管

工商行政管理

【企业登记注册】截至2013年12月底，顺德区实有市场主体总数124638户，同比增长9.42%。其中，内资企业（含私营）49344户，同比增长15.22%；外资企业2029户，同比增长1.5%；个体工商户73235户，同比增长6.03%；农民专业合作社30户，同比增长76.47%。2013年新登记内资企业（含私营）8382户，同比增长20.87%；外资企业143户，同比增长28.83%，个体工商户13182户，同比增长7.63%。新设外商投资企业中，企业法人83户。新设外商投资企业投资总额123486.06万美元，注册资本73197.92万美元，外方认缴额70873.92万美元。全区领取食品生产许可企业260户，食品流通经营企业14148户，餐饮企业6187户。办理工业产品生产许可证核发5户。全区各类文化经营单位509家，其中互联网上网服务经营场所143家，歌舞娱乐场所93家，电子游艺娱乐场所126家，音像制品经营单位124家，演出经纪机构10家，文艺表演团体9家，演出场地经营单位4家。

【整顿和规范市场经济秩序】2013年，顺德共查办产品质量、食品、安全监管等各类案件3200宗，罚没1400万元，移送公安机关28宗，查获各类违法产品、工具一大批。疏堵结合，建设“查无”工作长效机制，全区共取缔无照经营1985户，立案995宗，引导办照2161户。开展合同监管，检查银行、电信、供水供电、通信、燃气、装饰装修、美发美容等行业的经营单位515家，检查各类经营合同837个，立案38宗。开展“红盾护农”专项行动，检查农药、化肥等各类农资经营户875户，立案1宗。

【打假、打私、打传】2013年，顺德开展多个打击制假售假、打击走私、打击非法传销等专项行动。全年共立案查处各类“三打”案件1760宗，其中食品类案件1018宗，酒类案件112宗，日化用品类案件90宗，强制认证类案件60宗，建材类案件71宗，汽配类案件76宗，傍名牌类案件158宗，农资、儿童用品类案件78宗，其他类案件97宗；案值10万元及以上的大要案有23宗；移送公安追诉案件19宗。

打私方面，全年全区共查办走私贩私案件364宗，案值22419.09万元；其中刑事案件6宗，案值13648.8万元，涉税2377.45万元；首次执行强制措施犯罪嫌疑人6人，实施刑事拘留6人，执行逮捕1人，向检察机关移送起诉7人。集中力量开展冻品销毁行动，在省打私办的指挥下，对保存在陈村国通3个冷库内的总体积超过2000立方米的1115.77吨涉嫌走私禽畜冻品进行统一跨地区销毁行动，创造顺德历史之最。

打传方面，制定《顺德区2013年打击传销违法犯罪行动实施方案》（顺打传办字〔2013〕4号），检查相关的店铺和出租屋（包括旧窝点）170多间，查处疑似传销、非法集会、违规培训50多场，现场驱散参会人员约7000多人。破获乐从镇“中国通和”涉嫌网络传销案，抓获29名涉嫌传销人员，刑拘8人，遣散21人。

【文体市场管理】2013年，顺德以创文为契机，完善区“扫黄打非”工作机制。开展查处取缔黑网吧专项整治行动，取缔黑网吧360家，收缴电脑主机5473台，收缴电脑显示器5451台，成功断网36个号码。开展网络淫秽色情信息专项治理行动，以印刷厂、书店、网站、互联网视听节目服务单位、手机售卖维修点、电脑城等为重点，检查经营单位近5780个，发现处置各类敏感有害信息6200多条。开展查堵香港反动出版物行动，检查印刷复制企业、书店（亭）、书报档摊126个，收缴非法出版印刷物80多册（张）。开展网络侵权盗版专项治理行动，在顺德体育中心开展“2013年顺德区‘4·26’世界知识产权日侵权盗版及非法出版物集中销毁活动”，集中销毁非法音像制品（光盘、光碟）近13万张、非法图书6916册、非法报刊5483份，其他侵权盗版及非法出版物品一批。

【商标管理】2013年，顺德出台《顺德区实施商标品牌战略工作方案》《顺德区实施商标品牌战略资金奖励办法》，指导和协助企业申报驰名、著名商标，加强品牌商标培育。开展保护注册商标专用权专项行动，打击商标侵权违法行为。4月，成立顺德区商标协会。是年全区新增驰名商标3件，著名商标14件，集体商标1件，一般注册商标5388件。截至年底，全区共有驰名商标25件，著名商标118件，集体商标8件。查处商标违法案件181宗，罚没金额118.61万元，案件总值370.17万元。

【广告管理】2013年，全省首次开展广告行业普查，顺德登记广告企业730户，确定填报458户，另外272户无法取得联系或已经搬迁。区市场安监局定期对辖区内的媒体广告进行监测，整治虚假违法医药广告，规范医药广告发布行为。全年共监测检查各类广告13430条次，其中医疗服务广告930条次，药品广告399条次，保健食品174条次，房地产广告4285条次，监测检查网站15家，发出广告监管意见书4份，召开广告监管约谈会3次，查处广告违法案件46宗。

【动产抵押、拍卖、股权出质登记与管理】2013年，顺德共办理动产抵押登记590宗，担保主债权金额206亿元；办理拍卖备案408宗，拍卖成交金额7.8亿元。办理股权出质登记175件，帮助企业融资近41.79亿元。

【消费者权益保护】2013年，顺德通过13条维权途径，全系统共受理各类咨询申诉举报案件21376宗，办结率达100%，为消费者挽回经济损失253.74万元。是年，该局大力推动“五进”建设，在市场、超市、商场、家具、家电行业和旅游景点建立“消费维权服务站”83个，实现不出店门消费纠纷解决。大力推进汽车“三包”工作，召开媒体见面会，协调全区100多家汽车销售企业建立汽车市场消费维权快速反应联系机制，发放《汽车三包法律法规宣传手册》1000余份。

质量技术监督

【产品质量监管】2013年，顺德开展广东省名牌产品目录推荐和培育工作，年内全区新增省名牌产品18个；广东格兰仕集团有限公司获首届中国质量奖提名奖；广东科达机电股份有限公司和广东美的生活电器制造有限公司获

2013年3月16日，顺德区消委会组织区属职能部门和企业、银行等单位，在顺峰山公园开展“‘3·15’国际消费者权益日”宣传咨询活动

第三届广东省政府质量奖；广东万和新电气股份有限公司和广东美芝制冷设备有限公司获佛山市首届政府质量奖。举办第三届顺德区政府质量奖，广东万家乐燃气具有限公司、广东申菱空调设备有限公司和广东东泰金属制品有限公司3家企业榜上有名，并获得100万元奖励。截至2013年年底，顺德共有12家企业获得各级政府质量奖，省名牌产品152个。年内制定2013年顺德区工业产品质量定期监督检验计划，涵盖167类重要产品。抽检工业产品3922批次，发现不合格产品452批次，召开5次质量分析会，约谈企业59家。开展工业产品生产许可证企业分类监管评级，对全区332家企业进行评级，其中AA级企业17家、A级企业44家、B级企业271家。

【特种设备安全监察】截至2013年底，顺德区在册承压类特种设备总数为19099台/条，其中锅炉1770台、压力容器16148台，压力管道1181条。另有在册各类气瓶1005835个，其中液化石油气钢瓶864048个、工业气瓶140012个、车用气瓶1775个。在册机电类特种设备37777台，在用设备机电类特种设备33553台，其中电梯14869台、起重机械16572台、叉车2043台、游乐设施69台。全年办理承压类特种设备使用登记1266台/条，其中锅炉90台、压力容器991台，压力管道185条；办理气瓶使用登记17489只；受理安装告知1187台，其中锅炉92台、压力容器922台，压力管道173条；办理气瓶充装许可证（含新办、换证、变更）4个。办理机电类特种设备使用登记2778台，其中电梯1278台、起重机械1266台、叉车229台、游乐设施5台；受理安装告知1314台，其中电梯1095台、起重机1510台、游乐设施6台。

2013年，顺德完成363台工业锅炉的能效测试，对其中171台提出停用或整改要求；开展液氨使用单位专项整治，全区共排查涉氨使用单位86家，涉及啤酒生产、专业冷冻、食品加工、金属加工和纺织服装等行业（其中涉氨制冷企业40家），发现存在安全隐患液涉氨企业43家，发出监察指令书43份，立案查处5宗；开展自动扶梯及自动人行道专项安全检查，对全区789台登记在册的自动扶梯和自动人行道进行逐一核查，现场核实报废、报停、注销登记情况；实施电梯安全监管改革，与2716家电梯使用管理权者签订安全承诺书，9253台电梯首付责任者得到明确，确权率为78.26%。举办特种设备作业人员培训班104期，培训人数9091人，换发证9091个。

【标准化工作】2013年，顺德颁布实施《顺德区实施技术标准战略专项资金管理办法》，开展技术标准项目研究等工作列入政府财政预算。区市场安监局组织建立顺德区技术标准专家库，由企业、大专院校、科研院所等45名科研技术人员组成专家队伍。2月21日，由顺德电压力锅标准联盟主导的电压力锅广东省地方标准DB 44/579–2009《电压力锅安全及性能 特殊要求》获2013年度中国标准创新贡献奖一等奖，这是顺德开展标准化工作以来获得的最高荣誉。9月25日，《均安烧猪》《均安蒸猪》《煎鱼饼》《拆鱼羹》四个联盟标准正式发布实施。区市场安监局与广东省工业设计园合作制定《工业设计（创意）产业园建设规范》等标准规范，这是国内首次制定的工业设计园建设方面的地方标准。是年，全区共主导或参与制、修订国家标准11项、行业标准11项、地方标准2项，发布实施联盟标准4项，企业采用国际标准或国外先进标准68项，企业产品标准备案680项。

【计量工作】2013年，顺德制定《关于进一步加强顺德区计量工作的指导意见》，以“民生计量、能源计量、安全计量”为重点，逐步构建分工明确，上下联动的计量监管新模式。区市场安监局严管机动车安检机构，责令整改4家，立案查处1家，督促21家签

2013年2月21日，顺德电压力锅标准联盟制订的电压力锅联盟标准DB 44579–2009《电压力锅安全及性能 特殊要求》荣获2013年中国标准创新贡献奖一等奖

署诚信检验承诺书。开展重点领域安全用计量器具专项检查，147家企业通过自查并提交自查表，对29家石油石化企业、46家化工企业435台（件）安全防护用计量器具的抽查，抽检合格率为95%。开展定量包装商品、金银制品专项检查行动，检查定量包装的生产、销售企业131家，抽查定量包装商品168批次，合格率89.3%，立案查处3家，限期责令改正13家；检查金银制品加工企业10家，销售企业112家，对其中使用超期计量器具（7台）或未经检定计量器具（4台）的企业发出责令整改通知。举办计量检定员培训班4期，培训人数153人，换发“计量检定员证”153个。

食品安全监管

【概况】2013年，顺德开展食品安全专项整治行动，共抽检食品1646批次，实测值10批次，包装空隙率不合格3批次，纯标签不合格11批次，内在质量不合格产品106批次，内在质量不合格产品发现率为6.44%。加大对面及面制品、肉及肉制品、米及米制品、豆制品、食用油、乳及乳制品等大宗商品抽检比例，抽检854批次，不合格49批次，内在质量不合格产品发现率为5.74%。编制《2012年度顺德区食品安全监管白皮书》，逐步建成食品安全监管平台和信息公示平台。开展食品安全示范区建设，已建设食品安全示范店247家，指导61家食品生产企业完成“HACCP”体系建设，建设“阳光厨房”718家。构建镇（街道）、村（社区）基层食品安全监管网络和防控体系，并通过购买社会服务方式，引入食品安全中介服务机构，全区10个镇（街道）222个村居，每个村居已聘请2名协管员和信息员。举办各类食品安全培训班77期，培训人数5986人，换发证5986个。

【加强餐饮服务业监管】2013年，顺德加强餐饮服务食品安全量化分级管理。至年底，顺德有持证餐饮服务单位6187家，其中已评定单位3707家，新办证3个月内单位数208家，责令整改19家，待评定单位157家，餐饮服务量化覆盖率95.93%，大良、容桂、龙江、乐从、北滘、陈村已上报评定省A级单位共53家。年内分别举办餐饮服务监管技能提高等专题培训班6期，累计培训达500余人次。做好餐厨垃圾处理，加快餐厨综合处理项目建设前期准备工作的落实。开展“阳光厨房”建设，至年底，全区已建设718家，以208.72 %比例超额完成市2013年度任务，并提前以104.51 %比例超额完成市2014年建设任务。全区建立餐饮业食品安全示范单位101家。11月15日，大良德顺广场美食街通过省级考评创建成为广东省餐饮服务食品安全示范街。创新餐饮行业食品安全监管模式，成立学校膳食委员会；组织制订《佛山市顺德区集体饭堂食品安全准入标准》，以食品餐饮环节为突破口，规范食堂准入制度。加强农庄食肆监管，在证照许可、制度建设、硬件设施、经营管理、采购要求上严格把关。

【农贸市场管理】2013年，全区52个农贸市场完成硬件施工，全区流通领域共抽查蔬菜、水产品和生猪样品分别为1723284份、7949份和96039份，农药残留、孔雀石绿检测、“瘦肉精”合格率分别为99.91%、99.14%和99.99%，对检测不合格的问题蔬菜和水产品，均进行销毁。此外，流通领域对禽类进行禽流感抗体和沙门氏菌检测分别为8535和3022份样品，其合格率分别达到86.19%和98.74%。年内还开展防控H7N9禽流感专项行动，对全区8个活禽批发市场（点）和所有农贸市场活禽档口开展拉网式巡查，推进活禽交易市场分批停业开展清洗消毒工作，严格落实“一天一清洗、一周一扫除、一月一休市”等各项防控制度。（李海燕）

【生猪屠宰管理】2013年9月1日起，顺德各农贸市场的肉品统一

2013年10月24日，顺德区市场安全监管局组织区肉品统一配送车上街巡游，接受市民的检阅

2013年6月17日，2013年顺德区食品安全宣传周在大良钟楼公园启动，拉开与全国、全省同步开展，主题为“社会共治 同心携手维护食品安全”的全区食品安全宣传周活动的序幕

使用肉品专用冷藏运输车配送。全区6家生猪、1家菜牛屠宰企业共投资1800多万元新订购近80台肉品统一配送专用车并投入运营，生猪屠宰量有所增加，日均上升近300头。区食品安全监管部门加强对各屠宰企业的日常监管，组织开展了生猪（牛、羊）屠宰专项整治行动，共出动执法检查人员593人次，集中整治重点区域11个，抽检生猪定点屠宰企业生产的肉品70次，销毁病害肉1623公斤。同时加大生猪定点屠宰资格审核力度，关闭了资格审核不过关的龙江镇肉类食品有限公司和杏坛镇齐安肉食加工厂。

安全生产监督管理

【概况】2013年，全区共发生各类事故2002起、死亡184人、受伤1723人、直接经济损失673.73万元，与上年同期相比，事故起数上升6.09%、死亡人数下降5.64%、受伤人数下降6.36%、直接经济损失上升13.11%。其中：工矿商贸企业职工伤亡事故3起、死亡4人、直接经济损失150万元；道路交通事故1798起、死亡180人、受伤1723人、直接经济损失258.08万元（含生产经营性道路交通事故184起、死亡31人、受伤150人、直接经济损失26.16万元）。全区全年没有发生较大以上生产安全事故。

【加强安全生产综合治理】2013年，顺德制定安全生产重大事项备案制度，区、镇（街道）、村（居）层级签订安全生产责任书均达到100%，20家企业获得区级“安全文化示范企业”。区政府出台《顺德规模以下（不含微型）工贸企业安全生产标准化管理标准》和《顺德微型工贸企业安全生产标准化管理标准》，安排395万元专项经费，全年安全生产标准化达标企业1671家，其中规模以上达标企业1211家。6月至9月，开展安全生产大检查行动，全区检查督查企业42935家次，发现事故隐患39811项，已整改38617项，整改率97%。加强危险化学品监管，完善和修订《顺德区危险化学品安全生产事故应急救援预案》，建立顺德区危险化学品安全监管部门联席会议制度，对34家企业进行安全设计诊断，开展各类专项检查，发现并整改安全隐患1225处。全年举办各类安全生产培训班97期，培训人数17104人，换发证6402个。

国有资产监督管理

【概况】截至2013年12月，顺德国资系统企业资产总额为415.07亿元，负债总额为302.48亿元，净资产112.59亿元。是年，区国资系统紧扣区委区政府“城市升级、产业转型、改革创新”三大工作重点，把握“完善各类国有资产管理体制”的改革方向，践行“打造大国资，监管全覆盖”的理念，开展国资监管、国企发展工作。

【加强国有资产战略投资】2013年，顺德国资加大对智慧平台的投入，参与投资的中山大学—卡内基梅隆大学国际联合研究院项目截至年底累计完成投资约3.55亿元，项目A区基本竣工，B区智汇中心目被列为区重点建设项目；中国南方智谷的展示中心已完成主体和幕墙结构施工，总部园区已于6月7日开工建设。同时，注重引进外地金融机构，提

2013年1月18日，开源证券顺德新宁路证券营业部正式开业

升金融对产业转型升级的支撑作用。配合开源证券筹建顺德大良营业部，4月18日开源证券广东资产管理分公司正式开业。区诚顺资产管理公司与德鑫公司各出资1500万元筹建广东粤财节能环保创业投资基金公司。顺德国资认缴9000万元发起成立盈峰创投基金，募集资金3.5亿元；认缴2500万元发起成立德美德鑫产业基金，募集资金1亿元。协助长安期货在顺德建立营业部。

【国有资产投入重点城建项目】2013年，顺德致力于盘活城市资产存量，以实现城市资源配置容量和效益的最大化、最优化。是年，国资参与的重大项目顺利推进：慧聪家电城4月1日奠基，年底已完成全部桩基础施工。与华侨城合作成立广东顺德华侨城实业发展有限公司，开发集文化、旅游、娱乐、休闲、购物、商务和居住等为一体的大型综合项目，于10月31日以14多亿元竞得位于顺德新城创智城片区三个地块。顺德新港项目全面推进，已完成码头水工主体主要工程A段、引桥现浇桥面和磨耗层主要工程工作，以及浆砌块石护坡主要工程和码头前沿附属构件主要安装工程；截至12月，该项目累计完成产值1.26亿元，占投资总额的48.48%。广东顺德清远（英德）经济合作区建设进度加快，5月，宏德公司的授信方案获得省农行批复，核定授信额度人民币5亿元，贷款3亿元，全部为固定资产贷款额度，这是合作区第一笔授信申请和贷款审批。

【国有资产完善交通水利建设】2013年，顺德区国资系统强力主导全区的城市基础设施建设。交通方面，推进高赞立交工程等十余项在建工程，确保一环南延线、高富路、番村互通立交等项目的全线通车。推进南国西路、杏龙路、三乐路等十多个重点路段LED节能灯改造项目。推动华侨城配套交通项目（包括环湖路建设工程、龙盘北路东延线和碧桂路顺德新城段改造工程）、三乐路（北滘立交至碧桂路段）快速化改造和新均榄路一期等新增项目的前期工作及甘竹滩大桥、大金山隧道等十个竣工项目的验收工作。区恒顺公司完成205座桥梁的年度检测工作，路桥管养MQI（好路率）达到93%，管养路灯亮灯率达97%。加强信息管道建设维护。全年在建信息管道工程累计完成近11管程公里，合计完成近43管孔公里，与各运营商签订信息管道工程合同共18宗，合同价款共计约600万元，均已完成施工。水利方面，十个镇（街道）全年动工水务合同工程144宗，竣工项目超过96宗，完成造价约4370万元。全区共接处管道维修抢修13585宗，抢修及时率达100%。加快水利工程建设。5月10日，区水利投资建设公司成立，截至年底，承接水利工程18宗。

【国有资产投入民生公用事业】2013年，区国资办着力推进公用事业建设，加快提升公共服务水平。供水方面，开展羊额水厂、北滘水厂、均安水厂等项目的技改和改建改造，提高信息化管理水平。推进右滩水厂扩建工程、杏坛供水调度中心工程、北江水厂制水系统改造工程和勒流龙州路－银城路DN1200－800给水干管工程等项目建设。公交方面，不断完善各镇（街道）公交接驳，实现区内任意相邻两镇（街道）公交直达覆盖，全区基本建立起村巴、镇巴、跨镇公交、跨区公交等主干线互补、长短线结合的公交网络，形成中心城区辐射镇（街道）、相邻镇（街道）互通的公交格局。（向惠萍）

2013年12月13日，顺德区委书记梁维东等到区国资系统调研

口岸监管

综述

【口岸客货运情况】据边检统计，2013年经顺德港出入境人数约83.44万人次，同比上升2.90%，其中出入境旅客为70.80万人次，同比增长1.40%，入境旅客35.22万人次，同比增长2.06%；出境

旅客35.58万人次，同比增长0.75%。全年进出境航班4438航次，平均每天有12个航班往返顺德和香港中港城码头。据海关统计，2013年全年，顺德各外贸货物装卸点进出境总货运量456.25万吨、同比下降10%，其中进口140.19万吨，出口316.06万吨。标准箱总数101.25万个，同比下降1%，其中进口标箱46.35万个，出口标箱54.91万个。进出境货运车辆6.41万车次，同比下降17%。

【优化口岸管理机制】2013年，顺德继续坚持并完善口岸联席会议制度，通过不定期召开联检单位工作座谈会及实地调研等，做好管理协调工作，保持口岸的和谐联动。加强对口岸工作的综合管理和宏观指导，加强对海关、边检站、出入境检验检疫局、缉私分局、海事处等联检单位和口岸经营方的协调，及时解决口岸工作中出现的问题；不断优化口岸管理机制。

【开展“三个一”通关改革试点】2013年，顺德各联检单位探索口岸监管模式创新，自2012年12月起，在北滘港启动关检“三个一”（一次申报、一次查验、一次放行）通关改革试点，提高通关效率。年内，区出入境检验检疫局协同顺德海关在容奇港和勒流港继续推进“三个一”通关模式，纳入“三个一”试点企业共有24家，累计实现一次申报4036批，一次查验151批，一次放行4036批，货值2.79亿美元。企业申报项目录入项从169项优化合并成92项，项目数减少45%，录入效率提高30%以上，企业办单候查时间减少50%以上，对货物查验时间减少50%。

【加快口岸载体建设】2013年，顺德强化口岸规划建设，口岸载体建设日臻完善，营造和谐、舒适的通关环境。年内全力推进顺德新港建设和现有口岸提升改造工程。顺德新港一期主体基建工程进展顺利，后方综合联检楼和生活楼设计方案已提交。对顺德客运港现场硬件设施进行升级改造，对老化严重的设施进行修缮补漏，推进联检单位办公自动化和智能系统建设。顺德口岸电子指挥平台于年底试运行。

海关

【概况】佛山海关驻顺德办事处是广州海关隶属佛山海关下设的办事处（正处级），是广州关区业务种类较齐全、业务量较大的隶属海关（办事处），涵盖了除邮递物品和快件监管以外的所有海关业务，辖区内设有公共保税仓5个、出口监管仓6个，已获批准在建保税物流中心（B型）1个。2013年，佛山海关驻顺德办事处共计税收入库19.68亿元；监管进出口货运量459.7万吨，进出口货物总值201.5亿美元；监管进出境运输工具8.1万艘（辆）次，进出境集装箱88.5万箱（次）；监管进出境人员84.3万人次。全年查获进口固体废物违规案件11宗，查获海上走私废旧电器案8宗，货运渠道走私洋垃圾案件1宗，退运夹杂物超标的固体废物1000余吨。加强对涉税重大案件、重大查缉行动的组织领导，完善珠江流域反走私体系建设。参与地方打私行动，深化反走私综合治理。全年立案件160宗，案值22383.09万元，涉税额2377.45万元。

【重点业务改革】2013年，顺德办事处推进各项海关业务改革。深入推进通关作业改革：加大通关作业无纸化改革宣传推广力度，解决流程再造及配套难点问题，全年办事处无纸化报关单量为24.1万份，无纸化报关单覆盖率达62.65%。加强与顺德检验检疫局的联系配合，推进关检合作“三个一”模式试点，关区内已有21家企业参加试点，共审验4598票报关单，报关单覆盖率达22.44%。推动分类通关和分级审单改革，调整监管现场工作流程，重新明确通关作业岗位职责和工作要求，提高审单质量。试点推动保税检测维修业务，成功争取将辖区内爱立信（广东顺德）通信有限公司和顺达电脑厂有限公司确立为海关总署扩大试点单位。启动跨境电子商务试点工作，12月，广州海关首票跨境电子商务B2B2C保税进口业务在顺德测试成功。

边防检查

【概况】顺德边检站主要担负1个国家一类口岸（顺德客运港）和3个二类口岸（容奇、勒流、北滘港）的出入境边防检查任务。2013年（2012年11月31日至2013年11月31日），顺德边检站共查验出入境人员742147人次，交通运输工具10355艘次；查获多人次在控、在逃、违法违规人员，确保口岸安全和谐。边检站以总队旅检勤务管理试点单位为契机，优化勤务模式；完善口岸联防机制，与海关、检验检疫、口岸派出所等单位开展协同处突演练6次；创新边检服务措施，与美的、科龙、格兰仕等企业和顺德供电局、容桂商会等单位开展共建，为顺德一中实验学校1000多名师生开展军训。10月，佛山市政府授予顺德边检站“爱民固边模范边检站”称号，为佛山片边检站第一个。顺德边检站执勤业务四科作为全省边检唯一代表被总队推荐参评全国公安边防部队执法示范单位。

【勤务管理试点】2013年，边检站以总队旅检勤务管理试点单位为契机，制定《旅检勤务管理规范化手册》和旅检岗位工作指引，规范13类旅检勤务的流程标准，明确各级人员职责任务，优化勤务模式。结合单位实际改革勤务模式、优化警力配置，将原有的2个旅检科扩充为3个科，由原来的两班倒调整为三班倒，在警力配置数量不变的前提下，旅检单警验放效率提升30%，验放差错率下降20%。6月25日在全国现役边检站中首个正式运行新办法，将处置各类突发事件、恢复口岸运作的时间缩短90%，平均时间压缩到3分钟。

【警务信息化建设】2013年，边检站适应信息化条件下边检执勤和部队管理需要，投入240万元建设新指挥中心，建设无缝融合显示幕墙、综合多功能总控台、LED显示系统、通信调度系统等，年内正式投入运行，形成实战化、扁平化、可视化的指挥平台。投资196万元建成的4条自助通道投入使用，承担近半港澳旅客的过关验放工作。对部分已经老化的监控探头进行升级扩容，视频监控探头达110个，覆盖所有营区港区。刚性推行一体化、无纸化办公；自主开发前台查验工具箱、电子签证查询平台等工具软件，在二类口岸推广使用“梅沙小助手”、掌上警务通，丰富查验手段，支持执法执勤。

海事监管

【概况】2013年，顺德海事处共完成船舶进出口签证查验67033艘次，港口货物吞吐量2898.17万吨，外贸旅客吞吐量612711人次；完成船舶安全检查564艘次，纠正船舶缺陷3175项，滞留船舶15艘；办理危险货物申报签证监管1539艘次，装载危险货物675200吨，7883标箱；实施行政许可63952宗，实施行政处罚203宗，实施行政强制案件3宗。年内辖区共发生统计范围内的水上交通事故0宗，小事故6宗，死亡0人，沉船0艘，经济损失78.2万元，同比下降27.1%，事故四项指标同比三下降一持平，辖区安全形势持续稳定呈良好势头。年内，顺德海事处全面构建水上安全监管网络；推进顺德区水上溢油应急设备库建设；保障“江顺大桥”“了哥山港”等政府重点工程项目的顺利竣工；参与佛山市政府、顺德区政府举办的各项水上竞赛活动的维护工作；开展联动执法行动，打击水上违章行为，每个季度定期组织辖区13家航运公司安全管理员学习培训班，实施挂点帮服，推进辖区航运企业安全管理升级。

【水上安全监管】2013年，顺德海事处实施“四季七节”及雷雨大风、雾季、洪水期等季节性安全监管工作。针对辖区每阶段出现的新情况，制定有针对性的监管措施，全面加强“四季七节”期间渡口渡船、高速客船、施工水域的现场监管，保障洪汛期间辖区水上交通安全稳定；确保“天兔”“海燕”等强台风登陆期间辖区无发生一宗水上交通事故（险情）。严格落实执行安全隐患排查治理长效机制，对辖区安全隐患定期排查，及时清理安全隐患，特别对容桂水道了哥山港段航道锚头石问题，联同佛山海事局有关部门深入调研，共同商讨解决方案，致力排查安全隐患，开展船舶护航工作，保障船舶航行安全。年内共排查安全隐患19项，消除安全隐患18项。

【专项整治】2013年，顺德海事处全面深化“中小海船专项整治”和“打非治违”等专项行动，组织开展“西江下游江盾行动”“百日安全大检查专项行动”“砂船专项整治”“渡口渡船‘回头看’”“海船消防检查专项行动”“送救生衣”等多项专项行动，严厉打压各种违章违规行为，保持辖区水上交通安全监管的高压态势，确保辖区安全形势的稳定。

【监管现代化建设】2013年，顺德海事处深化佛山海事局“3+1”模式和“6个电子”应用，完善水上交通现场监管评估体系建设，探索智慧监管与现场监管需求契合度，助推海事转型。全年实施现场巡航828次，电子巡航1364次，共150593公里；开展现场联动执法186次，现场设卡186次，电子设卡1358次，现场检查船舶8765艘次，远程检查船舶33074艘次，远程核对渡船船员1212人次，远程核查海船船员信息1216人次，发布预警信息3129条。

【渡口渡船安全监管】2013年，顺德海事处推进“平安渡口”“平安出行”创建，协调区政府推进完善渡口渡安全管理制度，拟定《顺德区撤并渡口方案》和《顺德区渡口渡船安全管理专项资金设置方案》

等渡口渡船工作方案上报区政府，形成以政府为主导，各职能部门实施监督的管理模式。落实渡工培训工作，消除渡工航线不符安全隐患，提高船员素质，主动联系上级部门协调解决辖区渡工航线不符培训工作，通过采取“上门服务”的方式，帮助辖区各口船员解决渡工航线不符问题。推进“救生衣行动”工作，对辖区渡船进行全面彻底检查，掌握渡船救生衣损坏和配置情况，落实合理调配和更新工作。督促乡镇人民政府和村委会（居委会）贯彻落实渡口渡船管理的规章制度，建立针对渡口渡船紧急情况的应急预案，督促村民委员会、渡口经营人（或使用人）履行各自主体责任，督促相关部门按照“一渡口一档，一渡船一档”的要求，建立渡口渡船安全管理档案，从而形成以政府为主导，各职能部门实施监督，经营人（或使用人）实施并履行经营安全主体责任的网格管理模式。（黄斯来）

出入境检验检疫

【概况】2013年，顺德出入境检验检疫局全面加强质量管理，积极服务顺德外贸发展。全年共完成货物检验检疫21.27万批，货值113.88亿美元，同比分别下降13.06%和14.72%；检出出入境不合格货物1000批，货值9503万美元。查验出入境人员75.53万人次，同比下降1.82%，发现症状病例169人次。检疫交通工具1.48万架（辆、艘），检疫集装箱48.59万标准箱，检出问题2315个标准箱，签发各类原产地证书4.51万份，签证金额20.95亿美元。

【商品检验监管】2013年，顺德通过建立健全质量安全控制体制，加大对涉及安全、卫生、环保的进出口产品检验把关力度。继续深化分类管理工作，不断改进工作方法，对类别、监管方式不同的企业，在监管频次、监管内容、抽批检验、实验室检测批次体现差异化，切实将分类管理工作重心转移到对高风险产品和重点企业的检验监管。重点加强对进境废物原料、旧机电、进出境集装箱、进口木方等敏感商品的检验检疫监管工作，保护生态环境安全。加强援外物资出口检验，确保援外物资保质、保量、保时到达受援国，2013年共完成援外出口物资15批，货值超过200万美元。加强供港澳鲜活商品质量安全监管：严格执行国家质检总局及广东检验检疫局有关文件规定，采取有效措施，强化监管，保障供港澳鲜活商品质量安全。四是严格落实国外退运调查追溯工作。按照出口工业产品退运货物追溯调查管理相关规定，对于出口退运货物信息进行分类追溯调查，详细了解每批出口退运货物的真实原因、货物检验情况、企业质量体系情况、企业诚信情况，确保追溯到位。

2013年6月8~9日，广东检验检疫局动植物检验检疫协作组(饲料)会议在顺德召开

【口岸卫生检疫监管】2013年，顺德不断加强口岸卫生检疫工作。一是加强旅客卫生检疫管理，坚持常态化管理，坚持“外堵输入、内防扩散”的原则，加强关键点控制，抓好各项防控工作细节，实现口岸传染病监测、排查、防控、上报全过程监管。是年，共检疫出入境人员75.53万人次，排查有疾病症状的旅客47人，筛查疾病症状169人次，检出阳性确诊病例3例，其中季节性甲型流感阳性病例1例，麻疹1例，手足口病1例；排查出1名入境人员核辐射超标（疾病药物治疗）。二是加强货柜卫生检疫管理。加大对进境空柜的抽检力度和比例，严格按规定实施检疫处理，防止疫情扩散，切实防止货柜携带疫情入境。是年，共检疫查验出入境集装箱48.59万个标箱，查出有卫生问题数2315个。三是加强口岸卫生监督，实现辖区口岸食品生产经营单位及服务行业100%制度上墙，100%建立食品进货台账制度，餐饮单位100%建立原料进货索证制度。四是做好口岸卫生检疫核心能力建设。1月19日，客运港办事处顺利通过质检总局的考核验收，卫生检疫工作能力进一步增强。五是科学处置疑似危险化学品泄漏事件。9月，对一批疑似危险化学品（水杨酸甲酯、液状石蜡

等）进行现场检验核查时，发现“水杨酸甲酯”泄漏，遂迅速启动应急预案，制定危险化学品泄漏事故处置措施，防止事故扩大和进一步的危害发生。

【动植物检疫监管】2013年，顺德加强动植物疫情防控监管。加强辖区内重大动植物疫情和外来有害生物防控、普查监测和预警，抓好有毒有害生物防控体系和药残监控体系的完善，制定科学的监测计划。大力推进检疫犬的应用管理，进一步规范旅邮检业务中动植物及其产品检验检疫工作。加强对木质包装的监管和检疫处理工作的管理，提高有害生物的截获率和有毒有害物质的检出率。2013年共从进境植物及其产品和货物木质包装中截获各类有害生物450种6821次，与上年同比分别增长18%和47%。植物检疫性有害生物22种979次。全国首次从进口日本罗汉松中截获逸去剑线虫，顺德口岸首次从澳洲进口原木中截获长林小蠹和南部松齿小蠹。是年，在国内发生全球首例人感染H7N9高致病性禽流感疫情后，该局迅速应对H7N9疫情防控，按照“内紧外松”的原则，立刻对供港澳注册禽场的药物使用情况进行全面摸底调查，加强禽场防疫管理，严格落实免疫消毒措施，确保供港澳禽类安全。

【执法稽查】2013年，顺德加强普法宣传及开展依法行政示范单位创建工作。收集检验检疫相关法律法规，为企业提供法制服务；多层次联手推进法制工作，建设高素质稽查执法队伍，开展多次稽查及行政处罚系统培训工作。率先全面开启对旅客违法携带行为实施行政处罚工作，顺德客运港办事处全年共对38人次携带违禁物入境的旅客实施行政处罚，其中立案处罚1起（2人次），当场行政处罚37起。是年，该局多个专项行动取得新进展。对国家质检总局要求核查的13份澳大利亚官方通报输澳产品涉嫌假冒检验检疫证书进行专项核查，查明7家涉案企业共13份假冒检验检疫证书，其中2家已基本查实涉嫌使用假冒检验检疫证书，1家木制品熏蒸处理公司涉嫌违规。全面开展打击出口家具骗取单证专项督察行动，对30家出口家具企业进行稽查督察，建立稽查档案，发现涉及不如实申报的企业5家，涉嫌冒用生产企业名义出口骗取单证的违法贸易公司1家。开展“双打”工作及行政处罚工作，累计出动执法人员2540人次，检查企业1596家，全年共开展行政处罚83宗，处罚金额25.34万元。在稽查执法中，该局构建认证执法监管体系，形成部门联动认证监管机制，制定工作规范，形成多部门联动的入境认证产品界定、验证、查验，法制部门负责违法违规行为查处的认证执法监管体系。

【认证认可工作】2013年，顺德有序开展认证认可工作，鼓励企业通过办理3C免办入境产品提高企业自身的技术开发能力，支持海信容声（广东）冷柜有限公司、美芝制冷设备有限公司通过“科技研发免办条件”，申请3C免办进口国外先进的压缩机进行技术研发，提高自身产品质量，增强国际竞争力。

【服务地方外贸经济发展】2013年，该局编制《2012年顺德进出口产品质量情况报告》，免费发送企业技术性贸易措施及行业风险警示信息提醒短信8650条，网站发布预警信息65余篇，微博信息449条，提供优惠检测2859批次，减免检测费用512万元。推进出口家电质量安全示范区建设，联手地方政府建设广东省内首个出口家电国家级质量安全示范区。深入推进“四大业务改革”，全面提升通关效率。稳步推进“本部检验口岸出单”工作，年内有36家出口企业纳入该模式，共受理“直报通放”报检9.72万批，货值59.6亿美元，累计签发出境货物通关单、换证凭单（条）超过12.18万份。全力推进出口报检随附单证简化工作，10月15日开始无纸化试点工作，探索市场采购出口商品检管新模式，推进顺德市场采购出口家具经营单位备案制度，帮助企业快速通关。成功向广东检验检疫局申请在顺德设立“出口家具市场采购集中检管区”，在区内试行优惠政策，帮助顺德家具企业扩大出口。以原产地证等优惠政策为突破口，引导企业拓展新兴市场，年内签发各类原产地证书4.51万份，签证金额20.95亿美元，以平均优惠幅度5%计算，共为企业节省关税约为1.047亿美元。严格执行免收检验检疫费政策，全年共减免进出口企业出入境货物、运输工具、集装箱及其他法定检验检疫物检验检疫费等费用3300余万元。推行“一站式”行政许可，在行政许可窗口实施“八公开”，采取“统一受理、分别办理、统一送达”的方式办理所有行政许可项目。是年，共受理行政许可事项62宗。

（陈伟雄）

教育

综 述

【概况】截至2013年年末，顺德有幼儿园277所，在园幼儿80822人，入幼率99.98%；专任教师5427人；有等级幼儿园231所，等级率达76.2%，其中省一级幼儿园21所、市一级幼儿园71所、区一级幼儿园139所。有小学150所，在校生165702人，专任教师8078人，小学适龄儿童入学率100%。有初中39所，在校生73245人，专任教师5217人，初中适龄人口入学率100%，小升初升学率100%，九年义务教育覆盖率达100%；义务教育阶段学校100%达到广东省规范化学校标准。有普通高中22所，在校生39154人，专任教师3112人；高中阶段毛入学率为109.32%，高中升学率为95.59%。有中等职业学校13所，其中国家示范性中等职业学校3所，国家级重点职校7所，省级重点职校3所；专任教师1810人，在校生28949人。中职学生就业率达100%，双证率99.09%。有民办中小学20所，特殊学校1所。有普通高等院校2所，分别是南方医科大学顺德校区和顺德职业技术学院。2013年高考，全区报考人数15263人，其中普通类11964人，高职类3299人。普通类总上线人数11429人，上线率为95.53%，其中重点线上线人数1250人，本科6158人。全区通过高考被高等学校录取的顺德学子共14389人，其中普通类录取人数为11586人，高职类录取人数为2803人；2013年成人高考报名5076人，录取4375人；2013年自学考试报考11756人次，在籍考生38864人。

2013年，全区教育经费总投入54.29亿元，其中国家财政性教育经费38.58亿元，公共财政预算内教育经费30.23亿元，预算内教育事业费27.59亿元；预算内教育经费占财政总支出的比例为23.69%。

【综合改革】2013年，顺德区继续深化教育综合改革，构建现代学校制度。一是在全省率先构建多元的学校自主发展评价体系。采用学校自我评价与政府、社区、家长、学生、教师共同参与的外部评价相结合的多元学校评价体系，关注过程性评价。二是在全省率先撤销与合并教育检查评比表彰事项。改变“以评促管”的行政管理模式，减少教育行政部门对学校教育教学秩序的行政干预。三是理顺教育管理体制。2013年，顺德在镇（街道）单列设置教育局，逐步厘清区镇（街道）两级教育行政职能与事权划分。四是扩大社会参与教育工作力度与范围。成立顺德区中小学德育研究会，容桂街道将校务咨询和监督委员会制度推行到全街道所有中小学校，乐从镇探索向社会“引智、引资”模式。

2013年9月9日，顺德庆祝2013年教师节暨教育基金奖教奖学颁奖大会在区政府会议中心礼堂举行

【校舍建设】2013年，顺德实际推进中小学校（幼儿园）校舍建设项目75个，已竣工18个，在推进项目57个。其中乐从沙滘中学、桂凤中学、罗沙小学、明德小学完成礼堂、饭堂、供水管道、冷气管线、防雷设施的改造工程；杏坛潘祥中学、南华小学、古朗小学、光辉小学、龙潭小学、高赞小学、东马宁小学完成校舍安全加固工程。推进区梁銶琚职业技术学校异地重建工作，完成易地重建项目的环评立项、立项出资证明、土地指标、征地收地等工作。

【名师工程】2013年，顺德实施“名师工程”，实行区、镇、校三级共建，开展名师工作室、骨干教师培养、高级研修培训、挂职锻炼、论坛沙龙等培养项目，试点区属公办学校校长绩效考核。90%的教师工作室探索课堂教学改革；100%的教师工作室主持人和成员开展示范课、公开课，邀请专家入室指导；工作室举办和组织参加教师论坛、教研活动超过180次，公开发表或获奖教育教学论文110余篇，已编撰或出版教育专著、教参教材等80余部；部分工作室项目研究成果如电子白板开发、写字教材等已运用于实践。是年，顺德实施第七轮教师聘任工作。年内全区中小学教师16024人依法签订聘用合同，其中因学历不达标、未具备相应教师资格、教学能力较差或工作态度不端正等原因短聘95人、转岗36人；40人未聘任上岗，其中因患病缓聘39人，不聘1人。全区义务教育阶段参与调任交流教师745人，占义务教育阶段教师人数的6.7%。

【教育科研】2013年，顺德区教育局组织完成区教育科研“十二五”规划2013年度研究项目的评审工作，评出立项科研规划课题80个。广东省教育科学“十二五”规划“强师工程项目”课题立项评审中，顺德一次性审批通过14个立项课题，课题通过率达到70%，并获得20万元省“强师工程”专项研究经费。有29项教育综合改革实验项目被评为顺德区教育科研专项资金项目，其中重大课题1项，重点课题7项，一般课题21项，资助教育科研专项资金共195万元。顺德被教育部教师发展基金会正式批准为教育科研“十二五”规划重点课题科研试验区，大良罗定邦中学、北滘城区初级中学、容桂红旗小学等11所学校被确定为科研试验单位。

【教育信息化】2013年，顺德全面推进中小学数字化校园建设，被省教厅确定为“粤教云”示范应用试点区，并选定大良顺峰中学、养正西山学校、西山小学、嘉信西山小学、实验小学作为试点学校。一年来全区新增教育资源200G，新增教育特色网站26个，并建立顺德区图书馆集群管理系统，实现区图书馆的图书资源与学校共享。是年，全区共投入5000多万元用于进一步完善中小学校校园网的设备设施建设，教育信息化设备设施总额已超6亿元，其中：100%中小学校拥有校园网，计算机63000多台，计算机室669间，录播视频系统28套，人机比5∶1，生机比6.5∶1，师机比1∶1，综合电教室404间，课室电教平台6600多个，教育城域网内外网骨干光纤提速到2G，共享3700G的优质教育教学资源。

【教育国际化】2013年，顺德教育国际交流逐步实现请进来、走出去的格局。10月，英国北伦敦郡校长代表团第四次访问顺德。访问期间，5所北伦敦学校与顺德一中实验学校、顺峰中学、东平小学、昌教小学及均安中心小学5所学校分别建立了配对校际联系，自此，两地结对学校共有62所（31对）。顺峰中学、均安中心小学及育贤实验学校小学部获得英国文化教育协会2013—2014学年中英校际连线交流种子资金各1500英镑。顺德一中附小等学校派学生前往英国交流。是年，顺德第8年外派英语教师到英国进行为期3个月的培训，并外派20名中等职业学校骨干前往德国学习双元制育人模式。是年，区教育局还举办教育国际化论坛，推广碧桂园学校在打造国际化课程和培养国际化人才方面的经验。

【素质教育】2013年，顺德区各级教育部门加强学校德、体、卫、艺、科技教育，培养学生创造力，发展学生个性，促进学生全面发展。组织了2013年顺德区幼儿及中小学生文艺会演、中小学生田径运动会、中小学生毽球赛、中小学生排球赛、校园足球联赛、“我的中国梦”少儿武术操大赛、中小学生规范化汉字书写大赛、“反腐倡廉”中小学生书画作品大赛、“碧桂园杯”语言艺术大赛等几项大型活动。4月，顺德区“科达杯”第六届学生专利发明大赛启动；5月，区教育局联合区经促局、科协，启动全区2013年青少年科技创新大赛，为2014年省科技创新大赛选拔项目。其中，开展“中国梦”系列活动的学校共有210所，主题活

2013年10月，英国北伦敦郡5所学校与顺德5所学校举行签约仪式，结成校际联系学校

动356场次，主题讲座16场，参与活动师生、嘉宾共约251000人，占全区中小学学生总数的82.3%。是年，顺德参加省传统项目学校锦标赛获奖颇丰。李介甫小学获得武术团体第三名；均安职校获得女子组篮球第一名；容桂职校获得排球女子组第一名，男子第二名，勒流职校获得排球男子组第六名；广东实验中学顺德学校游泳甲、乙组均获得总分第五名，大良实验小学获得丙组第十二名；广东实验中学顺德学校获得羽毛球男子团体第七名，女子团体第八名；文田中学获得跆拳道乙组第七名。科普教育成果喜人。顺德组队参加第28届广东省青少年科技创新大赛，参加了57个项目荣获27项奖项，其中获得一等奖3项、二等奖9项、三等奖13项的好成绩，李伟强职校的臧敏老师获十佳优秀科技教师奖、陈伟壕同学获“瀚阳科技英才奖”最大专项奖（奖金5000元）。

【民办教育】2013年，顺德20所民办中小学在校学生41885人。是年，顺德印发《关于义务教育阶段民办学校自主招生的工作意见》，规范民办教育招生行为，向社会公布具有招生办学资格的民办学校名单、办学规模、办学条件、招生计划、招生办法、招生范围、收费标准等信息，并附加国家相关的办学标准。区教育局委托民办协会组织民办学校教师职业道德和素养培训、民办小学心育研讨会、“碧桂园杯”普通话语言艺术比赛等活动，推进特色办学。

【扶贫助学】2013年，顺德资助低保家庭子女就读5137人次，资助金额507万元，其中按国家新政低保家庭普通高中学生每生每年1500元的标准实行资助，全年共资助648人次，48.6万元；按佛山市实行残疾儿童15年免费教育新政，全年共资助29人次，13.4万元。

【校园安全】2013年，顺德开展“平安校园”创建工作，排查校园安全隐患722处，100%完成整改。2013年全区学生溺水死亡事故同比下降40%，暑假期间全区无学生溺水死亡事故。是年，区教育局获广东省首届中小学生安全知识网络竞赛优秀组织奖。伦教中学、陈村中心小学荣获“广东省安全文明校园”称号，北滘城区小学荣获“广东省交通安全学校”称号；全区评选出第五批交通安全学校，全区66.8%的中小学校被评为区交通安全达标学校。“顺德区运营车辆监控与管理平台校车子系统”全面升级并与省厅实现对接。

学前教育

【概况】2013年，顺德区教育局顺利完成《佛山市顺德区学前教育三年行动计划（2011~2013）》验收工作。以发展公益性、普惠性幼儿园为方向，逐步实现“广覆盖、保基本、有质量”的目标，着力解决“入园难”“入园差”问题。重点推进公益性、普惠性幼儿园建设；完善学前教育资助制度；加强学前教育师资队伍建设和内涵建设。

【公益性、普惠性幼儿园建设】2013年，顺德率先在佛山五区建立起公益性、普惠性学前教育发展体系，公益性幼儿园、普惠性幼儿园和私立幼儿园并存发展。印发《顺德区公益性、普惠性幼儿园认定及管理办法（试行）》（顺教〔2013〕23号），明确公益性、普惠性幼儿园的认定标准。启动第一批公益性、普惠性幼儿园认定工作，认定公益性幼儿园11所、普惠性幼儿园76所。印发《顺德区公益性、普惠性幼儿园建设指导意见》（顺教[2013]55号），明确镇（街道）、村（社区）扶持公益性、普惠性幼儿园发展的职责，建立镇街（含村居）学前教育的成本分担机制，加大各级财政对学前教育投入力度，全年各级财政共投入超过1.3亿元发展学前教育。是年，区教育局继续推动机关幼儿园、梁銶琚夫人幼儿园、绿田幼儿园三所区属幼儿园的普惠性办园工作。龙江镇政府城关镇旺岗、陈涌2所已承包出去的村（居）幼儿园收回镇政府办理，办成普惠性幼儿园。容桂街道推行社会团体管理下的非牟利运作模式，增加华口幼儿园、蓓茳幼儿园作为新的试点。北滘镇政府投入4000多万元易地重建的君兰幼儿园（原北滘中心幼儿园）9月正式投入使用。

【完善学前教育资助制度】2013年，顺德区幼儿园建园补贴专项补贴金额为6238016.7元，共补贴公益性、普惠性幼儿园10所。区教育局制定《2013年学前教育综合奖补类项目资金使用方案》，奖补公益性、普惠性幼儿园665万元；按照《佛山市人民政府办公室关于调整完善佛山市学前教育补贴制度的通知》（佛府办[2013]68号）文件精神，在原有对佛山市户籍在园大班幼儿补贴的基础上，增加对小班、中班佛山市户籍在园幼儿的补贴，每人每年补贴300元，共投入666万元。

【学前教育师资队伍建设】2013年，顺德启动幼儿园教师学历提升项目，区政府2013~2015年投入180万元资助240名在职且只有中专或高（职）中学历的幼儿园教师，修读由区教师进修学校与广东第二师范学院、江门职业技术学院联合举办的学前教育大专函授班。落实普惠性幼儿园教师人均年收入达到区统计部门上一年公布的顺德城镇职工人均年收入标准的85%。

中小学教育

【概况】2013年，顺德全面推行异地务工人员子女入读公办小学一年级积分入学制度，全面落实全国学籍管理系统信息采集工作，规范中小学生学籍信息管理。从2013年春季学期起，免费义务教育对象从原来的省内户籍学生和省外政策性借读生扩大到就读免费义务教育阶段学校的所有在校学生（含民办学校），并制定连续三年调整义务教育免书杂费标准政策，其中2013年为小学1000元/生·年，初中1476元/生·年。进一步完善普通高中招生考试制度，实行统筹各镇属普通高中10%的招生计划面向全区招生的改革。根据生源多样化和学校、学科特点的不同，开展分类分层教学改革，探索差异化培养模式。

【顺德区第一中学】顺德区第一中学2013年共有教学班60个，2800多名学生，280多名教职员工。230多位专任教师中有高级教师83人，硕士研究生53人，全国优秀教师和南粤优秀教师5人，区以上学科带头人和骨干教师95人次，5人参加全国骨干教师培训，是广东省首批国家级示范性普通高中、全国教育系统先进集体。

2013年学校被评为全国优秀校园文学社、广东省书香校园、顺德区先进学校；教师中有162人次获得全国优秀教师及省市区各类先进教师等荣誉称号或者参加各种市区级教学竞赛获奖。学校学生在全国各地报纸杂志发表作品上百篇；参加各种学科的竞赛有118人次获得国家级、省级和地市级的奖励。是年高考重点大学上线率达60.49%，本科上线率达97.55%；区理科总分前十名该校占3人，文科总分前十名占7人；单科成绩进入顺德区前十名共33人次。

【顺德区李兆基中学】顺德李兆基中学是区属公立重点中学，现共有高中教学班36个，在校学生近1800名，教职员工174位，专任教师142人，其中高级教师56人，硕士研究生27人，南粤优秀教师3人。先后被评为“广东省首批国家级示范性高中”“教学水平评估优秀学校”“广东省一级学校”“广东省绿色学校”“广东省现代教育技术实验学校”“广东省优秀现代化教育技术实验学校”、广东省普教系统“百千万人才工程”培训基地“国家级教育资库建设研究项目合作研究校”等，连续多年被评为顺德区先进学校。

2013年高考，上重点线人数再次突破200大关，文科总分顺德区前3名该校占2个，其中何馨蓓总分662分，排区文科总分第2名；黎健鹏总分654分，排区文科总分第3名。

【顺德区郑裕彤中学】顺德郑裕彤中学现有教学班30个，在校学生1582名，182名教职员工。专任教师中有高级教师65人，硕士研究生12人，全国优秀教师和南粤优秀教师2人，区以上学科带头人和骨干教师分别是15人和38人。

2013学年学校荣获顺德区先进学校、顺德区德育示范性学校、顺德区“三八红旗集体”、优秀团委等光荣称号。叶克明老师荣获广东省南粤优秀教师，李东红等3位老师荣获佛山市优秀教师、冯邦富等9位教师荣获顺德区优秀班主任、优秀德育工作者等荣誉。伍凯玲同学获得广东省三好学生称号；陆倩韵同学获得佛山市美德少年荣誉称号。吴博等8位同学被评为顺德区优秀团干、优秀团员、优秀学生称号。学校体育文艺团体参加各项比赛，获得的奖项有：广东省第八届中学生田径锦标赛团体总分第三名；顺德区中学生田径运动会团体总分第三名；女子排球队和篮球队参加区高中组比赛均获第2名。学校合唱团参加2013年中学生文艺会演荣获第一名等。2013年高考，学校重点上线人数112人，上本科线以上人数467人，文科陈嘉文同学总分643分，并列全区第十名，文综258分列全区第十一名。文科英语周倩莹同学、梁凯雯同学分别以142分和141分列全区第四名和第十名。

【顺德区华侨中学】顺德区华侨中学现有教学班30个，在校学生1431人，教职工144人；有专任教师122人，其中特级教师3人，高级教师64人。2013年全校师生获区级以上的奖励494人次，其中周璐老师被评为“我最喜欢的老师”荣誉称号，李高梅老师被评为广东省正高级教师。2013年高考，全校422人被本科学校录取，55人被重点大学录取，本科录取率为89%。

中等职业教育

【概况】2013年，梁銶琚职业技术学校和顺德区中等专业学校顺利通过“国家中等职业教育改革发展示范校建设项目”评审验收；梁銶琚职业技术学校的会计专业、顺德区中等专业学校的计算机网络技术专业、郑敬诒职业技术学校的汽车运用与维修专业、均安职业技术学校的服装设计与工艺专业升级为广东省重点建设专业，全区已有27个省重点建设专业（点）。2013年高考顺德区高职类总上线人数为2955人，上线率为89.57%，佛山市总分前10名考生、单科语文和数学前7名、英语前5名考生，全为顺德学子。是年，区教育局组织20名职业学校专业骨干教师赴德国职业院校及大型企业开展为期2个月的专题学习培训。

【体制改革】2013年，顺德向国家教改办和省教育厅提交试点转示范的申请，区教育局与广东省教育研究院签订合作协议，共同推进“顺德区职业教育12个专业标准体系建设”“顺德区职业教育校企合作运行机制与人才培养评价机制创新研究”两大体制改革项目。在体制改革试点框架内，加大校企合作力度，以陈村职校为试点，与广东科达机电公司合作，创立“现代学徒制”新型校企合作人才培养模式。

顺德区教育局在顺德职业技术学院召开顺德国家职业教育体制改革暨职业教育发展指导委员会工作会议

【职业培训】2013年，顺德区教育局联合区人力资源和社会保障局、区财税局在顺德中专学校召开职业技能培训协调会，形成在大政策下必须调整小政策、明确职业学校技能培训责任、加大对技能培训基础能力配套投入、争取建成一到两所技师学院、灵活聘用培训教师、鼓励民办机构开展技能培训等六大共识。年内全区成人文化技术学校共开展学历教育培训5513人次，非学历教育技能培训18118人次，其他教育培训24032人次，为社会提供高素质劳动者。

【专业整合】2013年，顺德启动中等职业教育专业布局和结构调整工作，探索“中职、高职、企业三元融合”五年制一体化高端人才培养模式。区教育局印发《顺德区中等职业学校专业布局和结构调整方案》，明确以对接产业为切入点，强化职业教育办学特点，做强主体特色专业、调整方向模糊的传统专业、淘汰落后弱小专业的整合优化思路，实施骨干专业全区招生、普通专业分步全区招生、建立第三方专业排名机制等举措推进专业整合和优化。

【技能竞赛】2013年，顺德各职校参加广东省2013年中职学校技能大赛，学生组共有52人次取得一等奖、67人次取得二等奖、39个三等奖，教师组共有2人取得一等奖、6人取得二等奖、3人取得三等奖，团体成绩居全省第二名，仅次于广州市。在全国职业院校技能大赛中，全区中职学校共获得8个一等奖（其中3个第一名）、10个二等奖、7个三等奖，一等奖获得数超过广东省所获一等奖总数的1/3。

【顺德区中等专业学校（顺德区技工学校）】是国家重点中等职业学校，首批“国家中等职业教育改革发展示范学校”和“国家级重点职业学校”，被评为“国家紧缺人才（汽车维修）培养培训基地”“广东省职业教育实训中心”，每年应届毕业生1000多人，社会培训量超过16000人次，是顺德专业人才培养的重要基地。

2013年，学校顺利通过首批国家中等职业教育改革发展示范学校检查验收，荣获全国职业教育先进单位称号，荣获中华全国总工会“全国模范职工小家”称号。计算机网络技术专业被确定为广东省重点建设专业，学校的省重点专业增加至4个。学校制作的短片《大事件 online》荣获第十届中国中小学校园影视校园文艺类金奖；侯文胜老师荣获区第三届顺德十大杰出青年称号。

【顺德区梁銶琚职业技术学校】由旅港邑彦梁銶琚博士捐资兴建，学校占地12.3万平方米，校舍建筑面积8.5万平方米，是国家级重点中等职业学校、国家中等职业教育改革发展示范校、全国重点建设职业教育师资培训基地、全国数控技术技能型紧缺人才培养基地和广东省高技能人才培训基地。

2013年，在校学生2688人，教职工252人，开设数控技术应用等11个专业，其中数控技术应用专业是教育部重点建设的全国骨干示范性专业，机电、烹饪、会计专业是广东省重点建设专业。8月，学校以小组第一的成绩通过国家改革发展示范校验收，学校的《携手行业名企 传承文化 推动粤菜人才培养改革》成为全国示范校建设优秀案例。是年，学校被评为“顺德区先进学校”。学生参加广东省及全国职业技能竞赛再创佳绩，国赛金牌数位居全省第一。省赛共获得6面金牌、7面银牌，国赛共获得3面金牌、2面银牌、2面铜牌。学生参加高考，成绩再创辉煌，上线率为96.98%，高职类高考囊括顺德区总分和语文、英语二科三个项目的全区第一名，其中全区总分前10名中，该校囊括第1、2、3、4、5、7、9名。学校专业带头人、骨干教师的影响力越来越大，韩亚兰副校长获得国务院政府特殊津贴，29位老师获得区级以上的奖励，教师撰写的论文在省级以上刊物发表或获省三等奖以上38篇。

高等教育

【研究生教育】2013年，顺德研究生教育发展中心统筹全区研究生人才的培养，依托与国内外高校的合作，为区域产业转型提供人才与智力支持。广东顺德中山大学卡内基梅隆大学国际联合研究院各项工作进展顺利，校舍于年底投入使用，招收全日制硕士研究生40名。广东工业设计研究生联合培养基地2013年共引入8所国内外高校，促成合作企业13家，成为中小企业与高校沟通的桥梁。清华大学第二批共35名博士生到顺德进行为期6周的社会实践，为顺德各领域重大发展问题的决策与规划引入高素质智力资源。研究生教育发展中心通过举办“智慧论坛”公益活动，为企业带来实用的管理及发展方法，加快推动顺德城市和产业转型升级。

【顺德职业技术学院】是经教育部批准成立、广东省人民政府领导管理、省市共建、顺德政府投资兴建的地方高职院校。现设有9个二级学院和1个教学部，招生专业40个，全日制在校学生13514人。设有继续教育学院和创业培训学院，成人学历教育在读学员4620人，每年非学历培训11000多人次。有教职工820人，其中专任教师619人，副高职称以上187人，研究生（硕士）学历以上380人，有国家级教学团队1个，国家级教学名师2人，广东省高等学校教学名师3人。2013年，顺德职业技术学院高质量完成自主招生和三二分段试点改革工作，学院国家骨干院校建设顺利通过教育部、财政部验收。4月3日召开第三届董事会第一次会议，其中首位学生校董由大三学生冯焯林担任。董事会由原来的指导咨询机构，转变为决策和监督机构，进一步扩大董事会成员的代表性，形成政府、学校、企业行业和社会各界等办学利益相关方共同参与办学的体制机制。2013年12月20~22日，由教育部职业教育与成人教

2013年12月26日，顺德职业技术学院举行陈智奖学基金理事会第一次会议暨首届颁奖典礼

育司主办，顺德职业技术学院承办的“高等职业学校提升专业服务产业能力经验交流会暨全国高职高专校长联席会议2013年年会”在顺德职业技术学院分开，来自全国近400所高职院校、企业行业代表出席会议。

学生在各级技能、文艺、体育竞赛中成绩优异。在2013年全国职业院校技能大赛中，学校共有9个赛项10支队伍代表广东省参加全国决赛，共荣获一等奖3项、二等奖2项、三等奖5项，总成绩在全国所有参赛院校中稳居前列。在广东省第十三届大学生男子篮球联赛、2013年广东省田径锦标赛中，顺德职业技术学院勇摘桂冠，女篮、女排、乒乓球队均夺得2013年联赛亚军（第二名）。

科研水平不断提升。在2013年度国家自然科学基金项目评审中，学院谢飞老师与中国科学院水利部成都山地灾害与环境研究所联合申报的“堆积层斜坡的地震动地形效应实验研究”获得专项基金项目立项，资助经费26万元。学校李冬妹老师与中科院华南植物所联合申报的“铁皮石斛多糖含量遗传规律与种质改良研究”获得专项基金项目立项，资助经费15万元。刘晓红老师主持制定中华人民共和国轻工行业标准GB/T 4369-2012《家具（板材）用蜂窝纸芯》、QB/T 4370-2012《家具用软质阻燃聚氨酯泡沫塑料》，处于国内和行业领先水平。全年学院专利授权共23项，其中发明专利授权6项、实用新型专利授权17项。科研项目《搪瓷静电粉末喷涂成套设备关键技术的研究及其产业化》成果获得广东省机械工程学会科技进步二等奖；科研项目《混合动力汽车检测与排故综合应用技术》成果获得广东省机械工程学会科技进步三等奖。广东实践科学发展观研究基地—区域创新体系建设研究基地落户顺德职业技术学院。

拓展对外交流合作。一年来，顺德职业技术学院与台湾大仁科技大学、朝阳科技大学、韩国清州大学等院校新建合作关系，签署校际友好备忘录和国际交流协议书。与马来西亚UCSI大学签署学生交流协议，开启学生合作培养计划，10月份派出22名师生赴马来西亚UCSI大学进行为期4个月的交换学习。成功举办“粤台高校交流座谈会”，15所台湾科技大学的校长及国际长到顺德职业技术学院参加座谈交流。12月5日，“第五届中国—亚行知识共享平台研讨会”在学校召开。财政部国际司副司长谢煊、亚洲银行和世界银行的官员、专家，以及来自16个亚洲国家的政府高级官员出席活动，学校作为具有代表性、示范性和特色显著的职业教育学校，成为研讨会考察团的重点考察对象。

（肖道东）

特殊教育

【概况】2013年，顺德继续坚持全纳教育，构建以启智学校为骨干、以随班就读为重要形式、以社区服务和康复教育机构为补充的特殊教育体系，基本保障具备生活自理能力和学习能力的适龄残疾儿童少年接受义务教育。是年全区“三残”儿童入学率达99.59%，“三残”初中入学率91.94%。

【顺德区启智学校】截至2013年年末，学校有27个教学班，324名学生；有在编教职工64人，其中特级教师1人，高级教师3人，区级以上骨干教师和学科带头人8人。年内，学校承担顺德区教育综合改革“义务教育阶段特殊儿童培养”的试点任务，建立课上、课下、生活“一个一”的大教育衔接机制和反馈教学的“镜子”工程，体现各领域教学效果的7个学生节目在助残日走进社区面向北区居民1000多人进行展示。学校通过购买社会康复服务的方式，聘请校外专业人员，共对114名学生进行2000多课时的个别化康复训练。

2013年，学校获评“顺德区先进学校”“顺德区三八红旗集体”“顺德区学校卫生信誉度等级A级单位” 先进称号。学生文艺节目分别获得广东省第八届残疾人艺术会演三等奖、顺德区中小学生文艺会演优秀表演奖。学生参加省特奥篮球比赛获得第二名；学生作品获得广东省残疾人艺术作品大赛一等奖1个、二等奖2个、三等奖3个。

（李海源）

龙舟文化

龙舟是顺德文化与精神的一个缩影。顺德河网纵横交错、鱼塘星罗棋布的自然地理环境，造就“看门见水、举步有舟”的生活习惯，舟楫成为百姓生活中的重要工具，龙舟竞渡也成为顺德一项历史悠久的体育运动。古时在冬夏农闲时，辖区内各乡镇都举办规模大小各异的龙舟竞赛，几乎村村都有龙舟队。对顺德百姓来说，龙舟竞渡，乡与乡比赛，村与村比赛，赢了便给明年丰收、万事顺意带来好兆头。赢了的乡村，百姓们便会高兴一年！龙舟竞渡演绎成顺德人特有的龙舟民俗文化，如龙眼点睛、龙舟饭、赛龙舟、龙舟说唱、龙母诞等！今天，作为龙舟运动热土的顺德，政府重视和支持龙舟运动的发展，宣传和推广龙舟民俗文化，大力弘扬龙舟精神。顺德的龙舟队在国内外比赛中，不断创造新的辉煌，扬名海内外！

顺德的龙舟民俗

赛龙舟：赛龙舟是顺德一项历史悠久的体育运动。明清两代，赛龙舟的记录频现于志书及散落乡间的牌匾。清初赛龙舟已形成较完整的规则、流程，并将赛龙舟与该地年景丰饶与否紧密联系。顺德赛龙舟可分为“游龙”和“赛龙”两大类。“游龙”又称“趁景”“出游”，注重华丽装饰与表演技巧。“赛龙”又称“斗标”“竞渡”，可分为赛龙船和赛龙艇。从道具、竞渡前后完整的仪式，对赛龙舟象征意义的理解，顺德的赛龙舟具有浓郁的民俗涵义，在岭南地区具有代表性。顺德人的龙舟精神可以说是锻淬数百年的南国精魂与充满活力的现代精神的完美结合。

龙舟赛奖品（王小许摄）

冲线进龙门夺冠

乐从龙舟盛事(陈狄青摄)

百舸争流

激烈的龙舟比赛吸引大量观众

大良西山庙碑廊上的清朝康熙已卯年（公元 1699 年）顺德文社给予龙舟冠军的“压尽群龙”碑记

镇村龙舟赛热闹异常(何鋆泉摄)

赛手英姿

波涛激荡

龙眼点睛：龙眼点睛民俗又称龙头祭，是指农历五月初三，顺德大良、容桂、勒流、杏坛、伦教等地的龙舟，汇聚在勒流龙眼村太尉相公庙，由当地德高望重的长辈进行点睛。点睛后的龙舟不再是盲龙，生猛而充满灵气。龙眼村的龙眼点睛习俗是一项独立、完整的民俗活动，包括迎龙、抚龙、接龙、参拜、点睛、赠物、回龙、龙宴、游龙、庆龙等。它并非龙舟竞渡、龙母诞等活动的附属组成部分，也不针对单独的庆典、竞渡活动。它与游龙、赛龙等活动共同组成顺德精彩的龙舟民俗。

迎龙

抚龙

参拜

龙头点睛

点睛

回龙

2013年6月10日，龙舟文化节上，区长黄喜忠为龙头点睛

2013年龙舟文化节上，中华龙舟协会副主席邹积军为龙舟点睛

（陈炳辉摄）

龙舟说唱：龙舟说唱俗称龙舟歌或唱龙舟，是一种民间说唱艺术，源于清代，以顺德、南海、番禺为中心，在珠江三角洲广泛流传。当时的民间艺人手持一具精致的木雕小龙船，胸前搂着小锣鼓，穿街过巷，在集市、茶楼、码头、商铺等公共场所卖唱。这些地区河道交错，人们喜欢参与龙舟活动，龙舟说唱正是利用这个风俗，利用携带"龙舟杖"的表演形式吸引客人。

杏坛小学生有板有眼地唱起龙舟歌

龙舟说唱省级非遗传承人陈振球

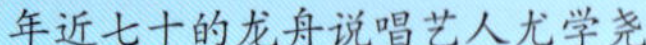
年近七十的龙舟说唱艺人尤学尧

说唱艺人手持的木雕小龙头

龙舟说唱老艺人

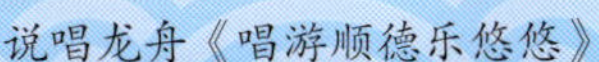
说唱龙舟《唱游顺德乐悠悠》

龙舟说唱表演

龙舟饭：龙舟饭是用糯米加上腊肉丁、虾米、墨鱼丁、香菇粒做成，特别顶饱。据说最早主要是给划龙舟的人吃的，让他们吃了划船特别有力气。后来慢慢所有的来宾、观众等也一起吃，最后演变成热热闹闹的一种龙舟仪式。龙船“得胜还埠，则广召亲朋燕饮”，村子里面集资请赛龙舟的壮丁宴饮，同时大鱼大肉款待全村老小，让大家一起感受过节气氛，是除了过年年饭之外，另外一个重要的聚会场合。“吃过龙舟饭，饮了龙舟酒，全年身体健康无忧愁”这一俗语，印证了大家对龙舟宴的美好寄托。食龙舟饭能沾上龙舟“灵气”，能使生意兴隆，家人吉祥平安，是珠三角地区人们的共识。

龙舟饭

龙舟饭

万人龙舟宴

彩龙跌荡

龙母诞：拜龙母在顺德已有几百年历史，其中尤以杏坛镇龙潭村的龙母庙最为兴盛。每年的五月初八日龙母生辰，各乡龙船，纷纷前来为龙母祝寿，参拜龙母，新造好的龙船也划来“点睛”，敲锣打鼓，彩龙巡游斗靓，彩旗飘飘，远近男女老少都来看热闹。这种习俗，一直流传到今天。新中国成立后，当地村民把这天改名为“水乡节”。今天的龙母诞，已经成为一场水上民俗盛事。

戏水（陈炳辉摄）

彩龙来回巡游

彩龙巡游

泼洒龙舟水（杨芳摄）

彩旗飘飘（陈炳辉摄）

2013 顺德龙舟文化节

2013 年 6 月 10 日至 12 日（端午假期），2013 年欢乐龙舟文化节在顺德新城区的顺峰山桂畔湖、顺峰山公园牌坊广场以及德胜文化广场三个地方同期举行。精彩活动项目主要有顺德龙舟大赛、群众艺术展演、文化遗产日活动、龙情拍客大赛、欢乐龙舟游等。

民俗活动表演

民俗展演

热情的观众

水上表演

龙舟巡游

龙舟竞渡（陈耀帆摄）

群众艺术展演（郭汇郎摄）

群众艺术展演中的德胜文化广场

顺德龙舟队战绩与风采

改革开放以来，顺德龙舟队多次在国内外比赛中屡获殊荣，成绩卓著。从1983年到2006年的24年间，顺德男女龙舟队参加国内外重大比赛79次，荣获冠军74项，是全国和世界龙舟队中获得冠军最多的龙舟队。2010年，顺德区政府与乐从镇政府共建顺德龙舟俱乐部，龙舟队走上职业化的道路，顺德的龙舟运动提高到一个新的水平，继续摘得一顶又一顶桂冠，再次创造举世瞩目的成绩。

1983年，顺德男子龙舟队首次参加香港国际友舟赛勇夺冠军

1985年3月，顺德男子龙舟队在澳大利亚国际赛中，力压群龙，夺得冠军

1985年，顺德男子龙舟队首次走出国门，赴澳大利亚参加国际龙舟邀请赛，分别夺得澳大利亚及悉尼市国际赛冠军

1989 年 7 月，顺德男子龙舟队在日本大阪国际龙舟赛中夺冠雄姿

1995 年首届世界龙舟锦标赛在湖南岳阳市举行，顺德代表中国一队参赛，囊括男子、女子和总成绩 7 项冠军。图为郑家润代表领奖

2005 年，顺德男女子龙舟队在德国柏林市举行的第七届世界龙舟锦标赛中夺得成年组八个项目中的七金一银和团体总分第一名

2010 年 4 月 2 日，顺德龙舟俱乐部成立暨乐从训练基地揭牌

顺德龙舟俱乐部成立四年来，在国内外大赛中成绩卓著。图为在 2012 年龙舟大赛海南万宁站中领冠军奖

在 2012 年第八届国际龙舟联合会世界俱乐部锦标赛中获奖

龙舟队员奋勇拼搏

顺德女子龙舟队为中国龙舟运动做出巨大贡献

顺德男女子龙舟队刻苦训练

五星红旗扬，顺德龙凤飞

文化·体育

文化事业

综述

【概况】2013年，顺德加快建设政府主导、社会参与、普惠型的公共文化服务体系。截至2013年年末，顺德区从事文化及其相关行业的从业人员共4万余人，区级文化艺术团体8个，异地务工人员文化团体1个（南雁艺术团）。区级文艺协会13个，会员3600余人。区级演艺场馆（顺德演艺中心）1座，座位2061个，年演出121场，其中大剧场47场、音乐厅74场，接待观众约10万人次；文化馆1个（国家一级文化馆、省特级文化馆），镇（街道）文化站10个（特级文化站）。区文化艺术发展中心（区文化馆）全年组织开展各类基层艺术培训辅导活动3010多场，参加人次超30万人次。有基层文化活动队伍232支，人员13506人，年演出约3600场次。区级博物馆2个，建筑面积2.3万平方米。区级公共图书馆1个，镇级图书馆共10个，其中容桂图书馆和北滘图书馆于2013年被评为广东省乡镇公共图书馆一级图书馆。区、镇、村居文化广场173个，村居流动图书服务点和图书馆通借通还服务点71个，农家书屋108个。全区社区文化设施普及率达90%，同比提升5%。

2013年5月6日，顺德区文化艺术发展中心与广东省文联共建“顺德区文化艺术发展中心交流基地”在广东省文联艺术馆正式挂牌成立。这是省内首个在广州设立的长期性地方艺术展示交流平台。

【群众文化发展】2013年，顺德区文体旅游局与全区各镇街、有关部门、企业、行业协会等合作，开展各种公益性文化活动、展览、讲座近2000场。免费放映“家门口的电影院”公益电影共2700场。自2008年8月开展“家门口的电影院”公益电影放映以来，参与观众人数由最初的月均9.57万人次，上升到2013年月均11.67万人次，同比增长21.94%。会同区文化艺术发展中心，开展了第十一届“星声悦耳”广东省流行歌手大赛、顺德美术新作展、“美丽顺德”摄影作品展、“金凤奖”书法精品展、“美丽顺德人”第二届摄影模特大赛、顺德少儿合唱进京赛前音乐会、全区小学生书法普及教育等工作，组队参加新加坡的国际合唱比赛、全国第十届艺术节和广东省第十二届美术书法摄影作品联展、广东省第九届少儿艺术花会、广东省第二届曲艺私伙局大赛、广东省青少年曲艺“明日之星”选拔赛等国家级、省级等比赛，配合上级部门开展“第十一届华语传媒文学大奖”系列活动，展现顺德文艺风采。区文化艺术发展中心利用社会资金，举办情系雅安赈灾文艺晚会和粤剧慈善晚会、高层次人才新春交响乐、杨丽萍大型舞剧《孔雀》、环保题材剧《厨神总动员》、国际标准舞大赛等剧目，并举办了全民健康舞、广场排舞推广等活动。

2013年12月14日，顺德举行南雁艺术团文艺培训成果展演

【文化品牌建设】2013年，顺德区文体旅游局继续举办“顺德之春”“金秋嘉年华”系列文化品牌活动，以传统节日为契机渗透和传承岭南特色文化，举办超过600场文化活动，吸引100多万市民参与。开展2012年度顺德文化金凤奖收集工作，共收集推荐作品精品奖211件，群英奖512件，绩效奖5件，成就奖3件，理论讲2件，组织奖7件，贡献奖4件，成果奖3件。继续打造顺德南雁艺术团品牌，建设外来工文化服务工程，以企业蓝领工人为服务对象，在基层一线深入开展“文化连心——共享幸福”顺德南雁关注异地务工人员系列文化活动，在区内近30家企业开展文艺培训600多场。

【文化产业发展】2013年，顺德对接顺德传统制造业和国家级非物质文化遗产等资源，进一步加快文化产业集聚园区建设。广东

2013年8月2日，顺德北滘合唱团参加第四届华文国际合唱比赛获金奖

省香云纱非物质文化遗产保护基地旗舰项目已经动工，预计2014年11月完成一期项目建设；顺德创意产业园三期项目已建成封顶，入驻企业已达150多家。2013年11月15日，顺德区文化创意产业促进会在顺德创意产业园正式落成启动，致力于搭建顺德文化创意企业的合作平台。大力开发李小龙品牌，借助李小龙逝世40周年系列活动，协助杏坛将永春拳申报国家级体育类非物质文化遗产，荣获国家体育总局授予“中国体育非物质文化遗产保护与推广项目”牌匾。

【文艺创作】2013年，顺德区文学艺术界联合会发挥中坚作用，以购买服务或合作等方式鼓励相关文艺协会和团体进行文化创作。区文体旅游局通过政策支持、资金资助、专家辅导、场地支撑等方式，鼓励顺德文艺团队和个人进行文艺创作和演出，同时加强与民营艺术馆、艺术机构的交流合作，促进顺德文化事业朝着更加繁荣和多元化的方向发展。年内全区创作完成文化艺术作品2.3万余件，如新编大型粤剧《铁面青天》、原创小剧场话剧《就那点事儿》等。

【获奖情况】2013年是顺德文化丰收年，获奖次数多、含金量高，共获国际级奖项1个、国家级奖项20个、省级奖项25个、市级和区级奖项100多个。其中：容桂合唱团代表中国参加“法国蓬斯国际合唱节”获冠军；第二届“岳池杯”中国曲艺之乡曲艺大赛，在广东省全部获得的13个奖牌中，顺德独占4个，获2金1银1铜；本土原创舞蹈《渔舟唱“惋”》获第十届中国艺术节“群星奖”舞蹈门类优秀表演奖；书法类入围国家级奖项10个；美术类入围国家级奖项5个。“顺德之春”文艺花会获广东省“特色文化品牌”称号；容桂青少年曲艺团荣获广东省少儿艺术培训示范基地称号；陈列、吴莉娅获得省厅颁发“群文之星”称号；曾光磊获得全省群众性文化活动先进个人称号；获广东省第七届群众戏剧曲艺花会戏剧类银奖1个、曲艺类银奖1个；获第四届广东省老年文化艺术节金奖；参加广东省第九届少儿艺术花会获2金5银4铜；参加广东省第二届粤曲私伙局大赛获得2金3铜；顺德区先锋实验剧团排演的原创小剧场话剧《就那点事儿》获首届青年非职业戏剧节剧目类戏剧追求奖。

公共文化设施

【概况】2013年，顺德加快文化设施建设。加大图书馆的硬件设施改造，区图书馆获评国家一级图书馆，容桂、北滘图书馆获评省一级图书馆；勒流龙眼村、扶閭村分别获评全国示范和省优秀农家书屋。推动公共图书服务进校园，在区图书馆、容桂成员馆、北滘成员馆及通借通还流动服务点稳步推进“顺德区图书馆

2013年6月25日，顺德艺术展览馆挂牌

云服务平台"，在顺德德胜一中、李兆基中学试点基础上，全面推进北滘、勒流试点工作，区图书馆集群接待读者160万人次。推进镇（街道）综合文化站评估定级工作。在确保10个镇（街道）为特级文化站的基础上，加大文化站（或文化中心）的建设力度，年内，伦教、勒流、乐从的新文化站（或文化中心）交付使用，大良、陈村、均安、龙江的新文化站（或文化中心）准备搬迁、扩建或重建。区博物馆新馆顺利启用。年内新增4个电影院，增长幅度为历年之最。

【影院建设】2013年，顺德共有大良耀东国际影院、华钠国际影院、均安星汇影院、乐从横店影院等4个电影院建成开业，全区已开业多厅数字电影院达10家，其中大良3家、容桂1家、北滘2家、陈村1家、乐从1家、龙江1家、均安1家。屏幕共53张，座位7389个，2013年观影达160万人次，票房收入逾4000万元。

【社区文化设施】2013年，顺德加快文化工作示范村（社区）建设，新增7个文化工作示范村（社区），全区已有文化工作示范村（社区）29个，其中大良、伦教街道各4个，容桂、勒流、北滘、陈村、杏坛镇（街道）各3个，乐从、龙江、均安镇各2个。大力推进以"六个有"为标准的社区（行政村）文化设施建设，指导各社区（行政村）对旧祠堂、旧学校改造成文化场地，全区行政村（社区）203个，"六个有"全部达标行政村（社区）为152个，达标率超过预期目标75%。

【顺德图书馆】顺德图书馆（国家一级馆）由新馆和旧馆（顺德梁銶琚图书馆）组成，全馆总建筑面积34900平方米，设计总藏书量为160万册，阅览座位1900个。其中新馆位于新城区文化中心广场，建筑面积28600平方米，设计藏书量为100万册，阅览座位1100个，2013年共有藏书量为111.1365万册。全馆采用智能化设计，重点收藏专业性、学术性、本地特色文献及数字资源。旧馆（顺德梁銶琚图书馆）位于大良文秀路，建筑面积6300平方米，设计藏书量为60万册，阅览座位800个，网络节点150个，重点收藏娱乐性、通俗性以及社会热点文献。全馆特色服务包括音乐图书馆、粤剧图书馆、网上参考咨询、网上图书续借及预约、视听资料点播、公益讲座、公益电影播放、图书流动服务等。

文物·博物

【文物修缮】2013年3月，清晖园、顺德糖厂早期建筑被国务院核定公布为全国重点文物保护单位，实现顺德全国重点文物保护单位零的突破。是年，顺德继续开展文物修缮和内涵充实工程。黎氏家庙民居群、和之梁公祠、清晖园龙氏展厅、龙江察院陈公祠、龙江大光明碾米厂等修缮工程通过验收。容桂真武庙、北滘五间祠二期、乐从陈氏大宗祠三期、杏坛古朗漱南伍公祠、杏坛景涯黄公祠、伦教卢氏大宗祠等修缮工程施工。杏坛黄新博被省文化厅评选为"2013年度广东省文化遗产保护突出贡献人物"。

【第一次全国可移动文物普查】2013年，区文体旅游局牵头初步完成文物调查和线索收集工作，共收集可移动文物线索24987条。

【非物质文化遗产】2013年，观音信俗、真步堂天文历算被广东省文化厅评为"广东省第五批非物质文化遗产名录"项目。粤绣（广绣）的保护单位顺德富德工艺品有限公司被广东省文化厅评为第一批"广东省非物质文化遗产生产性保护示范基地"。大良鱼灯制作技艺、双皮奶制作技艺、伦教糕制作技艺、龙眼点睛民俗、陈村粉制作技艺、真步堂通胜共6个区级非物质遗产项目和8个区级非物质遗产项目代表性传承人被顺德区政府公布确定为"第四批区级非物质文化遗产名录和项目代表性传承人"。是年6月欢乐龙舟文化节期间，顺德组织文化遗产日活动，举办顺德区非物质文化遗产图片展，进行顺德非遗项目展示和巡游活动，龙舟说唱、八音锣鼓柜、柜色、鱼灯舞、广绣、香云纱等传统民俗活动和项目一一亮相。6月，顺德的广绣、麦村锣鼓柜和香云纱参加"粤韵珠江·巧夺天工"广东省2013年"文化遗产日"的展出活动，深受好评。8月，189位市民在顺德梁銶琚图书馆参加广绣技艺培训班，了解身边的广绣及其所代表的民间文化等知识。国庆期间，杏坛逢简水乡举办国庆非物质文化遗产展示日活动。11月，顺德杏坛人龙舞参加2013佛山"秋色欢乐节"之"秋色赛会"，勇夺表演队伍巡游表演特等奖。

【顺德区博物馆】2013年12月27日，顺德区博物馆新馆正式免费向市民开放，馆址从顺德区大良街道西山庙迁至新城区文化中心广场内，总建筑面积约27000平方米，总陈列面积9084平方米。馆内设有"顺德人顺德事"展厅和顺德祠堂历史陈列展厅两个常

2013年12月27日，顺德区博物馆新馆正式启用开放

设展厅，“海外乡情展厅”“明清家具展厅”“馆藏文物展厅”“李小龙展厅”“馆藏书画展厅”“粤剧曲艺展厅”六个专题展厅，还设有临时展厅、学术研究室、多功能会议室、美食中心等服务及功能区，是一个集收藏、展览、教育和学术交流为一体的多功能、综合性的文化场馆。开馆当日，举行“草明诞辰一百周年纪念展”，启动与广东省博物馆，与顺德职业技术学院、李兆基中学等10所院校合作及与顺德区内四大媒体的合作项目，进行“馆际合作”、“馆（院）校合作”、“馆媒合作”的授牌仪式。此外，还开展名家翰墨贺开馆、文物捐赠仪式、专家免费鉴宝活动和草明百年诞辰纪念座谈会等一系列文化活动。是年，顺德区博物馆共接待观众73263人次，举办各类公益性展览及讲座培训活动，包括：“醒狮贺岁迎新年”“西山祈福贺新岁”“忆江南·谢岭南·探桂林—李亚新近作精品展”“五山凤彩—顺德首届当代女子书法展”、“虫情蚁语—中国陶艺大师潘汾淋作品展”“‘5·18’国际博物馆日免费鉴宝活动”“湛江版画”展览、“清代探花郎李文田”讲座及“一代书法巨擘李文田”讲座等。年内博物馆共征集藏品635件（套），并对馆藏的23件木质家具进行修复，截至12月31日，馆藏文物共7125件（套），包括国家二级品85件（套），三级品1995件（套）。

【清晖园博物馆】2013年9月，清晖园博物馆、清晖书院、清晖园历史文化研究会正式挂牌成立。清晖园博物馆全年接待312009人次，同比增加11%。是年9月起，实行清晖园前园免费对外开放的措施；春节、清明节、劳动节、端午节、中秋节、国庆节期间实行门票八折（12元）优惠，国际博物馆日、中国旅游日实行全园免费开放。是年，以“我和清晖有个约会”文化品牌为主导，举办晚晴书画会书画陶瓷展、顺德讲古擂台赛总决赛、2013年顺德象棋甲组联赛等公益性文化活动。年内，清晖园博物馆对“状元堂”、清晖园园林绿化景观和水电设施等多项工程进行维护改造，加强文物保护工作。5月，清晖园被国务院公布为第七批全国重点文物保护单位。（梅彩红）

文化场馆活动

【德胜文化广场】2013年6月，区文化艺术发展中心接管德胜文化广场，利用广场设施，整合各方资源，于8月下旬启动“德胜文化广场惠民系列活动”，全年在

2013年6月9日，原创大型童话剧《厨神总动员》在顺德演艺中心大剧院公演

广场举办常规性群众文化活动和大型公益活动50余场。恒常性的广场活动包括周末电影院、广场喷泉、群众健康舞、卡拉OK大家唱等活动。2013年在广场举办的大型群众文化活动主要有：

2013年德胜广场举办活动一览表

6月12日	龙舟文化节艺术展演
8月21日	幸福顺德 百姓舞台——2013顺德书香展演暨德胜文化广场系列活动启动晚会
9月17日	“顺德大团圆·千里共婵娟”大型广场中秋晚会
9月20~21日	中国·广东第九届国际标准舞大赛
9月27日	第11届“星声悦耳”流行歌手大赛总决赛
10月1~3日	中国农业银行——开心广场·国庆三天乐
10月11日	魅力佛山五区文艺精品惠民巡演顺德区专场晚会
10月20日	2013年顺德区百姓艺术健康舞展演
10~12月	“美丽顺德人”——第二届顺德摄影形象大使选拔赛
10~12月	唱出心中的童谣——顺德区首届少儿歌手大赛
12月13日	“大爱有声 打工者之梦”全省巡演顺德站
12月14日	2013顺德南雁艺术团文艺培训成果展演
2013年12月13日~2014年1月13日	南雁艺术团摄影培训成果汇报展
2013年12月28日~2014年1月10日	2013顺德区中小学生书法普及和教育活动剪影暨中小学生书法作品展

【顺德演艺中心】2013年顺德演艺中心在广东省剧院综合管理排名中排在第五位，并顺利加盟中国演出行业协会。全年演艺中心共承办各类活动121场，接待观众超10万人次。2013年主要演出有：

2013年顺德演艺中心举办活动一览表

1月26日	“顺德之春”启动仪式暨新春音乐会
3月3~4日	粤剧《观音情度韦陀天》演出
4月27日	顺德区“五一”国际劳动节暨情系雅安献爱心文艺晚会
4月30日	情系雅安献爱心—粤剧曲艺欣赏晚会
6月1、2日	杨丽萍大型舞剧《孔雀》
6月9~11日	儿童剧《厨神总动员》
7月10日	第四届新加坡国际华文合唱比赛赛前音乐会
7月16日	“自由飞翔”2013年顺德少儿合唱赴北京参加第四届中国魅力校园合唱比赛赛前音乐会
7月26日	《坚定信念 铸牢警魂》警民共庆“八一”建军节
8月25日	乐舞飞扬 夏令营音乐会
9月11日	2013顺德区“南粤幸福活动周”启动仪式暨教师节交响音乐会
9月13日	2013百事可乐最强音乐会 顺德站
10月10日	金秋粤剧村(居)巡演启动仪式——大型古装粤剧《梦断香销四十年》
10月	“快乐的聚会”——第二届顺德少儿合唱展演
11月20日	金秋粤剧巡演汇报演出——顺德粤剧团大型原创剧《铁面青天》

【顺德艺术展览馆】2013年6月25日正式揭牌，中国山水画创作院广东分院、广东省文联艺术馆顺德基地也在此挂牌。展览馆位于顺德博物馆首层，展厅面积950平方米，展线220米，自成一体。至年底，承办多场来自于内地省市、港澳以及新西兰、加拿大等国家的美术、书法、摄影等大型展览。2013年主要展览有：

2013年顺德艺术展览馆举办展览一览表

6月25~7月4日	天高 地阔 水长——朱颂民西部山水画展
7月9~18日	"艺术回归祖国——区本书画故乡行"展览
8月9~18日	两岸故宫国宝书画高仿真展
8月23~30日	佛心禅韵——袁野画展
9月2~13日	"八面来风"中国书画学社作品展
9月18~27日	顺德国际摄影邀请展
9月28~10月3日	内地与澳门残疾人文化艺术作品展
10月14~23日	广东著名摄影家作品联展
10月26~11月10日	2012顺德文化金凤奖美术、书法、摄影作品展
11月15~25日	传承与创新——罗建生个人画展
11月30~12月10日	岸芷汀兰——朱涛作品展
2013年12月20~2014年1月5日	"中国山水画创作院系列展"第一回：中国名家国画邀请展

【顺德区文化艺术发展中心交流基地】交流基地位于广州市越秀区人民北路871号广东省文联艺术馆首层，展场面积1600平方米，展线长328米。整合广州、顺德两地优势资源，拓宽文化艺术交流渠道，提升顺德文化艺术整体实力。2013年在交流基地举行的主要展览有：

2013年顺德区文化艺术发展中心交流基地举办展览一览表

5月3~9日	2012年顺德文化金凤奖美术书法摄影作品展
9月1~12日	"八面来风"中国书画学社作品展
9月28~10月6日	顺德书法作品展
10月19~27日	"顺德画院系列展"第一回：谢汉仁书法作品展
10月30日~11月8日	继往开来，其命维新——顺德水乡画作品邀请展

（郑琼娜）

档案工作

【概况】2013年3月，顺德区档案局升格为区政府直属正科级参照公务员法管理事业单位，加挂区档案馆、区地方志办公室、区委党史研究室牌子，由区委办公室（区政府办公室）归口联系，加强推进全区城建档案的统一管理职责。是年，区档案局通过广东省和全国社会主义新农村建设档案工作（简称新农档）示范区创建验收，不断加强档案资源开发、档案安全管理、档案利用服务三大体系建设，推动全区档案管理规范化和服务市场化。全年区、镇（街道）、村（社区）三级档案规范整理和数字化62万卷（件）。

【新农档示范创建】2013年，增加大良街道近良社区、红岗社区，容桂街道幸福社区、穗香村，勒流街道连杜社区、勒流社区，伦教街道新塘村、羊额村，北滘镇三洪奇社区、桃村村，陈村镇绀现村、赤花社区，乐从镇水藤村、小布村，龙江镇西溪村、排沙社区，均安镇星槎村、新华社区，杏坛镇齐杏社区、逢简村等20个村（社区）新农档示范点，实现示范村（社区）在全区各镇（街道）全覆盖。10月18日和12月6日，顺德区分别通过广东省和全国新农档示范创建验收，被授予“广东省社会主义新农村建设档案工作示范区”和“全国社会主义新农村建设档案工作示范区”的称号。

【档案资源体系建设】2013年，顺德区档案局按计划完成26个全宗单位文书档案和金茂广场（酒店）、海琴水岸C05地块项目、广东省储备粮顺德直属库、顺德职业技术学院学生公寓等19个重点建设项目档案的验收和接收。全年共接收各类档案107191卷又4245件，排架长度2252.84米。其中新增文书档案1900卷又4245件，新增专门档案105291卷（含新增城建竣工档案10808卷，房地产权档案94194卷，其他专门档案289卷）；跟踪拍摄区内130场重大活动，新增声像档案4429件，其中照片3333张、视频1096个；接收实物档案17件。年内组织35个部门（单位）和10个镇（街道）完成室藏涉密档案登记工作，完成88.03%的馆藏文书档案涉密排查及3180卷文书档案的开放鉴定。全年，区档案局各对外利用窗口接待政府机关查档34686人次，接待查档群众64835人次，查阅档案115193卷次（宗），出具馆藏个人档案、城建档案、房地产档案证明材料69038份，跟进回复档案信访案件1起；现行文件查询11081人次（含网上现行文件点击数）。

【档案信息化建设】2013年，顺德区档案局“大部制背景下的大档案系统信息化与利用体系建设”项目被纳入国家档案局2013年度科技项目。截至年底，该系统已完成一期项目的开发建设，二期项目进入需求分析阶段。档案馆业务管理系统投入使用，在2个区属部门和3个镇（街道）试运行，城建档案管理著录模块在区档案中介机构和项目建设单位全面应用。档案数字化方面，全年完成档案数字化9.85万卷（件）396.45万页，累计完成档案数字化28万卷（件）1235.52万页。

【档案业务监督指导】2013年，顺德区档案局加强档案监管，建立起镇（街道）档案收集整理情况年报工作制度。年内完成203个村（社区）的档案工作摸底及30个全宗单位、86个村（社区）的档案年检、复查工作。选取顺德区南星水产专业合作社为食品安全档案管理试点单位；对大自然地板等民营企业开展建档指导和培训。全年召开各类档案业务知识培训9场，培训区、镇（街道）、村（社区）、企业专（兼）职档案工作人员约700人次。

【档案场馆建设】2013年，新设立顺德区档案馆北滘分馆、勒流分馆、乐从分馆3个镇（街道）档案分馆。截至年底，顺德区10个镇（街道）已有5个设立档案分馆，为探索“总分馆”制的档案管理模式奠定基础。

【档案利用服务】2013年，顺德区档案局加入全省9+1+1（珠三角9市加云浮、顺德）跨馆查阅利用系统和佛山市民生档案跨馆查阅系统，并开通手机上网查阅现行文件、开放档案服务。根据《转发省物价局省财政厅〈关于停止征收部分利用档案收费的复函〉的通知》（粤档发〔2013〕17号）精神，各利用窗口（含房地产权登记资料查询窗口）全面停收除复印费以外的利用档案费。年内，该局围绕充分就业、生态文明和法定机构等工作，编写资政资料4期；为《顺德人·顺德事》、《村村有段古》等系列电视片提供素材；在“‘6·9’国际档案日”主题宣传活动期间，向区、镇（街道）、村（社区）编发档案宣传资料400多份；全年向省档案局报送档案工作动态信息10条，官方网站发布信息16799条，手机网站发布信息740条，“三农”信息网发布信息644条，官方微博发布信息123条。

地方史志

【概况】2013年，顺德区委党史研究室和区地方志办公室（挂牌在区档案局内）有序推进党史和地方志的收集、编研和开发工作，并在大良街道家乐村增设237平方米地方史志专用库房，不断强化地方史志服务区域发展能力建设。

【党史编研】2013年，顺德党史编研工作进展顺利。一是7月正式出版发行《顺德党史》二卷，完成《顺德党史》三卷前3篇约18万字的编写。二是配合上级部门做好党史材料编修。配合省档案局编修《广东记忆·全国首创100例》一书，编写报送20条有关顺德在全国首创的案例简介，并对《佛山足迹》展览顺德部分内容提出修改意见。

【地方志工作】2013年，顺德地方志工作有序开展。一是出版发行2012年卷《顺德年鉴》，组织编纂和印刷2013年卷《顺德年鉴》。2012年卷《顺德年鉴》在第七届全国年鉴编校质量检查评比中荣获三等奖；2013年卷《顺德年鉴》注重彰显顺德特色，突出习近平总书记视察顺德，继续深化推进三大改革，深入开展“三打两建”，全省率先试点商事登记制度改革等顺德年度大事要事，选编顺德非物质文化遗产项目入年鉴彩页。年内还完成2013年《广东年鉴》《珠三角城市群年鉴》和《佛山年鉴》顺德部分稿件的撰写工作。二是将区内相关商会、专业协会和一些社会组织纳入2013年度全区地方志资料年报报送单位范围。三是开通顺德地情网。截至年底，已完成1996年版《顺德县志》、2012年卷《顺德年鉴》入库上网工作，按计划逐步丰富地情网信息，加强对顺德地情的宣传。（吴砚媚）

传　媒

【珠江商报社】珠江商报社拥有“一报一网站”（《珠江商报》、顺德新闻网），实行总编辑总负责领导体制。2013年，该社有18件新闻作品分别获得省、市、县级奖；完成经营收入6116万元，同比增长1%。在中国传媒大会2013年会上，该社连续第5年荣获“2013中国年度创新商报”

2013年，珠江商报社荣获“金长城传媒奖·2012中国年度影响力商报”荣誉称号

奖项。

年内，该报扣紧顺德城市、产业、改革三大中心工作，推出“三中全会与顺德改革”“改革惠民”“产业转型升级 探索顺德模式”“顺德电商崛起：制造业土壤长出新产业”“解密顺商”“顺德在全国率先启动企业登记并联审批改革”等系列报道，开设“美城顺德”“创文行动”“寻找顺德中轴线”等专栏，出版《顺德智造——产城互动探索录暨〈珠江商报〉创刊9周年特刊》《顺商访谈录》《造梦空间》等特刊，向外界传递推介顺德精神，受到社会关注。策划举办系列活动带动经营，做到传统业务与经营活动有机结合。尤其是第五届房地产传媒大奖创新经营招商方式，通过网上“全民评好房”活动拉动经营，招商额达85万元。（陈文中）

【佛山电视台顺德分台】2013年，佛山电视台顺德分台进一步落实“顺人顺事顺天下”的办台理念，以及“节目顺味化”的战略方针，在新闻宣传、节目创新、品牌建设等方面均取得新成绩。其中，电视消息《顺德干部“改革”试错可免责》、电视新闻专题《疯狂的楼顶违建》、论文《新闻立台——城市电视台突围攻略》和论文《浅析顺德电视台硬盘播出系统及安全播出应急预案》分获2013年度广东省广播电视节目奖三等奖。全年自采新闻4340条，拍客作品280件，策划系列报道28个258篇，组合报道210多组，《顺视新闻》开设子栏目20多个。4月8日，推出大型新闻评论节目《顺德众议堂》，话题围绕顺德相关部门和社会现象深度展开，播出各类批评、曝光、观众投诉等选题1800多件，

2013年1月30日，《珠江商报》2013年《顺德通》商务指南首发（杨芳 摄）

2013年10月30日，顺德电视台制作的百集村志式大型系列文化片《村村有段古》开机，图为《村村有段古》开机仪式现场

其中近半话题得到整改、纠正或回复；18000多位次观众对栏目的讨论话题通过街访、短信、微信等各种方式发来自己的意见，栏目选用播出1800多次。制作播出百集村志式大型系列文化片《村村有段古》。栏目从顺德村落的历史名人、神话传说、民风民俗、谚语故事、古旧建筑故事中选材，计划拍摄80集，每集时长10分钟，是顺德电视有史以来最大规模的一次电视节目制作，节目从2013年12月2日起播出，得到观众的广泛关注和好评。年内顺德频道主办、承办、协办大型活动（晚会）12场。（王晓晖）

【佛山人民广播电台顺德频道】2013年，佛山人民广播电台顺德分台围绕区委、区政府的中心工作，加强策划，新闻、节目、活动联动，全年共播出各类新闻和经济信息15257条；开设有《警讯》《明白说法》《劳动法规知多D》《社保博士一分钟》《事不关己》等专题（专栏节目）15个，播出915期；播出《政风行风热线》节目39期；举办顺峰山下城市论坛8场；配合各职能部门开展公益宣传2632分钟，共计7896条（次）。是年，以顺德的行政、农村和社会三大改革为报道重点，先后推出《顺德产业转型升级》《农村春来早》《聚焦顺德行政审批》等系列报道，全方位深入报道三大改革的成效、进程和未来的方向、措施，共发稿150多篇次。策划执行“节能低碳 创文美城 地球一小时 顺德站”、第四届“好味到镇”等多项大型活动。2013南国书香节活动、欢乐龙舟文化节活动期间还参与线上宣传以及现场直播。9月9日，频道围绕“顺德人、顺德情、顺德味”对内容进行创新研发，三大版块节目全面升级。上午板块主打新闻资讯，下午板块主打经济商业，“商”味更浓，《顺商言商》，让《顺商论道》，突出“顺德商业经济服务”和“顺商文化推广”功能。晚上板块主打民生互动，《顺德公开咪》，让顺德人论尽顺德事。

【广东省广播电视网络股份有限公司佛山顺德分公司】2013年，广东省广播电视网络股份有限公司佛山顺德分公司实现总收入26397万元，利润4760万元，用户规模达到53万户，84万终端，双向网络覆盖率达82.8%。2013年9月开始，顺德网络分公司在全区启动“标清升高清”活动，至12月31日，全区高清互动用户达12万个终端。为支撑高清双向互动业务的发展，全年完成网改户数48481户。对各支公司完成的网络资源普查区域数据，实行双向网络覆盖达标检测，年内普查548286户。全年顺德区数字电视平均故障率由3%降至2%；U宽频故障率由40%降至16%；自营宽带故障率由20%多降至10%；总体故障处理超时率由10%降至1%以内；总体安装超时率由30%降至5%。故障工单平均每月减少约7000张。年内，承办广东省广播电视网络股份有限公司在顺德职业技术学院梁銶琚堂举行的“广电网络企业战略联盟暨新业务推介会”，并与顺德职业技术学院、华南家电研究院、佛山市三水林信广告文化传播有限公司签订战略联盟协议书；承办由佛山电视台与广东广电网络佛山分公司联合举办的“首届佛山电视观众节暨U互动《我们正年轻》中老年人才艺大赛（顺德赛区）招募会演”；协助顺德区政府文明办制作20期《顺德公民修养大讲堂》节目。是年，顺德分公司中标多个超百万元的大型视频监控项目，包括：“大良街道治安视频监控扩容项目”“星光广场配套项目”“乐从钢铁世界高清视频监控系统工程”“北滘派出所治安高清监控项目”以及“伦教街道社会治安监控项目”。

【顺德新闻网】顺德新闻网（www.sc168.com）是以新闻、服务资讯为主要特色的珠江商报社官方网站。该网站设有新闻、美食、旅游、生活4个主频道和头条新闻、拍客等10个栏目，涉

2013年11月8日，顺德网络分公司举行“广电网络企业战略联盟暨新业务推介会”

（梁超国摄）

足互联网、在线直播、微信微博运营、线下活动等不同领域。2013年，顺德新闻网创新报网互动方式，实施“先网后报”“滚动新闻”报道策略，在“共建共享幸福顺德”“顺德两会”“顺德区党的群众路线教育实践活动”等大型报道中发挥重要作用。并对本地新闻话题进行深度挖掘，如对“寻找顺德城市中轴线”“顺德美城行动”等报道，通过报网联手、访谈等新媒体互动方式，扩大报道影响力。同时，新推出“商报帮帮帮”“社区公告栏”“记者调查”等系列新栏目，搭建媒体与老百姓之间的沟通桥梁。

（陈文中）

体育

【概况】2013年，顺德实施全民健身工程，建成20个全民健身示范村（社区），各配建2个灯光篮球场、6个羽毛球场、6张乒乓球台、1条健身路径，拥有3个以上体育组织并常年开展活动。顺德区文体旅游局被国家体育总局评选为2009~2012年度全国群众体育先进单位，区业余体校被国家体育总局授予“国家高水平体育后备人才基地”。年内，组建国民体质监测中心，完成对4130名群众体质数据的收集工作。体育彩票销售超过3.11亿元，创造体彩公益金2267万元。

【年度龙舟活动与赛事】2013年欢乐龙舟文化节。2013年6月10日至12日（端午假期）由顺德区人民政府主办、区委宣传部（区文体旅游局）承办，大良街道办事处、佛山电视台顺德分台与顺德区文化艺术发展中心协办，在顺德新城区的顺峰山桂畔湖、顺峰山公园牌坊广场以及德胜文化广场三个地方同期举行。龙舟文化节包括五大板块——龙舟竞赛、龙舟民俗板块、龙舟文艺板块、大众活动板块以及旅游传播板块等，精彩活动项目主要有顺德龙舟大赛、群众艺术展演、文化遗产日活动、龙情拍客大赛、欢乐龙舟游等。龙舟竞赛是龙舟文化节的重头戏，在桂畔湖举行，4个竞赛项目包含传统龙舟民俗竞美、传统龙舟竞速和青少年竞技龙舟项目。6月12日晚，顺德区文化艺术发展中心筹办打造了一场顺德味十足的群众艺术展演。文化节期间，顺德本地的表演队伍，在德胜文化广场、顺峰山公园、华桂路等地举行顺德传统民俗表演，组织者组合龙舟文化节各项活动和顺德新城区周边知名景点，设计“龙情天下”旅游线路，通过旅行社组织游客前来，观龙景、看龙舟、品龙情。

2013年“龙江商会杯”全国五人龙舟公开赛。2013年9月19日中秋节举行，由国家体育总局社体中心、中国龙舟协会、广东

2013年4月26日，顺德农商银行独家冠名赞助2013欢乐龙舟文化节

（温国摄）

省社体中心主办，顺德区文体旅游局和龙江镇人民政府承办，共吸引来自珠三角各地和香港地区的173支队伍、近1000名运动员参加，赛事从南海区九江镇沙头北村河段放龙，经龙江大涌主赛道，全程约40公里，“协盈小额贷款公司4号”夺冠。

是年，顺德龙舟队代表国家参加在匈牙利举行的世界龙舟锦标赛中夺得4金2铜，参加在天津举行的第六届东亚运动会龙舟赛获2金1银1铜。

【学校体育】2013年，顺德区教育、体育部门联合举办中小学生12项常规体育比赛，建立适合广大学生普及与提高相结合的竞赛机制。全区有省级体育项目传统学校13所，区级体育项目传统学校81所。年内参加11项省传统项目学校锦标赛及中学生锦标赛，获团体总分第一名2项；第二名1项；第三名4项；第四至第八名8项。勒流东凤小学的8名运动员入选国家队，远赴新加坡参加第七届亚洲跳绳锦标赛，荣获8金2银2铜；大墩中学参加2013年全国学生定向越野锦标赛，获得团体总分第五名；碧桂园学校参加第二届全国中学生健美操啦啦操锦标赛，获得健美操活力汇高中组徒手健身操自选第四名。

【群众体育】2013年，顺德举办贯穿全年的体育群众体育活动赛事包括，区足球赛、乒乓球联赛、羽毛球赛、门球赛、南粤幸福活动周系列活动，吸引共20万人次参与。据不完全统计，全区各级体育组织全年共举办各类群众性体育活动近2000场次，吸引超过120万人次参与。是年，顺德单独组队参加广东省第三届体育大会，共参加了22个项目，取得14个第一名和团体总分一等奖，参加本次大会的都是来自顺德各个协会、镇街的代表队伍。

【顺德区业余体校】2013年，顺德区业余体校开展“阳光体育进校园”体育培训，惠及2000名教师。是年体校参加各级赛事获世界赛冠军人2次、亚洲赛冠军2人次、全国赛冠军14人次，打破世界纪录1人次，打破全国纪录2人次的好成绩，其中31名顺德籍运动员代表广东参加第十二届全国运动会，共有4个项目9人次获得第一名的优异成绩。年内体校开展青少年体育竞赛，全年共举办区级青少年竞赛12项，4000多人次参加；参加省级青少年竞赛20项，750多人次参加。

【顺德体育中心】2013年，顺德体育中心累计承办各类活动50项，参加人数约26.1万人次，其中群众自发参与人数约11.5万人次。体育馆承办区乒乓球联赛、卫生系统第十五届职工运动会、区第二届残疾人运动会、区机关运动会等活动35项，参加人数约12万人次，平时场馆对群众开放全年参加人数约3万人次。体育场承接大良街道田径运动会、区中小学生田径运动会和全国女子足球联赛（顺德赛区）等活动8项，参加人数约4万人次，平时足球场对群众开放全年160场，参加人数约2万人次，体校学生田径训练6000多人次，体育场全年接待人数共约6.6万人次。游泳场举行全国水球锦标赛、省水球锦标赛、网点校游泳赛和顺德区中小学生游泳赛等6项活动，总参加人数约1万人次，假期对群众开放接待2万多人次，游泳场全年接待人数共约3万人次。全民健身广场位于中心广场西侧，约2000平方米，6月开始免费对外开放，累计约4.5万人次群众前来参加锻炼。顺德青少年体育俱乐部在寒暑假期间举办篮球、游泳、羽毛球等多个项目的培训班，吸引600多名青少年参加体育锻炼技能的学习。（何小雷）

卫生·计生

医疗卫生

综述

【概况】2013年，顺德有医疗卫生机构645个(含公立医院及社区卫生服务中心的下伸网点)，其中医院31所（含公立医院15所），社区卫生服务中心10间，社区卫生服务站88间，社区卫生服务点58个，卫生监督所1间，疾病预防控制中心1间，中心血站1个，慢性病防治中心1间；共有床位8893张，其中公立医院6654张，民营医院2239张；执业（助理）医师5760人，注册护士5979人。全年全区各类医疗卫生机构向社会提供门诊服务2419万人次，提供住院服务30.51万人次。国家免疫规划疫苗接种率达95%以上。人均期望寿命77.57岁。是年，顺德继续推动医药卫生体制改革，提升社区卫生服务能力，实施基本药物制度，推进药品采购制度改革，规范临床合理用药，规范医疗垃圾处理，强化临床用血管理。推行医务人员个人信用体系建设，开展“廉洁诚信医院”创建、整治“庸懒散奢”不良风气、民主评议行风等活动。区第一人民医院易地新建项目主体工程封顶；区伍仲珮纪念医院扩建工程完成；与南方医科大学合作发展高端医疗的项目进展顺利。

【信息化建设】2013年，顺德建成全区统一的社区卫生信息系统，并启动社区卫生服务移动工作站，利用3G移动终端上门实时建立电子健康档案和随访。区域PACS（医学影像）平台中心端投入使用，部分医院实现医学影像检验信息的共享互通。

【无偿献血与器官捐献】2013年，顺德无偿献血28795人次，采血量43781单位，机采血小板量1826单位，新增稀有血型档案20个，登记捐献造血干细胞86人，连续15年100%满足临床用血需要。全年全区共有3名公民无偿捐献器官，15名患者受益，有38名市民递交《中国人体器官捐献自愿书》。

【健康教育宣传】2013年，顺德开展“全国预防接种日”“碘缺乏病日和饮用水安全”、健康知识村居行等大型卫生主题宣传，举办公众咨询和健康知识讲座、健康教育讲课技能比赛、公民健康素养基本知识竞赛等活动。顺德区“12320卫生热线”共接听群众来电咨询470个。探索在北滘城区小学创建“健康教育与健康促进示范基地”，均安、陈村两镇顺利通过“全国亿万农民健康促进行动”示范区（镇）的3年复查。调查显示，2013年顺德居民健康知识知晓率比2012年提高3.67个百分点。

医政管理创新

【医药卫生体制改革】2013年，顺德完善基本医疗保障制度，优化公立医疗资源配置。实施基本药物制度，推广平价医疗服务。在区第一人民医院试点平价医院工作，在其他二级以上公立医院设立平价诊室，平价诊室占本院门诊资源5%以上；在社区卫生服务中心及其下伸站点全面使用平价药包，患者只需缴纳3元即可免费使用基本药物。

【医学科研和教育】2013年，顺德建成省级医学（临床）重点专科7个，市级医学重点（特色）专科4个、区级医学（临床）重点专科60个，医学专科群建设初见成效。全年全区获省级以上各类立项课题16项、市（区）级各类立项186项、市（区）不同等级科技奖励13项。年内顺利完成国家、省、区级继续医学教育项目300多项，全区卫生技术人员学分达标率居全省同等地区前列。年内首次开展全区“三基”理论和操作统考（抽考），考核结果纳入年终绩效考核，进一步强化医护人员医学基础知识。

【创新医疗质量管理】2013年，顺德成立省内首个县（区）级医学检验专业质量控制中心，对19家医疗卫生单位开展质量考核。建设医院服务第三方评价体系，对全区公立医院、社区卫生服务中心和民营医院共42家单位开展群众（患者）和医院内部职工满意度调查，结果纳入领导班子年度绩效考核范畴。是年，全区医院顾客总体满意度评分为81.79分。深入开展“三好一满意”“创建平安医院”活动。4月启动“寻找社区星级医生（护士）”活动，确认陈兴亮等10位同志为“顺德区第一届社区星级医生（护士）”。开通“12320”服务热线，完善患者投诉和医患纠纷调处机制，加强与省和谐医调委的沟通联系，顺德设立工作站。深入开展打击非法行医工作，全区医疗机构监管率达100%。

【提升中医药服务能力】2013年，顺德全面开展各镇（街道）医院中医科、中药房规范化建设达标验收，开展社区卫生服务中心中医药综合区建设督查和评估；推行老年人中医体质辨识和儿童中医调养服务；推进区中医院、大良医院国家级中医“治未病”预防保健服务试点单位及区人民医院、勒流医院和均安医院省级中医“治未病”预防保健服务试点单位建设。顺德全部社区卫生服务中心均能开展中医适宜技术。（陈永强）

社区卫生服务

【概况】2013年，顺德社区卫生服务覆盖率达到92.08%，形成“步行15～30分钟”的社区卫生服务圈，实现“小病在社区、防病在社区、大病进医院”。建立“月检查、季督导、年考核”的基本公共卫生服务逐级考核和督导机制，加强对基层医疗卫生机构配备基本药物的实时监控。2013年全区基层医疗机构门急诊637万多人次，同比增长4.96%。每次平均药费25.94元，同比减少13.46%。容桂社区卫生服务中心成功创建为“全国示范社区卫生服务中心”。

【社区家庭医生制度】2013年，顺德实施网格化的社区家庭医生制度，建成由社区全科医生、社区护士和公卫医师组成的社区卫生服务团队420个，社区家庭医生服务覆盖率达到85.37%。加强全科医生培训，提高医疗水平。创新区属医疗卫生单位、镇街医院与社区卫生服务机构三级人才交流帮扶机制，促进优质医疗卫生服务资源共享。全年全区常住人口建立居民健康档案约198.62万份，建档率达80%以上；截至12月底，建档重性精神疾病患者10746例，检出率为4.36‰，其中纳入管理9442例，管理率达87.87%；高血压病人126301人、糖尿病病人31087人。

公共卫生监督

【妇幼保健】2013年，全区完成免费孕检11178人，11938名孕妇共享受免费产检37542人次，28369名新生儿共接受产后访视55696人次，6岁以下儿童免费体检260024人次，接受免费血色素检测的儿童143981人次。全年16468人接受免费婚检，婚检率达66.79%；为900名妇女进行免费的宫颈癌、乳腺癌检查；免费增补叶酸19141人；5448名孕产妇享受住院分娩补助，共发放补助金272.4万元。婴儿死亡率按户籍人口计算为2.21‰，同比降低近2个千分点，远低于省“十二五”规划6‰的目标。

2013年12月5日，容桂社区卫生服务中心举行“全国示范社区卫生服务中心”揭牌仪式容桂社区卫生服务中心是顺德首个国家级社区卫生服务示范中心

【卫生监督协管】2013年，顺德各镇（街道）卫生监督协管室共巡查公共场所和生活饮用水单位5200家次、学校及托幼机构1274家次，开展无证行医巡查516次；8家职业健康体检机构共开展职业病防治咨询、指导46236人次。年内取消建设项目职业病危害预评价审核、公共场所和生活饮用水卫生许可复核事项；向镇（街道）下放体育、文化交流及部分文化娱乐场所卫生许可项目，公共场所8大类34项卫生许可事项中已下放23项。全年全区共新发、年度认定卫生许可证1661个，其中镇（街道）办理1103个；全区核发从业人员健康证59701个。完成卫生行政处罚21宗，其中职业卫生案件2宗、医疗卫生19宗，合计罚款29.3万元。是年，举行首届全区卫生监督协管服务技能比赛，容桂街道卫生监督协管室取得团体冠军。区卫生监督所被省卫生监督所评为“信息报告工作先进单位”。

【公共卫生监测】2013年，顺德区疾病预防控制中心完成省级食源性致病菌监测、食品中化学污染物及有害因素监测等任务，以及佛山农博会、龙舟文化节等重大活动期间的卫生保障抽检任务。开展消毒质量专项监测，检测各级医疗机构301家次，抽检合格率为94.02%；63间幼儿园抽检合格率为90%；一次性消毒餐具生产企业抽检合格率为100%。开展公共场所卫生监测，旅店业、文化娱乐场所等公共场所371间，合格率达98%。开展生活饮用水卫生监测，水质总体良好。顺德区卫生监督所对公共场所和设施卫生进行专项监督抽检，结果显示学校直饮水、美容美发、商场、影剧院和住宿场所的合格率均高于90%，沐浴场所和游泳场所分别为60%和68%，而集中式空调最低，只有40%。

【量化分级管理】2013年，顺德区内持卫生许可证公共场所2849家，对2372家需进行量化评级单位全部完成评级，卫生信誉度A级单位159家，B级单位1447家；C级单位766家。全区共有集中式供水单位17家，已取得卫生许可证集中式供水单位15家，均接受量化评级，A级单位有9家，B级3家，C级3家。作为推行学校卫生监督量化分级管理的第二年，已评出31家学校卫生A级单位。

【职业卫生监督】2013年，顺德区疾病预防控制中心开展生产企业职业病危害因素和放射作业场所检测，有毒有害作业点总体合格率达87%，对1个存在漏射线超标情况的场所提出整改意见；完成职业健康体检2.1万人次，查出职业禁忌证470人，从业人员健康证明体检2.6万人次，诊断职业病26例，其中尘肺病17例，职业中毒9例。顺德区卫生监督所开展重点企业、建设项目职业卫生检查和调研，对208家重点企业的582项问题或隐患责令整改；完成建设项目职业卫生审查29项；跟进26名确诊职业病患者的维权工作。是年，建设项目职业病危害评价数量下降为31个。

疾病预防控制

【概况】2013年，顺德加强卫生应急和疾病防控体系建设。提高传染病和突发公共卫生事件的监测预警能力，积极应对人感染H7N9高致病性禽流感等新发传染性疾病，推进预防接种、健康教育等基本公共卫生服务均等化，加强流感、手足口病、艾滋病等重点传染病监测和防控工作。深入开展群众性爱国卫生运动，全区省卫生村覆盖率达98.84%。扎实开展农村改厕工作，是年全区无害化卫生厕所普及率为99.45%。全区累计报告法定管理传染病23种24723例，报告发病率为989.98/10万，报告死亡病例11例。无甲类传染病报告。

【预防接种服务】2013年，全年接种一类疫苗102万针次，接种二类疫苗29.6万针次，逐步建成预防接种数字化门诊。年内对全区2009年1月1日以后出生的儿童进行脊灰疫苗补充免疫和含麻疹成分疫苗查漏补种，接种脊灰疫苗123711人次，接种率97.9%；接种麻疹疫苗5712人，接种率97.6%。印发《顺德区新生入学查验预防接种证操作指引》，规范相关流程。年内全区报告疑似预防接种异常反应（AEFI）253例，报告率、调查率均达100%。

【传染病防控】2013年，顺德加强疫情监测报告分析。全年共报告、审核传染病信息3.3万条，排查处置可疑疫情237宗。监测霍乱（包括腹泻病人、海产品及外环境水样）、疟疾、犬伤暴露人群、流感样病例等5.6万人次。布放诱蚊灯等监测设备，控制病媒生物传染病。新增桂洲医院为手足口病监测哨点。全年全区报告手足口病病例10983例，报告发病率为443.34/10万，报告重症病例1例（上年同期6例），无死亡病例（上年同期1例），年内及时处置托幼机构手足口聚集疫情183起。是年，顺德区疾病预防控制中心艾滋病确证实验室顺利通过资质评审验收。完成艾滋病抗体检测21.9万人次，报告新发艾滋病病毒感染者171例。随访管理451人，转介治疗61人，首次流调率为100.0%。开展戒毒所哨点监测和看守所日常监测，加强重点人群知识培训等干预活动，提高艾滋病防治措施质量。在上半年全省艾滋病防治主要措施质量考评中，顺德总评成绩位居全省第二。

【卫生应急处置】2013年，顺德具备147个疾控应急预案。加强应急队伍专业技术培训，参与人

2013年4月2日，顺德疾控中心通过广东省公共场所卫生检验检测、评价机构技术能力现场考核

2013年4月7日，顺德召开人感染H7N9禽流感防控工作会议

感染H7N9禽流感、突发化学中毒事件、食物中毒事故等卫生应急演练，处置公共卫生突发事件2起，参与调查处理疑似食物中毒事件3宗。是年，顺德区疾病预防控制中心启动人感染H7N9禽流感防控应急预案，2支应急专业队伍24小时待命，加强应急物资贮备和疫情动态分析，开展家禽鸟类市场环境样品禽流感病毒污染应急监测工作。是年，顺德未发现人感染H7N9禽流感病例。2013年9月，顺德龙江、北滘等7个镇（街道）先后发生登革热聚集及散发疫情，报告登革热病例109例。区各级疾控防疫系统开展登革热防控大行动，派出专业技术人员1000人次，开展快速灭蚊和病例搜索，在疫点范围内排查2.2万人，入户开展调查和环境整治9348户，现场讲解防控技巧，形成群防群治的工作局面。（梁永坚）

区属有关医疗卫生机构

【顺德区第一人民医院】顺德区第一人民医院职工总数2127人，其中专业技术人员1746人；医生615人，护士801人，医技人员256人；正高职称人员63人，副高职称人员222人，中级职称人员522人；博士12人，硕士143人。2013年，全院开放病床数1200张，门诊、急诊量229万人次，同比增长2.53%；住院6.7万人次，同比增长7.63%；住院手术1.78万例次，同比增长8.07%；抢救危重病例1818人次，抢救成功率90.15%；病床使用率126.84%。

是年，该院多科之间实行“医生跟着病人走”的“飞床”调配模式，多项措施缓解就医难问题。开展医院安全大整治行动，持续开展优质服务，出院病人满意度达91.4%。扶持杏坛、陈村附属医院建设，加强对新疆伽师县人民医院、徐闻县第二人民医院、连南县人坪卫生院、勒流医院等单位的对口帮扶工作。选派人员赴英德开展驻村扶贫工作，到各帮扶点义诊10次，赠送药品近2万元。与6个社区卫生服务机构签订“3+1”合作帮扶仪式，全方位指导各服务中心的医疗工作。全力创建省健康促进医院，举办各类卫生节日义诊27次、“健康讲堂”52期；开展“名医进社区”义诊5次。新建及更新健康档案2.4万多份，增幅11.3%。严抓妇幼保健管理，免费孕检4157人，免费产检13600人次，分娩补助1308人，分娩孕产妇7000多人，报告出生缺陷156例。

是年，肿瘤科成为广东省临床重点专科，新增区医学重点专科4个、临床重点专科11个。全年经学术委员会评审通过的新技术73项。ICU开展ECMO技术救治极重型循环衰竭病人6例，生命支持技术达到国内先进水平。年内通过科研立项48项，其中省级5项，市级29项；通过成果鉴定7项，均达到国内先进以上水平；获市科技奖5项，区科技奖7项。发表SCI论文14篇，14人获区优秀医学论文奖，黄裕立医生获区“特别荣誉奖”。顺德区第一人民医院成为国家博士后科研工作站，积极创建药物临床试验（GCP）机构；四个区级名

2013年1月15日，顺德区第一人民医院易地新建主体工程顺利封顶

医工作室正式挂牌，“于新发名医工作室”获审批，顺德区肝病研究所、顺德区医学检验质量控制中心挂牌成立。该院成为市首家广东省全科医生规范化培训基地，也是广东省甚至全国唯一集全科医生规范化培训基地、理论培训基地、临床实践基地、社区实践基地于一身的单位。举办各类继续教育活动75次（国家级3次、省级15次），参加人数达2万多人次。（李恒寿）

【顺德区中医院】2013年，顺德区中医院进一步加强中医内涵建设，提升医院的整体服务水平，全年无发生重大医疗差错和事故。全院设病床630张，拥有员工998人；其中卫生技术人员780人，占总人数的78.2%。医生281人，护士338人，医技149人。有高级职称105人，中级职称242人，硕士研究生83人。门诊量751590人次，住院病人17507人次；急诊137511人次，手术9860人次，抢救危重病人393人次。全年临床用血760000毫升，其中成分输血达100%。

是年，医院以创建三级中医医院为目标，完善各项中医工作。构建“治未病”服务平台，打造独具特色的中西医结合预防保健模式，2013年为群众进行体质辨识及中医咨询调养2785人次，开展针刺温灸、穴位敷贴等多种形式的干预治疗服务患者9207人次。全年开展中医护理技术12项共443005例次，设计制作中医健康教育处方34种，组织开展八段锦培训活动，开展火针、小刀针、捏脊等非药物中医疗法，大力推广中医适宜技术。与均安医院、伦教医院以及乐从等五个社区服务中心建立帮扶关系，定期技术指导。院感控制及防保管理加强，医院多重耐药菌感染率同比下降9.5%，临床科室合理选用抗菌药物重视率同比提高17.3%。

是年，开展射频消融、粒子植入、热疗、胆道成形、气管支架植入、微创经皮椎弓根钉固定术等多项新技术，中药的鲜药治疗和中医外治法、带蒂背阔肌皮瓣胸壁缺损修补术、保乳术、肺段切除术等部分项目处于佛山市领先水平。成功开展“肘关节恐怖三联症手术加可活动支架治疗”；4月份开展的冠脉介入治疗，到12月已突破100例。年内获省、市、区科研立项课题22项，其中1项获广东省卫生厅课题立项，5项获广东省中医药建设中医药强省科研课题立项，11项科研项目获佛山市科技局立项，《医用智能负重应力检测鞋》项目获国家专利，《生理性应力促胫骨骨折交锁髓内钉术后骨折愈合的研究》项目荣获顺德区科技进步三等奖，《人工髋关节置换术快速康复护理路径的建立及评价》项目达国内先进水平。顺德区2013年度医学教学系列比赛中，取得讲课比赛、课件制作一等奖，科主任教学查房比赛分获大外科组及大内科组二等奖。（劳静芳）

2013年10月19日，顺德中医院协办第三届岭南中西医结合骨科论坛暨广东省中医创伤关节学习班

【顺德区妇幼保健院】2013年，顺德区妇幼保健院职工总数559人，其中卫生专业技术人员496人，医生179人，护士215人，医技33人，药剂19人；正高职称12人，副高职称39人，中级职称93人；硕士19人。是年，开放病床数350张，门、急诊处方数（含方二）84.7万人次，同比增长5.0%；门、急诊人次（不含方二）60.5万人次，同比下降5.0%；住院1.8万人次，同比减少8.9%；出生婴儿（接产数）5935例，同比减少14.3%。抢救危重病例180人次，抢救成功率98.9%。病床使用率94.6%。

是年，调整妇幼保健管理模式，把原来“卫生行政部门→区妇幼保健院→镇街医院”的管理模式调整为“卫生行政部门→区妇幼保健院→社区卫生服务中心→镇街医院”；试点幼儿园卫生保健管理个数增至25个；协助完成孕前优生检测约1.79万人。孕产妇保健方面，2012年10月至2013年9月，全区各级医院登记待产产妇28560例，活产28732例，同比下降4.8%。住院分娩率

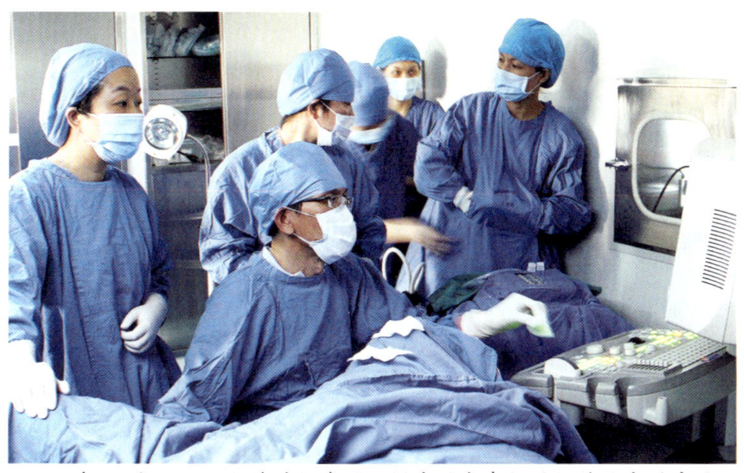
2013年11月13日，顺德首例多胎妊娠减胎术在妇幼保健院成功实施

99.48%，剖宫产率37.98%，高危产妇4087例，高危妊娠管理率100%。低出生体重发生率6.33%。全区接产28860例，围产儿死亡率5.36‰，同比下降17.03%，达到发达国家水平。出生缺陷747例，出生缺陷发生率258.84/万，同比上升14.92%。全区报告孕产妇死亡6例（本地人口2例，流动人口4例）。5岁以下儿童死亡34例。儿童保健方面，顺德户籍0～6岁儿童有8.55万人，保健覆盖率98.69%，同比下降0.16%。3岁以下儿童系统管理率95.29%，同比下降1.74%。血色素检测贫血率0.26%。全区共有托幼机构493家，入园体检率93.46%。体弱儿建档管理950人，新生儿疾病筛查2.8万例，筛查率98.83%，新生儿听力筛查28559例，筛查率99.40%，同比上升3.71%。计划生育技术和妇女保健方面，全年实施各项计划生育技术共63347例，无发生计生技术并发症；实施妇科手术7623例，门诊妇科乳腺检查32590例；全区婚检16468人，婚检率66.79%，建议暂缓结婚169人；孕妇艾滋病、梅毒、乙肝的产前自愿检测率100%；《出生医学证明》办证率99.84%。

2013年，顺德区妇幼保健院影像科X光室婴幼儿消化道造影技术和肠套叠空气灌肠整复技术达国内先进；妇科门诊“流产后关爱”（PAC）服务获得中国妇女基金会颁发最高3万元的“伊爱基金”资助，广东省仅3家单位获此荣誉，该院位列其一。该院科研成果《小儿心力衰竭血浆生物学标志物NT-proBNP检测的临床研究》获得顺德区科学技术进步奖一等奖；实用新型专利——“母乳喂养护枕”获得广东省第二届护理用具创新大赛三等奖。

人口和计划生育

【概况】2013年，顺德人口出生14233人，出生率为11.31‰，户籍人口自然增长率为6.05‰，出生人口性别比为110.92，政策生育率为90.16%，低生育水平保持稳定。是年，顺德区级计生事业经费投入1.27亿元，常住人口人均经费51元。陈村“花乡风韵 人性辉煌”大型文化浮雕、乐从《家乐》、伦教《伦常之教》和容桂《童年记忆》等人口文化项目完工，基本完成一镇一品特色阵地建设。大良街道北区社区和陈村镇锦龙社区获得2013年度全国人口和计划生育基层群众示范村居称号。全区已有国家级示范村居7个，省级示范村居30个。全区10个镇（街道）均已启动青春健康项目活动。推行计生家庭保险，投入近100万元为群众购买家庭保险，受惠群众达13.5万人。

【优生优育技术服务】2013年，顺德突出抓好优生指导、孕前优生免费检查、妇女增补叶酸等出生缺陷一级干预工作。区财政拨出613万元专项经费，为目标人群提供21项“一站式”免费孕前优生检查服务。全年全区共为18671人提供医学检查服务，建立家庭档案9553份，发现高生育风险夫妇398对，有效阻止6例重型地贫缺陷儿的出生。年内全区施行计划生育手术2147例，落实避孕节育措施随访服务22837人次，随访率99.95%；孕情检查354388人次，查环查孕率96.79%。2013年，顺德区科学育儿指导中心在区妇幼保健院挂牌。8月8日，首例“冷冻胚胎”解冻复苏成功移植；11月12日，首例“顺德产”试管婴儿成功受孕并顺利诞生；11月13日，首例多胎妊娠减胎术成功实施。

【流动人口计生服务】2013年，顺德流动人口中已婚育龄妇女396037人，流入半年以上流动人口当年度出生11009人。推进区域协作，联合户籍地共同管理计生工作重点对象，与62个县（市、区）建立协作关系，加强怀孕、生育、避孕节育等重点环节的服务管理。搭建流动人口共享平台，加快实现顺德区流动人口和出租屋管理办公室的全员流动人口信息与省全员流动人口信息

2013年7月10日，湖北省恩施市驻顺德区流动人口计划生育协会成立

系统的数据共享。对辖区内符合相关政策的流动人口全面推行计划生育节育奖励制度、免费孕前检查和住院分娩补助等公共服务，对符合条件的每位产妇住院分娩补助500元，提高流动人口计生公共服务均等化水平。全区共投入专项活动经费512万元，共清查出租屋和商铺176055间，查环查孕107598人次，落实避孕节育措施2438例，提交信息平台查询信息45054条。

【计生执法监督】2013年，顺德重点规范计生执法制度，加强执法和审批监督，全年全区未发现违规审批行为。伦教、大良、容桂等街道先后创建为“全国人口和计划生育依法行政示范镇（街道）”，全区创建率达30%，比全省5%的创建率高出25个百分点。是年，顺德继续开展查处“两非”（非医学需要的胎儿性别鉴定和非医学需要的人工终止妊娠行为）专项督查行动，全面落实B超管理制度、住院分娩实名登记和信息互联共享等制度，加强出生人口性别比综合治理力度。

【“惠一生”利益导向政策】2013年，顺德在100%兑现计划生育奖励政策的基础上，加大对独生子女伤残死亡家庭、计生手术并发症人员等特殊对象的扶助力度。对困难失独家庭、纯二女结扎等家庭开展慰问。各镇（街道）也积极创新和拓展优惠项目，大良对有需要的计生家庭提供免费送餐、免费家庭陪护等多项服务，陈村提高计生特别扶助家庭的扶助标准，容桂、乐从等镇（街道）为政策内生育并在规定时间内落实上环措施的常住户籍人口全额购买意外妊娠保险。（梁任之）

药品监督管理

【药品生产经营监管】2013年，顺德区人口和卫生药品监督局强化“三品一械”日常监管，修订药品经营许可办事指南，统一裁量标准。做好农村药品协管员聘用管理，加强新修订GMP、GSP规范的宣传贯彻和技术指导。年内开展药品生产流通领域集中整治行动、保健食品打“四非”专项行动、医疗器械专项整治行动等，以农村和城乡接合部为重点监控区域，以零售药店和私人门诊部为重点监控对象，严厉打击制售假劣“三品一械”、非法渠道购进“三品一械”和无证制售“三品一械”窝点等违法违规行为，先后出动执法人员2600多人次，检查监管对象1100多家，处理群众投诉以及异地食品药品监管部门协查函144宗，捣毁无证生产中药饮片窝点1个，取缔无证经营药品店铺4家，立案查处“三品一械”违法案件64宗，涉案货值金额7万多元，罚没金额36万多元。对基本药品生产环节实行100%抽验，抽检基本药物评价性药品合格率达100%，监督性药品不合格靶向命中率为14.5%。该局完善与公安联合执法工作机制，与检察院建立大案备案机制，药品安全共建齐管的格局逐步形成。

【阳光用药制度落实】2013年，顺德各医疗机构建立阳光用药电子监管系统，对处方用药情况进行在线追踪和信息公开，对抗生素、激素、辅助用药等使用情况进行即时监控和预警。截至12月底，抗菌药物在门诊处方比例为22.73%（规定：≤20%），住院患者抗菌药物使用率为51.38%（规定：≤60%），急诊抗菌药物处方率为36.27%（规定：≤40%），抗菌药物使用强度为40.76DDDs（规定：≤40DDDs），I类切口预防用抗菌药物使用率为39.37%（规定：≤30%）。二级医院的基本药物使用比例为45.31%（规定：≥40%），三级医院的基本药物使用比例为36.12%（规定：≥30%）。

【药品采购监管创新】2013年，顺德在社区卫生服务机构基本药物和耗材集中采购管理信息平台的基础上，与省第三方药品电子交易平台对接，建立区医疗卫生机构药品采购交易管理信息平台，同时建立采购监管平台，实行对医疗机构药品采购全过程信息化监督管理。顺德配合新版国家基本药物目录和省增补目录的出台，对基层医疗卫生机构配备基本药物进行实时监控和月报、季度通报、半年考核，重点审查供应商资质、基本药物合法证明以及储存管理，对采购平台上采购量大的品种进行现场检查、事后跟踪。

社会保障

双拥优抚

【拥军优属活动】2013年，顺德扎实推进各项双拥工作，营造良好双拥氛围。发动区内14个企事业单位，组成7个慰问团开展“双百拥军行活动”，慰问顺德驻军及南沙守备部队。清明节期间，区五套班子领导到大良西山岗革命烈士纪念碑前开展革命传统教育活动。春节、“八一”期间，组织慰问团慰问省军区、佛山军分区、市预备役团以及区内驻军。全区各级、各部门纷纷开展慰问困难优抚对象、召开党政军座谈会、优抚对象迎春宴会等活动，共同营造拥军优属的良好氛围。组织开展优秀退伍军人评选活动，评选32名优秀退伍军人。

【优抚安置工作】2013年，顺德全面落实各项优抚安置政策，提高优抚保障水平，营造和谐稳定环境。7月起调整提高各类重点优抚对象的抚恤补助标准，增加经费200多万元，惠及3000多人。完成烈士信息和烈士纪念设施收集上报工作，合计上报各时期烈士信息数据297条、烈士纪念设施3个。深化完善退役士兵职业技能培训机制，做好接收安置工作。全年共接收转业士官2人、安置随军家属2人，合计发放退役士兵安置补助金1600多万元，发放一次性经济补助26万元。抓好帮扶解困，认真解决复退军人的生活、医疗、住房以及推荐就业、社会保障等方面存在的困难，提升该特殊群体生活水平。是年，顺德继续推进殡葬基本服务保障制度，对已核定的农村五保户、城镇三无供养人员、城乡低保户、重点优抚对象基本服务收费（包括遗体收殓、遗体火化、骨灰寄存服务等）实行全免。

社会救济

【概况】2013年，顺德年初核定城乡居民最低生活保障对象5284户10945人，核定低保分类救助对象3678户5016人，低保临界对象1346户4359人。7月，低保标准由人月430元提高为人月470元，低保临界一级标准同步调整为471元~540元（不含540元），低保临界二级标准维持540元~645元（不含645元）。年初在册“五保户”314人（年末在册290人），城乡“三无”人员1370人（年末在册1292人），每人每月生活供养费810元。是年，向低保、五保对象按相关标准及时发放临时生活补助金。

2013年，顺德区镇（街道）、村（居）两级临时庇护中心共402间。新增创建全国综合减灾示范社区10个，全区已有56个社区成为创建全国综合减灾示范社区，其中获得国家授牌的9个。是年，顺德落实困难群体节日慰问活动，对困难家庭开展临时救助，对流浪乞讨人员和流浪未成年人进行救助。

【慈善助困】2013年，顺德慈善会全年发放慰问金及慰问物品（折价）400多万元，受惠群众3万多人次。开展专项助困帮扶项目，如“爱心餐”行动、慈善圆梦行动、社会散居孤儿生活资助、困难异地务工人员临时救助等，累计投入资金100万元，帮扶1200多人次。为区内801名困难残疾人发放全年生活资助金，定向帮扶171名重度残疾人，累计发放救助款252万元；开展“扶残行动”，支出90万元为1101名困难残疾人配置辅助器械；投入162万元建成顺德儿童福利院康复功能区及救治16名残疾弃婴。

【全程助学】2013年，顺德连续四年实现从幼儿到大学的全程助学。顺德区慈善会在政府对低保家庭子女和残疾儿童从幼儿园到大学一年级实行分级助学的基础上，对低保家庭子女从大学二年级直至毕业，对低保临界家庭的子女从幼儿园到大学阶段，按学年发放助学金，年内助学737万元，帮助1905名学生实现读书梦。

【医疗救助】2013年，顺德为低保对象、五保对象购买医疗保险，全年共投入320.512万元。为低保对象、低保临界对象、五保对象发放“顺德区医疗优惠证”，凭证免收挂号费及诊金，门诊、出诊、治疗费、“三大常规”检验费8折优惠。开展医疗救助“一站式”服务，救助困难群众3697人次，金额431.43万元。是年，顺德慈善会还联动镇（街道）和村（社区）慈善机构，发挥三级慈善力量共救助困难危重病人806例，发放救助款1077万元。

社会福利

【慈善福利机构管理】2013年，顺德区、镇（街道）、村（社区）三级慈善组织共209个，其中村（社区）福利会198个。三级慈善组织管辖资金6亿多元，其中：区慈善会约1.33亿元，镇（街道）

顺德新儿童福利院

慈善会约3.30亿元，村（社区）福利会1.96亿元。三级慈善组织有工作人员1261人，其中专职工作人员116人，兼职人员1145人，区镇两级慈善会发展志愿者900多人。2013年，区镇两级慈善会新设立冠名基金和冠名项24个，有效运作的冠名基金总数增加至62个，配套资金约5650万元。区镇（街道）慈善会有10家通过顺德区社会组织等级评估，其中AAAAA级有4家、AAAA级有5家、AAA级有1家。顺德慈善会获得中国慈善信息平台透明度评估测评，全省排名第三。

截至2013年年底，顺德共有福利企业15家，企业职工人数1319人，其中安置残疾人421人，享受退税1473.5万元。是年，顺德共销售福利彩票5.75亿元，比2012年增长14%，占全市销售总额的33.37%。

【儿童福利院改扩建】2013年5月，顺德区儿童福利院于原址完成改扩建，位于大良街道环城路东胜街23号，新院共有床位300个，收养弃婴童157人，其中15名分散寄养在各镇街，45名脑瘫儿童正送康复机构进行全托治疗。在院工作人员41人，其中医护康复工作人员3人。2013年完成送养16宗，其中国内送养11宗，涉外送养5宗。

老龄工作

【概况】2013年，顺德区委社会工作部广泛开展“敬老文明号”争创活动，区凤岭老年大学荣获全国“敬老文明号”称号；引导和督促老年护理人才培训以及相关研究，由顺职院培养和培训老年护理专业人员，与香港岭南大学亚太老年学研究中心达成合作意向。全年接待老年来电来信来访202人次，开展《新老年法》宣讲活动11场。是年，全区共有80岁高龄老人25017人，发放长者津贴3093万元，至年底全区共有百岁老人76人；全年依托老年大学进社区授课达480多课时，受益老年人达98156多人次。

【居家养老服务】2013年，顺德有提供居家养老上门服务机构11个，平安钟服务机构2个，居家养老服务总人数6115人，占户籍老年人口的3.17%。上门服务人数2149人，其中政府资助1908人，自费241人；平安钟服务人数3966人，其中政府资助3663人、自费303人。

【养老机构】截至2013年年底，顺德有养老机构15家，包括区属福利院1间，镇级集体办敬老院12间，村级集体办敬老院1间、民办敬老院1间；共有床位2877个，年末在院人数2346人，入住率81.5%，工作人员590名，养护比例为1∶3.98。

就业保障

【概况】2013年，顺德就业形势总体保持稳定，新增就业26104人；城镇失业人员再就业11199人；期末登记失业人数15379人，登记失业率2.3%。顺德企业最低工资标准为1310元/月，非全日制职工小时最低工资标准为12.5元/小时。顺德加强就业市场建设和就业服务，预防处置劳资纠纷，构建和谐劳动关系。

【就业服务】2013年，顺德立足民生，就业帮扶活动常态化、制度化运作。一是引导本区失业人员特别是大龄失业人员从事家庭服务业。全年全区共吸纳储备家政服务人员1353名，成功引导大龄失业妇女到家政服务岗位就业1323人次。二是深入推行“阳光就业服务工程”，全年成功帮助本区1616名就业困难人员实现就业。三是将失业残疾人纳入就业重点帮扶范畴，优先扶持，重点推荐。全年全区共收集招聘残疾人的岗位信息506条，岗位1506个，推荐介绍残疾人688人次，

2013年9月28日，顺德举行第八届研究生交流会

成功推荐残疾人就业419人；举办设有残疾人专区的招聘会21场，2场专场招聘会，设摊企业达313家，提供岗位1063个。四是推出全新的“特色公益”专场招聘会125场，入场招聘单位1844家，提供岗位31253个。据统计，全年全区共举办各类型招聘会337场，共有22896家次企业参加招聘，企业提供岗位333255个，进场求职人员达340741人次，其中求职人员与企业达成就业意向108511人次。

【就业政策】2013年，顺德实施“扶持创业带动就业”计划，推进落实创业小额担保贷款政策。重点发展家政服务、养老服务、健康服务、社区照料服务和病患陪护服务等业务，以家庭服务业带动就业。加大政策扶持力度，鼓励镇街结合特色产业出台政策，打造“一镇一策”就业新格局。如大良出台《促进就业补贴和奖励暂行办法》，伦教实施《伦教街道珠宝首饰行业“金种子”技能人才培育计划》，龙江制订《龙江镇促进本地劳动力就业实施意见》。

【异地招聘】2013年，顺德每月组织缺工企业到人力资源丰富的地区撒网求才，全年共组织136家区内用工企业到省内的清远、肇庆、云浮、韶关、揭阳、湛江以及省外的广西、湖南等14个地区开展劳务合作以及校企合作，参与企业共提供8788个岗位，共有2.3万人次参与应聘，其中有3171人与企业当场达成就业意向。

【技能培训】2013年，顺德加强职业技能人才培训，提高就业质量。一是实施“蓝领工程师”培育计划，促进产业工人由技能型人才向复合型人才转变。二是组织培训机构参与高技能人才培训，扩大办学规模。全区共组织职业技能培训58109人次，其中本省劳动力培训14067人；外省劳动力培训7959人；高技能人才培训22612人，占培训总数38.9%。三是以竞赛促技能。支持镇街、行业协会开展行业职业技能大赛，全年组织职业技能竞赛9场。四是提升残疾人就业技能。全年10个镇街先后举办25期残疾人职业技能培训班，参加培训人员402名。

【劳动监察】2013年，顺德开展清理整顿人力资源市场秩序、农民工工资支付等多个劳动监察专项活动，年内全区劳动监察共接听来电25231次；及时办理群众来信131件；接待群众来访12919批次，涉及18108人次；依法立案办理劳动监察案件931宗（其中要求补办社会保险761宗，占立案82%）；做出行政处理决定13宗；行政处罚10宗，罚款12.5万元。年内主动检查企业2400家，清退企业欠薪4679.82

2013凤舞燕京智聚顺德——顺德高端人才洽谈会于2013年1月在北京举行

万元，清退押金2.34万元，责令补签劳动合同4440份，补办社会保险2042人；依法取缔“黑中介”活动4宗，责令整改2宗，责令退款7.45万元；清退童工14名。是年，用人单位工资发放纳入信息化监控系统，明确由用人单位自行申报，村居实行监控，全区大部分镇街和企业都已经落实工资监控制度，有效预防欠薪事件的发生。

【调解仲裁】2013年，顺德区、镇两级仲裁机构共处理案件7365宗，其中案外调解3833宗，占案件总数52.04%；立案3532宗，与上年同期相比下降2.26%，累计结案数3673宗，其中案内调解数1383宗，裁决1512宗，劳动者5187人，累计结案率达97.48%。

住房保障

【概况】2013年，顺德实际新增保障性住房1270套，其中容桂和谐花园新建公租房868套，均安世友工业城员工村（一期）新建公租房402套；全区实际基本建成保障性住房2324套，其中北滘广夏花园400套公租房、1076套限价房，伦教盈钢机械有限公司员工村224套公租房已竣工验收，勒流富华国际交通机械城员工村624套公租房已基本建成。

是年，顺德区政府支出住房保障资金约1.2亿元，其中发放租赁补贴支出约282万元；政府长期租赁项目租金支出约497万元；政府投资建设公租房项目支出约1.1亿元。全区落实保障房建设用地约6.9公顷，其中新增供地落实2宗，新增供地面积约1.2公顷；非新增供地落实2宗，落实用地面积约5.7公顷。通过发放租赁补贴、配租配售保障性住房等方式，保障中低收入住房困难家庭5061户9406人，其中：廉租住房保障608户1704人，公共租赁住房保障3524户6238人，限价商品住房保障929户1464人。2013年，顺德帮扶困难群众危房改造109间，投入资金371.55万元。

【农民公寓建设】2013年，顺德以“宅基地换房”“引入社会力量建设农民公寓”等多种模式试点建设农民公寓。截至年底，全区已建成或正在建设的农民公寓建筑面积约575279平方米，包括大良五沙“金沙人家花园”，龙江西溪农民公寓一、二期项目，均安豸浦“翰苑”，乐从北岸“美庐”；另有12个有意愿建设农民公寓的村（社区）正在做前期的征求意见和立项工作。

社会保险

【概况】2013年，顺德共有参保单位61183个。职工基本养老保险参保缴费802582人（其中灵活就业60967人），同比增30434人，基金收入49.76亿元，同比增长13.99%；共办理10678人次的基本养老保险关系转入、转出业务。职工基本医疗保险（含生育）参保缴费804392人，同比增33967人，职工基本医疗保险基金收入23.49亿元，同比增长16.16%；生育保险基金收入2.39亿元，同比增长101.60%。失业保险参保缴费767226人，同比增35744人，基金收入2.40亿元，同比下降14.36%（因下调费率）。工伤保险参保缴费766889人，同比增35925人，基金收入2.04亿元，同比增长5.99%。年末，养老保险人均缴费工资为2709.58元，医疗保险缴费基数为3080元，失业保险人均缴费工资为2780元，工伤保险人均缴费工资为2588元，生育保险人均缴费工资为3098元，五险种的基金收缴率为106.6%。

【职工养老保险】2013年，顺德基本养老保险待遇支出29.59亿元。其中：符合享受按月领取基本养老金待遇的离退休人员达14.23万人，累计发放基本养老金待遇29.14亿元；新增办理一次性养老待遇的退休人员967人，累计发放一次性养老待遇554万元；新增办理退休人员死亡待遇1781人，累计发放退休人员死亡待遇3857万元；困难补助人数26人，累计支付待遇29万元。是年，顺德职工养老金实现“九连升”，年内14.2万职工退休人员基本养老金进行调升，人均增加177元/月，增幅约10%，调整后人均养老金2135元/月，包括企业退休干部职级补贴、企业退休干部生活补贴（半行半企）、企业离休干部生活补贴等三项待遇得到提升，从2012年1月起补发待遇调整额300万元，约3500名退休干部受惠。

【农村养老保险】2013年，顺德农村居民可以参加职工基本养老保险，或选择参加完全被征土地农村居民基本养老保险、城乡居民社会养老保险。年内顺德共有55个村（社区）股份社纳入完全被征土地农村居民基本养老保障范围，其中享受老年生活津贴的有10685人，享受参保补贴的有25847人，累计发放老年津贴及参保补贴7901万元；死亡人员300人，累计支付死亡待遇60万元。年内加大力度推行城乡居民社会养老保险制度，基本实现全覆盖。全区203个村（居）共10.86万人参加，按月领取养老待遇10.07万人，人月均养老金121.64元，累计发放基本养老金1.45亿元；享受丧葬抚恤金3287人，累计发放待遇434万元。

【职工基本医疗保险】2013年，顺德职工基本医疗保险发生一般伤病住院支付案11.4万宗，医疗总费用118812万元，支付总金额约为85140万元（含补充保险），平均支付率71.6 %；职工医保门诊特定病种支付52.8万宗，医疗总费用25921万元，支付总金额18900万元，平均支付率73%。

【城镇居民基本医疗保险】2013年，顺德城镇居民住院医疗保险参保人数68.5万人，城镇居民门诊医疗保险参保人数达68.2万人，参保率为97.3%。年内城镇居民基本医疗保险发生一般伤病住院支付案9.17万宗，医疗总费用79240万元，支付总金额43198万元，平均支付率54.5%；居民门诊特定病种支付11777宗，医疗总费用1354万元，支付总金额771万元。居民基本门诊（含职工参加居民门诊）全年发生支付案911万宗，发生医疗总费用36973万元，支付总金额为24119万元，平均支付率65%。

【重大伤病补充保险制度】2013年3月，顺德在全市率先实施居民医保重大伤病补充保险制度。全区重大伤病报销2972宗，区大病补充基金支付1302万元。据统计，制度实施后，居民重大伤病患者平均报销率由48%提高至64%。7月，佛山市大病保险制度实施，顺德重大伤病补充保险制度与市制度实现平稳过渡。是年顺德职工和居民参保人已超过140万人，制度实施以来顺德已有1375人次的大病患者受惠，报销金额445万元。

【失业保险】2013年，顺德共办理城镇户籍失业人员申领失业保险金73141人次，发放金额7238万元；办理农民合同制工人申领一次性生活补助16472人次，发放金额2957万元；办理失业人员丧葬抚恤28人次，发放金额90万元。5月起，失业金标准从每月880元提高至1048元，增幅近20%，失业人员并享有职工医疗保障。失业保险基金划付医疗保险费进行调整，失业人员参加职工基本医疗保险单位缴费比例由原6.5%调整为5.6%，由失业保险基金支付。

【工伤保险】2013年，顺德工伤保险基金支出9175万元。全区共收到工伤认定申请10473宗，认定为工伤或视同工伤10228宗。是年，伤残津贴上调，人均增加194元，达到2134元。4月，《佛山市工伤保险诊疗项目目录》和《佛山市工伤保险住院服务标准》相继出台，统一支付标准。与省、市康复中心建立联动机制，开展关爱工伤康复职工活动。

【生育保险】2013年，顺德职工生育住院支付案5423宗，医疗总费用2532万元，支付总金额2113万元；居民生育住院支付案1970宗，医疗总费用938万元，支付总金额187万元。从4月起，佛山市生育保险政策实施，生育职工包括怀孕期检查（含门诊）、住院生育费用等得到报销，并且可以领取不少于7900元的产假津贴。制度实施后，年内全区生育人员住院报销6825人次，申领产假津贴17773人次，生育保险基金共支付超过1.68亿元。

【社保监管】2013年，顺德规范定点医疗机构和定点零售药店的服务行为。全年共办结定点医疗机构申请9宗，定点零售药店45宗。经审核不予批准医疗机构申请1宗，定点零售药店15宗。年内对全区27家定点医疗机构开展全面检查，在133家签订服务协议的定点零售药店中抽查了52家。

【社保服务】2013年，顺德创新社保服务方式。一是率先将社保信息网络延伸到村（社区）。通过和农业银行等单位合作，年底全区88%的村（社区）实现社保服务网络联通，走在全省前列。二是加大信息化建设力度。全面推广参保证明自助打印系统。开发参保证明网上校验系统，有效杜绝假证明。拓展社保卡应用系统，在多间医院实现预约、挂号、缴费等“一条龙”服务。三是下放权限、整合流程。下放多项业务审批权到镇街社保办事处，提升审批效率。整合财务支付流程缩短支付时间，仅支付环节就减少2个工作日。四是服务重心前移社区。工作人员分时分片区进入村（社区）为13万多老人办理退休人员认证手续，到敬老院、到家中为行动不便人员认证；在社区办理居民社保卡领表、照相、申领等“一条龙”服务。（潘俊旸）

镇街风貌

大良街道

大良是顺德区政府所在地，顺德的政治、文化、教育、商贸中心，地处顺德的中部偏东，连接广州，毗邻港澳，是佛山市规划的第二个百万人口中心组团的城市核心。辖区面积80.29 平方公里，建成区面积 35.9 平方公里，下辖 19 个社区和 2 个村。辖区常住人口 40.47 万人，其中户籍人口 22.26 万人。大良文化底蕴深厚，辖区内有清晖园、宝林寺、西山庙等名胜古迹。近年来，大良先后获得“中华餐饮名镇”“广东省教育强镇”“广东省机械及电气装备技术创新专业镇”“广东省数控一代机械产品创新应用示范专业镇”“中国曲艺之乡”“中华集邮名镇”等称誉。

2013 年，大良实现地方生产总值 339 亿元，规模以上工业产值276亿元，限额以上贸易住宿餐饮业营业额326.16 亿元，全社会固定资产投资 62.96 亿元，工商税收 88.52 亿元（其中区级库税收 27.18 亿元），实际利用外资 8084.98 万美元。大良围绕“城市升级引领转型发展，共建共享幸福顺德”的战略部署，以城市升级为抓手，以产业转型为重点，以改革创新为动力，以文化再造为平台，继续全力打造“人才集聚区、城市高潮区、文明首善区”，以大视野凝聚大理念，以大动作铸就大作为，坚定不移地向着“文化名镇、岭南名城”的目标奋勇前进。

2013 年 9 月 18 日，大良街道第二届公共决策咨询委员会成立

2013 年 8 月 30 日，大良街道公共资源交易中心成立

2013 年 10 月 19 日，首届凤城教育文化节启动

大良街道首届凤城教育文化节活动之一——“凤城教育大家谈”主题研讨

红棉盛放的石洛路(袁湛添摄)

假日休闲(卢瑞生摄)

美丽的凤城食都(网友@雁门堂童生——瞳行摄)

顺峰山公园远景图（严宝文摄）

气势宏大的顺峰山牌坊（汪炯国摄）

发展中的东区板块（杨衍华摄）

容桂风貌一角

容桂街道

容桂地处顺德区南部，靠近广州，毗邻港澳，地理位置优越，水陆交通便利，105 国道、广珠西线、太澳高速、广珠城际轨道等重要交通枢纽贯穿而过。辖区面积 80 平方公里，下辖 23 个社区、3 个村，常住人口 46.7 万人，其中户籍人口 20.5 万人。先后获得“全国文明单位”“中国品牌名镇”等荣誉称号。

容桂街道是珠三角的制造基地、经济重镇，改革开放 30 多年来，经济发展势头强劲。2013 年实现地区生产总值 399.34 亿元，工商税收 55.41 亿元，金融机构人民币存款余额 464.76 亿元，居民储蓄余额 309.13 亿元。辖区内有各类企业及个体工商户超 2 万家，超亿元企业 123 家、超十亿元企业 15 家、超百亿元企业 2 家，高新技术企业 50 家；拥有占地 13.5 平方公里的顺德高新技术开发区以及中科院顺德基地、陶文铨院士工作站等研究院所；拥有海信科龙、德美化工、万和新电气、华声股份、顺威股份等 5 家上市公司以及盈天医药、鸿特精密、顾地科技等 3 家控股区外上市公司；拥有中国驰名商标 7 个，广东省著名商标 27 个，广东省名牌产品 34 个。基本形成以智能家电、信息电子、医药保健、化工涂料、机械模具、汽车配件、精密机械、电子商务、物联网等为主的产业体系。容桂街道坚持以城市升级引领转型发展的战略，不断提升城市建设和管理水平，通过“三旧”改造，大力推进德胜河南岸改造，东部新区、文塔中央商务区和科技新城的建设，推进辖区内多条道路的改造提升，进一步拓展发展空间，优化人居环境，城市化程度不断提高，市民生活质量持续改善。与此同时，容桂街道以“简政强镇”事权改革为契机，创新社会管理，不断加大对民生的投入，教育、文化、慈善、卫生等各项事业全面发展，改革和发展的成果惠及社群，市民幸福感持续增强。

展望未来，容桂街道将继续以昂扬的斗志、开拓进取的锐气，勇立改革创新的潮头，保持领先发展的优势和地位，推动经济社会各项事业全面协调发展，共建共享安居乐业、和谐温馨的容桂。

2013 年 4 月 27 日，“2013 年容桂大型盆景精品展”在花溪公园隆重开幕

2013 年 1 月 15 日，顺德区委副书记、区长黄喜忠慰问容桂困难家庭

2013 年 9 月 30 日，容桂街道海尾社区举行慈善敬老活动

2013 年 6 月 13 日，容桂大福基社区举行关帝庙第八届游龙活动

容桂街道 2013 年观音开库

2013 年 9 月 20 日，第九届国际标准舞锦标赛在容桂体育中心举行

容桂街道长城一条街

千禧广场

容桂德胜河滨公园

伦教街道

伦教地处珠江三角洲腹地，与广州番禺一水之隔，是顺德中心城区的重要组成部分。伦教辖下有 10 个村（社区），辖区面积 59.2 平方公里，常住人口 20 万人，其中户籍人口 8.4 万人，外来流动人口约 12 万人。水陆交通网络完善是伦教的一大特点，北靠顺德水道，太（原）澳（门）高速公路、珠二环高速、广珠城轨于伦教东部交汇，广珠西线、105 国道、碧桂路、龙洲路等多条快速主干线贯穿而过。

近年来，伦教形成以珠宝首饰业、机械设备产业、文化旅游业为主，电子信息、纺织服装、化工塑料、五金建材等产业为辅的产业集群模式，赢得“中国木工机械重镇”“中国玻璃机械重镇”“广东省数控一代机械产品创新应用示范镇”“广东省珠宝首饰加工专业镇”等赞誉。2013 年，伦教实现规模以上工业总产值 461.5 亿元，商业销售额 23.9 亿元，固定资产投资 33.2 亿元，国地税入库 15.5 亿元。

展望未来，伦教将在“城市升级引领产业转型、共建共享幸福顺德”的大战略下，继续推动城市升级和推进产业向高端化发展，同时将从完善社会保障体系、坚持教育优先发展、提高市民健康水平三个方面推动民生事业再上新台阶。

2013 年 2 月 24 日，元宵粤曲晚会，地点：伦教御景坊球场

2013 年 2 月 11 日，年初二下午，醒狮贺岁表演赛，地点：伦教文化广场

2013年12月9日至12日，首届华南高端装备零配件交易会在伦教华南机械城举行

首届华南高端零配件交易会现场

伦教首届珠宝旅游文化节活动——“201314·饰悦心语”集体婚礼仪式

2013年12月10日至13日，第十四届中国顺德（伦教）国际木工机械博览会在伦教木工机械城成功举办

105国道伦教段

霞石润和公园

长鹿农庄

顺德立交桥

勒流街道

勒流地处顺德中心部位，地理位置十分优越。辖区面积 90.78 平方公里，下辖 22 个村（社区），户籍人口 11.7 万人，流动人口约 16 万人。历史文化底蕴深厚，人才辈出，代表人物有南越枭雄吕嘉、起义英雄黄萧养、平民画家苏六朋、教育家卢乃潼、民国时期北京政府交通总长梁敦彦、世界卫生组织总干事陈冯富珍等；还有富裕贝丘遗址、七层文塔、众涌天后宫等多处古迹及文物保护单位。勒流是书画之乡，名家荟萃，素有“勒流翰墨”之称。勒流美食文化更是源远流长，享有“厨出凤城，味在勒流”的美誉，2008 年被中国烹饪协会评为“中华美食名镇”。

勒流是顺德重要的制造业生产基地，拥有交通机械、五金制品、照明灯具、小家电等四大支柱产业。2013 年全年实现规模以上工业总产值达 526.42 亿元，固定资产投资额 30.29 亿元，限额以上贸易餐饮业营业额达 9.64 亿元，税收（含国税调库数）完成 19.68 亿元。近年来，勒流积极调整产业结构，加快转变发展方式，力促企业以科技创新提升竞争力，自主创新战略硕果累累。到 2013 年底，拥有“中国滑轨产业基地”“中国铰链产业基地”“中国商业照明产业基地”三个国家级基地，获“中国家居五金之都”荣誉称号；拥有中国驰名商标 3 件，省著名商标 15 件，省名牌产品 20 个，国家高新技术企业 37 家、省民营科技企业 102 家，授权专利累计突破 10353 件，位居全区前列。

2013 年，勒流借助土地、滨水、产业等资源，进一步调整发展思路，加强城市和产业规划配套，以“三旧”改造为抓手，因地制宜，明确“一轴一带一心”产城融合格局，以港口路为发展中轴，规划发展北部、中部、南部“三大片区”，形成产城良性互动发展。

2013 年 5 月 28 日，勒流三杨科技在天津股权交易所挂牌上市。图为区长黄喜忠出席挂牌仪式

2013年7月13日，为期半年的“勒流美食推广月”系列活动启动

勒流东风小学学生参加第六届亚洲跳绳锦标赛获8金2银2铜的优异成绩

2013年2月13日，勒流众涌村举办一年一度的飘色巡游活动

2013年7月15日，以“勒流美食的创新求变与可持续之路”为主题的中国勒流美食高峰论坛在街道办中心会议室举行

2013年3月3日，“美丽广场·风华飞扬”2013庆“三八”广场文化嘉年华活动在勒流市民广场举办

广东新宝电器股份有限公司厂区全貌

2013 年 4 月完成的树林公园景观改造工程

2013 年 12 月初完成的市民广场二期改造提升工程

陈村镇

2013年7月23日，陈村镇饮食协会成立

2013年9月29日，陈村举行"三旧"改造工作动员大会

陈村素有"中国花卉第一镇""千年花乡"的美誉，自古就是商贾云集之地，历史上曾与广州、佛山、东莞石龙镇合称"广东四大名镇"，辖区总面积50.7平方公里，常住人口15.4万人，下辖7个村和8个社区，近年还荣获"世界盆景赏石园艺博览之都""中国花木之乡""中国花卉之都""中华花卉美食名镇""国家级生态乡镇"等称号。

陈村，位于广州、禅城、顺德、番禺、南海五地交汇处。地理位置优越，紧连广珠西线高速、广珠城际轨道，规划建设的广佛地铁、环线等重要交通设施贯穿境内。陈村是"中国机械装备工贸名镇"，拥有产值超亿元企业36家。陈村的第三产业以商贸、物流、会展、文化旅游、总部经济为特色，未来将重点扶持发展高端商贸物流业，引进企业总部、高档商务写字楼、新型城市商业综合服务体等城市服务新业态。近年来，陈村高起点修编城市发展规划、产业发展规划、花卉世界发展规划，主动对接广佛都市圈、融入珠三角。以新城区、新商圈为"双核"，以佛陈路、白陈路为"双轴"，逐步建立主体功能明晰、布局合理的城市格局。新城区重点发展总部经济、时尚休闲、旅游餐饮和商贸流通等行业。新商圈紧邻广州南站，现已引入太平洋城市综合体，将打造珠三角高端商务活动聚集地。

随着珠三角一体化、广佛同城化步伐的不断加快，一个宜商宜居、生态优美的广佛都市圈城央花园加速崛起。

2013年3月29日，陈村总商会举行新春慈善酒会

2013 年 6 月 29 日，陈村镇“花园家园·美村总动员”活动启动

2013 年 8 月 3 日，陈村举办花卉美食节系列活动

2013 年 3 月 10 日，陈村镇举行幸福花开系列活动巡游

规划有序的中央水系公园

陈村公园一带

镇政府西广场

陈村镇政府

顺德区第一人民医院附属陈村医院

北滘镇

北滘位于佛山市顺德区的东北部，全镇总面积92平方公里，下辖19个村（社区），户籍人口12.1万人，常住人口26.5万人。北滘地理位置优越，水陆交通便利，区域内及周边有广珠西线、佛山一环、广州南站等交通设施连接穗港澳及华中地区。随着太澳高速及广珠城际轨道的相继开通，北滘正式迈入以高速、高铁为标志的“两高时代”。珠三角一体化、广佛同城使北滘呈现出更优越的区位优势。

北滘作为全国知名的经济强镇，改革开放以来，从传统农业小镇发展成为现在的魅力小城，走出了独具特色的发展之路。支柱产业主要包括家电、金属材料以及机械设备制造等，家电制造业优势尤为显著，产业集群程度高、产业链完善，是国际级家电生产基地之一，被评为“中国家电制造业重镇”。美的、碧桂园两家千亿龙头企业以及精艺、惠而浦、浦项等一大批中外知名企业在北滘扎根成长。

北滘从人的需求出发，在重视城市功能建设、优化中心城区空间布局的同时，不忘改善生态环境，恢复农村岭南水乡小桥流水风貌。对于发展产业，北滘着力从以工业制造业为主向二、三产业融合发展转变，重点培育关联性强、带动作用大的新经济形式，积极发展生产型、生活型服务业。对于民生福祉，北滘大力推进公共服务均等化，不断完善社会公共服务和社会保障，提高市民的幸福感和归属感。北滘正朝着建设产城互融、宜居和谐的魅力小城的目标不断努力。

2013年3月5日，北滘镇举行企业发展年会

2013 年 11 月 27 日，北滘镇长者综合服务中心揭牌

2013 年 6 月，北滘女企业家协会成立

2013 年 11 月 27 日，北滘市民活动中心（慈善大楼）奠基

北滘新城区

北滘公园公共自行车

北滘碧江金楼

北滘公园

北滘文化中心

绿色的北滘

乐从镇

乐从镇位于顺德西北部，原325国道和佛山一环贯穿全境，东平水道和顺德水道夹镇而流。全镇面积78平方公里，下辖5个居委会、19个村委会。常住人口25万人，户籍人口10万人，旅居港澳及世界各地的海外乡亲6万多人，是广东省著名的侨乡。经30年发展，乐从拥有全球规模最大的家具市场、全国最大的钢材市场、华南最大的塑料市场，获“中国家具商贸之都”“中国钢铁专业市场示范区”“中国塑料商贸之都”等多项荣誉称号。

2013年，乐从镇围绕“佛山强中心，商贸之都，物联新城”的战略目标，谋转型、促升级，全力以赴推动各项重点任务和重点项目取得新突破，区域发展环境更加优化，经济发展支撑明显增强，社会发展活力不断激发，群众生活品质不断提升。2013年12月，市委市政府作出对佛山新城（中德工业服务区）、乐从镇管理体制调整的重大决策，乐从一跃成为佛山“强中心”和省重点发展平台，迎来了空前的历史发展机遇，蓄力跨越之势全面形成。

2014年是乐从加速转型发展的关键一年，乐从镇将紧抓机遇，高举佛山新城（中德工业服务区）的旗帜，全力打造“中欧新型城镇化示范区”和“区域发展改革创新示范区”，全面提升区域竞争力和社会发展水平，推动乐从实现跨越发展。

2013年12月13日，全市最大的镇级社区卫生服务平台，乐从社区卫生服务中心迁入新址正式启用

2013年8月5日，乐从镇首个集约式农民公寓北岸美庐正式开盘

2013年5月11日，乐从举行2013年乐从镇“物联新城，环保同行”自行车巡游活动

2013年5月3日，葛岸村三月廿四葛仙文化节巡游活动盛大举行

2013年3月18日，乐从举行“幸福花开·美丽乐从”2013年“三八”文艺晚会

广东乐从钢铁世界

今日乐从(马祖源 摄)

公交枢纽站

乐从家具大道

龙江镇

龙江镇位于顺德西部，毗邻广州、深圳与港澳，地理位置优越，是珠江三角洲西部重要的交通枢纽之一，325 国道、121 省道、佛开高速、珠二环高速、顺番路、乐龙路贯穿而过，西江、北江流经辖区。辖区面积 73.8 平方公里，下辖 10 个社区、13 个村，常住人口 25.4 万人，其中户籍人口 9.98 万人。先后荣获“中国家具制造重镇”“中国家具材料之都”“中国塑料建材产业之都”“国家卫生镇”“广东省技术创新专业镇”“广东省历史文化名镇”等称号。明清两代出过文、武状元各 1 人，翰林进士 68 人。贞女桥、察院陈公祠是省级文物保护单位，七层文塔、漱玉泉、张氏九世祠、梅氏大宗祠和陈氏宗祠、大光明碾米厂、冯立夫祖宅、克勤堂民居群、石龙里 33 号民居、龙江新闸是佛山市文物保护单位。2008 年发现麻祖岗古贝丘遗址，为 3500 年前文化遗存。

龙江的经济以制造业为主，有家具、塑料建材、小家电、啤酒饮料、纺织服装、汽配、食品等产业，其中家具和塑料建材为支柱产业。近年来，第三产业蓬勃发展，“工商并举”战略出现效果。亚洲国际商务区、盈信广场二期、华美达酒店、碧桂园酒店、顺德家居采购中心、家具电子商务港、龙江购物中心等一大批商业项目正在开工建设，城市营商、居住环境更趋优越。2013 年全镇实现地区生产总值 171.3 亿元，累计工业产值 535 亿元，税收收入（含调库收入）18.6 亿元。展望未来，龙江以区域中心为目标，建设新城，活化旧城，重构“广东水乡”，打造和谐和美温馨别致的“幸福龙江”。

2013 年 1 月 11 日，龙江镇召开第十三届代表大会第二次会议

2013 年 6 月 22 日，龙江镇苏溪社区党总支部召开“公推”大会

2013 年 7 月 19 日，龙江镇举办人民调解业务培训班暨调解会授牌仪式（张艳英摄）

龙江数字城管指挥中心

龙江新墟市

龙江东海中南涌

龙江贞女桥

龙江东入口

杏坛镇

杏坛镇位于顺德西南部，以孔子讲学的杏坛之说命名。全镇总面积 122 平方公里，下辖 24 个村、6 个社区。2013 年户籍人口 13.23 万人，流动人口约 9.8 万人。杏坛是珠江三角洲知名水乡，文化氛围浓郁，现存较完好的古桥 29 座；有刘氏大宗祠、黄氏大宗祠、尢列故居等省、市级文物保护单位 41 处；有“顺德周庄”之称的逢简水乡；“中国永春之乡”之称的马东村；舞龙、龙舟说唱、锣鼓柜、柜色表演等是传统的民间文化艺术。其中永春拳、龙舟说唱、光华人龙舞列入国家级非物质文化遗产名录，八音锣鼓列入广东省非物质文化遗产名录。杏坛是“中国民间文化艺术之乡”“全国群众体育先进单位”“国家卫生镇”“广东省生态示范镇”“广东省教育强镇”“广东省体育先进镇”“广东省环保材料专业镇”。2013 年，杏坛镇逢简村荣获“发现·2013 中国最美村镇”典范奖，马东村永春拳成功申报“中国体育非物质文化遗产保护与推广项目”。

2013 年，杏坛镇按照建设“产业新区、生态小城、美丽水乡”的总体目标，明确发展思路，以改革创新为抓手，产业发展为支撑，城市升级为动力，环境改善为依托，幸福民生为归宿全方位推进各项事业的发展，经济蓬勃发展，再上新台阶；城乡建设开创新局面；创新杏坛开启新征程，社会建设再上新水平。全镇实现地方生产总值 155.76 亿元，工业总产值 416.72 亿元。

2013 年 11 月 22 日，广东省委书记胡春华（前左一）到杏坛镇逢简村调研

2013 年 11 月 10 日，杏坛镇逢简“心”驿站暨杏坛镇党员志愿者活动启动

逢简村荣获“发现·2013 中国最美村镇”评选活动最高荣誉“典范奖”

2013 年 8 月 4 日，首届逢简圩创意文化活动启动

2013 年 2 月 21 日，杏坛镇新昌教小学正式投入使用

龙潭村水乡节醒狮表演

一批大型商住社区在杏坛拔地而起

广东浦项汽车有限公司全景

2013 年 7 月 30 日，杏坛“一站式”职工服务中心启用

水乡风貌

逢简村觉妙静院

柜色表演

均安镇

均安名菜标准发布

均安镇位于顺德西南部，毗邻中山、江门两市，地势西高东低，三面环水，河流纵横交错，中部有 466.67 公顷山丘群，总面积 79.45 平方公里，户籍人口近9万人，外来务工人员9万多人，旅居港澳台的乡亲和海外华侨达 4 万多人，下辖 8 个社区和 5 个村。均安是旅游好去处，主要旅游景区有李小龙乐园、李小龙祖居、奎福古寺、自梳女安老院冰玉堂、李氏宗祠、碧桂园高尔夫度假村等。土特产主要有均安烧猪、均安蒸猪、鱼饼、七彩鱼茸羹等，其中均安蒸猪曾为 CCTV 的节目“舌尖上的中国”所介绍。均安镇一直以良好的生态环境、国际武打巨星李小龙故乡和盛产牛仔服装而闻名，是“中国牛仔服装名镇”“中国曲艺之乡”“中国民间文化艺术之乡”“全国环境优美乡镇”“广东省生态示范镇”“广东省旅游度假区”。

2013 年，全镇实现地区生产总值 113.88 亿元，规模以上工业产值 126.27 亿元，全社会固定资产投资 27.49 亿元，税收入库 7.84 亿元，城乡居民储蓄余额 79.1 亿元。展望 2014 年，均安将深化实施“品质小城，幸福均安”战略，深化改革，加快转型，奋力开创均安经济社会发展新局面。

胡公家庙

第七届广东省青少年曲艺“明日之星”选拔赛

火热的群众篮球运动

均安－百安路和永安路交界

2013 年 11 月 1 日，第六届均安国际牛仔博览会开幕

蓬勃的会展经济

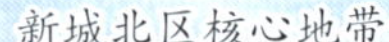

新城北区核心地带

镇街概况

大良街道

【概况】大良地处顺德中部偏东，现为顺德区政府所在地，是顺德的政治、文化、教育、商贸中心。辖区面积80.29平方公里，建成区面积35.9平方公里，下辖19个社区和2个村。辖区常住人口40.47万人，其中户籍人口22.26万人。2013年，大良实现地方生产总值339亿元，规模以上工业产值276亿元，限额以上贸易住宿餐饮业营业额326.16亿元，全社会固定资产投资62.96亿元，工商税收88.52亿元（其中区级库税收27.18亿元），实际利用外资8084.98万美元。

【经济发展状况】2013年，大良不断完善工业园区平台设施及功能，推进重大项目建设，推进产业集聚发展，产业转型升级基础不断夯实。52家企业成为顺德区产业转型提升“龙腾计划”项目，13家企业入选全区重点扶持企业目录，6家企业入选第一批顺德骨干企业，7家企业获认定为顺德区总部经济企业。年内新增上市企业1家，完成股改企业6家，有意向上市企业5家。成功引入华侨城项目，天津股权交易所广东运营中心正式落户营运，美的广场项目基本建成。阿格蕾雅OLED新材料一期项目建设基本竣工、二期厂房项目正在建设。村田陶瓷电容器新材料项目建设竣工即将投产。顺特电气配电设备项目动工建设。新红棉大厦商业项目落成。佳润上品轩商住项目建成交付使用。香云纱园林酒店、新晖天地、耀东影城和华纳电影院相继开业。

【城乡建设与管理】2013年，大良加大城市建设投入，年内完成德胜广场修复提升工程等4个项目，优化新城区环境；完成旧城区新宁路等12条道路改造工程，提升老城区环境。金榜河西停车场竣工并开始试运营，丹桂公园停车场基本完工即将投入使用。完成桂畔海南岸绿化景观和活动设施建设工程项目中的绿道及标线标牌、云良桥下“U”形槽、沿岸景观节点及照明等工程。翻新和重新施划22条道路交通标线，完善道路交通指路牌和重要路口人行道分隔栏，增设公交站亭及候车椅，市政设施日趋完善。推进灯光亮化工程，城区的夜景更加亮丽。推进违法禽畜养殖场整治工作，在十个镇街中率先完成区政府下达的整治工作任务。是年，大良成功获省推荐申报国家级生态乡镇。

【社会各项事业】2013年，大良不断加大民生投入和社会管理力度，保障社会公共事业发展。大良实验中学综合楼建设工程、苏岗幼儿园教学楼扩建工程和育才幼儿园综合楼扩建工程推进顺利；聚胜小学扩建和南江中学易地重建工作启动。大良打造“动漫教育”特色品牌，推进教育信息化建设。举办“凤城教育文化节”系列活动，全方位展示大良教育均衡优质发展的风采与成果。是年被评为佛山市学前教育发展先进街道，街道年度财政预算教育经费达4.7亿元。完善大良社区卫生服务中心建设，覆盖率100%，年内共建立居民健康档案24.7万份，建档率为62%。出台《大良街道促进就业补贴和奖励暂行办法》，鼓励本地劳动力就业创业。搭建慈善平台，大良慈善会年度募集慈善资金1064.59万元，约6500人次得到救助。推动人民礼堂改造工作，加大对历史文化遗产保护力度。举办第七届“五人”飞龙通天埠公开赛，全年举办文化品牌活动近40场。出台《大良街道办事处农村集体资产管理交易办法》，率先在全区成立镇街公共资源交易中心，对21个居村及其辖下的19个股份合作经济社的历史遗留问题开展全面排查。打造便民服务平台，街道官方微博“凤城之声”成为区内市民关注度最高的政务微博之一，“在大良”网站进行改版，推出“在大良”微信公众服务平台，在街道行政服务中心、顺峰山公园等公众场所设置免费WiFi。

【五沙工业园A区建设】2013年，园区引入工业项目2个，新增投（试）产企业6家，新增动工建设企业5家。截至2013年年底，五沙园区进驻企业共167家，完成规模以上工业产值130亿元纳税601亿元，园区经济运行稳中有升。是年，大良街道对五沙工业园运营及管理体制进行调整，一是按照“五沙新市镇”发展方向着手修改园区土地建设利用规划；二是制定五沙工业园土地运营及还款计划，设立滚动运营资金开发园区土地；三是调整管理模式，由街道经科局作为主责部门，负责五沙工业园日常管理，统筹安排。年内，园区加快推进基础和绿化市政配套设施工程建设，加强对新进驻项目履约情况的监管和服务，促使项目尽快建设投产并按期履约。职工服务站3月挂牌启用，园区通过五沙工联委和职工服务站等各种平台组织活动，为企业和职工提供服务。

【全省率先推行“注册专员审核合一”制度】2013年7月15日，大良街道在全省率先试行“注册专员”审核合一登记制度，对个体工商户的设立、变更、注销登记等10个事项试行运作，试运行期间（7~12月），由注册专员直接核准的业务达4240宗，均在制度规定的1个工作日内核准，80%以上的审批是在现场完成，申请人1小时内可领取执照或有关文书。

【举办首届“凤城教育文化节”】2013年10月19~20日，大良街道在顺峰山公园举办首届“凤城教育文化节”。活动期间，共有90个单位进行参展，同时还举办教育发展论坛、家庭教育论坛两场教育论坛和中小学及幼儿园文艺节目展演、师生书画摄影作品展、挥毫义卖、千支彩笔绘凤城等多项配套活动。

【成立公共资源交易中心】2013年8月30日，大良街道公共资源交易中心正式挂牌运作，是顺德第一个正式挂牌的镇（街）级公共资源交易中心，以此推进“统一进场交易、统一信息发布、统一操作规程、统一进行监督”的公共资源交易监管操作模式。自此，小到采购办公用品，大到工程建设，以及农村集体资产交易，包括居村和股份社所属集体资产的承包、租赁和转让等交易，都要进入中心进行“阳光交易”，以确保交易过程公平、公开、公正。（张璐）

容桂街道

【概况】容桂街道地处顺德南部，是顺德中心城区的重要组成部分，辖区面积80.27平方公里，下辖23个居委会、3个村委会，常住人口46.7万人，其中户籍人口20.5万人。2013年，街道实现地区生产总值399.34亿元，工商税收55.41亿元，金融机构人民币存款余额464.76亿元，居民储蓄余额309.13亿元。

【经济发展状况】2013年，容桂街道经济发展质量稳步提升。海信科龙全年产值同比增长35%；格兰仕集团全年产值同比增长4%；万和电气连续4年蝉联中国专业燃气具行业霸主地位，全年产值同比增长13%；顺德海尔新增滚筒、波轮生产线各1条，全年产值有增长；伊之密年底在印度设立技术服务中心，全年产值同比增长20%；威博电器全年产值同比增长13%。年内容桂多个重点产业项目落地，格兰仕穗香工业园11月份奠基，“顺德科技创新中心”“高安全锂离子动力电池”项目成功入选“广东省2013年重点建设项目”，投资1.5亿元的松下环境新厂投产，德美新材料创新科技园项目成功纳入南方智谷规划并有8家新材料企业和创新团队进驻；南方中宝项目顺利动工。依托强大的制造业基础，容桂电子商务呈现集聚发展势头，龙头电商逐渐形成，“双十一”期间，容桂多家主要电商单日销售合共近3亿元，同比增长186%。电子商务产业园区建设取得新突破，小冰火人电商产业园项目启动。容桂天佑城商圈、振华大道商圈和凤祥南路商圈的辐射作用逐渐凸显，乐购、容山、卜蜂莲花等三大购物中心年销售共约5.8亿元，同比增长6%。年内，首届顺德区电子商务大会在容桂举行，进一步推动容桂电子商务产业发展。容桂“科技新城”核心区“顺德科技创新中心”封顶，被授予“中国南方智谷特色园区”“顺德电子商务企业创业基地”和“容桂小家电电子商务集聚区”称号，已有600家企业达成进驻意向。年内街道新增院士工作站（室）3个、博士后工作站1个，共有院士工作站（室）5个、博士后工作站9个。“中科院顺德基地”全年实现与企业交流对接30多次，促成产学研合作项目16项。是年，街道引入广东省自动化研究所，共建“顺德自动化应用技术研究中心”创新平台。精进能源

2013年8月21日，容桂总商会与容桂街道教育局签署《容桂总商会监管容桂公办幼儿园日常工作协议书》

2013年10月31日，容桂街道城市更新发展中心揭牌成立

主攻的动力电池获得国家新能源汽车配套资质；富信公司半导体制冷核心技术成功获得美国及欧洲能效认证；嘉信灯饰成立太阳能照明技术研发中心，对太阳能电池组件和灯具控制系统进行重点攻关。

【城乡建设与管理】 2013年，容桂街道抓好重点项目建设，德胜河南岸改造加快推进，完成容桂大道等14个城区道路改造工程，工程总长16.5公里，总投资2.6亿多元；在建或完成新桂洲医院装修、容桂文化中心三期、千禧广场改造；完成兴华中学、泰安小学等学校加固和改造；完成上洲水闸重建、海尾电排站扩建等工程；推进第一污水处理厂二期厂外收集系统和第二污水处理厂建设。全年认定“三旧”改造地块7块，总面积19万多平方米；公开交易出让“三旧”改造项目8个，总面积14万平方米。绿化改造提升面积20多万平方米；公园建设改造面积37万多平方米。全年共关闭排污企业35间，整治内河涌有排污口企业71间；搬迁7家违法排放废气企业；整治内河涌两旁餐饮店，关停无证照店铺47家，责令3家补办证照。对书院路等4条道路实施单行；进一步推行路边停车收费，同步解决户籍居民就业400多人。完成18个农贸市场硬件升级改造，其中11个通过验收。

【社会各项事业】 2013年，容桂街道以“简政强镇”事权改革为契机，教育、文化、慈善、卫生等各项事业全面发展。全年共有12所幼儿园被认定为区首批普惠性幼儿园。完成26个社区（村）综合减灾示范社区创建工作，检查“三小场所”及危化品、特种设备、燃气具、小家电企业4万多间次，排查整治隐患2万多处，实施强制停电措施1500多间次，迁出违规住人6600多人。全年消防部门共处理火警219宗，同比下降7%。110刑事治安原始警情1万多起，同比下降30%，社会治安总体保持平稳。新设红旗、容里社区残疾人康复服务站，支持开办伍威权庇护工场共融艺术广告公司，新增平安钟430户。举办各类招聘会30多场，提供岗位3万多个；全年受理劳动争议调解、仲裁案件1500多宗，涉及金额8500万元，清退欠薪800万元；全年各部门接受社会各界捐赠共3300多万元，开展助医、助学、助残、助困及发放各类补贴、补助共1100多万元。完善社区卫生服务软硬件设施，新容奇医院设立朝阳社区卫生服务站，小黄圃等5个公立卫生站完成转制，容桂社区卫生服务中心获评全国示范单位。着力解决职工楼、教师楼、拆迁安置区和固化宅基地办证等一批历史遗留问题，完成固化宅基地办证工作，共涉及300多户。年内街道先后举办容桂盆景精品展、“中顺洁柔”杯国标舞全国公开赛等精品文体活动500多场次，建成“童年记忆”人口文化园、胡锦超青少年法制教育基地以及东湖公园等法治文化设施4处。成立街道机关女子民兵连，组建社区医疗救护分队，并在企业设立民兵营，进一步拓宽基层民兵组织覆盖面。加强农产品检测，全面落实肉品统一配送，开展餐饮单位量化评级和“阳光厨房”建设，先后建成“阳光厨房”140多个，有效保障市民餐饮安全。是年，街道“创文”工作顺利通过国检。容桂街道获“全国人口和计划生育依法行政示范街道”称号。

【水利闸站管理改革】 2013年，容桂探索将闸站委托给属地社区（村）进行管理，同时把闸站主要设备的维修养护外包给专业公司，逐步完成闸站管理改革和人员配置调整。年内共完成5个闸站的委托管理工作。

【试点承接建筑工地监督管理权限】 2013年5月起，容桂街道国土城建和水利局作为全区首个试点，正式承接建筑工地管理权限，可独立开展建筑工地文明施工的监督、执法工作，并通过网格化管理、监督员带督查员、诚信管理、日常巡查等监管措施，提升辖区内施工单位对文明作业的重视程度。

【出台奖励办法促进农贸市场升级改造】2013年，容桂出台《容桂街道农贸市场升级改造奖励办法》，按照“鼓励申报，奖励先进”原则，投入奖励资金300万元，明确对达到街道标准或区甲级、乙级标准的，在2013年10月31日前完成改造且通过验收、属集体所有的农贸市场进行奖励，进一步提高农贸市场升级改造的积极性。

【委托街道总商会监管公办幼儿园】2013年，容桂教育局与容桂总商会签订委托协议，9月起，容桂总商会对蓓茳幼儿园和花溪幼儿园非牟利模式运作实施为期两年的监管。这种社会组织参与监督学前教育的模式，在佛山市尚属首例，也是容桂街道深化“简政强镇”事权改革的标志性举措。

【成立物业管理纠纷人民调解委员会】2013年9月18日，容桂街道物业管理纠纷人民调解委员会挂牌成立，并在振华社区华夏新城等三个小区成立小区物业管理纠纷调解委员会。物管调解委员会由街道综治维稳信访部门、法律工作者、小区物业公司、小区业主委员会（业主代表）等成员组成，是容桂街道创新社会管理，探索化解社会纠纷多元化机制的一项有益尝试，有助于引导群众将物业管理纠纷化解在“家门口”，共建平安互助、幸福和谐的居住环境。（梁文姬）

伦教街道

【概况】伦教位于顺德东部，是顺德中心城区的重要组成部分之一。总面积59.2平方公里，常住人口20万人，其中户籍人口8.4万人，外来流动人口约12万人，下辖8个村和2个社区。2013年，伦教进一步明确发展定位，谋划发展“珠宝、旅游、文化”战略，打造宜居城乡、中国珠宝首饰名镇和岭南文化旅游胜地。全年实现规模以上工业总产值461.5亿元，商业销售额23.9亿元，固定资产投资33.2亿元，国地税入库15.5亿元。

【经济发展状况】2013年，伦教通过打造珠宝、机械装备、旅游文化全产业链，加大、加快推进产业转型。其中珠宝首饰产业销售300多亿元，增长约14%，位居伦教各产业首位，并从加工生产向商贸、展示、物流、设计、总部等高端产业链延伸。佛山市顺德周大福珠宝金行有限公司竞得城南16100平方米地块作扩建再生产之用；周生生珠宝（佛山）有限公司在伦教工业区建立周生生中国大陆区域总部项目，合禾国际珠宝创意中心、万辉珠宝城等本地珠宝品牌日渐成长；年内街道成功举办伦教首届珠宝旅游文化节、第四届顺德·伦教（中国）珠宝首饰创意设计大赛；启动“甄珠”计划珠宝首饰人才俱乐部及网络学院组建暨培训活动；街道办事处与中国地质大学（武汉）珠宝学院正式签订产学研战略合作协议。是年，伦教整合珠宝首饰、旅游、美食等产业资源，推出全省首个镇街级旅游线路。年内引进顺德区机械商会，推动产城联动发展；开展“广东高端制造装备研究院”项目；“三旧改造”重点项目之一华南机械城正式投入使用，并举办首届华南高端装备零配件交易会；广东威德力机械实业股份有限公司获天津股权交易所专家评审全票通过，成为全国木工机械行业首家成功进入场外资本市场的企业。是年，广东圣大新能源项目——建设用地50多亩的光伏逆变器和通信设备组件产业园区基本建成；顺德博汇科技股份有限公司正式在天津股权交易所挂牌上市，成为伦教首家挂牌上市企业；佛山市顺德区胜业电气公司投入1000万元，与上海交通大学举行电力系统电能质量节能技术研发中心进行产学研合作。

【城乡建设与管理】2013年，伦教推进多个工程建设，年内有11个项目被正式认定为“三旧”改造项目，项目面积合计417.52亩。“天意莨园”国家级非物质文化遗产保护基地项目迈入实质建设阶段；长鹿农庄周边配套设施不断完善，顺德区第一人民医院易地新建项目主体结构封顶。年内伦教共投入1011.2万元推进“美丽村居”整治工作，在5个村居设立试点并设立30万元专项奖励资金；安排400万元专项扶持资金推动农贸市场的升级改造；完成禽畜养殖场专项整治。推动伦教大涌“一河两岸”工程。地标式城市花园——康乐中心公园正式对外开放，占地面积10000平方米，绿化率超过50%；滨江西河堤公园项目预计投入1000万元，占地面积约35000平方米，东西长约1200米，绿化率达到50%以上。投资4000万元的北海电排站启动试机运行。伦教街道企业污染源在线监控系统正式运营，对辖区企业完成100套在线监控仪器的安装。年内街道新增3条区属公交线路；鸡洲长丰苑自行车交换站投入使用。

【社会各项事业】2013年，伦教的社会民生各项事业均取得显著成效。推进伦教中学等学校硬件改造；以三洲幼儿园为试点，探索学前教育村企一体化的办学模式；鸡洲锡全小学与香港顺联总会李金小学正式缔结为姐妹学校；举办首届“何曙华先生奖学金”颁奖大会。镇街文化设施逐步完善，伦教图书馆正式对外开放，海悦名居关工委图书室投入使用。仕版村城隍庙申请“合法宗教活动场所登记”获区宗教部门批准，伦教梁桂欢糕点店获首批“广东老字号”的称号。是年，街道推进社会服务数据库项目，以常教社区一小区为试点成立“时间银行”。各社区卫生服务站落户进行免费体检、建立或更新健康档案和健康指导等惠民工作。居民住院医疗保险年度累计最高支付限额由上年的16万元调整为20万元，居民享受医疗待遇提高。伦教街道团委举办“青春正能量，宜居伦教梦”青年服务体验日活动；伦教慈善会与常教社区福利会组织35位受助学生到惠州参与2013年“一对一”慈善助学暨夏令营活动。乐家工程系列活动之爱心“义”+“益”情暖满伦教活动正式启动。街道行政服务中心登记窗口多措并举，推进企业年报简化备案工作。

【举办首届珠宝旅游文化节】2013年12月31日至2014年1月3日举行。文化节涵盖珠宝、旅游、文化三大板块，以“美饰·美食·美乐”为主题，系列活动包括“201314·饰悦心语”集体婚礼、伦教首届珠宝旅游文化节开幕仪式，文化大楼落成仪式、阿老艺术馆开馆仪式、周大福展厅落成揭幕仪式、岭南美食嘉年华等，涉及大项目10个，小项目达20多个，到场超过20万人次。

【举办首届华南高端装备零配件交易会】2013年，伦教“三旧改造”重点项目——华南机械城落成开放。12月9日至12日，由广东省机械工程协会、顺德区机械装备制造业商会主办，伦教木工机械商会、华南机械城有限公司协办的首届华南高端装备零配件交易会在华南机械城举行。交易会展出面积1.5万平方米，约300家企业参展，其中外地参展商超过60%。交易会上展示了包含中高端机械配件、机械人、数控化智能化高端机械产品和传动类设备外、各类紧固件、五金配件和刀具附件等，基本囊括机械装备领域的主要零部件，为机械装备行业提供完善的产业采购链。交易会与华南机械城项目形成联动，成为华南地区规模最大、种类齐全的交易平台。

【启动“天意莨园”项目】2013年9月25日，“天意莨园”国家级非物质文化遗产保护基地进行动土仪式，正式启动“天意莨园”项目。该项目选址龙洲路伦教路段，占地7433平方米，规划建成莨绸博物馆、梁子设计工作室、香云纱研发中心等功能场馆，推动新产品研发设计和国际交流。

【仕版村城隍庙通过“合法宗教活动场所”登记】2013年8月20日，伦教仕版村城隍庙申请“合法宗教活动场所登记”获区宗教部门批准，成为伦教街道辖区范围内第一家能够合法开展宗教（道教）活动的固定场所。街道宗教部门（社工局）协助仕版城隍庙加快成立“仕版城隍庙管理委员会”，完善架构，正常、有序开展宗教活动。

【五个公益项目入选广东省妇女支持计划】2013年，广东省人民政府与李嘉诚基金会共同出资2000万元人民币启动“集思公益 幸福广东”——大型支持妇女计划。伦教和谐家庭联谊会、熹涌三八六一妇儿促进会、三洲妇女儿童之家等三家社会组织设计提交“心连心，1+1单亲困难母亲援助计划”“快乐主妇，健康生活妇女技能提升计划”“妇女协同行支援计划”“关爱成长，妇儿共进项目”“为爱出发，爸爸妈妈和我读亲子阅读项目”5个服务妇女儿童公益项目全部入选，获该计划支持款项32.3万元，成为顺德获选项目最多的镇街。

【伦教图书馆正式开放】2013年11月15日，建设于郑敬诒职业技术学校的伦教图书馆正式对外开放，实现学校图书馆和区公共图书馆间资源互通。该图书馆占地面积2100平方米，藏书7万册左右、期刊200多种，设有少儿阅览室和电子阅览室，其中电子阅览室可让读者共享全国8个大型数据库资料。

勒流街道

【概况】勒流地处顺德中心部位，辖区总面积90.78平方公里，下辖22个村（社区），户籍人口11.8万人，流动人口约16万人。2013年，街道实现规模以上工业

勒流派出所移动警务室实行24小时不间断巡逻防范

总产值达526.42亿元，固定资产投资额30.29亿元，其中工业投资15.97亿元，基础设施投入3.94亿元。限额以上贸易餐饮业营业额达9.64亿元，税收（含国税调库数）完成19.68亿元，工业用电量12.17亿千瓦时。

【经济发展状况】2013年，勒流街道突出产业布局，推动产业转型升级。富华集团投资22.6亿元建交通机械城，相关基础设施加速建设。新宝电器上市获中国证监会审核通过。三扬科技登陆天交所企业，开创顺德中小微企业融资新模式。照明企业联合组建“佛山市顺德区强强合益光电有限公司”，共同开发建设“商业照明转型升级孵化园”；照明新锐企业凯乐斯成为CBA 2012~2016赛季战略合作伙伴。勒流“中小企业家具五金产业联盟”“精密五金产业创业基地”“五金创新中心”创建成立，推进五金产业集群发展。勒流与中国家用电器研究院合作建立顺德勒流街道家电产业公共技术服务平台；与江南大学进行“一镇一校”产学研合作，搭建勒流江南大学技术创新中心；与华南师范大学刘颂豪院士及其光电研发团队合作，打造华师大顺德（勒流）光电产业研究院；与华南理工大学合作，共建福田物联网工程研究院，开展智能制造、智慧商务、智能物流、智能家居、智慧安防等方面的物联网系统集成应用示范与推广。截至年底，勒流拥有中国驰名商标4件，省著名商标21件，省名牌产品22个，国家高新技术企业32家、省民营科技企业102家，授权专利累计突破10353件，位居全区前列。

【城乡建设与管理】2013年，勒流强化规划引领，完善区域发展布局，加快旧城区改造，推动城市升级。推进北部滨水生态区、中部产业园、南部商业照明基地三大片区项目取得阶段性成效，明确“一轴一带一心”（港口路经济主轴、龙洲路城市经济带、旧城区商业中心）产城融合格局，定位勒流拓展空间和发展方向。落实重点工程建设，大力推进城区道路及广场改造提升工程。加快城区改造系统工程建设，完成市民广场、树林公园改造工程；完成城区银城路等四条主干路的改造提升；完成南国西路与冲鹤入村大道交通优化工程（含番村人行天桥）；打通勒流北部交通瓶颈的文塔大桥建设进展顺利；加快推进港口路二期和富安路三期改造提升工程；实施龙升北路、龙洲路道路改造，迁改龙升北路、伦桂路供电线塔。开展推进多项生态保护和环境综合治理工作，切实加强街道的生态文明建设工作。年内经专家组考核，同意推荐勒流成为“国家级生态乡镇”。

【社会各项事业】2013年，勒流街道注重改善社会各项事业，促进社会稳定和谐发展。年内，街道开展多种多样的群众性文化活动，全年共举办各类体育活动近420场次。成功举办第11届“星声悦耳”流行歌手大赛；第七届亚洲跳绳锦标赛中，勒流荣获8金2银2铜；世界冠军、江义中学的贺纯烟同学在央视《吉尼斯中国之夜》上以1分钟三摇跳113个刷新吉尼斯世界纪录。是年，广东省妇女联合会将龙眼村“妇女之家”评定为第二批省“妇女之家”示范点。街道共投入约2.2亿元，新建成江义中学、冲鹤小学、裕源小学，共办班84个，缓解学位难问题。建成顺德首个家庭综合服务中心，为市民群众提供一系列预防性、支援性以及补救性的家庭服务。成立勒流社区卫生服务中心和8个社区服务站，社区卫生服务机构与医院构成新型卫生服务体系，引导居民“小病在社区，大病进医院”。深入开展“三打两建”行动，加强社会治安管理，投入1000多万元集约整合视频监控系统。完善劳资纠纷监管制度，实行预防劳资纠纷关口前移，将劳资纠纷的防线延伸到村居一级。加强街道行政服务中心建设，启动农村综合改革工作，探索农村股份社的股权改革和开展集体资产公开交易试点工作，实施商事登记改革，破解企业注册难题。探索创新村务监督方式，在全国首创并推广“手机村务通”平台建设。

【三扬科技在天交所挂牌交易】2013年5月28日，广东顺德三扬科技股份有限公司正式在天津股权交易所挂牌交易，成为顺德首家登陆天交所的企业。三扬科技在天交所挂牌交易揭开勒流企业进入资本市场的序幕，开创顺德中小企业在资本市场融资的新模式。

【勒流农家书屋获殊荣】2013年4月，勒流街道龙眼村委会农家书屋和扶闾村委会农家书屋的廖结文分别获评“2012年全国示范农家书屋”及“2012年获得表扬的农家书屋管理员”。

【勒流跳绳队获全国奖项】2013年6月20日，勒流东风小学花样跳绳队和勒流新球初级中学花样跳绳队参加2013年全国跳绳精英赛。东风小学参加13个单项比赛，取得12个第一名，新球中学也获得6金5银2铜战绩，打破两项全国纪录。

陈村镇

【概况】陈村镇地处顺德区境北部，北邻佛山市禅城区，东以陈村水道界广州市番禺区。辖区总面积50.7平方公里，常住人口15.4万人，户籍人口7.94万人，下辖7个村委会和8个居委会。2013年，全镇实现本地生产总值129.95亿元；工业总产值310.29亿元，全社会固定资产投资52.5亿元，财政收入6.97亿元，税收收入17.85亿元，全镇居民储蓄余额130.15亿元。

2013年6月24日，陈村镇人力资源协会成立

【经济发展状况】2013年，陈村实施项目带动战略，加快产业转型升级。三大产业比重为3：60：37。精心打造都市型花卉产业。完成花卉世界特色步行街区项目一期工程；举办首届陈村花卉美食节，打造独具特色陈村花宴，进一步擦亮“中华花卉美食名镇”品牌；整合陈村迎春花市及系列特色活动，举办花卉文化博览会，进一步丰富花卉文化内涵。出台产业创新发展扶持办法，引导企业加强自主创新，对36家申报单位扶持约200万元；获批成为广东省技术创新专业镇（机械装备）；科达机电成为第一批国家级知识产权优势企业，荣获广东省政府质量奖；申菱空调被评为国家火炬计划重点高新技术企业，荣获顺德政府质量奖。重点发展特色商贸流通业和现代物流业。全年全镇商业销售额151.63亿元，增长6.85%；太平洋城市综合体加快推进；推动北斗天绘民用运营服务平台项目；在全市推广智慧菜篮子项目；金锠、力源两大专业市场加快转型升级。成功举办第二届广东（佛山）安全食用农产品博览会，入场总人数达47万人次，现场交易总额约2800万元，成为近年省内同类博览会之最；推进国家安全农产品示范区项目，在征地过程中探索与村民利益共享新机制。

【城乡建设与管理】2013年，陈村加强推进环境再造与城市升级。做好重点片区规划编制，完成陈村新区南片区等控制性规划。完成广明高速、魁奇路东延线、华阳南路征地拆迁工作。推进白陈路、佛陈路、105国道沿线道路景观整治，完成陈村北入口景观提升工程，在全镇重要道路节点摆放时花，展现绿色陈村鲜花盛开的生态特色。启动潭洲水道北岸景观改造工程，推进三字经公园、玉带体育公园建设。出台村（居）工业区升级改造扶持政策，设立城市更新发展资金，申菱空调地块、合成工业区等“三旧”改造项目顺利推进。将“美城行动”延伸至村（居），新建13个垃圾收集站点，稳步推进陈村镇生活污水处理二期工程，启动7个分散式农村生活污水治理工程，新建公交站亭69个。铁腕开展环境综合整治，关停整改不达标企业45家，拆除违规禽畜养殖场近4万平方米，立案查处环境违法行为22宗。安装企业在线监控系统93套，重点对工业锅炉及挥发性有机物企业开展大气污染防治。

【社会各项事业】2013年，陈村继续实施强师工程，建设特色学校，完善“积分入学”制度。取缔无证幼儿园22家，改造提升5家。开展“区镇合作办医”模式，附属陈村医院医疗服务水平不断提升。在沙洲公园设立浮雕，弘扬人口家庭文化。开展LED文化屏进村居工程，在全镇建设16块LED文化屏。开展幸福就业促进工程，举办各类招聘会15场，促进本地失业人员就业3992人次。建立欠薪应急周转金制度，推进和谐劳动关系示范区创建工作。启动赤花片区养老服务中心项目。继续深入开展“花园·家园”系列品牌活动，全年举办“三月风华”大型巡游会演等文化体育活动850场次。推动成立陈村总商会慈善基金，并联手陈村梦想SHOW设立“圆梦基金”，为210名受助对象圆梦。第一批陈村农民专业合作社——花卉、兰花、龟鳖养殖农民专业合作社成立。深化完善“花香家园”陈村社会综合服务中心服务内涵，设立服务分站2个，并进驻镇内4间中学。全镇首家社会企业——佛山市观效文化传播公司注册成立，一批残疾人通过制作掐丝珐琅工艺品实现就业。继续向陈村总商会转移11项政府职能事项，培育成立不锈钢行业协会、饮食协会、办税员协会、人力资源协会，承接政府税务、人才引进与培育管理、就业服务等职能事项。持续投入扶持村（居）发展竞争性分配资金，涉及15个村（居）共87个项目，52个项目竣工。深入推进“法治镇”建设，创建社区、学校、小区法治示范点，建成法治公园等一批特色的法治文化设施。建设移动社区警务平台，在全镇重点区域建设视频监控点近630个。完成校园、道路、企业、市场等平安创建工作，刑事治安原始警情同比下降40%，治安防控打击效能居全区首位。

【举办第二届广东（佛山）安全食用农产品博览会】2013年9月13日至16日在陈村花卉世界举行。本届安博会以“放心食品e万家，同心共筑绿色梦”为主题，充分展示广东省农产品质量安全监管体系建设、“菜篮子”基地建设、海峡两岸农业合作试验区建设等多项成果，倡导安全食用农产品生产经营理念。本届安博会展馆总面积达到22500平方米，是上届的3倍，入场总人数达47万人次，现场交易总额约2800万元，均比上届有显著提升。

【召开全省按法治框架解决基层矛盾试点工作现场会】2013年12月19日至20日，全省按法治框架解决基层矛盾试点工作现场会在陈村举行，各地级市与会代表在实地考察陈村法制建设项目后，现场总结交流各地依法化解基层矛盾的经验做法。会上，陈村镇委书记陈仲贤以“建立六大机制，依法化解矛盾”为题作报告。

【成立花卉、兰花、龟鳖三大农民专业合作社】2013年9月3日，陈村花卉、兰花、龟鳖三个农民专业合作社正式成立，并以团体会员身份加入陈村总商会，这是陈村推进社会体制综合改革与农村综合改革有机结合的一项创新举措。三个农民专业合作社的成立，是陈村农业发展的里程碑：一是散户可借品牌经营，甚至实现品牌化运作，将直接或间接带动农户发展达1000多户。二是国家及地方在税收、融资、用地、信息、培训、农产品质量标准与认证、市场营销和技术推广等方面都提供多渠道的扶持，为陈村农民专业合作社成立及发展壮大提供保障。陈村镇政府给予三个农民专业合作社各10万元的扶持资金，以促进其有效开展各项工作。

【开展2013广东陈村（骏杰）花卉文化博览会系列活动】2013年，陈村首次引入企业资源和社

2013年8月3日，陈村举办第八届岭南美食文化节系列活动之花卉美食烹饪大赛专业赛，图为获奖厨师合影

会力量，将传统的迎春花市升格为2013广东陈村（骏杰）花卉文化博览会活动，囊括18项活动及8项重点活动。项目融合具有陈村地域特色的美食、赏石等文化元素，将传统的迎春花市升格为具有陈村地域特色的花卉文化博览会系列活动，擦亮了“中华花卉美食名镇”品牌。

【推动LED文化屏进村居】2013年，陈村在全镇建设16块LED文化屏，建设“绿色视窗”促进基层宣传工作向多样化、立体化转变。“绿色视窗”共投入400多万元，搭建16块全彩LED文化屏共计203平方米，全部设置在镇、村（社区）等人群密集的中心广场或公园，覆盖14个村（社区）和工业园区。10月23日晚，该镇举行LED文化屏启动仪式，是佛山地区第一个全覆盖村（社区）的“多功能电视台”，成为佛山地区首个实现LED屏全覆盖村（社区）的镇街。（郭文振）

北滘镇

【概况】北滘，位于顺德东北部，全镇总面积92平方公里，辖19个村（社区），户籍人口12.1万人，常住人口26.5万人。随着太澳高速及广珠城际轨道的北滘站和碧江站的相继开通，北滘正式迈入以高速、高铁为标志的“两高时代”，珠三角一体化、广佛同城使北滘呈现出更优越的区位优势，给全镇的产业转型和城市升级注入新的活力。2013年全镇本地生产总值403亿元，规模以上工业产值1780亿元，国地税收入73亿元，城镇居民年人均可支配收入达43410元、农民人均纯收入13835元。

【经济发展状况】2013年，北滘镇以总部经济、工业设计和家电全产业链项目“三大引擎”推动产业转型升级。两大龙头企业稳健增长，引领全镇经济发展质量和效益提升。9月，美的集团实现整体上市，成为A股市场最大的家电生产集团，碧桂园集团应对国家房地产政策调整，创新发展模式，提升产品质量，成为北滘第二家千亿企业。10月8日，碧桂园中心首期投入使用，成为国内首家生态办公大楼。推动科技创新和企业上市，驱动企业转型发展。新增高新技术企业3家，新增著名商标2个及省名牌产品2个，专利申请和专利授权分别同比增长41.5%和27.8%。截至2013年年底，全镇共有高新技术企业33家，国家级企业技术中心1个，省级企业技术中心3个；省级企业工程中心4个，市级企业工程中心6个，区级企业工程中心19个；企业博士后工作站3个；全镇专利申请4264件，专利授权3190件。四维塑业和恒美电热科技2家企业于天津股权交易所挂牌交易。怡和中心引入华南美国商会，成长型中小企业加入总部经济梯队，总部经济区辐射效应持续显现。以工业设计为代表的新经济助力产业转型升级。省区共建的广东工业设计城年内新增设计企业和机构29家，新增设计师近300名，获得专利487件，工业设计成果成交约5000例，设计外包服务收入4亿元，已吸引超100家中外优秀设计企业和超1200名设计师落户；设计广场、长者体验馆、设计博物馆、国际设计中心投入使用；研究生联合培养基地、广东（顺德）工业设计研究院加快建设，人才培养渠道进一步拓宽。以慧聪项目为龙头，集工业设计、会展、电子商务为一体的家电全产业链基地加速形成，慧聪家电博物馆11月封顶。北滘西南新型工业园区内，美的微波电器项目已投产，占地49万平方米，投资总额16亿元，年产量达2800万台。

【城乡建设与管理】2013年，北滘努力提升城市价值，区域发展更加协调，城市承载力不断提升，城乡环境持续优化。105国道新城区段厂房拆迁顺利推进。雅居乐住宅项目、岭南园林项目

北滘城市升级项目——君兰河岸公园

完成规划设计。市民服务中心、市民康体中心奠基兴建。北滘财富中心、盈峰丰明总部、国际商务中心进行桩基工程，推进财富花园土建工程。君兰、北居、三洪奇、林头、广教、顺江6个社区共20.67平方公里被纳入中心镇区，林头、广教、三洪奇约9平方公里旧区进行改貌提升，形成105国道东西两翼协调发展格局。是年，该镇实施“一村一公园”计划，建成11个村级公园，推进14个公园建设。启动“治水工程”，开展上水河等河涌工业排污整治；编制群力围片区污水专项规划，新建9个农村分散式污水收集系统。推动创建A级省卫生村及省（市）生态村（社区），完成村居垃圾中转站升级改造以及6个村级农贸市场的改造和验收。年内完成镇内环型路网规划设计，以快捷交通连接农村片区和中心片区。完成碧桂园大道、林港路、林上路等主干道路改造。全年全镇共完成绿化种植面积45.8万平方米，实施堤围河岸美化，重点打造潭州水道景观工程，完成堤围绿化13公里，建成君兰河岸公园；完成杨家大涌、细海河改造，恢复昔日岭南水乡小桥流水风貌。深化“美城行动”，全年美城成绩排名各镇街前列。强化执法管理，全年共查处各类违法用地183宗，清理、关闭违法违规窝棚、养殖场336家，查处关闭污染企业25家。成立土地环保执法办公室，探索专项执法、专人处理的快速工作新机制。完善“三级城市管理网络”，组建17个村居城管工作站。在全区率先实现数字化城管村居全覆盖，数字城管全年累计发现有效城管问题41265件，结案率99.92%。

2013年12月11日，北滘派出所民警卢伟明荣获“顺德十大杰出青年”称号。图为区委书记梁维东为其颁奖

【社会各项事业】2013年，北滘社会各项事业蓬勃发展。北滘文化中心全年举办各类文体活动超过1000场次，接待群众超过70万人次。举办华语文学传媒大奖颁奖典礼等文化盛事；承办中国岭南美食文化节，吸引游客125万人次；碧江入选首批中国传统村落名录。优化教育资源配置，新城区幼儿园投入使用，改建扩建校舍12所；参加省级以上竞赛活动获奖超100人次，连续第三年获“顺德区教育先进镇”称号，连续第二年获“佛山市学前教育先进镇”称号。北滘市民康体中心动工建设。是年，推出系列民生新举措为群众纾困解难。购买广厦花园100套住房解决困难群众住房问题，西海保障房封顶，启动碧江、马龙村级保障房项目规划设计；实施困难群众住房资助计划，资助重建、修缮房屋54间。镇创业孵化中心54家商户进驻，累计发放扶持资金151万元，首批商户营业额达1100万元。促进全民就业能力提升三年行动计划启动，培训人数600多人，就业率90%以上。是年全镇举办招聘会44场，实现农村劳动力转移就业近2000人，获评“省农村劳动力转移就业示范县”。北滘镇市民活动中心（慈善大楼）奠基。北滘慈善会全年通过各项活动筹得善款960.44万元，获评省5A级社会组织。美的集团连续第五年捐款1000万元，重点支持村级教育设施建设。该镇组织开展镇内“双到扶贫”，筹集资金150万元，累计帮助122户脱贫；完成对英德市东华镇“双到扶贫”工作，获评省扶贫开发“双到”工作优秀单位。北滘长者综合服务中心、北滘社区卫生服务中心设立，碧江等7个社区卫生服务站点升级改造，社区医疗网点实现全覆盖，建立健康档案19万份，建档率70%。北滘家庭综合服务中心服务范围覆盖全镇，全年服务22189人次，接收个案551个。北滘康园中心先后在村居建立社区康复站，形成“一个中心+五个分站”的服务覆盖网络，基本实现“社区康复”目标。北滘职工服务中心以“社工+义工+异地务工人员”的服务模式，服务近4000人，并在美的、日美等企业、村（社区）出租屋和员工村等进行外展服务。

【慧聪中国家电城落户北滘】2013年2月5日，广东慧聪家电城投资有限公司以3.34亿元投得位于北滘镇105国道东侧一块商服用地，面积4.4万平方米，用于建设“顺德慧聪中国家电电子商务产业园——中国·慧聪家电城”。项目总投资预计10亿元，旨在打造具有本地特色与竞争优势的家电商品国际采购中心，建成后将成为集家电产业中心、产业综合体、国家级展会、电子商务四位一体的家电电子商务产业园。4月1日，中国慧聪家电城奠基，启动建设。

【获批筹建“全国知名品牌创建示范区”】2013年8月14日，国家质检总局批复同意北滘镇筹建“全国家电配套制造产业知名品牌创建示范区”，这是顺德区首个获准筹建的国家级知名品牌示范区，北滘镇将享受国家质检总局在标准制（修）订、检测能力建设、检验检疫通关、行政许可审批、打假保名优、质量提升等方面的扶持政策，为北滘家电配套制造产业进一步转型升级发展带来良好机遇。

【市民活动中心奠基】2013年11月27日，北滘镇市民服务中心（慈善大楼）举行奠基仪式。项目选址北滘镇新城区，总用地面积16678平方米，总建筑面积35937平方米，地下二层地上四层，计划投资约1.5亿元。主要分为北滘慈善会办公区（包含各类型社会公益团体办公室）、青少年科学馆、公益性市民活动中心、镇慈善会名下的展览中心及商业写字楼（租金将作为镇慈善会的稳定收益，用于公益慈善用途）四个功能区域。市民活动中心（慈善大楼）志在打造政府与慈善组织共同建设，造福于民的公益文化建筑，通过借鉴学习香港慈善机构运作模式，运用政府财政投入、社会资助等各类资金，建立慈善会的各类型服务活动场所，充实北滘慈善功能。

乐从镇

【概况】乐从镇位于顺德西北部，全镇面积78平方公里，下辖5个居委会、19个村委会。常住人口25万人，户籍人口10万人，旅居港澳及世界各地的海外乡亲6万多人。2013年，全镇实现地区生产总值148.74亿元，贸易业销售收入852.75亿元，其中三大市场销售合计803.07亿元，税收入库33.15亿元，全镇银行人民币存款余额528.46亿元，居民个人存款余额252.21亿元。是年，乐从镇纳入佛山新城（中德工业服务区）统筹开发、融合发展，为乐从镇高端、快速发展实现政策松绑和提供资源支撑，乐从一跃成为佛山“强中心”和省重点发展平台。

【经济发展状况】2013年，乐从经济发展支撑明显增强。钢铁贸易现代示范区——广东乐从钢铁世界全面开业运营，吸引包括小布、腾冲旧钢铁市场商户在内的900家商户进驻，获“广东省2012~2013年度诚信示范市场”称号。大型城市综合体乐从天佑城开业，项目占地面积4.6万平方米，建筑面积25万平方米，投资总额12亿元，世界500强零售巨头卜蜂莲花超市等商业旗舰进驻。罗浮宫总部大厦、家居国际贸易港加快建设。农用地集约建设效益显现，南村南围塱一期有12个项目顺利进驻。物联网产业基地一期入园企业总数达80家，注册资金总额超过2亿元，科技型从业人员500余人；二期产业园完成8.33公顷土地出让，全面铺开开发建设。是年全镇电子商务营业收入约81亿元，占三大专业市场销售总额10.9%。欧浦钢网成IPO重启后首批上市企业。全年投入科技创新资金5209万元，企业成功申报各级产学研合作项目3个，争取资金扶持1100万元。新增专利授权641件，增长80%。

【城乡建设与管理】2013年，乐从加强城市建设与管理，科学谋划城市升级。沙良河沿线、北围产业区中心片控制性详细规划完成修编。岳步村170公顷土地完成储备。环镇西路、环镇南路、乐中路、乐龙路加快建设，“六纵六横”路网通车率接近50%。大墩村、沙滘吴家围片区等多个改造项目稳步推进。北围园区市政配套工程全面启动。年内全镇新增绿化面积22.6万平方米，建成北入口、沙良河绿化公园。启动涵盖大气、污水、固体废弃物综合治理的“大环保”三年行动计划，采用BOT模式投入5亿元建设污水处理厂二期和管网，已完成污水处理系统二期工程厂区主体建设和24公里管网建设任务，建成8个村级农村生活污水处理站。推动城乡环境提升工程“美乐计划”，全年投入美乐工程项目资金4800万元，城区、村居保洁全面专业化，省卫生村100%覆盖，连续三季度位居全区“美城行动”榜首。兴乐路“五位一体”沿街景观完成改造。年内高标准建成公共交通枢纽站及159个公交站亭。开展“两违”整治，整治违法用地面积3万余平方米，复耕复绿土地面积近2万平方米。“国家级智慧城市试点”已上线应用项目6个。

【社会各项事业】2013年，乐从全面推进社会民生各项建设和综合改革。加快推进集约办学，新劳村小学封顶，进入整体装修阶段。顺德龙舟俱乐部乐从家具龙舟队两次代表国家参加国际级龙舟赛事，创下中国龙舟队国际赛事历史最好成绩。乐从社区卫生服务中心建成投入使用，年内启动路州、岳步社区服务站改造，镇内社区卫生服务站点增至18个。城乡居民合作医疗覆盖至低保、低保临界、“三无”、五保等困难对象。全年全镇发放低保、助医、助残、助学等金额524万元。慈善事业稳步发展，慈善会冠名基金增至13个。全镇登记失业率2.6%，低于全区指导线，大学毕业生整体就业率93.7%。“平安创建”扎实推进，全镇原始警情同比下降35.5%，平安村（社区）达标率100%。率先搭建农村财务现金管理平台。集约用地创新项目“北岸美庐”盛大开盘。增设兴乐居委会。建设沙边青年坊和大罗青年坊，通过活化村居古旧建筑，将社工服务延伸基层。大罗村家庭综合服务中心采取“政府购买服务+业务部门、第三方监督管理+社会组织实施”的创新模式运营。推行居家助残，成为区残疾人居家康复服务工作试点镇。全镇社会组织增至86个，承接政府职能事项84项。成为全区企业登记并联审批改革试点，实现“一表登记，三证同发”。率先实现镇村两级网上审批服务站点全覆盖。率先构建廉政风险防控管理体系，成为全市唯一“政企廉洁诚信联盟试点”。

【广东乐从钢铁世界开业】2013年3月30日，位于佛山一环乐从大罗路段的广东乐从钢铁世界盛大开业，400多家商户陆续进驻。钢铁世界总规划用地将近四千亩，总投资近100亿元，建成后将是中国规模最大的钢铁贸易、加工、仓储、物流配送及信息交流平台。该项目将推动乐从钢铁市场从全国最大的钢铁贸易集散中心走向总部集群，升级打造中国钢铁专业市场示范航母、国际钢铁采购中心、世界级钢铁市场。

【乐从家具龙舟队屡获大奖】2013年，乐从家具龙舟队在国内外龙舟赛事上屡获大奖，战绩辉煌。3月13日，在2013年中华龙舟大赛海南万宁站获得男子组200米、500米赛事及总分第一；4月28日，江西鄱阳湖站比赛中，打破两项赛事纪录，包揽男子组包揽200米、500米直道竞速和总成绩三项冠军；5月19日，福建福州站比赛中，获得男子组23人龙舟200米直道竞赛冠军；7月13日至14日，甘肃永靖站比赛中，获得男子组500米直道竞速第一名和总成绩第一的好成绩；11月16日至17日，中华龙舟大赛总决赛东莞·麻涌站中，夺得200米直道竞速冠军。6月22日至23日，在2013年中国龙舟公开赛江苏武进站中，勇夺男子组总成绩第一名；7月5日至6日，龙舟公开赛福建邵武站中，获得200米直道竞速冠军。7月24日至28日，代表中国参加在匈牙利举行的第十一届世界龙舟锦标赛，囊括标准龙舟公开组、公开混合组200米和500米直道竞赛四面金牌，创造中国龙舟队参加世界龙舟锦标赛历史最好成绩。

2013年10月18日，乐从路州村家庭综合服务签约

龙江镇

【概况】龙江镇位于顺德西部，辖区总面积73.8平方公里，下辖10个居委会、13个村委会，常住人口25.9万人，其中户籍人口10.1万人。2013年，全镇地区生产总值171.3亿元，累计工业产值535亿元，全社会固定资产投资46.6亿元，税收收入（含调库收入）18.6亿元，人民币存款余额225.8亿元。

【经济发展状况】2013年，龙江镇区域发展活力和经济发展质量持续提高。完成第三工业园一期征地和规划编制。推进联塑涌口生产基地、亚洲国际中央商务区、盈信广场二期、华美达酒店公寓、碧桂园凤凰酒店、顺德家具国际采购中心、龙江购物中心、陈涌商业广场8个重点项目，总投入近75亿元。传统产业升级有突破。区域品牌“顺德家具”亮相国内外展会，取缔不符合环保要求的家具企业96家；推进建设水性环保家具涂装喷板体验中心、联塑家居建材体验中心。新兴产业态势良好。龙头、亚洲国际、车翼凤城三大电子商务集聚区电商企业超200家，年交易额突破30亿元，增幅100%。联塑集团组建国家工程技术中心，广东志达钢管制造有限公司获认省知识产权示范企业。年内该镇新增2家市级企业技术中心，联塑、港丰、亿龙3家企业入选区第一批骨干企业。镇内2家企业筹建博士后工作站，17家企业申报市级以上创新项目。全镇累计申请专利1253件，获得专利授权1084件。是年，龙江出台企业上市奖励扶持办法，鼓励企业登陆资本市场；规范管理41家农业企业，完成3000个鱼塘编码；建成专业镇中小微企业公共服务九大平台，技术创新平台获认为国家级示范平台，融资服务平台累计为企业担保贷款10亿元。与中国标准化研究院、佛科院合作推进系列产学研合作项目。推进人才强镇战略，出台《“智汇龙江”人才金鹰奖评选试行办法》，创办人才专业期刊《HR视界》，加强引智服务平台建设，营造全社会重视人才的良好氛围。

【城乡建设与管理】2013年，龙江完成中心区规划编制，谋划水乡特色城镇中心区基本框架。启动旧区改造“龙江天地”项目，推进丰华北路立体化改造。投入超2亿元推进乐龙路征地拆迁、官田南路、北华路、东华南路、工业大道、旧里海路、南镇大道、沿江路等道路建设。完成东华路、龙洲路2座人行天桥建设。启动能源保障工程，推进开源站、涌口站扩建、苏溪站、仙塘站、22万伏致远站建设。全镇三旧改造项目增至27个，总面积约45.93公顷，14个项目实施改造，占认定面积的54%。投入1000万元建成新墟市摆卖场。城市特色逐步显现，天湖森林公园主题雕塑、丰华北路沿街改造、公共候车亭设计、龙家具文化展示长廊建设充分展示龙江特色历史文化元素。启动西溪世埠涌综合治理工程，推进污水处理厂二期、工业废水集中处理厂和农村污水处理站建设，完成万安电排站、歌滘水泵站两项水利工程建设。13条镇区公交路线覆盖全部村居，新建、改造公交站亭117座，900辆公共自行车平均日使用率达95.3%。是年，该镇整治VOCs重点监管企业35家，淘汰和整治工业锅炉51台，拆除“窝棚猪”110间约9万平方米。年内，该镇投入超过1.25亿元推进美城行动，提升改造22个村（居）垃圾收集站，做好主干道路保养，路面修复，更换主干道路LED节能灯4000多盏，全面清理牛皮癣广告，清理乱摆卖、占道经营，拆除违法广告牌800个；拆除违法建筑46宗，拆除面积4.5万平方米；规范道路运输秩序和运输服务业，取缔未经许可从事驾驶培训业窝点8个；城市管理实现精细化、数字化、常态化，立案交办案件32849件，结案32633件，结案率为99.36%；推进11个村居美城行动，世埠、西溪2个社区获评佛山市宜居社区，左滩村申报国家级生态村。

【社会各项事业】2013年，龙江社会各项事业蓬勃发展。龙舟赛事盛况空前，年内举办了商会杯、聚龙杯、同兴杯三项大型龙舟赛事以及沙富、苏溪、官田、左滩、东头等10个村居小型龙舟竞赛，龙舟宴达6000多围。该镇出台专项资金扶持政策充分激发协会活力，19个文体协会积极开展活动。百姓舞台“周六现场秀”，全年送戏下村演出30场。“斯帝罗兰杯”足球赛升格为区级赛事，陈涌石堑龙狮队获广东省体育大会金、银奖，梁嘉鸿、蔡兆鸿获得第十二届全运会冠军。蔡氏《真步堂天文历算》入选广东省非物质文化遗产名录。推进“两龙文化”研究和应用，启动区内第一套镇级乡土教材编写，全面启动村（居）志撰写，全面制作发行村（居）报。全年全镇教育总投入达1.58亿元，建成华东小学、旺岗体育馆，启动11所学校运动场改造。投入200万元扶持学前教育发展，筹办4间公办幼儿园，全镇等级幼儿园达65.4%，省规范化标准幼儿园达90%。打造特色教育，“四进校园”工程取得成效。“警钟在黎明敲响”普法活动获授评佛山市首批普法品牌。投入1352万元完善社区卫生服务工作，社区卫生服务覆盖率增至92%，38个“网格化”服务团队保证基本公共卫生服务全覆盖。实施门诊医保报销比例向社区倾斜政策，医保目录药品100%报销，降低群众用药负担。年内举办大型招聘会15场，吸引企业1500余间，共提供就业岗位2万多个，吸引求职者3.5万人次。全镇城镇登记失业率2.47%，应届高校毕业生就业率95.14%。参与和谐劳动关系构建的企业增加25.7%，欠薪逃匿案件13宗，同比下降44%。推行幸福社保服务，社保便民服务覆盖全部村居。年内接受各类救助申请300宗，发放救助款988.7万元。发放农村养老保险待遇1415万元，发放被征地农民参保补贴531万元。发放养老金2.5亿元，人均月领养老金增至2135元，升幅10%。发放各类计生奖励扶助金共131万元，惠及1267人。全民慈善氛围更加浓厚，龙江慈善会共筹得善款1560多万元，发放各类救助金约770多万元，开展企业一元捐、一对一关怀等系列公益活动，首次推出学生爱心午餐、肾透析门诊治疗救助两个特色慈善项目。社会力量积极参与助学，龙江中学校庆校友捐资超1000万元，丰华中学校友捐资500万元改造运动场、建设文化馆。全镇建成治安视频监控摄像头541个、警务E超市2个，高清治安卡口7个，村级治安防护栏、岗亭1000多个，建立立体化治安防控体系。年内处置各类不安定因素10起，预警率达到100%，化解各类劳资等纠纷苗头64起。全镇共接报110刑事治安警情6286起，同比下降26.56%。落实食品安全民生工程，构建镇与村（社区）食品安全监管网络，全镇共有6家餐饮企业获评为省A级餐饮服务单位，40多家企业创建“阳光厨房”，全部食品生产企业完成HACCP体系建设。年内该镇升级改造农贸市场2个，建成4条亮照经营示范街。是年，麦朗村获评全国交通安全村。

【推动“四进校园”教育工程】2013年，龙江推进“两龙”文化进校园、曲艺文化进校园、法制文化进校园、阳光游泳进校园的“四进校园”教育工程，取得成效。与区宣传部合作开发编写“两龙文化”校本教材；在华东小学、东头小学成立学生曲艺培训基地；镇司法所与全镇中小学合作举办的“警钟在黎明敲响—校园法制文化节”活动，授评佛山市首批普法品牌；安排专项资金近50万元，分别委托顺德体之杰运动策划有限公司和佛山市奥普乐体育运动有限公司对全镇小学三年级以上的学生就近进行游泳基本技能培训，全镇共有近1500个学生参加暑期学生游泳基本技能培训。

【成立龙江青年创业合作社和青年创业基金会】2013年1月18日，龙江青年企业家协会联合中国民生银行，成立龙江青年创业合作社，由中国民生银行提供最高4亿元的授信额度，支持小微企业发展，符合条件的会员小微企业最高可免抵押贷款100万元。同步成立龙江青年创业基金会，利用合作社及各工商界的资源，为青年创业提供导师辅助、技能培训、信息服务以及资金、技术、网络支持。

【成立高端人才俱乐部“金龙会”】2013年1月30日，龙江镇人力资源协会金龙会俱乐部正式成立，第一批会员35位，来自龙江各企事业单位，既有上市公司的博士、海归硕士，也有企业高管、自主创业者、营销精英、医学专家等。镇人力资源协会通过成立“金龙会”，加强对高端人才关心关怀，组织联谊文化活动，建立良好氛围，从而留住人才，是龙江“引才、留才、培才、乐才”方针的重要举措。

【成立龙江镇家具电子商务协会】2013年8月23日，龙江镇家具电子商务协会隆重成立。第一届会员100多名，佛山市龙头家具材料市场有限公司董事长张志东当选为首任会长，黄家强、徐培峰、韩建勤、钱江当选为副会长，许瑞礼当选监事。龙江镇家具电子商务协会的成立，加强了龙江家具电子商务行业的内部协作关系，推动家具行业在电子商务领域的发展。

【顺德家具抱团参加俄罗斯国际家具展】2013年11月18日开幕的第25届俄罗斯莫斯科国际家具展上，顺德家具采取抱团参展的方式，首次以“顺德家具”的集体品牌进行统一包装参展。“中国佛山顺德品牌家具馆”面积达3000多平方米，共吸引志达、豪钻、锢琦诚、浩森、欧柏等60多家知名顺德家具品牌参展，累计展出100多个品牌，近1500件家具产品，成为整个展览会最引人注目的焦点。展会期间，主办方专门举办“中俄家具产业集群峰会”，邀请俄罗斯家具行业资深专家谢尔盖与展商互动交流。在组织企业参展的基础上，还组织顺德的家具企业对俄罗斯市场进行考察，实地走访多家俄罗斯当地的家居及家居产品卖场。（田乃林）

杏坛镇

【概况】杏坛镇位于顺德西南部，全镇总面积122平方公里，下辖24个村、6个社区。2013年户籍人口13.27万人，流动人口约9.8万人。2013年，全镇地方生产总值155.76亿元，工业总产值416.72亿元，其中规模以上工业产值280.67亿元，全社会固定投资33.66亿元，国地两税收入

10.79亿元，首次突破10亿元大关。

【经济发展状况】2013年，杏坛镇共有企业申报省、区级政策扶持项目20个，获国家专利授权214项，成功申报专利奖130项。顺德高新技术产业开发区西部启动区建设步伐加快，浦项钢板一期项目正式投产，梅塞尔气体项目进入施工建设阶段。中科院纳米材料产业园和南粤星光珠宝产业园进入主体结构建设阶段。绿心花卉——顺德精品农业产业示范园项目完成招商，物联网在农业养殖领域试点应用。推行“企业专员”制度和干部到企业挂职锻炼制度，构建服务企业的常态化长效机制。推进逢简岭南文化艺术展览中心新建、进士牌楼复建、和之梁公祠修复等一批项目，策划“逢简墟”、第二届“逢简水乡文化节”等活动，进一步丰富和活化水乡旅游内涵，全年接待游客数量超40万人次。

【城乡建设与管理】2013年，杏坛抓好规划布局和综合功能提升，城乡面貌不断更新。启动村庄建设规划，重新调整杏韵湖片区项目选址方案。一环南延线、高富路和光华跨线桥相继竣工通车，镇二环路北段全线通车，顺德新港已完成征地面积39.33公顷，港区一期20公顷征地工作已完成。五个水利工程在建，其中青云闸站工程已完成。农村公路“路况提升、路网优化”项目继续深入推进，内畅外通的交通网络成型。深化美城行动，率先制定“五位一体”沿街景观整治指引并成为全市参考标准。全面推行“大保洁”模式，完成全镇农村环卫保洁统筹管理，“一村一站”建设村级垃圾中转站，已有5个村的生活垃圾收集站竣工验收，12个村正动工建设。推行数字城管，建立数字城管中心和信息采集平台，实行城管问题信息收集及快速处理机制，以“一村（社区）一站”的模式，建立村级城管站，完善“三级城市管理网络”体系。加强环境综合治理，铁腕整治电镀、漂染、废塑、锅炉四大行业；推进杏坛污水处理厂二期扩建及污水收集系统二期工程建设，“一河一策”推进内河涌整治。多个城市综合体项目启动，杏坛第一家商业综合体超高层地标建筑——宏汇城商业综合体改造项目破土动工，北河旧食街改造项目——凯盛广场进入预售阶段，进一步提升旧城区的居住环境。

2013年，杏坛以“一村一站”模式全面建设村级垃圾中转站

【社会各项事业】2013年，杏坛镇加大民生保障和公共服务力度，社会建设再上新水平。加大教育投入，新昌教小学、梁銶琚初级中学学生宿舍等相继投入使用；学前教育上等级率73%，省规范化率96.3%，居全区前列。马东永春拳成功申报“中国体育非物质文化遗产保护与推广项目”，村居文体设施建设达标率达75%。落实各项社会救济救助政策，对优抚对象、孤寡老人、残疾人、困难家庭发放各项津贴补助、救济救助金等3000多万元。加大劳动就业保障力度，成立杏坛镇解决欠薪应急周转基金，东村成为杏坛镇创建和谐劳动关系示范区。推进基层平安创建活动，加强见警率和管事率，110刑事、治安报警数同比下降55.3%。有序推进农贸市场升级改造，开展“文明餐桌”和“阳光厨房”建设，建立食品生产经营单位分类监管档案，获佛山市“2013年度建设食品安全示范市工作突出镇”称号。是年，成立杏坛镇综合改革创新工作委员会，开展多个独创性改革项目。创新推进镇行政服务中心“实心化”改革，实行审批事项和人员归口管理，科学分类审批等；推广桑麻村“两站合一”模式，加快村居社会综合服务站建设，已完成13个村居建设。组建全区首支公职人员义工服务队；创建全区第一个镇级党员服务中心；启用全省首个村级残疾人康园工疗站——麦村毅进坊，推进残疾人社区康复。创新推进逢简“理想村居”综合改革示范村的建设；

成立逢简发展促进会和逢简社区建设基金会，为逢简的发展提供智力和财力支持。以雁园、马东为试点，推行政府购买村居服务，率先建立议事监事会，探索党务（村务）与政务分开的农村基层管理模式。

【逢简村荣获“中国最美村镇”典范奖】2013年10月19日，“发现·2013中国最美村镇评选”的颁奖典礼暨市长论坛在上海举行，有着“顺德周庄”之称的岭南水乡典型代表——杏坛逢简村成为顺德唯一入选单位，以综合分数排名前12名荣获最高奖项“典范奖”，是华南地区唯一获此奖项的村镇，并入选2013深港城市/建筑双城双年展外围展项目。

【逢简村社区营造项目】2013年6月，杏坛镇以“水乡·梦家园——逢简村社区综合发展项目”为题启动逢简村社区营造工作，成为顺德区第一批社区营造项目。项目坚持“政府引导、社区为主、社会参与、社群共享”原则，从“社会参与，协同共建”“社区经济，共融发展”“社区保育、农村活化”三大方面综合推进，先后成立议事监事会、逢简发展促进会、逢简社区建设基金会，为社区发展提供智力、财力支持，启用逢简“心”驿站，引入社会企业，开办公众学堂，引入文艺保育创作组织，保护水乡原生态，发展特色生态农业和休闲观光旅游产业。

【全区首个村级议事监事会落户杏坛】2013年4月26日，杏坛镇马东村议事监事会（以下简称“议监会”）召开首次委员大会，标志着顺德首个村级议监会正式行使职权，32名“议员”对村委会工作打分，并讨论鱼塘投包、公园建设、水闸改造等村中大事。议事监事会既是村务议事咨询机构，又是政务、村务监督机构。不仅对村内重大事项出谋划策，还对村委会工作进行监督考评。作为全区试点，此举拉开顺德探索村居自治实现决策、监督与执行有效分离的序幕。

【创新“一室一站一会”基层治理模式】2013年，杏坛镇以农村综合改革为契机，在南华村率先建立“一室一站一会”基层治理新模式，走出一条通过落实基层民主、化解农村矛盾、依法夯实党的领导地位的基层治理新路子。“一室”即党代表工作室，是党组织听民情、聚民智、纾民困的重要平台；“一站”即行政服务站，为村民提供家门口的“一站式”行政服务；“一会”即议事监事会，直接参与村务咨询、管理及监督。

【建设全省首个村级康园工疗站】2013年4月19日，广东省首个村级社区康园工疗站——杏坛麦村毅进坊正式揭牌成立，为麦村及周边村居残障人员提供肢体康复服务、职业康复服务、社工服务、家政训练、社区活动训练等。这个村级康园工疗站的成立，标志着顺德区残疾人康复事业踏入社区化新里程。

（蔡敏珊　李杏麟）

均安镇

【概况】均安镇位于顺德西南部，总面积79.45平方公里，户籍人口近9万人，外来务工人员9万多人，旅居港澳台的乡亲和海外华侨达4万多人，下辖8个居委会和5个村委会。2013年，全镇实现地区生产总值113.88亿元，规模以上工业产值126.27亿元，全社会固定资产投资27.49亿元，税收入库7.84亿元，城乡居民储蓄余额79.1亿元。

【经济发展状况】均安全镇共有工商企业5000多户，其中工业企业近2000家，形成以牛仔服装为龙头，以汽车配件、磁性材料、精细化工、皮革制品、家用电器、五金制品、塑料制品为主体的工业体系，均安牛仔服装产业集群产生效应。2013年，均安围绕产业转型，力促经济发展稳中有进。打造自主品牌，推进区域品牌运作，成功举办第六届均安国际牛仔博览会；牛仔服装产业加快向研发设计、智能制造、网络销售等产业链条高端升级。完善公共服务平台建设，华纺检测机构获得CNAS权威资质授权，国家牛仔产业人才培训基地挂牌成立。第三产业加快发展，均安四大名菜国家行业标准制定发布，都市经典城市综合体投入使用，星豪湾购物广场加快推进，骏景酒店二期上马建设，全镇商业氛围日益浓厚。

【城乡建设与管理】2013年，均安围绕城市升级，力促人居环境持续改善。重点交通设施建设加快推进，一环南延线建成通车，横九路建设进入冲刺阶段，广中江高速路和佛江高速路项目的征地拆迁加快推进，新均榄路前期建设准备工作进展顺利。投入7200多万元，推进南沙堤围整治工程和凫洲河“一河两岸”环境整治提升工程。污水收集系统二期工程加快建设，服务面积达17.4平方公里。投入1700多万元，完成凫洲河畔文化公园、百安路、均荷路以及七滘大桥出入口等路段绿化提升，推进畅兴休闲公园和四季公园改造提升工程。鹤峰农民公寓完成主体建设工程，沙浦农民公寓建设加快推进。实施TC公交二期工程，年内新增LNG公交车24辆，新增公交站点25个。深入推进居村“美城行动”，对泰安路、均南路、均荷路白藤大桥出入口进行景观整治；对东堤路、西堤路和建安路等主干路实施“五位一体”沿街景观整治改造工程；全年实施5个农村公路改造提升项目，其中南浦入村道路、新华永丰入村大道、南沙环村路、天湖外村工业大道相继完工。

【社会各项事业】2013年，均安围绕民生福祉，力促各项事业全面进步。推进村级幼儿园规划建设，沙浦科艺幼儿园投入使用，全镇有11所幼儿园通过广东省规范化幼儿园验收；均安职校实训大楼建设工程顺利推进，一批中小学校教育硬件配套设施投入使用；“教育共同体”建设入选区级试点。年内该镇举办均安牛仔文化节、第七届广东省青少年曲艺“明日之星”选拔赛、第八届顺德私房菜均安杏坛赛区比赛等系列文体活动，广泛开展村（居）篮球赛、百姓健康舞、家门口电影院、文化服务进厂企、社区趣味运动等群众性文体活动。年内，通过中国曲艺之乡复评验收，均安女篮被评为全国巾帼文明示范岗。是年，均安搭建就业平台，推动就业和再就业，达成就业意向5000多人，技能培训1980多人，创建1个劳动就业基地，全年处理劳动争议案件610多宗，涉及金额1870多万元。落实帮扶救助政策，全年发放救助资金780多万元。开展慈善活动，全年发放慈善金额230多万元。南沙、南浦社区卫生服务站建设顺利推进，社区卫生服务中心和各服务站进入正常运作轨道，均安通过全国亿万农民健康促进行动广东示范镇考评验收。三华、新华、星槎等村（居）旧市场升级改造完成。综治信访机制不断完善，信访案件同比下降51%，全年没有发生群体性事件，刑事、民事案件大幅下降。完善农村集体资产公共交易平台建设，加强村（居）务公开和财务监督，三华等5个村（居）被评为广东省村务公开民主管理示范创建达标村。成立社会综合服务中心、青年坊和幸福家庭公益中心，开展各类社会服务。社会工作服务站建设加快，社会服务向村（居）一级延伸。

【举办第六届均安国际牛仔博览会】2013年11月1～4日在富安国际牛仔城（新馆）举行。本届博览会以均安纺织服装商会为主体，实行市场化运营和管理，以“创标、创新、创造”为主题，展会面积两万平方米，包括产品与技术的展示，品牌企业发布专场秀、转型升级对接会、牛仔电影首映等活动，传递牛仔文化与智能科技制造理念。

【抱团参加第21届中国国际服装服饰博览会】2013年3月26日，第21届中国国际服装服饰博览会在北京·中国国际展览中心(新馆)开幕，均安镇共有7家牛仔企业以“均安牛仔”集体商标抱团参展，共同谋求发展，这次是均安成立牛仔产业联盟后首次抱团出外参展。

人物与荣誉

2013年度获全国先进单位称号名录
（排名不分先后）

获奖单位	评定单位	先进称号
顺德供电局工会	中华全国总工会	全国工会职工书屋示范点
顺德供电局大良供电所运检二班	中华全国总工会	全国工人先锋号
顺德区疾病预防控制中心工会	中华全国总工会	全国模范职工小家
顺德区人民检察院控告申诉检察科	中华全国总工会	全国模范职工小家
顺德区中等专业学校工会	中华全国总工会	全国模范职工小家
佛山市骏业家具发展有限公司工会	中华全国总工会	全国模范职工之家
顺德供电局工会	中华全国总工会	全国模范职工之家
中国电信顺德分公司	中华全国总工会	全国模范职工之家
中国农业银行股份有限公司顺德分行工会	中华全国总工会	全国模范职工之家
顺德检验检疫局客运港办事处	中华全国总工会	全国五一巾帼标兵岗
顺德农商银行北滘支行营业部	中华全国总工会	全国五一巾帼标兵岗
顺德区	全国普及法律常识领导小组办公室	全国法治城市法治县(市、区)创建活动先进单位
顺德区人民法院法警大队	最高人民法院	全国法院司法体能达标活动先进单位
顺德区人民法院民事审判第一庭	最高人民法院	全国法院先进集体
顺德区人民检察院	最高人民检察院、检察日报社	全国检察宣传先进单位
顺德区人力资源和社会保障局审批服务科	人力资源和社会保障部	全国人力资源和社会保障系统2011~2013年度优质服务窗口
顺德区地税局	人力资源和社会保障部、国家税务总局	全国税务系统先进集体
顺德区工商联	人力资源和社会保障部、中华全国工商联	全国工商联系统先进集体
大良街道顺峰社区	国家减灾委员会、民政部	全国综合减灾示范社区
容桂街道东风社区	国家减灾委员会、民政部	全国综合减灾示范社区
顺德区国土城建和水利局	国土资源部	土地市场动态监测与监管工作先进单位
顺德区法律援助处	司法部	全国法律援助“便民服务示范窗口”
龙江镇综治信访维稳办(司法所)	司法部	全国法律援助工作先进集体
龙江镇综治信访维稳办(司法所)	中华全国妇女联合会	全国维护妇女儿童权益先进集体
顺德区归国华侨联合会	中华全国归国华侨联合会	全国侨联系统先进组织
顺德区第一人民医院	人力资源和社会保障部、全国博士后管理委员会	博士后科研工作站
顺德区国税局办税服务厅	国家税务总局、共青团中央	2011~2012年度全国青年文明号

（续表）

获奖单位	评定单位	先进称号
顺德区文体旅游局	国家体育总局	2009~2012年度全国群众体育先进单位
顺德区环境运输和城市管理局	交通运输部、公安部、安全监管总局	“道路客运安全年”活动成绩突出单位
容桂街道办事处	国家卫生和计划生育委员会	全国人口和计划生育依法行政示范街道
容桂社区卫生服务中心	国家卫生和计划生育委员会	全国示范社区卫生服务中心
大良街道北区社区“侨之家”	国务院侨务办公室	全国社区侨务工作示范单位
大良街道中区居委	全国实施“文明交通行动计划”领导小组	全国文明交通示范社区
顺德区第一人民医院	全国厂务公开协调小组	全国厂务公开民主管理先进单位
顺德区妇女联合会	全国妇联宣传部、中国妇女报社	全国妇女宣传舆论阵地建设先进集体
顺德区文化艺术发展中心“文化艺术惠民生 百场培训进企业”活动	文化部	2013年“文化志愿者基层服务年”示范项目
顺德区第一中学	教育部	和谐校园先进单位
顺德容山中学	教育部	和谐校园先进单位
勒流梁季彝纪念学校	国家体育总局棋牌运动管理中心中国象棋协会	全国象棋后备人才培训基地
富安初级中学	中国教育学会中学语文教学专业委员会	全国作文教学先进单位
勒流中学	中国教育学会中学语文教学专业委员会、中国当代文学研究会校园文学委员会	全国优秀文学校园
永春拳	国家体育总局体育文化发展中心	中国体育非物质文化遗产保护与推广项目
杏坛镇逢简村	中国最美村镇评选活动组委会	“发现·2013中国最美村镇”典范奖
陈村镇锦龙社区	中国计划生育协会	第四批全国人口和计划生育基层群众自治示范村（居）
大良街道北区社区	中国计划生育协会	第四批全国人口和计划生育基层群众自治示范村（居）
乐从家具市场集群	中国家具协会	中国优秀家具产业集群奖
勒流街道办事处	中国五金制品协会	中国家居五金之都
顺德区建设工程质量安全监督站	中国建筑业协会、工程建设质量监督与检测分会	工程质量监督系统先进单位
珠江商报社	中国人民大学新闻学院等十家高等院校	2013中国年度创新商报
顺德农商银行	国家开发银行股份有限公司	2012年度金融债券承销最佳农村金融机构
顺德农商银行	中央国债登记结算有限责任公司	2012年度优秀结算成员
顺德农商银行	中央国债登记结算有限责任公司	2013年中国债券市场优秀自营商
顺德农商银行	中国银行间市场清算所股份有限公司	农村金融机构类优秀结算成员
顺德农商银行北滘支行营业部	中国银行业协会	2012年度中国银行业文明规范服务千佳示范单位

2013年度获全国先进个人(单项)称号名录
(排名不分先后)

姓名	工作单位	评定单位	先进称号
许钟武	广东达美新材料有限公司	中华全国总工会	全国五一劳动奖章
刘兆田	广东联塑科技实业有限公司	中华全国总工会	全国五一劳动奖章
邓永强	中共顺德区委、顺德区人民政府	中华全国总工会	全国优秀工会之友
欧阳雪乔	区人口和卫生药品监督局	中华全国总工会	全国优秀工会积极分子
杨蔚芳	大良街道总工会	中华全国总工会	全国优秀工会积极分子
张建雄	顺德区总工会	中华全国总工会	全国优秀工会工作者
谢卫新	杏坛镇总工会	中华全国总工会	全国优秀工会工作者
谭 峰	广东松下环境系统有限公司	中华全国总工会	全国优秀工会工作者
吴焱贤	顺德区第一人民医院	人力资源和社会保障部、卫生部、国家中医药管理局	全国卫生系统先进工作者
黄燕霞	区委社会工作部(区民政宗教和外事侨务局)	中华全国归国华侨联合会	全国侨联系统先进个人
罗国兴	周大福珠宝金行有限公司	中华全国归国华侨联合会	全国归侨侨眷先进个人
王树祥	顺德区检验检疫局	国家质检总局	质量监督检验检疫系统援藏援疆先进个人
李尚春	顺德区国土城建和水利局	人力资源和社会保障部 住房城乡建设部	全国住房城乡建设系统先进集体先进工作者
郑永民	顺德区国土城建和水利局	中国建筑业协会、工程建设质量监督与检测分会	工程质量检测系统先进个人
罗伟芬	区市场安全监管局 人力资源和社会保障部	国家工商总局	全国优秀工商行政管理人员
霍志标	乐华陶瓷洁具有限公司	人力资源和社会保障部	全国建材行业劳动模范
袁利群	美的集团有限公司	全国妇联	2012年度“全国三八红旗手”
郑一玲	乐从镇妇联	全国妇联	全国妇女宣传舆论阵地建设先进个人
陈小伍	顺德区第一人民医院	国家卫生计生委	2013年度医院服务“改革创新人物奖”
温克健	顺德区勒流东风小学	国家体育总局	2009~2012年全国群众体育先进个人
陈宇莹	北滘镇宣传文体办公室	国家体育总局	2009~2012年度全国群众体育先进个人

社会经济统计资料

2013年佛山市顺德区国民经济和社会发展统计公报

佛山市顺德区发展规划和统计局
国家统计局顺德调查队

2014年4月28日

2013年是贯彻落实党的十八大精神开局之年，也是我区有效应对错综复杂的国内外形势、区域综合转型取得显著成效之年。一年来，全区人民在区委、区政府的正确领导下，坚持以科学发展观为统领，紧紧围绕“城市升级引领转型发展，共建共享幸福顺德”战略目标，着力稳增长、调结构、促改革、惠民生，实现经济发展稳中有进、稳中向好，社会保持和谐稳定。

一、综合

初步核算，2013年全区生产总值（GDP）2556.78亿元，比上年增长10.2%。其中，第一产业增加值43.6亿元，增长3.1%，第二产业增加值1356.51亿元，增长10.7%，第三产业增加值1156.67亿元，增长9.8%，三次产业结构为1.7∶53.1∶45.2。在第三产业中，批发和零售业增长9%，住宿和餐饮业增长4%，金融业增长9.2%，房地产业增长6.2%。

全年居民消费价格总水平比上年上涨2.2%，其中，消费品价格上涨1%，服务项目价格上涨5.1%。分类别看，食品类上涨2.2%，烟酒及用品类下降1.6%，衣着类上涨2.3%，家庭设备用品及维修服务类上涨2.2%，医疗保健及个人用品类上涨0.3%，交通及通信类下降1.2%，娱乐教育文化用品及服务类上涨3.4%，居住类上涨5.2%。

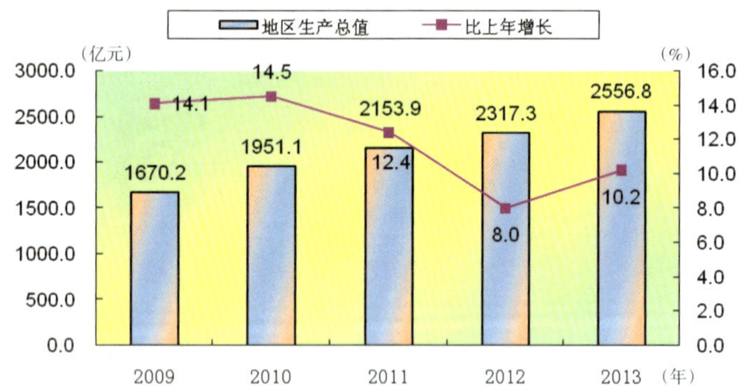

2009~2013年地区生产总值及其增长速度

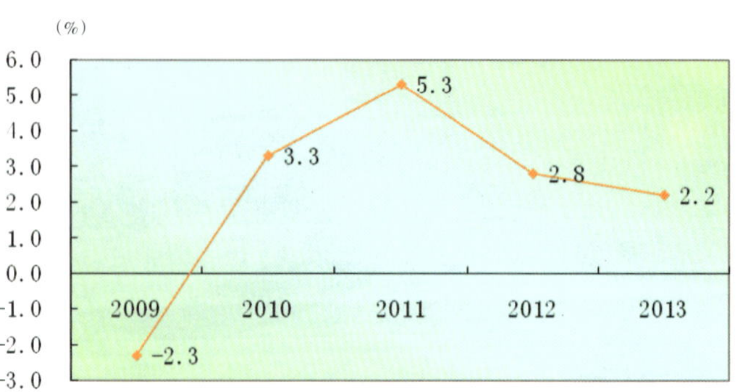

2009~2013年居民消费价格涨跌幅度

2013年居民消费价格比上年涨跌幅度

指　　标	价格指数	比上年涨跌幅度(%)
居民消费价格	102.2	2.2
食　品	102.2	2.2
其中：粮食	103.6	3.6
油脂	100.8	0.8
肉禽及其制品	100.8	0.8
鲜蛋	104.5	4.5
水产品	98.4	-1.6
鲜菜	107.7	7.7
烟酒及用品	98.4	-1.6
衣　着	102.3	2.3
家庭设备用品及维修服务	102.2	2.2
医疗保健及个人用品	100.3	0.3
交通和通信	98.8	-1.2
娱乐教育文化用品及服务	103.4	3.4
居　住	105.2	5.2

年末全社会从业人员156.36万人，比上年末增长0.4%。全年推荐本地人就业11199人次。年末全区登记失业人员1.54万人，全区登记失业率2.3%。

年末全区常住人口249.34万人，比上年末增加0.96万，增长0.4%。

据户籍人口统计，年末全区总户数36.43万户，比上年末增加0.8万户。总人口125.94万人，比上年末增加1.15万人。全年出生人口14552人，出生率11.61‰；死亡人口7211人，死亡率5.75‰；自然增长人口7341人，自然增长率5.86‰。年末户籍人口的主要构成：男性占49.68%，女性占50.32%；18岁以下人口占19.33%，18~60岁人口占65.36%，60岁及以上人口占15.31%。

全年全社会用电量149.95亿度，比上年增长5%，其中工业用电量99.82亿千瓦时，比上年增长6.4%。

二、农业

全年全区实现农业总产值86.78亿元，比上年增长2.1%。其中，种植业20.53亿元，增长7.3%；水产养殖业52.61亿元，增长5.5%；畜牧业9.6亿元，下降20.2%。

全年农作物及水果种植面积210314亩；其中，花卉种植面积48940亩，比上年增长11.3%，盆栽植物数量3208万盆，比上年增长3.8%；观赏苗木及其他数量5156万株，比上年增长3.5%。全年蔬菜产量99128吨，比上年下降1.3%。全年肉类总产量41576吨；其中，猪肉产量28988吨，比上年下降20%，禽肉产量12588吨，比上年下降23.7%。全年水产品产量228078吨；其中，优质鱼产量204466吨，比上年增长28.9%。

2013年主要农产品产量及其增长速度

产品名称	计量单位	产量	比上年增长（%）
蔬菜	吨	99128	-1.3
花卉盆栽植物	万盆	3208	3.8
花卉观赏苗木及其他	万株	5156	3.5
肉类总产量	吨	41576	-21.2
其中：猪肉	吨	28988	-20
禽肉	吨	12588	-23.7
水产品	吨	228078	-0.7
其中：优质鱼	吨	204466	28.9
生猪饲养量	万头	53.91	-26.5
家禽饲养量	万羽	1422.24	-18.9

三、工业和建筑业

全年全部工业完成增加值1305.32亿元，比上年增长11.1%。其中，规模以上工业企业完成工业增加值1171.53亿元，增长12.1%。

在规模以上工业增加值中，国有企业增加值2.25亿元，增长12.1%；集体企业增加值1.90亿元，增长3.3%；股份制企业增加值727.58亿元，增长14.2%；外商及中国港澳台商投资企业419.15亿元，增长9.5%。分轻重工业看，轻工业707.31亿元，增长14.9%；重工业464.23亿元，增长8.1%。轻重工比例由上年的58.8：41.2转变为60.4：39.6。

在规模以上工业增加值中，民营企业增加值724.75亿元，增长11.5%，对规模以上工业增加值增长的贡献率为59.6%。

在规模以上工业增加值中，八大支柱产业增加值952.32亿元，比上年增长15.0%。其中，家用电器制造业475.16亿元，增长21.0 %；机械装备制造业309.63亿元，增长13.9%；电子通信制造业40.17亿元，下降1.7%；纺织服装制造业55.68亿元，增长2.5%；精细化工制造业35.17亿元，下降1.7%；家具制造业19.58亿元，增长7.2%；印刷包装业11.80亿元，增长19.8%；医药保健制造业5.13亿元，增长8.7%。

全区规模以上工业企业工业经济效益综合指数222.65%。资产贡献率13.74%，资本保值增值率124.69%，资产负债率58.99%，流动资产周转次数2.31次，成本费用利润率6.21%，全员劳动生产率17.95万元/人·年，产品销售率96.15%。实现主营业务收入4862.81亿元，比上年增长5.6%。实现利润总额284.77亿元，比上年增长10.8%。实现利税总额428.31亿元，比上年增长17.5%。

全年资质等级以上建筑企业224家，全年全区建筑业企业实现增加值51.19亿元，同比下降0.5%。

2013年规模以上工业企业主要产品产量及其增长速度

产品名称	计量单位	产量	比上年增长(%)
配(混)合饲料	万吨	136.02	-4.8
布	万米	17794.40	13.8
服装	万件	18640.20	-2.5
家具	万件	904.68	-2.1
涂料、油墨、颜料及类似产品	万吨	69.98	16.0
塑料制品	万吨	147.94	9.7
摩托车	万辆	24.60	-21.0
交流电动机	万千瓦	334.10	-23.5
变压器	万千伏安	920.47	-9.3
自行车	万辆	99.10	16.3
家用洗衣机	万台	278.28	2.7
家用吸尘器	万台	674.18	12.0
家用电冰箱	万台	951.97	16.7
冷柜(含冷冻箱、冷藏箱)	万台	181.49	13.5
家用电风扇	万台	1957.06	7.6
家用空气调节器	万台	2021.54	9.4
吸排油烟机	万台	1028.82	25.6
电热水器	万台	1036.70	16.1
微波炉	万台	5265.13	5.7
电饭锅	万个	3294.42	18.1
家用电热烘烤器具	万个	1906.64	28.8
燃气用具	万台	1127.00	17.6

2013年规模以上工业企业实现利润及其增长速度

指　标	利润总额(亿元)	比上年增长(%)
规模以上工业	284.77	10.8
其中:国有及国有控股企业	0.79	-147.3
集体企业	0.99	3.1
股份制企业	203.53	11.6
外商及中国港澳台投资企业	75.87	12
民营企业	203.49	2.2

四、固定资产投资

全年全社会固定资产投资499.24亿元，比上年增长14%。其中，建筑安装工程投资355.6亿元，增长25.8%；房地产开发投资171.84亿元，下降5.4%。分投资主体看，外源型经济投资89.21亿元，增长23.4%；内源型经济投资410.03亿元，增长11.2%。其中民间投资338.20亿元，增长5.5%。分三次产业看，第一产业投资5.92亿元，增长997.9%；第二产业投资126.73亿元，下降10.1%，其中工业投资126.73亿元，下降

2013年分行业固定资产投资及其增长速度

行　　业	投资额(亿元)	比上年增长(%)
总计	499.24	14.04
农、林、牧、渔业	5.92	997.9
制造业	125.20	-10.0
其中：电子信息业	18.66	-40.2
电器机械及设备	31.99	10.7
石油及化学	2.81	-23.2
纺织及服装	5.96	-16.4
食品饮料	1.40	-5.4
建筑材料	7.05	39.6
森工造纸	1.56	101.3
医药业	1.67	35.2
汽车及配件	2.99	-60.4
电力、燃气及水的生产和供应业	1.54	-60.5
建筑业	0	-100.0
交通运输、仓储和邮政业	11.84	19.2
信息传输、软件和信息技术服务业	1.70	9.7
批发和零售业	18.76	205.3
住宿和餐饮业	6.4	2.7
金融业	0	—
房地产业	189.82	-5.8
租赁和商务服务业	34.75	363.6
科学研究和技术服务	0.34	**
水利、环境和公共设施管理业	71.71	22.8
居民服务、修理和其他服务业	4.64	**
教育	8.45	173.5
卫生、社会保障和社会福利业	2.60	-46.2
文化、体育和娱乐业	15.58	554.9

10.0%；第三产业投资366.58亿元，增长23.7%。

在房地产开发投资中，商品房住宅投资119.24亿元，比上年增长下降9.5%；全年商品房施工面积1460.36万平方米，增长2.6%。其中住宅1104.49万平方米，下降3.4%。商品房竣工面积205.08万平方米，下降5.2%，其中住宅165.09万平方米，下降11.3%。商品房销售面积299.76万平方米，增长9.6%，其中住宅244.17万平方米，下降1.8%。年末商品房待售面积124.32万平方米，增长36.3%，其中住宅93.89万平方米，增长26.1%。

五、国内贸易

全年社会消费品零售总额730.3亿元，比上年增长12.0%，扣除物价因素，实际增长11.9%。分行业看，批发和零售业零售额644.1亿元，增长12.6%；住宿和餐饮业零售额86.2亿元，增长7.4%。

在限额以上批发和零售业零售额中，粮油类零售额比上年增长11.2%，肉禽蛋类下降1.6%，服装类增长46.8%，汽车类增长26.1%，日用品类下降5.5%，中西药品类增长8.3%，通信器材类增长17.6%，家用电器和音像器材类增长19.1%，家具类增长25.5%，化妆品类增长32.6%，金银珠宝类增长66.6%。

六、对外贸易

全年进出口总额243.4亿美元，比上年增长10.5%。其中，

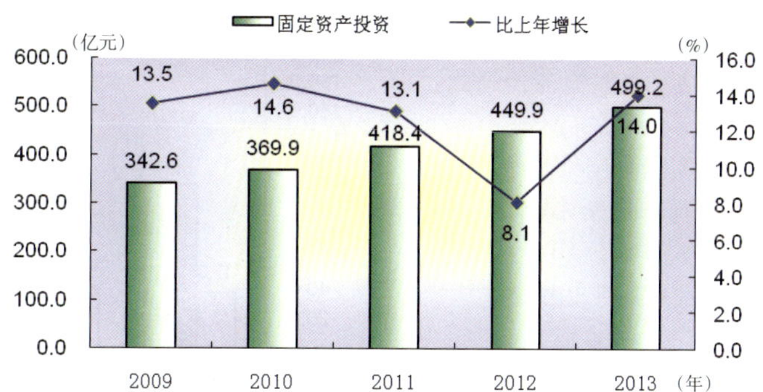

2009~2013年固定资产投资及其增长速度

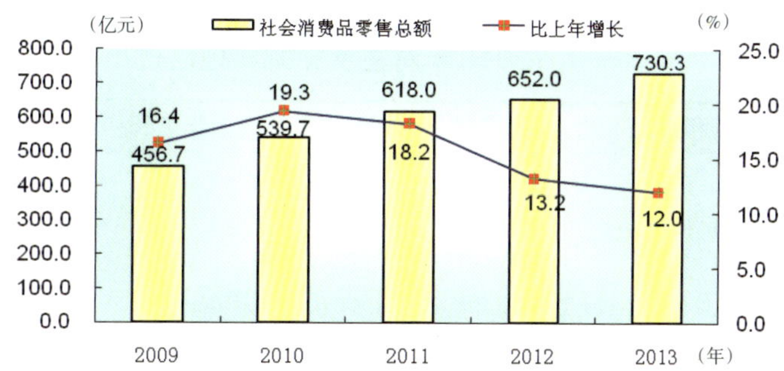

2009~2013年固定资产投资及其增长速度

2013年进出口总额及其增长速度

指　　标	绝对数(亿美元)	比上年增长(%)
进出口总额	243.4	10.5
出口额	186.8	8.9
其中：一般贸易	112.4	14.5
加工贸易	73.5	1.7
其中：机电产品	130.0	2.4
高新技术产品	6.9	−16.1
其中："三资"企业	130.3	6.0
内资企业	56.5	16.3
进口额	56.6	16.2
其中：一般贸易	17.6	0.5
加工贸易	37.4	26.0
其中：机电产品	12.7	−14.9
高新技术产品	5.4	−14.8
其中："三资"企业	27.5	−1.8
内资企业	29.1	40.4

出口186.8亿美元，增长8.9%；进口56.6亿美元，增长16.2 %。贸易顺差130.2亿美元，同比扩大6%。

全年实际利用外资76888万美元，比上年增长6.4%。其中，制造业占61%，房地产业占35%，批发和零售业占2%。

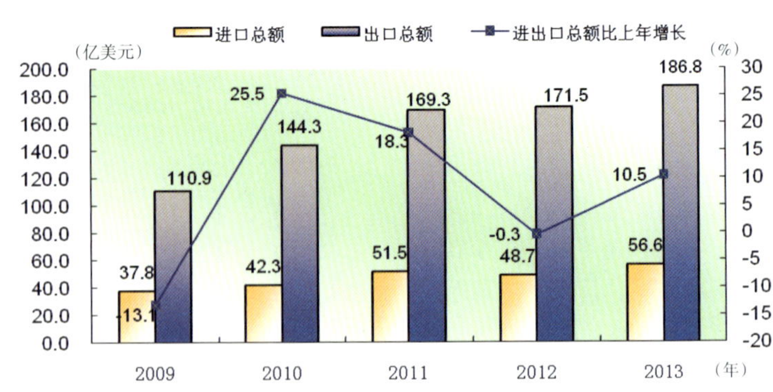

2009~2013年进出口总额及其增长速度

2013年对主要国家和地区进出口总额及其增长速度

国家和地区	出口额(亿美元)	比上年增长(%)	进口额(亿美元)	比上年增长(%)
亚洲	82.1	12.7	26.5	-3.9
其中：中国港澳地区	37.1	19.4	0.8	-0.1
非洲	9.4	14.2	21.3	64.4
欧洲	37.9	5.5	3.0	1.4
拉丁美洲	17.6	-0.2	1.0	-33.9
北美洲	35.5	8.5	4.1	26.1
大洋洲	4.2	4.6	0.8	34.6

2013年分行业外商直接投资及其增长速度

行业名称	项目数(个)	比上年增减(个)	实际使用金额(万美元)	比上年增长%
总计	89	35	76888	6.4
农、林、牧、渔业	1	1	6	200
制造业	27	9	46943	-31.9
电力、燃气及水的生产和供应业	1	1	0	0
建筑业	0	0	0	-100
交通运输、仓储和邮政业	—	—	—	—
信息传输、计算机服务和软件业	0	0	0	-100
批发和零售业	21	-3	1600	43.6
住宿和餐饮业	1	0	0	0
金融业	0	0	150	0
房地产业	10	5	27136	1731.0
租赁和商务服务业	27	23	1053	50.6
科学研究、技术服务和地质勘查业	1	0	0	-100
居民服务和其他服务业	0	-1	0	0

七、交通、邮电和旅游

全年交通运输、仓储和邮政业实现增加值109.95亿元，比上年增长5.9%。

全年内河港口完成货物吞吐量967万吨，比上年下降2.13%；内河港口完成旅客吞吐量71.23万人次，比上年增长0.51%；港口码头泊位个数73个，比上年增加2个。

年末全区民用汽车保有量达到43.47万辆，比上年增长12.6%。其中，载客汽车36.11万辆，增长16.0%；载货汽车7.2万辆，下降1.5%。

全年完成邮电通信业务总量46.09亿元（2010年不变价），比上年增长6.1%。其中，邮政业务总量1.29亿元，下降2.1%；电信业务总量44.79亿元，增长6.3%。年末本地电话用户81.67万户；年末移动电话用户440.33万户，增长7.1%。

全年全区旅游总收入105.47亿元，比上年增长13.9%；旅游创汇4.1亿美元，增长6.8%。全年共接待过夜游客人数204.6万人次，比上年增长3.2%。其中，外国人9.97万人次，增长1.1%；港、澳、台同胞33.7万人次，增长0.6%；国内旅客240.9万人次，增长3.7%。

2013年各种运输方式完成货物运输量及其增长速度

指　标	单　位	绝对数	比上年增长(%)
货物运输总量	万　吨	8696	10.3
陆运	万　吨	7965	11.2
水运	万　吨	731	0.5
货物运输周转量	亿吨公里	69.42	14.9
陆运	亿吨公里	63.01	16.4
水运	亿吨公里	6.41	1.8

2013年各种运输方式完成旅客运输量及其增长速度

指　标	单　位	绝对数	比上年增长(%)
旅客运输总量	万　人	16304	22.3
陆运	万　人	16233	22.4
水运	万　人	71.2	0.5
旅客运输周转量	亿人公里	39.00	3.6
陆运	亿人公里	38.16	3.7
水运	亿人公里	0.84	0.43

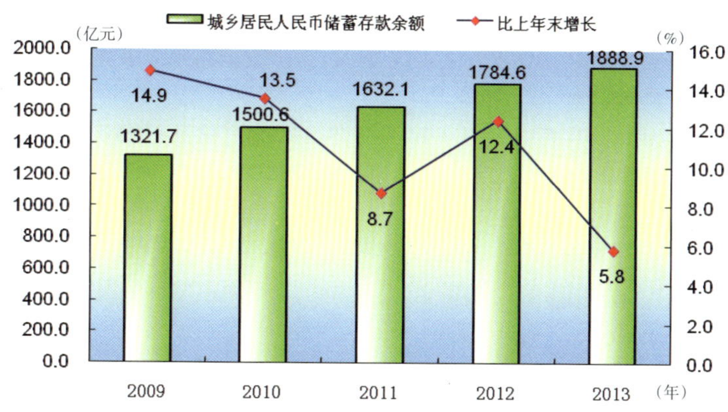

2009~2013年城乡居民人民币储蓄存款余额及其增长速度

八、财税、金融、证券和保险

全年全区实现税收收入358.21亿元，比上年增长3.5%。其中，国税215.28亿元，增长1.9%；地税142.93亿元，增长6.0%。地方财政公共预算收入154.09亿元，增长12.9%。地方财政公共预算支出149.06亿元，增长0.7%。

年末全区金融机构人民币各项存款余额3365.31亿元，比上年末增长9.4%。其中居民储蓄存款余额1888.90亿元，增长5.9%。人民币各项贷款余额2449.63亿元，比上年末增长12.7%。

年末股民户数37.70万户，比上年末增长3.1%。全区证券市场股票交易总额3495.26亿元，比上年增长33.0%。其中，买入1774.13亿元，增长35.9%；卖出1721.12亿元，增长30.2%。

年末全区共有各类保险公司42家，其中，产险公司20家，寿险公司22家。全年全区实现保费收入54.30亿元，增长13.9%。其中，寿险业务保费收入31.14亿元，财产险业务保费收入23.16亿元，分别增长8.3%和22.3%。

九、教育和科学技术

全年教育总投资54.38亿元，比上年增长7.5%。全区有普通高等学校1所，在校学生13514人；普通中学61所，在校学生112399人；职业中学13所，在校学生28949人；小学150所，在校学生165702人；在校中小学生人数共307050人。幼儿园277所，在园幼儿80822人。全区各类学校及幼儿园共有教职员工29950人，其中专任教师24178人。适龄幼儿入园率为99.9%；学龄儿童入学率100%；小学毕业升学率100%；初中毕业升学率98.4%；高中毕业升学率95.6%。

全区有省级工程技术研究中心51家，区级工程技术中心120家。全区共有各类专业技术人员117689人，比上年增长3.4%。其中，高级职称4962人，中级职称30428人，初级职称82299人。全年申请专利量14019件，增长19.4%，年底累计专利量108754件；全年专利授权量10560件，增长11.4%，累计专利授权量82670件。年末拥有中国驰名商标25个，广东省名牌产品152个、广东省著名商标118个。

十、文化、卫生和体育

年末全区有文化事业机构4个，艺术表演场所39个，名胜风景区和文物保护区11个，博物馆3个。有公共图书馆12间，总藏书量1633.22千册，比上年增长15.2%。全年出版报纸(《珠江商报》)5984万份。

全年财政医疗卫生事业经费支出8.42亿元，比上年下降0.1%。年末全区共有各类卫生机构498个，增长8.5%。其中各类医院30个；基层医疗卫生机构462个，包括社区卫生服务中心(站)88个，村卫生室107个，门诊部42个，诊所、卫生所、医务室225个；专业公共卫生机构5个和其他卫生机构1个。拥有医院、卫生院床位8312张，增长0.2%。各类卫生技术人员12744人，增长4.2%，其中执业医师和执业助理医师4672人，注册护士5304人。

全年全区共举办大型体育活动350场次，参加人数1.8万人次。全区运动员参加各类体育竞赛获省级季军以上奖93项。其中，获世界级冠军2项；获国家级冠军23项；获省级冠军9项。

十一、人民生活、社会保障与安全生产

据抽样调查，全年城镇居民人均可支配收入42748.73元，比上年增长10.3%，扣除物价上涨因素后实际增长7.9%。城镇居民人均消费性支出28971.15元，增长6.2%。城镇居民家庭恩格尔系数为31.02%。城镇居民消费支出中教育文化娱乐服务支出所占比重为12.7%。城镇居民现住房建筑面积人均50.98平方米。年末每百户城镇居民家庭拥有：摩托车77辆、家用汽车66辆、洗衣机109台、电冰箱110台、彩色电视机178台、计算机128台、组合音响57台、空调器279台、移动电话（含小灵通）274部。

年末全区参加基本养老保险职工81.30万人，比上年增长5.3%；参加基本医疗保险职工81.36万人，增长5.6%；参加工伤保险职工77.28万人，增长5.7%；参加失业保险职工77.45

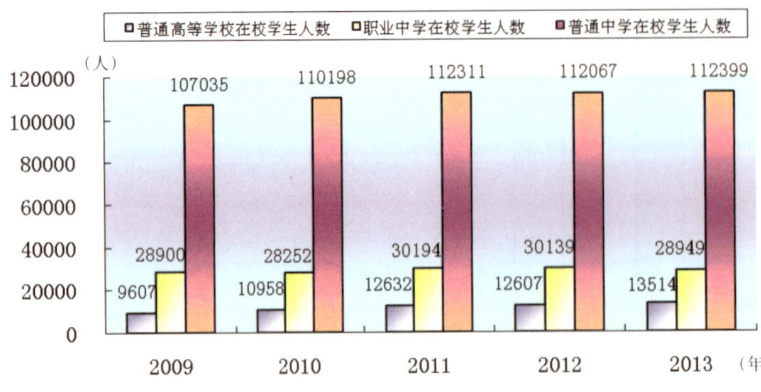

2009~2013年各类学校在校学生人数

万人，增长5.9%；参加城乡合作医疗的有68.56万人，减少0.77%。全区各级共有敬老院14间，入住人数2141人。城镇和农村居民最低生活保障线每月470元/人。当年募集社会福利基金12079万元，发放救济款9827万元。

全年共发生各类事故2002起，比上年增长6.1%；死亡184人，受伤1723人，直接财产损失673.73万元，分别下降5.6%、6.4%和增长13.1%。其中，道路交通事故1798起，下降2.9%；造成死亡180人，受伤1723人，下降3.7%和6.4%，直接财产损失258.08万元，下降1.6%。亿元地区生产总值生产安全事故死亡率为0.071，道路交通万车死亡率为2.4。

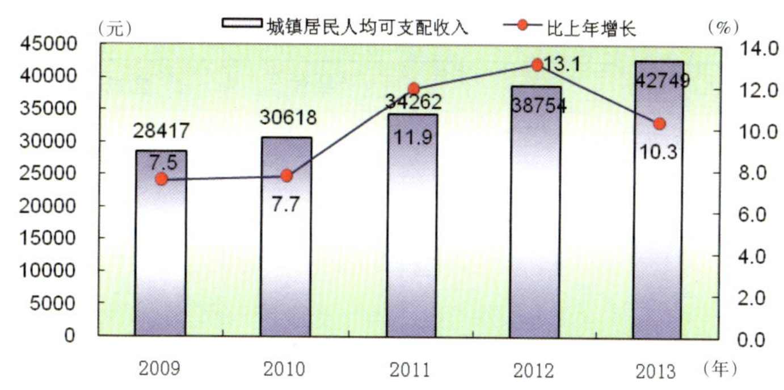

2008年~2012年城镇居民人均可支配收入及其增长速度

注：

1. 本公报中2013年数据均为初步统计数，统计图中2009~2012年数据为年报数。

2. 地区生产总值、各产业增加值绝对数按现价计算，增长速度按可比价计算。

顺德区国民经济基本情况

	单位	2013年	2012年	增长（%）
一、人口、劳动力和土地面积				
年末总人口	万人	125.94	124.79	0.9
年平均人口	万人	125.37	124.31	0.9
年出生人口	人	14552	14588	−0.2
年死亡人口	人	7211	7613	−5.3
年末总户数	万户	36.43	35.62	2.3
年末全部从业人员数	万人	156.36	155.71	0.4
年末全区登记失业率	%	2.30	2.30	0.0
土地面积	平方公里	806.57	806.57	0.0
其中：建成区面积	平方公里	145.83	145.83	0.0
二、综合经济				
地区生产总值	万元	25567787	23173323	10.2
第一产业	万元	436011	412181	3.1
第二产业	万元	13565089	12464702	10.7
第三产业	万元	11566687	10296440	9.8
三、农业				
农林牧渔业总产值	万元	850941	830693	1.8
蔬菜产量	吨	99128	100383	−1.3
水果产量	吨	9478	8483	11.7
猪肉产量	吨	28988	36240	−20.0
禽肉产量	吨	12588	16500	−23.7
禽蛋产量	吨	437	848	−48.5
水产品产量	吨	228078	229739	−0.7
四、工业				
全区工业企业数	个	16806	18170	−7.5
全区工业总产值	万元	58016761	53393863	9.3
企业单位数(规模以上)	个	1874	1762	6.4
规模以上工业总产值	万元	53533152	49146135	9.6
规模以上工业主要经济指标				
全部职工平均人数	万人	65.97	69.61	−5.2
流动资产年末合计	万元	22631520	20208210	12.0
固定资产原值	万元	14473223	12119189	19.4
主营业务收入	万元	49251241	46526749	5.9
其中：主营业务税金及附加	万元	205844	201109	2.4
利润总额	万元	3682605	3752779	−1.9

（续表）

	单位	2013年	2012年	增长（%）
五、交通、邮电、电力				
公路客运量	万人	16233	13262	22.4
公路货运量	万吨	7965	7160	11.2
水运客运量	万人	71	71	0.5
水运货运量	万吨	731	728	0.4
内河港口货物吞吐量	万吨	967	988	-2.1
邮电业务总量	万元	467861	438444	6.7
电话交换机装机总容量	门	1093296	1100061	-0.6
年末本地电话用户数	部	816700	916000	-10.8
全年用电量	万千瓦时	1499515	1427592	5.0
其中:工业用电	万千瓦时	998177	938430	6.4
城乡居民生活用电	万千瓦时	225352	224018	0.6
六、固定资产投资				
完成投资总计	万元	4992388	4377668	14.0
其中:建安工程投资	万元	3556390	2827551	25.8
一、城乡固定资产投资	万元	3274010	2560199	27.9
其中:区及区以上投资	万元	1600412	1175092	36.2
农村单位投资	万元	1673598	1385107	20.8
二、房地产开发	万元	1718378	1817469	-5.5
七、市政公用事业				
年末常住人口	万人	249.34	248.38	0.4
水厂综合生产能力	万吨/日	188.9	188.9	0.0
年末供水管总长度	公里	3523.43	3116.21	13.1
全年供水总量	万吨	35255.42	35532.72	-0.8
生活用水量	万吨	17677.68	17986.26	-1.7
生活用水人口	万人	255.96	246.51	3.8
年末实有公共汽车营运数	辆	1636	1654	-1.1
年末实有出租汽车数	辆	1083	1083	0
液化石油气供气总量	万吨	6.14	6.60	-7.0
其中:家庭用量	万吨	3.34	3.44	-2.9
年末实有铺装道路面积	万平方米	2231.90	2228.68	0.1
城市下水道总长度	公里	2585.45	2567.00	0.7
园林绿化面积	公顷	3842.97	3708.98	3.6
建成区绿化覆盖面积	公顷	4200.37	4079.88	3.0
工业二氧化硫排放量	吨	11112.45	11822.92	-6.0
工业二氧化硫去除量	吨	19468.52	18852.30	3.3
工业废水排放量	万吨	4652.11	5593.51	-16.8
生活污水排放量	万吨	19085.69	21885.35	-12.8
工业废气排放量	万标立方米	4939586	5468785	-9.7

（续表）

	单位	2013年	2012年	增长（%）
八、批发零售贸易与外经、旅游				
批发零售贸易业商品销售总额	万元	26757034	23205572	15.3
社会消费品零售总额	万元	7302524	6520111	12.0
外贸进口总额	万美元	566007	487107	16.2
外贸出口总额	万美元	1867710	1714710	8.9
其中：加工贸易	万美元	735266	723245	1.7
"三资"企业	万美元	1302677	1228908	6.0
中国港澳地区	万美元	368926	309173	19.3
机电产品	万美元	1300298	1269450	2.4
利用外资新签协议（合同）数	个	89	54	64.8
合同外资金额	万美元	102369	96093	6.5
实际利用外资金额	万美元	76888	72296	6.4
境外旅游者人数	人	437000	434061	0.7
（1）外国人	人	99749	98629	1.1
（2）中国港澳和台湾同胞	人	337251	335432	0.5
九、财政、金融、股票、保险				
财政总收入（全口径）	万元	5258374	4610856	14.0
其中：地方财政收入	万元	2779508	2158409	28.8
各项税收合计	万元	3582071	3460696	3.5
其中：国税	万元	2152775	2111858	1.9
地税	万元	1429296	1348838	6.0
地方财政支出	万元	2743406	2242889	22.3
年末金融机构人民币存款余额	万元	33653137	30764625	9.4
其中：居民储蓄年末余额	万元	18889033	17845769	5.8
年末金融机构人民币贷款余额	万元	24496298	21729363	12.7
股票总成交额	万元	34952599	26277563	33.0
保费收入	万元	543005	476901	13.9
十、人民生活和物价				
城镇居民人均可支配收入	元	42748.73	38754.13	10.3
城镇居民人均消费支出	元	28971.15	27276.27	6.2
1. 食品	元	8986.83	8678.17	3.6
2. 衣着	元	1535.23	1448.80	6.0
3. 居住	元	3029.50	2558.29	18.4
4. 家庭设备用品及服务	元	1803.71	1689.02	6.8
5. 医疗保健	元	1865.70	1804.36	3.4
6. 交通和通信	元	6484.24	5884.24	10.2
7. 教育文化娱乐服务	元	3675.92	3510.03	4.7
8. 其他商品和服务	元	1590.02	1703.35	-6.7
每百户拥有彩色电视机	台	179	177	1.0
每百户拥有家用电脑	台	127	129	-1.6
每百户拥有家用汽车	辆	64	65	-0.9
每百户拥有空调器	台	276.92	277	0.0

（续表）

	单位	2013年	2012年	增长（%）
居民消费价格指数(以上年为100)	%	102.2	102.8	2.2
其中：食品价格指数	%	102.2	105.7	2.2
商品零售物价指数(以上年为100)	%	100.1	101.7	0.1
十一、教育、科学、卫生、文化				
学校数：				
普通高等学校	所	1	1	0.0
普通中学	所	61	61	0.0
职业中学	所	13	13	0.0
小学	所	150	152	-1.3
专任教师数：				
普通高等学校	人	532	521	2.1
普通中学	人	8639	8357	3.4
职业中学	人	1810	1794	0.9
小学	人	7768	7359	5.6
在校学生数：				
普通高等学校	人	13514	12607	7.2
普通中学	人	112399	112067	0.3
职业中学	人	28949	30139	-3.9
小学	人	165702	163131	1.6
专业技术人员数	人	117689	113780	3.4
其中：中级技术职称以上人员	人	35390	33707	5.0
电影放映单位数	个	10	5	100.0
其中：影剧院	个	1	1	0.0
公共图书馆	个	12	12	0.0
公共图书馆总藏量	千册	1633.22	1417.96	15.2
卫生机构数	个	498	459	8.5
其中：医院	个	30	30	0.0
门诊部	个	42	42	0.0
卫生机构床位数	张	8312	8001	3.9
卫生技术人员数	人	12744	12236	4.2
其中：医生	人	4672	4487	4.1
卫生机构诊疗人次	万人次	1967.27	1986.70	-1.0
人均预期寿命	岁	77.57	77.78	-0.3
十二、社会治安				
火灾起数	起	558		
火灾死伤人数	人	0		
火灾损失折款数	万元	392		
交通事故宗数	宗	1799	1850	-2.8
交通事故死伤人数	人	1611	1840	-12.4
其中：死亡人数	人	182	187	-2.7
刑事案件立案数	宗	32146	36283	-11.4

注：1. 人口数均取自公安局2013年统计年报表。
2. 本表地区生产总值为快报数，绝对值按当年价计算，增长速度按可比口径计算。
3. 本表工业总产值绝对值按当年价计算，增长速度按可比口径计算。
4. 根据公安部消防局要求，火灾事故数据从2013年起调整火灾统计口径，“归零”2012年数据，对一般火灾的升降不作要求，也不作比对。

顺德地区生产总值

单位：万元

	2013年	2012年	增长(%)
地区生产总值	25567787	23173323	10.2
第一产业	436011	412181	3.1
第二产业	13565089	12464702	10.7
工业	13053229	11960007	11.1
建筑业	511860	504695	-0.5
第三产业	11566687	10296440	9.8
交通运输、仓储和邮政业	1099536	1033973	5.9
批发和零售业	2110889	1934811	9.0
住宿和餐饮业	369061	346213	4.0
金融业	941257	844986	9.2
房地产业	1886153	1726540	6.2
营利性服务业	2776433	2346778	13.5
非营利性服务业	2383358	2063139	13.0

注：地区生产总值为快报数，绝对值按当年价计算，增长速度按可比口径计算。

国民经济主要人均指标

	单位	2013年	2012年	增减百分比
每平方公里人口密度	人/平方公里	1554	1541	0.8
人平生产总值(当年价)	元	203946	186417	9.4
人平生产总值(2010年价)	元	190763	174529	9.3
人平耕地面积	亩	0.087	0.089	-2.2
人平农业用地面积	亩	0.23	0.24	-4.2
人平社会消费品零售总额	元	58250	52451	11.1
人平城乡居民年末人民币储蓄余额	元	15067	143560	-89.5
人平创财政收入(全口径)	元	41944	37092	13.1
城镇非私营单位在岗职工年平均工资	元	51261	45181	13.5
城市居民人均可支配收入(抽样调查)	元	42749	38754	10.3
农民人均纯收入(抽样调查)	元	18111	16063	12.7
每万人口拥有在校中学生数	人	1127	1144	-1.5
每万人口拥有在校小学生数	人	1322	1312	0.8
每万人口拥有卫生技术人员数	人	102	98	4.1
每万人口拥有病床位数	张	66	64	3.1

注：人均指标按户籍人口计算。

全区农业总产值

单位：万元

	总产值(当年价)	发展速度(%)
合　计	850941	100.3
1.种植业	190482	102.7
2.林　业	57	50.6
3.牧　业	97665	79.1
4.渔　业	522376	104.4
5.农林牧渔服务业	40362	106.5

全部工业总产值

单位：万元

	2013年	2012年	增长(%)
	按当年价计	按当年价计	
总计	58016761	53393863	9.8
一、规模以上工业企业	53533152	49146135	10.1
其　中：轻工业	36874492	32094068	16.1
重工业	16658660	17052067	−1.2
其　中：国有企业	10423	56458	−81.3
集体企业	11608	45464	−74.2
联营企业	103384	104017	0.5
有限责任公司	12815049	11796403	9.8
股份有限公司	17650686	15079751	18.3
私营企业	4318508	4453577	−2.0
中国港澳台商投资企业	13359481	12424076	8.7
外商投资企业	5192245	5082401	3.3
其他企业	71768	103988	−30.2
其　中：大中型企业	42012879	39663358	7.1
二、规模以下工业企业及个体工业	4483609	4247728	6.7

注：本表工业总产值绝对值按当年价计算，增长速度按可比口径计算。

实现工业总产值（当年价）亿元以上的工业企业名录（前100名）

排列次序	单　位	排列次序	单　位
1	美的集团股份有限公司	26	广东申菱空调设备有限公司
2	广东格兰仕集团有限公司	27	广东华润涂料有限公司
3	海信科龙电器股份有限公司	28	广东威奇电工材料有限公司
4	佛山裕顺福首饰钻石有限公司	29	广东港丰电器有限公司(含托维)
5	广东联塑科技实业有限公司	30	佛山市顺德区利宝饲料有限公司
6	佛山市顺德周大福珠宝金行有限公司	31	广东惠而浦家电制品有限公司
7	广东东菱凯琴集团有限公司	32	顺特电气设备有限公司
8	广东科达机电股份有限公司	33	广东顺德浦项钢板有限公司
9	广东万和集团有限公司	34	广东伊之密精密机械股份有限公司
10	佛山市顺德海尔电器有限公司	35	佛山市顺德区亿龙电器科技有限公司
11	广东富华工程机械制造有限公司	36	佛山市顺德区前进实业有限公司
12	佛山市顺德区裕达珠宝首饰制造有限公司	37	广东顺德广顺饲料有限公司
13	浦项(佛山)钢材加工有限公司	38	佛山宝裕金属制品有限公司
14	广东盈然木业有限公司	39	广东美涂士建材股份有限公司
15	广东万家乐燃气具有限公司	40	广东泰科电子有限公司
16	佛山市顺德区顺达电脑厂有限公司	41	广东科顺化工实业有限公司
17	佛山宝钢不锈钢加工配送有限公司	42	广东东箭汽车用品制造有限公司
18	广东精艺金属股份有限公司	43	佛山顺德矢崎汽车配件有限公司
19	广东顾地塑胶有限公司	44	佛山市顺德区乐华陶瓷洁具有限公司
20	广东松下环境系统有限公司	45	广东德冠包装材料有限公司
21	佛山市顺德五沙热电有限公司	46	广东白燕粮油实业有限公司
22	广东康宝电器有限公司	47	佛山市顺德区龙恒织造有限公司(含龙德纺织)
23	广东金型重工有限公司	48	佛山东海理化汽车部件有限公司
24	佛山市顺德区信昌机器工程有限公司	49	广东东泰五金精密制造有限公司
25	广东华声电器股份有限公司	50	佛山市顺德区震德塑料机械有限公司

（续表）

排列次序	单　位	排列次序	单　位
51	佛山市志豪家具有限公司	76	力同铝业（广东）有限公司
52	广东浦项汽车板有限公司	77	广东顺德日清食品有限公司
53	佛山市顺德甘竹罐头有限公司	78	佛山市顺德海尔智能电子有限公司
54	广东顺威精密塑料股份有限公司	79	广东雄风电器有限公司
55	佛山市顺德区宏创物资回收有限公司	80	广东泰明金属制品有限公司
56	佛山市顺德区粤铜金属制品有限公司	81	爱信精机（佛山）汽车零部件有限公司
57	佛山南兴果仁制品有限公司（含南兴综合果仁制品）	82	广东奔朗超硬材料制品有限公司
58	佛山市顺德区巴德富实业有限公司	83	佛山市顺德区瑞德电子实业有限公司
59	广东银河摩托车集团有限公司	84	丰田合成（佛山）汽车部品有限公司
60	佛山市顺德金纺集团有限公司	85	佛山市顺德区联合电子有限公司
61	威士伯涂料（广东）有限公司	86	爱三（佛山）汽车部件有限公司
62	广东德力控股集团有限公司	87	广东汤浅蓄电池有限公司
63	佛山市顺德区金泰德胜电机有限公司	88	广东华隆涂料实业有限公司
64	佛山市顺德区百年同创塑胶实业有限公司	89	广东大明铝合金型材有限公司
65	广东顺德酒厂有限公司	90	美达王（佛山）钢材制品有限公司
66	广东威博电器有限公司	91	广东志达钢管制造有限公司
67	爱立信（广东顺德）通信有限公司	92	佛山市顺德区凯恒电机有限公司
68	汤浅蓄电池(顺德)有限公司	93	广东富信科技股份有限公司
69	广东德美精细化工股份有限公司	94	广东环球制药有限公司
70	广东东方面粉有限公司	95	佛山市盈特金属制品有限公司
71	佛山市顺德区蚬华多媒体制品有限公司	96	松柏（广东）电池工业有限公司
72	广东奥特龙电器制造有限公司	97	佛山宝钢制罐有限公司
73	广东多纳勒振华汽车系统有限公司	98	丰田合成（佛山）橡塑有限公司
74	佛山市顺德区万辉珠宝首饰有限公司	99	广东恒基金属制品实业有限公司
75	广东东亚电器有限公司	100	佛山市钜牛金属制品有限公司

全社会固定资产投资完成情况

单位：万元

	2013年	2012年	增长(%)
完成投资总计	4992388	4377668	14.0
其中：建安工程投资	3556390	2827551	25.8
一、城乡固定资产投资	3274010	2560199	27.9
其中：区及区以上投资	1600412	1175092	36.2
农村单位投资	1673598	1385107	20.8
二、房地产开发	1718378	1817469	−5.5

社会消费品零售总额

计算单位：万元

	2013年	2012年	增长(%)
社会消费品零售总额	7302524	6520111	12.0
一、按销售单位所在地分组			
（一）城镇的零售额	4368022	3927030	11.2
（二）乡村的零售额	2934502	2593081	13.2
二、按行业分组			
（一）批发和零售业	6440516	5717856	12.6
（二）住宿和餐饮业	862008	802255	7.4

注：社会消费品零售总额为佛山市反馈数。

居民消费价格指数（上年同期价格为100）

项目名称	全　年	比上年增长(%)
居民消费价格总指数	102.2	2.2
非食品价格指数	102.2	2.2
服务项目价格指数	105.1	5.1
工业品价格指数	100.0	0.0
扣除食品和能源价格指数	102.5	2.5
扣除鲜菜鲜果总指数	102.1	2.1
消费品价格指数	101.0	1.0
一、食品	102.2	2.2
1. 粮食	103.6	3.6
2. 淀粉及制品	100.2	0.2
3. 干豆类及豆制品	109.0	9.0
4. 油脂	100.8	0.8
5. 肉禽及其制品	100.8	0.8
(1)食用畜肉及副产品	101.3	1.3
(2)禽	99.1	-0.9
(3)加工肉禽	102.4	2.4
6. 蛋	104.5	4.5
7. 水产品	98.4	-1.6
(1)鱼	95.7	-4.3
(2)其他水产品	106.3	6.3
8. 菜	107.3	7.3
9. 调味品	100.7	0.7
10. 糖	97.0	-3.0
11. 茶及饮料	104.0	4.0
(1)茶叶	103.7	3.7
(2)饮料	104.2	4.2
12. 干鲜瓜果	104.6	4.6
13. 糕点饼干面包	102.1	2.1
14. 液体乳及乳制品	101.0	1.0
15. 在外用膳食品	102.4	2.4
16. 其他食品	99.8	-0.2

（续表）

项目名称	全　年	比上年增长(%)
二、烟酒	98.4	−1.6
1. 烟草	100.2	0.2
2. 酒	96.6	−3.4
三、衣着	102.3	2.3
1. 服　装	102.8	2.8
(1)男式服装	103.5	3.5
(2)女式服装	102.0	2.0
(3)儿童服装	103.5	3.5
2. 衣着材料	102.5	2.5
3. 鞋袜帽	100.7	0.7
(1)鞋	101.4	1.4
(2)袜子	95.7	−4.3
(3)帽子	100.5	0.5
4.衣着加工服务费	101.5	1.5
四、家庭设备用品及维修服务	102.2	2.2
1. 耐用消费品	98.7	−1.3
(1)家　具	100.3	0.3
(2)家庭设备	97.5	−2.5
2. 室内装饰品	99.6	−0.4
3. 床上用品	98.8	−1.2
4. 家庭日用杂品	101.9	1.9
5. 家庭服务及加工维修服务	107.6	7.6
五、医疗保健和个人用品	100.3	0.3
1. 医疗保健	99.6	−0.4
(1)医疗器具及用品	100.3	0.3
(2)中药材及中成药	101.3	1.3
(3)西药	95.4	−4.6
(4)保健器具及用品	102.4	2.4
(5)医疗保健服务	101.3	1.3

（续表）

项目名称	全　年	比上年增长(%)
2. 个人用品及服务	101.2	1.2
(1)化妆美容用品	101.6	1.6
(2)清洁类化妆用品	99.6	−0.4
(3)个人饰品	95.9	−4.1
(4)个人服务	106.9	6.9
六、交通和通信	98.8	−1.2
1. 交通	99.3	−0.7
(1)交通工具	98.5	−1.5
(2)车用燃料及零配件	99.4	−0.6
(3)车辆使用及维修费	101.1	1.1
(4)市区公共交通费	100.0	0.0
(5)城市间交通费	98.8	−1.2
2. 通信	97.4	−2.6
(1)通信工具	80.5	−19.5
(2)通信服务	100.0	0.0
七、娱乐教育文化用品及服务	103.4	3.4
1. 文娱用耐用消费品及服务	95.1	−4.9
2. 教育	101.9	1.9
(1)教材及参考书	101.4	1.4
(2)教育服务	102.0	2.0
3. 文化娱乐类	101.5	1.5
(1)文化娱乐用品	100.3	0.3
(2)书报杂志	102.8	2.8
(3)文娱费	101.5	1.5
4. 旅游	108.4	8.4
八、居住	105.2	5.2
1. 建房及装修材料	102.5	2.5
2. 住房租金	106.4	6.4
3. 自有住房	108.7	8.7
4. 水、电、燃料	102.1	2.1

城镇居民家庭年人均收入情况

	单位	2013年	2012年	增长(%)
一、家庭总收入	元	45713.64	41711.71	9.6
其中:可支配收入	元	42748.73	38754.13	10.3
二、工资性收入	元	29222.32	26118.56	11.9
其中:工资及补贴收入	元	28959.05	25833.85	12.1
其他劳动收入	元	263.27	284.72	-7.5
三、经营性收入	元	6171.06	5629.94	9.6
四、财产性收入	元	2489.45	2302.63	8.1
其中:利息收入	元	103.05	107.72	-4.3
股息与红利收入	元	684.54	137.76	396.9
出租房屋收入	元	1550.08	1878.57	-17.5
五、转移性收入	元	7830.81	7660.58	2.2
其中:养老金或离退休金	元	6061.69	5402.56	12.2
社会救济收入	元	34.61	38.39	-
六、收支节余	元	13777.58	11477.86	20.0
七、年末手存现金	元	1319.28	879.67	50.0

城镇居民家庭年人均支出情况

	单位	2013年	2012年	增长(%)
一、家庭总支出	元	35895.52	35726.35	0.5
(一)消费性支出	元	28971.15	27276.27	6.2
1. 食品	元	8986.83	8678.17	3.6
2. 衣着	元	1535.23	1448.80	6.0
3. 居住	元	3029.50	2558.29	18.4
其中:水电燃料及其它	元	1377.03	1406.90	-2.1
4. 家庭设备用品及服务	元	1803.71	1689.02	6.8
其中:耐用消费品	元	799.76	580.78	37.7
5. 医疗保健	元	1865.70	1804.36	3.4
6. 交通与通讯	元	6484.24	5884.24	10.2
(1)交通	元	4854.41	4376.04	10.9
(2)通讯	元	1629.83	1508.20	8.1
7. 教育文化娱乐服务	元	3675.92	3510.03	4.7
(1)文化娱乐用品	元	597.54	622.42	-4.0
(2)文化娱乐服务	元	1546.90	1685.55	-8.2
(3)教育	元	1531.48	1202.06	27.4
8. 其它商品和服务	元	1590.02	1703.35	-6.7
★旅游花费总额	元	1675.71	1980.88	-15.4
其中:团体旅游	元	1293.56	1262.75	2.4
(二)财产性支出	元	219.39	327.96	-33.1
(三)转移性支出	元	4131.37	3917.76	5.5
(四)社会保障支出	元	2573.61	2562.27	0.4
(五)购房与建房支出	元	0.00	1642.09	-100.0
二、借贷支出	元	21509.79	20915.02	2.8

2013年顺德区委、区政府规范性文件选目

序号	文件名称	文号	发文单位	时间
1	中共顺德区委办公室印发《关于推进学习型党组织建设的实施办法》的通知	顺办发〔2013〕3号	区委办	2013年3月11日
2	顺德区关于推动骨干企业做大做强扶持办法	顺府发〔2013〕18号	区政府	2013年5月8日
3	顺德区人民政府关于印发《顺德区道路交通事故社会救助基金管理实施办法》的通知	顺府发〔2013〕33号	区政府	2013年11月26日
4	顺德区人民政府办公室关于印发《顺德区企业上市扶持奖励办法(修订)》的通知	顺府办发〔2013〕5号	区府办	2013年1月16日
5	顺德区人民政府办公室关于印发《顺德区实施商标品牌战略资金奖励办法》的通知	顺府办发〔2013〕15号	区府办	2013年2月28日
6	顺德区人民政府办公室关于印发《顺德区农村污水治理工程建设和运营管理暂行办法》的通知	顺府办发〔2013〕19号	区府办	2013年3月22日
7	顺德区人民政府办公室关于印发《顺德区高层次人才安居试行办法》的通知	顺府办发〔2013〕26号	区府办	2013年3月26日
8	顺德区人民政府办公室关于印发《顺德区实施技术标准战略专项资金管理办法》的通知	顺府办发〔2013〕39号	区府办	2013年5月15日
9	顺德区人民政府办公室关于印发《顺德区知识产权质押融资专项资金管理办法》的通知	顺府办发〔2013〕48号	区府办	2013年6月20日
10	顺德区人民政府办公室关于印发《"顺德奖章"荣誉称号授予办法(试行)》的通知	顺府办发〔2013〕49号	区府办	2013年6月13日
11	顺德区人民政府办公室关于印发《顺德区国有建设用地使用权租赁和弹性出让暂行办法》的通知	顺府办发〔2013〕60号	区府办	2013年7月5日
12	顺德区人民政府办公室关于印发《顺德区民办养老福利机构扶持办法》的通知	顺府办发〔2013〕69号	区府办	2013年8月26日

主题索引

说明

1、本索引采用主题分析法，款目按主题词首字拼音排列。

2、文中的篇目标题用黑体字标明，其余用宋体字排印。表格在其款目后注明“（表）”。

3、索引后面的数字表示内容所在的页码，数字后面的拉丁字母（a、b、c）表示该页自左向右的栏别。

4、本刊的“特载”、“特辑”、“大事记”、“人物与荣誉”、“社会经济统计资料”、“文献法规”等篇目均未作索引。

A

B

C

D

E

F

G

H

K

L

M

N

P

Q

R

S

T

W

X

Y

Z